몬테소리 교육의 이론과 실제

문창숙 지음

창지사

머리말

본인이 이 책을 내는 이유는 가장 쉬운 길을 놓아두고 고생하는 우리 아이들과 그 아이들을 조금이라도 더 가르치려고 애쓰는 부모님들을 위해 그리고 어려운 학문이라고 도전하지 못하는 교사들을 위해 이 책을 세상에 내어놓으려고 한다.

몬테소리 교육 방법에 대해서는 앞서 많은 몬테소리 교수님들이 쓰신 좋은 저서들이 많이 있기에 나까지 보태지 않을 생각으로 묻어 두었으나 오랜 세월이 흐르고 난 지금에도 여전히 우리 아이들은 무거운 책가방을 메고 새벽별을 보고 나와서 밤이 다하도록 책상 앞에 있어야 하는 현실이 너무 안타까워 한 가닥 보탬이라도 될까 하여 무딘 펜을 들고 이 글을 쓰려고 나섰다.

원래 이 글은 1998년부터 2013년에 이르기까지 몬테소리 유치원을 운영하면서 아이들을 유치원에 보내 놓고 궁금해하는 부모님들과 아이들을 가르치면서 애쓰는 교사들을 위해 매주 한 번씩 편지글 같이 써 보낸 유치원의 하루 일과의 내용을 모아 엮은 것이다.

아이들이 원에 와서 무엇을 하며 어떻게 성장해 가는지, 엄마와 떨어지지 못하여 울고 매달리는 아이들을 받아 품에 안고 어떻게 즐겁게 하루를 보내게 하는지 등 교사들의 눈물겨운 노력과 "엄마는 바보야, 내 마음도 몰라주고……."라고 항변하는 우리 아이들의 외침을 모아 아이들과 교사의 씨름, 부모님과 아이들의 힘겨루기 등을 담아내었다. 아이들의 속마음을 이해하고 어떻게 하면 보다 쉽게 보다 빠르게 아이들의 머리를 열어 줄까 고민하는 교사들의 마음이 이 책에 가득히 실려 있을 것이다.

본인은 몬테소리 교육 방법이 이 세상에서 가장 훌륭한 교육 방법이라고 주장하는 것은 아니다. 다만 이 교육이 3세에서 6세 민감기 안에 있는 아이들을 위해서는 꼭 필요한 교육 방법이라고 주장하고 싶은 것이다. 몬테소리의 감각적 교육 방법이 아이들을 도울 수 있는 가장 좋은 방법이라고 본인은 믿기 때문이다.

아직 추상적으로 무엇인가를 생각해서 하기에는 너무 삶의 경험이 없고 종이에 그려진 대로 하기에는 감각적으로 예민해 있는 아이들에게 종이는 그저 평면적인 종이일 뿐이다. 아이들이 시각, 청각, 촉각, 후각, 미각을 통해 얻고자 하는 것은 이러한 종이가 대신해 줄 수 없는 것들이다.

3세 아이들이 경험하는 몬테소리 교구는 언뜻 보기에는 무슨 이런 시시한 것들을 아이들에게 가르치나 싶을 정도로 우스운 작업이다. 손으로 움켜쥐어서 물건을 옮기고, 숟가락으로 옮기고, 집게로, 핀셋으로, 젓가락으로 옮기는 것을 배우게 하는 데 한 학기가 걸린다.

그러나 이렇게 우습게 보이는 작업들이 아이들의 눈과 손이 제대로 사물을 보게하고 아직 발달되지 않은 소근육들을 강화시켜서 제대로 움직이게 하고 야무지게 핀셋으로 구슬을 집을 수 있도록 집중력을 길러 주는 데 한몫을 한다.

"내 거야."라며 제 것에는 손도 대지 못하게 하던 자아가 강한 아이들이 6개월이 안 되어서 자기 크레파스를 선뜻 내주고 매트를 들고 자리를 찾는 친구에게 자기 자리를 좁혀서 앉을 자리를 만들어 주는 배려 깊은 아이로 변하게 하는 신기한 방법이 몬테소리 교육의 매력이다.

우리가 주목해야 하는 것은 아이들의 내면의 발달만이 아니라 계속적으로 움직이는 손에 의한 촉각의 경험이 두뇌를 자극시켜 이후에 배울 지식이 저장될 두뇌 세포방을 크게 만든다는 사실이다.

이러한 감각적 경험이 지능을 발달시킨다는 사실은 피아제(Piaget)가 이미 학설로 발표한 사실이다. 몬테소리 수업을 받게 되면 두뇌가 확장되고 지식을 받아들일 방이 많아진다고 쉽게 설명하였다.

쉬운 것에서 어려운 것으로 구체적인 사물로 시작해서 추상적인 단계로 차차 단계를 높여 가면서 아이들은 아주 쉽고 빠르게 사물을 인지하고 지혜와 지능을 발달시킬 수 있는 것이다.

아이들의 '바탕 머리'를 만들어 주면 체계적으로 질서 있게 생각할 줄 알게 되어 어려운 문제를 쉽게 해결하는 능력이 생기게 되므로 과외 공부를 하느라고 새벽 별 보고 나가고 밤별 보고 들어올 일은 없다고 단언하는 것이다.

만 2~3세부터 시작하는 일상생활 영역에서 벌써 아이들은 집중력과 인내심, 독립심과 자신감이 생기며, 감각 영역으로 들어가면 같고 다름을 알고 공간 지각에 눈을 뜨고 세상의 사물들이 도형으로 이루어졌다는 것을 인지한다.

하나에서 열까지만 터득하면 자릿수를 이해하고 십진법의 연산을 경험하면 수 영역에 들어간 지 얼마 안 되어서 덧셈, 곱셈, 뺄셈, 나눗셈을 한다면 누가 믿을 수 있을까? 그런데 몬테소리 교실에 들어와 보면 그 말이 사실인 것을 알게 될 것이다. 높은 단위의 학습을 할 수 있다고 큰소리를 치는 것이 아니라 그 정도의 이해력을 가지게 될 수 있다는 것을 말하는 것이다.

그리고 아직도 유아교육 학계 일각에서는 몬테소리 교육이 장애아들이 받는 교육이라고만 생각하는 교수님들이 계시고 많은 학부모들은 몬테소리 교육이 유아교육이 아니고 다른 학문의 일종이라고 생각하시는 분들이 많아 그 편견을 없애고 싶은 것 또한 본인의 마음이다.

이 책을 쓰게 된 바탕에는 미국 워싱턴 몬테소리 교사교육원의 샬레 머컬킨 원장님의 가르침에 기반한 이 몬테소리 교육이 세상에 펼쳐지기를 바라는 마음이 담겨 있음이다. 전 세계적으로 많은 제자를 키워 냈음에도 본인의 노력을 세상에 드러낸 적이 없으시기에 제자된 본인이 드러내게 된 것이다.

또한 본인이 미국에서 처음 몬테소리 교육을 받을 때 교재로 사용한 것이 릴라드(Lillard)의 『*Montessori: A Modern Approach*』(1972)인데 번역된 책이 없어서 원서를 가지고 배우고, 한국에서 교육생들을 데리고 가서도 본인이 번역하고 통역하여 교육을 받게 하였다.

본인이 그 저서를 직접 번역하여 책을 내려고 하는 도중에 반갑게도 조선희 교수께서 먼저 번역을 하셔서 『몬테소리 교육에 대한 현대적 접근』(1994)이라는 책이 발간되었다. 이후 본인의 강의에서도 이 책을 교재로 사용하여 왔고 본서에도 조선희 교수가 번역한 책의 내용이 많이 포함되어 있음을 밝힌다.

이 책에는 몬테소리 방법론 중 '실기 방법'에 대한 내용은 크게 싣지 않았다. 앞서 몬테소리 교육 방법론을 펴내신 많은 교수님들의 저서가 있기도 하고 몬테소리 여사의 방법과 크게 다르지 않을 것이기 때문이다.

본인이 이 책에서 중점적으로 다룬 내용은 실기론을 어려워하고 있는 교사들이 쉽게 이해할 수 있도록 '실기 이해 방법'을 기록해 몬테소리 교육 방법을 쉽게 접근하고 이해할 수 있도록 하였다.

마지막으로 여기까지 인도해 주신 하나님의 은혜와 사랑으로 아이들을 가르치고 지켜 온 둔산하나더유치원의 많은 교사들과 끝까지 믿고 아이들을 맡겨 주신 학부모님들께 감사드리며, 이 책이 나오기까지 지난 1년 동안 지속적으로 많은 도움을 준 박은수 집사님과 문재경 장로님께 깊은 감사의 마음을 전한다.

2024년 3월

저자 문창숙

차 례

3장 몬테소리 철학 · 27

2부 몬테소리 교육의 실제

4장 몬테소리 방법론 · 49

5장 몬테소리 실기 이해 · 85

몬테소리 교육의 이론

1부

1장 몬테소리 교육이란 무엇인가

1. 몬테소리 교육의 개요

몬테소리 교육은 이탈리아에서 시작되어 전 세계 6대륙, 100여 개국에서 실시되고 있으며 유럽을 비롯하여 미국에서 가장 왕성한 교육 활동이 펼쳐지고 있다.

1920~1950년대 미국의 교육계는 진보주의, 자유주의 사상이 지배하고 있던 시절이라, 학교는 지식을 획득하는 곳이 아니라 사회생활과 사회적 행동을 배우는 곳이라는 의식 속에 학생들의 의식도 학문적인 것이기보다는 사회적 활동에 더 관심이 있었고 학교를 중퇴하고 취업 전선으로 가는 일도 많이 일어났다.

더욱 나쁜 것은 그 당시 교육 방향이 평준화 교육으로 나아가고 있는 상황이었기에 우수한 인재들이 자신의 재능을 키우지 못하고 재능 발달을 포기하고 사회는 유능한 인재들을 잃어 가고 있었다는 것이다.

그 결과는 12년간의 교육을 받고도 교육 수준이 부모들의 기대치에 못미쳤다는 사실이다. 이는 6.25 전쟁 당시 상당히 높은 보수를 받고 한국에 파병되었던 미군의 상당수가 고등학교 학력 수준 이하였다는 것에서 알 수 있다.

마침 이때 소련의 인공위성 스푸트닉호의 발사는 과학 분야에서 우월감에 빠져 있던 미국 국민들을 경악시켰고 안전에 위협을 느낀 그들은 자신들의 교육 체계를 점검하며 교육에 대한 열망이 커지기 시작했고 영재교육에 대한 관심이 높아지면서 몬테소리 교육의 부흥이 일어났다.

이와 같은 교육 사조는 미국의 교육 제도를 따라가고 있던 한국 교육계에도 영향을 미쳐 평준화 교육으로 인해 영재 배출이 늦어지는 현실로 나타났다.

몬테소리 교육은 지식을 직접적으로 넣어 주는 것이 아니라 아동이 자신의 환경과 상호작용하는 가운데 지혜로운 생각을 키워 가고 부딪힌 문제를 해결하려는 노력을 하고 선택한 교구들로 창조적인 활동을 하면서 한 단계 한 단계 자신들을 발달시켜 나가도록 돕는 것이다.

교사는 아동들이 배워야 할 모든 영역에 필요한 교구들을 체계적으로 구성하고 아이들의 발달 수준에 맞추어 그들이 받아들이고 배워야 할 과제들을 경험해 볼 수 있도록 자유롭게 선택할 기회를 주며 이렇게 함으로써 집중력, 사고력, 창의력 등 심리적인 발달과 함께 삶을 해결해 나갈 수 있는 지능을 발달시키는 데 큰 비중을 둔다.

적절한 시기에 아동이 필요로 하는 환경과 표현할 수 있는 환경을 마련해 주어 그 시기에 필요한 활동들에 동기를 부여해서 적절한 사물과 교육법으로 해 나가는 것이 진정한 아동교육이라고 생각한다.

세상의 모든 교육 방법이 이런 점에서 또는 저런 점에서 각각의 장점이 있으나 몬테소리 교육은 특별히 '삶을 돕는 교육'이라는 목적을 갖고 있음에 비추어 비중을 크게 두는 것이다.

아동기 교육의 중요성이 성인 후기에 어떤 결정적 영향을 미친다고 말하기에 앞서 아동기에 대부분의 성격과 인격과 지능이 형성되므로 아동기의 행복, 불행의 경험과 느낌이 아동의 긍정적 또는 부정적 사고의 형성을 이룬다는 점에 주목해야 하며, 또한 아동의 개인적 발달과 개성의 존중은 물론 질서와 체계에 따라 발달이 이루어지므로 사고의 틀이 잘 자리 잡고 생각의 폭이 넓어질 수 있도록 지도하는 스스로의 학습 방법이 다른 여타의 교육 방법보다 한 차원이 높다고 말하는 것이다.

현대 사회는 각박한 세상을 살아가기 위해 악착스럽게 이기며 살아야 한다고 강하게 몰아붙이지만 미래에 더 인간다운 모습으로 살아가기 위해서는 지금부터라도 아름다운 모습의 아이들로 길러 내야 한다.

몬테소리 교육을 정의하자면 아동의 '삶을 돕는 교육'이라고 할 수 있다.

세상에 태어난 영아들은 모든 것이 낯설고 두렵고, 답답하다. 그래서 본능적으로 세상을 알기 위한 몸부림이 시작된다. 이것을 '배움의 욕구'라고 한다.

그리고 아동은 태어날 때 이미 자신의 주위 환경을 쉽고 빠르게 받아들여 자신을 발달시킬 수 있도록 특별한 능력을 갖고 태어난다고 몬테소리(Montessori)는 말했다. 이 능력을 '민감기와 흡수정신'이라고 한다. 이 능력은 인간에게 주어진 하나님의 선물이다.

이러한 민감기는 0세에서 만 6세까지만 존재하며 이 기간에 아동들은 특별한 한 과제에 몰두하면 집중적으로는 흥미를 갖고 성취해 내며 아주 쉽고 빠르게 습득할 수 있다. 이 습득할 수 있는 능력을 '흡수정신'이라고 부르며 이를 스펀지에 비유하기도 한다.

따라서 아이들의 주위 환경을 어떻게 만들어 주느냐에 따라 아이들이 자신의 잠재력 및 능력을 발휘해서 내 것으로 만들지 또는 못 만들지가 결정된다. 이는 아름다운 꽃의 씨앗을 자갈밭이나 음지에 심으면 제대로 자라지 못하는 것에 비유할 수 있다.

몬테소리는 아동의 필요와 본능을 오랜 관찰을 통해서 알고 있었기에 몬테소리 교육 방법의 교구를 만들어 아동의 필요 환경을 만들고 아동이 마음껏 자신을 드러내며 자신에게 필요한 삶을 연습할 수 있도록 한 것이다.

2. 몬테소리 교육의 의미

몬테소리 교육은 아동의 삶을 돕는 것을 목표로 하고 있기 때문에 아동이 필요로 하는 모든 기초 교육을 총망라해서 통합적으로 발달하게 하는 교육 프로그램을 진행한다.

일상생활 영역의 모든 실습을 통해서 실제 생활에 적응하는 훈련을 한다. 그 후에 감각을 좀 더 예민하게 발달시켜 세상에 있는 모든 것들을 인식하고 구별하고 식별하는 데 그 교구들을 사용한다.

전이 선반에서 같고 다름을 인식하는 훈련이 이루어지면 공간 지각 능력을 기르는 각종 교구를 다루고, 교구의 차이를 발견하게 되면 연구하고, 사고하고, 연합하고, 창조하는 여러 단계의 두뇌 작용이 활발해진다.

도형을 알고 구성적 작업을 할 수 있게 되면 아이의 지능은 전보다 훨씬 높은 차원에 이르게 된다. 겉에서는 별로 드러나지 않는 내면적 작업이다.

시각, 청각, 촉각, 미각, 후각의 감각적 훈련이 어느 정도 이루어지면 학습적 영역의 탐구가 이루어진다.

몬테소리 교육은 유아의 발달 과정과 동떨어진 교육이 아니라 유아가 초등학교 과정을 밟기 위한 전 단계를 실물 교구를 사용해서 더 쉽고 깊고 넓게 다루어 봄으로써 좀 더 빠르고 쉽게 배우도록 하는 것이다.

몬테소리 교육은 어떤 특정한 기술, 기능, 지식을 갖게 하는 데 목적이 있는 것이 아니라 어린이가 장차 만나게 될 세상, 살아가야 할 현실 세계를 가장 가깝고 실제적으로 꾸며 아이들이 준비하고 참여할 수 있도록 도와주며 아이들이 즐겁고 기쁜 시간을 갖도록 모든 교구들이 흥미롭고 과학적으로 꾸며져 있으므로 가장 쉽고, 빠르게 힘들이지 않고 모든 기본 바탕을 익힐 수 있도록 한다.

따라서 일반적인 유치원 교육 과정은 기본적으로 몬테소리 교육 프로그램 안에 있으며 기존 일반적인 추상적이고 평면적인 주입식 교육에서 실제적이고 입체적인 교육으로 어린이 스스로 모든 문제를 발견하고 해결할 수 있도록 성인들이 도와주는 역할을 하게 된다.

몬테소리 교육 방법의 발견이 지적장애아를 정상화시킬 만큼 놀라운 것이었기에 일반아에게 몬테소리 교육 방법이 적용된 후 100년 가까이 몬테소리 교육은 영재교육, 또는 천재교육으로 불리며 전 세계적으로 확산되어 가고 있는 것이다. 가장 쉽게, 가장 즐겁고 흥미롭게, 아이들이 세상을 자기 것으로 만들어 가고 있는 것이다.

몬테소리는 당시의 교육은 획일적, 일방적이었다고 하였다. 당시에는 모든 학생들이 학교에서 같은 시간에 같은 내용을 같은 속도로 배워야 했다. 질문과 토론은 불필요한 것이 되었으며, 시험이 학생 각자의 능력을 판가름하는 결정적인 요소였기 때문에 시험 문제를 풀 수 있는 능력만을 강제로 주입시켰다. 더 이상 전인교육은 이루어지지 못했고, 사고의 독창성을 길러 줄 아무런 교육도 존재하지 않았다.

몬테소리는 이러한 교육을 받으며, 이것은 참된 교육이 아니니까 자신은 이러한 교육관을 뛰어넘을 수 있는 진실한 교육관을 만들겠다는 결심을 했다고 한다.

그렇다고 몬테소리가 그 당시 교육을 소홀히 한 것은 아니었다. 중학교, 고등학교, 대학교를 우수한 성적으로 졸업한 후 이탈리아 최초의 여의사가 되었으나 거기에 안주하지 않고 교육에 관심을 가짐으로써 결국 새로운 교육 방법과 교구가 만들어지게 된 것이다.

이는 종전의 루소(Rousseau), 페스탈로치(Pestalozzi), 프뢰벨(Fröbel) 같은 위대한 교육자들의 '어른에서 어린이로 향하는 교육 방식'을 답습한 것이 아니라 '어린이에서 어른으로 향하는' 새로운 접근이었다.

3. 몬테소리 교육의 시대적·이론적 배경

1900년대 초기의 교육 사조는 당시 듀이(Dewey)의 상호작용과 사회성 발달 사상이 주류를 이루고 그의 제자인 킬패트릭(Kilpatrick)이 그의 동료들과 더불어 교육계를 리드하고 있던 때였다.

따라서 상호작용을 통한 사회성 발달에 초점을 두고 교육의 평준화를 추구하고 있던 때이며 학교 공부를 중요시하지 않고 학생들이 대학 입학보다 취업의 길을 찾고 있던 때였다.

이 때문에 당시 몬테소리(Montessori)의 감각을 통한 인지 발달 이론과 아동의 자발적 흥미에 따른 학습 이론은 당시 학자들의 이론과 맞지 않아 배척을 당하고 있었다.

몬테소리의 이론적 배경은 루소(Rousseau), 페스탈로치(Pestalozzi), 프뢰벨(Fröbel) 등과 같이 아동의 선천적 가능성과 자유 및 애정이 있는 환경 속에서 발달하는 능력을 강조하는 철학 전통과 그 맥을 같이한다(Lillard, 1994: 59).

2장 몬테소리의 생애와 역사

1. 몬테소리 생애

몬테소리 교육의 출발은 아이들의 삶을 도우려는 '사랑'에서 시작되었다. 100여 년 전 아직 세상이 아동의 중요성과 본성과 욕구를 이해하지 못했을 때 이미 몬테소리(Montessori) 여사는 아동의 존엄성과 아동기의 중요성을 파악하고 아동의 본성과 욕구를 발견함으로써 '민감기'와 '흡수정신'의 특성을 밝혀 내고 세계 영재 조기 교육의 기틀을 마련했다.

당시 많은 학자들의 반론과 방해로 미국에서 40여 년 동안이나 몬테소리 교육 방법이 소외되어 있었으나 1950년대 이후 심리학, 생리학, 과학 분야의 많은 학자들의 실험 결과에서 몬테소리 여사의 교육 이론과 방법이 옳다는 것이 입증되었고, 그 당시 영재교육의 필요성을 깨닫고 영재교육 방법을 모색하고 있었던 미국 사회에서 드디어 찾아낸 방법이 몬테소리 교육 방법이며 1900년대부터 이미 꾸준히 유럽 각 나라와 아프리카, 인도 등 아시아 지역에서 시행해 오던 이 교육 방법은 1950년대에 미국에서 성장하여 전 세계로 퍼져 나가게 되었다.

몬테소리 '어린이집'의 기적적인 교육 성과는 당시 유럽은 물론이고 미국을 비롯한 세계 여러 지역에 선풍적으로 알려지게 되었고 세계 각국에서 어린이집을 참관하려는 사람들이 몰려들었다.

1909년 최초로 몬테소리 교육 방법에 관한 강연회가 개최되고, 1913년 정식으로 국제 몬테소리 교원 양성 코스가 창설되었다.

몬테소리는 이탈리아의 바르셀로나 주에 본거지를 두고 런던, 파리, 인도, 독일, 캐나다, 파키스탄, 미국, 스페인 등에 몬테소리 학교를 개설하고 협회를 조직하여 국제적인 활동을 전개하였다. '자유'를 원칙으로 하는 교육 이념을 내세우며 전쟁 독재자 무솔리니 집권에 반대하고 인도의 위대한 독립운동가 간디와 건설적인 목표, 즉 '평화에 봉사 한다'는 데 생각을 같이했으며 2차 세계 대전 후 유럽 각 지역에서 강연 활동을 계속하였다.

1949년에는 노벨 평화상 후보로 추대되었다. 집필 활동도 왕성하여 『평화와 교육』, 『인간의 형성』, 『새 세계를 위한 교육』, 『몬테소리 핸드북』, 『흡수하는 마음』, 『어린이의 비밀』 등 많은 저서가 있다.

1952년 82세로 몬테소리가 세상을 떠난 후 몬테소리 교육은 아들과 손녀, 그리고 제자들에 의해 지금까지 계승되고 있다.

몬테소리 생애 타임라인

- 1870년 – 이탈리아 안코나 칸타빌레에서 8월 31일 출생
  아버지 : 알레산드로 몬테소리(Alessandro Montessori), 귀족 군인 출신
  어머니 : 레닐데 스타파니(Renilde Stoppani), 교육자 가정 출신
- 1875년 – 5세 때 로마로 이사(연도는 학자마다 달라 정확치 않음)
  수학에 관심이 있어 공학 분야 직업을 갖기 원함, 후에 생물학에 관심 가짐
- 1886년 – 수, 과학, 지리, 역사 등을 공부하는 기술학교(Technical School) 졸업
  – 레오나르도 다빈치 레지오 기술 센터(협회)에서 현대 언어학, 수학, 자연과학과 등 좋아하는 과목을 공부하며 엔지니어가 되려 함
- 1890년 – 로마 대학에 입학하여 자연과학과 수학, 물리학을 공부해 학위를 얻음
- 1892년 – 학위를 얻고 의과대학으로 가서 4년간 더 공부하는데 마지막 2년은 소아과와 정신과에서 정신병 치료법을 연구함
- 1896년 – 로마 의과대학 졸업, 25세에 최초 여성 의사(title of dottoressa) 학위를 받음
  – 부속병원 수련의로 부임, 지적장애 아동을 위한 연구차 런던과 파리로 감

- 1898년 – 귀국 후 처음에 로마 교사들의 강의를 맡음
  – 교육장관 요청으로 국립 오소프레닉 교장으로 부임
  – 2년간 낮에는 교육, 밤에는 교구 제작, 지적장애아 돌봄과 연구 지속 (세겐과 이타르로부터 얻은 통찰에 의해 연구)
- 1900년 – 지적장애아들이 공립학교 경시대회 패스함
  – 몬테소리 자신의 2년간의 노력을 진정한 교육학 학위로 인정함
- 1901년 – 일반아동 발달을 위해 로마 대학 문과대 입학(철학, 심리학, 인류학 공부)
  – 세겡과 이타르의 진정한 저자 의도 파악 위해 일일이 저서 번역
  – 로마의 여성훈련 대학 교수로 근무(이탈리아 여성 대학 2개 중 하나)
- 1904년 – 로마 대학 인류학과 교수 임명, 2년간 교육학과에서 인류학 및 생리학 강의
- 1907년 – 산 로렌조에 최초의 몬테소리 '어린이집' 개설, 일반아동 교육
  – 산 로렌조에 2번째 학교, 밀라노에 3번째 학교를 세우고 여러 다른 환경 연출
  – 지체장애아는 일반아와 만족도나 정상화 과정은 같으나 집중도가 없음을 확인
- 1908년 – 로마에 4번째 밤비니 어린이집 개설
  – 부유한 가정 자녀와 가난한 가정 자녀 비교 연구
  – 자연적 환경의 구성, 아동의 활동 주기와 정상화에 대해 연구
- 1909년 – 『몬테소리 방법론』 출간
- 1911년 – 이탈리아와 영국에 몬테소리 학회 설립
  – 영국의 초등학교에서 몬테소리 교육을 프로그램으로 받아들임
- 1912년 – 미국 백악관 초청으로 미국으로 건너감, 카네기 홀에서 강연
  – 몬테소리 협회구성(알렉산더 그라함 벨의 부인을 회장, 우드로 윌슨 대통령의 딸 마가렛 윌슨을 서기로 함)
- 1914년 – 킬패트릭 교수의 몬테소리 체계의 검증으로 비판을 받음
  (당시 미국의 학교는 지식을 얻는 장소가 아니라 사회생활을 위한 사회적 행동을 발달시키는 곳이란 의식이 팽배하여 대학에 가는 것을 기피하는 분위기였다. 몬테소리 일상생활 영역에 대해서는 다소 긍정적이었으나, 이러한 사회적 분위기에 따라 몬테소리 자료가 다양하지 않고 일찍부터 배울 필요가 없다고 하였다. 통역의 미비함과 몬테소리 교육 과정에 대한 오해로 킬패트릭의 비판을 받았다.)

- 1915년 – 미국 샌프란시스코 박람회장에 몬테소리 교실 오픈
- 1916년 – 스페인 바로셀로나에 교육연구소를 세우고 강의
- 1922년 – 이탈리아 정부 장학관에 임명됨, 나치에 이용을 당함
- 1933년 – 2차 세계 대전이 일어나고 몬테소리 교육이 독립된 인간을 만들어 낸다는 이유로 몬테소리 학교가 폐쇄됨
- 1934년 – 로마 4차 국제회의 참석
- 1936년 – 바로셀로나 혁명으로 네덜란드에 정착
- 1939년 – 인디아에 6개월간 훈련 과정차 갔다가 3년간 억류됨, 많은 학교를 세움
- 1942년 – 네덜란드로 돌아와 8회 몬테소리 학회 개최함
  – AMI 협회 설립, 아들 마리오가 맡음
  – 3차례 노벨 평화상 후보에 올랐으나 사양함
  – 유럽에서 몬테소리 교육이 활발해짐
- 1952년 – 5월에 82세로 네덜란드에서 별세
  – 5년 후 미국에서 몬테소리 교육이 부흥됨

2. 몬테소리 교육의 쇠퇴와 부흥

1) 쇠퇴

당시 사회적 거두이며 무시할 수 없는 존재인 듀이(Dewey)의 수제자인 킬패트릭(Kilpatrick)의 몬테소리 방법에 대한 비판과 함께 당시에는 아동의 민감기와 감각적 경험을 통한 지능의 발달이 아직 과학적으로 증명되지 않았었기 때문에 아동의 활동 자발성을 인정하지 않았던 많은 학자들에 의해 몬테소리 교육은 40여 년 동안 자취를 감추게 되었고, 이 시기에 몬테소리(Montessori)는 스페인, 인도 등 유럽과 아시아 쪽에서 활동을 하였다.

2) 부흥

첫 번째 부흥기는 1907년 몬테소리 어린이집의 개설 이후, 그리고 1912년 몬테소리 여사의 미국 백악관 방문 이후 미국에 불었던 몬테소리 열풍이라고 할 수 있다. 몬테소리 방법은 미국 사회에서 열렬한 환영과 지지를 받았고, 알렉산더 그라함 벨의 부인이 회장을, 마가렛 윌슨(당시 윌슨 대통령의 딸)이 서기가 되어 몬테소리 협회를 구성하기에 이른다. 몬테소리 여사의 강연을 들으려고 그 유명한 카네기홀이 가득 차고 넘치도록 사람들이 몰려올 만큼 그 열기가 뜨거웠다.

1950년 소련의 인공위성 스푸트닉호의 발사로 미국이 위기감을 느낌과 동시에 수·과학 분야에서 뒤처진 것 같은 느낌을 받으면서, 국가적으로 교육계를 점검하여야 한다는 전 국민의 각성과 함께 마지막으로 찾아낸 영재교육의 카드가 몬테소리 교육이었다.

그 당시 평준화를 지향하고 있었던 학교에서는 영재교육의 기회가 없었고 어려운 길을 피하려는 안일주의가 퍼져 있었던 사회 분위기여서 많은 학생들이 대학 진학의 길을 접고 있는 상황이었다.

그리고 도시와 지방 간의 격차 또는 빈부의 차이에서 오는 아이들의 학습의 격차를 극복하게 해 주려고 정부가 주도해서 만든 Head Start program에 몬테소리 방법의 읽기, 쓰기, 셈하기 등의 방법이 적용되어 거의 전 아동이 몬테소리 교육 방법을 대하게 되었다.

오늘날 미국 사회의 엘리트라 불리는 지도층의 80% 이상이나 우주항공국 나사의 80% 이상이 몬테소리 교육의 기반을 갖고 있다는 사실을 미루어 볼 때 평준화를 지향하고 있는 우리 한국의 교육계도 시급히 몬테소리 교육의 일반화를 계획해야 하리라 생각한다. 두뇌가 좋아지면 무엇을 배우든 쉽고 빠르게 익힐 수 있기 때문이다.

두 번째 부흥의 이유는 1950년대 이후 지능의 발달은 감각적 경험에 의해서 이루어진다는 피아제(Piaget), 에릭슨(Ericsson) 등 교육 학계의 유명한 학자들의 잇단 연구에 의해 거부되었던 몬테소리의 이론이 차례로 증명되면서 한층 빛을 발하게 되었다.

세 번째 부흥 이유로는 낸시 램부시라는 여성이 유럽에서 몬테소리 방법을 익히고 돌아와 뉴욕으로부터 시작하여 미국 전역에 몬테소리 교육 방법을 전파하면서 몬테소리 교육 방법은 급물살을 타며 미국 전역으로 퍼지게 되었고 현재 세계 각국의 영재교육으로 자리 잡게 되었다.

1900년대 초 몬테소리 여사의 활동 초기에 그 당시 학자들과 충돌했던 이론 중에 하나가 감각적 경험과 지각에 의해 지능이 발달한다는 몬테소리 여사의 주장이었는데, 지금은 감각적 경험을 통해 지능이 발달하고 창의적 사고의 바탕이 감각 경험이라는 데 의견이 일치한다. 누구나 인정하고 주장하는 이론이 되었다.

그래서 요즘에는 프뢰벨(Fröbel)의 은물, 오르다, 블록피아 등 감각적 자료를 활용하는 많은 프로그램들이 성행한다. 그러나 체계적이고 과학적이며 창의적이고 독특한 몬테소리의 감각 교구들과는 비교할 수 없다고 본다.

대부분이 시각, 촉각에 의한 교구들인데 비해 몬테소리 감각 영역에는 시각, 촉각, 미각, 청각, 후각 등 오감을 모두 발달시킬 수 있는 교구들로 구성이 되어 있고 그것들도 기초에서 심화까지 여러 단계로 나뉘어져 있어 둔재나 평범한 아이, 영재 모두가 사용이 용이하다.

각각의 교구들 속에는 오류의 정정이 그 자체에 있으며 어려움의 분리가 교구마다 되어 있어 교구 하나하나에 어려움 한 가지씩을 경험하면서 해결해 나가도록 목표가 설정이 되어 있다.

예를 들면, 분홍탑은 크기를 비교하면서 크고 작음을 알게 하고, 빨간 막대는 길이를 비교하면서 길고 짧음을 인지하고, 갈색 계단은 굵기, 가늘기, 넓고 좁음을 이해하는 각각의 목적이 있다.

아른하임(Arnheim) 교수가 몬테소리 교구를 극찬한 이유 중에 하나도 명확한 크기와 형태, 그리고 선명한 색깔 등이 아이들에게 확실하고 정확한 감각적 지각을 갖게 한다는 것과 다양한 색깔과 형태를 보고 '차이'를 발견하고 흥미로워하며 즐거움을 갖게 한다는 것이었다.

3. 몬테소리와 같은 견해의 학자들

1) 피아제

스위스의 심리학자인 피아제(Piaget)는 1930년대 이후 몬테소리와 마찬가지로 아동 관찰을 통한 연구를 통해 "감각운동 지능은 사고의 근거가 되며 지각과 결합하여 전 생애에 걸쳐 사고에 영향을 미친다."라고 말하며 감각운동 훈련에 대해 몬테소리와 같은 견해를 나타내었다(Piaget, 2003: 119).

2) 아른하임

독일의 심리학자인 아른하임(Arnheim)은 "'명확하게 표현된 형태, 크기, 색깔이 다양한' 대상들을 순수한 형태로 아동에게 제시해야 한다. 아동의 정신력을 교육시키는 데 있어서 지각의 중요성을 재강조해야 한다."고 주장하였다(Arnheim, 2004: 205).

3) 할로우

미국의 심리학자인 할로우(Harlow)는 두 집단의 원숭이들에게 퍼즐을 주어 실험한 결과, 행동에 대한 내재적 동기만 있으면 보상 없이도 퍼즐을 푼다는 실험 결과를 얻었다(Harlow, 1953: 29–30).

4) 헌트

미국의 심리학자인 헌트(Hunt)는 "몬테소리 방법은 난이도와 복잡성에 따라 여러 단계로 분류가 되어 있는 다양한 자료 가운데서 한 가지를 선택할 수 있는 자유를 아동에게 줌으로써 '매치의 문제'를 풀 수 있다."고 하였다(Hunt, Current Research in Motivation: 365).

5) 로렌츠

오스트리아 동물학자인 로렌츠(Lorenz)는 민감기가 존재한다는 사실을 거위 실험을 통해 증명하였다. 1935년에 거위를 부화시킨 직후, 자신이 어미인 것처럼 행동했더니 거위들이 로렌츠를 어미인 양 따라다녔다는 실험으로 거위의 각인 현상을 증명하였으며, 종족 인식이 부화 직후에 어린 거위들의 신경 체계에 각인된다고 결론을 지었다(Lillard, 1994).

3. 몬테소리와 다른 견해의 학자들

1) 킬패트릭

미국의 교육학자인 킬패트릭(Kilpatrick)과 그의 지지자들은 몬테소리 이론은 이타르와 세겡의 버려진 이론을 연구한 것으로 시대에 뒤떨어진 이론이라고 비판하였다. 사회성 발달을 강조했던 미국 사회의 분위기로 볼 때 몬테소리 교실은 언뜻 보기에 사회성 발달이 안 되는 상황으로 비춰질 수 있어 다른 학자들로부터 비판을 받았다.

1900년대 초기 이론들과 몬테소리 이론의 다른 점은 아동의 지적·인지적 발달, 감각 훈련, 아동 성장의 민감기, 학습에 대한 아동의 자발적 흥미 등 4가지 분야에 대한 것이었다(Kilpatrick, 1914; Lillard, 1994).

2) 다윈

영국의 생물학자인 다윈(Darwin)의 진화 이론은 1900년대 초 미국 문화에 고정 불변의 지능에 대한 신념을 심어 주었는데, 이것은 감각적 경험을 기반으로 초기 인지 발달을 강조하는 몬테소리 이론과는 대치되는 이론이었다(Lillard, 1994).

3장 몬테소리 철학

몬테소리(Montessori)는 아동이 성인의 축소나 소유물이 아니라 아동 그 자체가 존엄하고 유일한 존재임을 나타낸다고 생각하였다.

따라서 아동기의 중요성을 파악하고 아동의 본성과 욕구를 알아내어 아동의 삶을 돕는 교육을 실현하려는 노력을 하였다.

1. 몬테소리가 발견한 아동의 본성과 욕구

① 질서를 사랑한다.

② 아름다움을 사랑한다.

③ 독립하려는 본능이 있다.

④ 배우려는 강한 욕구가 있다.

⑤ 외부 권위에 복종하려는 본능이 있다.

⑥ 언어 발달의 욕구가 있다.

⑦ 운동의 욕구가 있다.

⑧ 주위 환경에 대한 탐구심이 있다.

2. 정신의 배

몬테소리(Montessori)는 아동이 태어나기 전 태내에 있을 때부터 자신의 내부에 정신을 전개시켜 나아갈 패턴을 소유하고 있다고 보았다. 그리고 이렇게 타고나는 정신적 실체를 '정신의 배(spiritual embryo)'라고 칭하였다. 정신의 배는 영적 초기 싹이라고도 칭한다.

이 '정신의 배'는 예정된 앞으로의 발달 과정을 내포하고 있으며 정신적 패턴은 첫째, 주변 환경과 맺는 필수 불가결한 관계에 의존하며, 둘째, 자유를 필요로 한다.

이 두 가지는 아동이 발달할 때 가장 필요로 하는 필수적인 요소임으로 한 가지라도 빠지면 정상적인 발달을 이룰 수 없게 된다(Lillard, 1972: 61).

현대의 유아교육자들은 이 아동의 선천적 능력과 주변 환경과의 상호작용으로 아동이 발달을 이룬다는 것을 정설로 받아들이고 있다.

3. 민감기와 흡수정신

1) 민감기

몬테소리 교실이 지향하는 교육 방법의 바탕 정신에는 어린아이들에 대한 사랑이 자리하고 있다.

날갯짓에 익숙해져 푸득거리는 어린 새를 엄마 새는 가차 없이 쫓아낸다. 스스로 먹이를 찾아야 한다. 우리 어린아이들도 마찬가지다. 이 큰 세상이 어디가 어디인지, 무엇인지 제대로 모르면서도 홀로서기를 배워야 한다. 세상을 알아 가야 하며 살아가는 방법을 배워야 한다.

이 절대 명제를 해결하는 방법을 몬테소리 여사가 찾아내었는데 그것이 감각교육이다.

감사하게도 하나님은 이 어린아이들이 보다 쉽게 세상을 익혀 가도록 태어나면서 초등학교 가기까지의 만 6세가 될 때까지 아이들에게 감각에 예민한 '민감기'와 모든 것을 쉽게 받아들일 수 있는 '흡수정신'을 갖고 태어나도록 하셨다.

그것을 몬테소리(Montessori)가 발견했고 오감을 통한 감각교육으로 모든 구체물을 사용하는 방법들을 익히게 함으로써 보다 쉽게 세상을 배워 가게 하였다. 이것이 몬테소리 교육의 '삶을 돕는' 정신이다.

어린아이의 눈에는 이 세상이 커다란 공룡 같고 모두가 어렵고 두렵다. 그래서 어린아이 주위에 일상생활에서 겪고 만나는 그러한 것들을 미리 제공해 직접 만나 보고 해결할 수 있도록 배려하는 것이다.

또한 어린이에게는 '민감기'라는 특수 장치가 있고 0~6세까지의 어린이는 놀라운 흡수력을 가지고 있다. 이때에는 아주 쉽고 빠르게 모든 것을 스펀지처럼 받아들이기 때문에 아주 쉽게 익숙해질 수 있는 것이다.

예를 들면, 3세 아이는 2000개 이상의 어휘를 구사할 수가 있다. 가르쳐서 된 것이 아니고 들은 대로 흡수해서 생긴 능력이다.

이처럼 이 시기에는 손으로 느끼는 모든 것, 감각기관(시각, 청각, 촉각, 미각, 후각)으로 느껴지는 모든 것이 80% 이상 저장되며 두뇌를 자극하고 발달시킨다. 이 민감기의 발견으로 어린이의 조기 교육이 시작된 것이다.

또한 유아기, 유년기에 겪는 모든 경험이 전 인생을 지배하며 그 유아기 때 쌓은 품성이 일생을 통해 이루어진다는 사실과 유아 시절에 경험한 학습의 풍부성과 다양성에 의해 아이의 후기 학습이 영향을 받는다는 것이 증명되고 있기 때문에(Hebb, 1949), 어린이의 환경을 가급적 풍성하게 마련해 주고 실제적인 구체물로서의 교육을 강조하고 있는 것이다.

민감기란 어린 생명들이 알지 못하는 미지의 세계를 터득해 나가고 익혀 자기의 것으로 만들게 하는 인간을 향한 하나님의 선물이다. 애벌레가 갓 태어나 연한 싹을 먹어야 할 때 햇빛에 이끌리어 가지 끝으로 나와 연한 잎을 먹는 것도 애벌레의 민감기에 속한다.

이렇듯 어린아이도 태어나면서부터 세상을 알아 가기 위한 노력을 시작하는데 시각, 청각, 후각, 미각, 촉각의 오감을 총동원하여 감각적인 시도를 하게 된다. 이 5가지 감각 중에 가장 예민하고 가장 자주 사용하는 감각이 촉각이며 평생토록 가장 오래 남는 것이 또한 촉각이다.

갓난아이들이 무언가 물체를 발견했을 때 손으로 집어 입으로 가져간다. 촉각과 미각으로 물체를 확인하려는 것이다. 손은 밖으로 나온 두뇌라고 했다. 그만큼 손에 의한 경험과 기억은 두뇌 발달에 필수적이다. 그래서 아이들의 손은 비어 있게 해서는 안 된다.

한 가지 예를 들어 보자. 한 아이가 놀이터에서 돌아왔는데 주머니에 한가득 돌멩이를 넣어 왔다. 주섬주섬 꺼내 놓는 아이를 향한 엄마의 반응을 보자.

① "아니, 그게 뭐야? 저 흙 좀 봐. 주머니에 돌멩이들을 넣고 다니면 더럽잖아. 얼른 버려."

② "그게 뭐니? 왜 돌멩이를 가져왔니? 뭘 할 건데?"
"엄마, 이거 재미있게 생겼어. 가지고 놀 거야."
"엄마 생각에는 화분에 놓아두는 게 좋을 것 같은데……."

우리는 둘 중에 어떤 타입일까? 언뜻 보기에 후자에 속한 엄마가 나아 보인다. 그러나 그 아이의 손에서 돌멩이를 뺏는 순간, 아이의 창의적이고 확장적 사고의 노력은 끝나고 두뇌의 자극과 발달도 멈춘다는 것을 알아야 한다.

우리는 때때로 우리가 하찮게 여기는 일에 아이들이 유난히 집착하고 매달리는 것을 보며 이상하게 생각할 때가 종종 있다. 아주 작은 곤충들을 쳐다보느라고 열중해 있다든지 작은 나무 조각들을 세워 무언가를 만들려고 밥 먹는 것도 잊고 몰두해 있다든지 하는 것이다.

그러나 이러한 아이들의 행동이 바로 아이들에게 나타나는 민감기의 특징인 것이다. "어떤 것이 아동의 성격 모두를 몰두시킬 만큼 흥미를 불러일으키는 것은 중요하다."라고 몬테소리가 말한 것처럼 아동이 무언가에 몰두해 있다는 것은 '주의 집중력'의 발달로 이어지는 것이므로 아주 중요한 일이다.

따라서 어떤 일을 선택하든 아동이 스스로 선택한 일을 성취해 나가도록 격려함으로써 아동의 의지력을 발달시키도록 도와야 할 것이며 아동의 의지를 자신들의 의지로 대신하지 않도록 조심해야 할 것이다.

엄마가 하찮게 생각하는 그 어떤 것이라도 아이에게는 자신감과 성취감, 독립심과 집중력을 기르는 데 아주 중요한 일이 되기 때문이다.

인간이 말을 하기 위하여 사용하는 혀와 일하는 데 사용하는 손은 신체의 어떤 다른 부분보다 더 지능과 밀접하게 연결되어 있다. 그래서 혀와 손은 인간 지능의 도구들이라고 말한다. 아이들이 무엇인가를 보았을 때 먼저 손으로 잡고 입으로 가져가는 동작을 '손과 혀의 탐험'이라고까지 말하는 것은 유아가 새로운 것을 알고자 하는 욕구에서 나온 행동으로 보기 때문이다.

아동은 지각하고 사고하는 데 필요한 신경 조직들을 발달시키기 위하여 탐색할 사물들을 가져야 한다. 그렇게 함으로써 환경 속에 있는 사물들의 특성을 받아들이고 반응한다.

그런데 우리 어른들은 아이들을 향해 '만지지 말라'는 말을 하루에도 몇 번씩 한다. 우리 성인들은 물건을 너무 아끼기 때문이다. '만지지 말라'는 말은 '배우지 말라'라는 말과 같다는 것을 항상 명심해야 한다.

2) 민감기의 특징

민감기란 아동의 환경 속에서 다른 것은 배제한 채 오직 하나의 특성에만 몰두하고 집중하는 기간을 말하며 뚜렷한 이유 없이 오랫동안 반복하고 싶어 하는 강한 흥미의 형태로 나타난다.

그리고 아동이 아무리 민감기에 있다 할지라도 받아들이는 능력이 없다면 소용이 없는데 이때에 그 대상을 아주 빠르고 쉽게 받아들일 수 있도록 하는 능력이 아동이 태어날 때 선천적으로 가지고 태어나는 능력, 바로 '흡수정신'이다.

이 흡수정신은 주위의 환경을 무의식적으로 받아들이는 것인데, 0세에서 3세까지는 무의식적으로 흡수하며 3세에서 6세까지는 의식적으로 흡수한다. 그래서 정신적인 기능들이 3세 이전에 형성되고 3세 이후에는 발달하게 되는 것이다.

아동은 이 민감기 동안에 몇 가지의 특징들을 보여 주는데, 민감기 특징을 간단히 설명하면 다음과 같다.

첫째, 질서의 욕구를 나타낸다.

이미 설명한 바가 있겠지만 민감기 기간에 있는 아동은 주변 환경에 대해 질서의 욕구를 나타낸다. 먼저 아동은 자신이 만지는 사물이 제자리에 있는 것을 좋아하고, 제자리에 없을 때는 짜증을 내거나 찾고, 찾은 사물은 제자리에 갖다 놓으려는 노력을 한다. 그래서 3세 이전의 아이들은 낯선 환경에 놓이게 되거나 낯선 사람을 보면 울거나 싫어하고 부모나 보호자를 떠나려고 하지 않는다.

둘째, 혀와 손으로 주위의 사물을 탐색하려고 한다.

3세 미만의 어린아이들은 주변에 있는 것은 손에 잡히면 입으로 가져간다. 혀와 손은 지능의 도구들이라고 말하는데 말을 하기 위한 혀와 작업에 사용되는 손은 지능과 밀접하게 연결되어 있기 때문이다. 그래서 아이들의 주변에는 손으로 탐색할 사물들이 준비되어 있어야 한다.

셋째, 어린 아동은 걷기에 대한 민감기에 들어 있다.

신경 세포는 위에서 아래로 머리에서 발끝으로 향하고 심장에서 팔과 손끝으로 향하고 근육을 발달시킨다. 아이들은 끊임없이 움직이려고 한다. 돌아다니지 않고 조는 병아리들은 병든 병아리이기 쉽다. 아이들도 한순간도 가만히 있는 아이가 별로 없다. 어린 아동은 아직 근육이 미분화되어 있는 상태이므로 끊임없이 걷고 뛰고 탐색함으로써 자신의 육체를 발달시킨다. 이것은 아동의 본능적 욕구이다.

넷째, 어린 아동은 작고 섬세한 물건에 대한 흥미가 강하다.

어린아이들은 눈에 띄지 않는 작은 곤충들도 손으로 잡아 입으로 가져가는 일이 많기 때문에 특히 어린 반을 맡고 있는 교사나 성인들은 세심한 주의가 필요하다.

다섯째, 자아 중심에서 사회적 관심으로 옮겨 간다.

민감기 안에 있는 아이들은 자아가 강한 아이들이지만 주위에 대한 관심도 많아지면서 소통하고 싶어 한다. 점차 자아 중심에서 벗어나 내 것에 대한 애착에서 남의 것에 대한 존중도 익히는 사회적 관습을 배우게 되고 타인과의 접촉을 시도하게 된다.

(1) 감각적 민감기

도형을 배우게 되면 아동은 생활 주변에 더 큰 관심을 갖게 되고 모든 사물들이 더 가까이 실제적으로 다가오게 된다. 새로이 내 주변에 대해 눈을 뜨게 되는 셈이다. 이럴 때 가정에서 관심을 갖고 아동과 함께 이야기를 주고받으면 아이들의 세계가 더 넓어지게 된다.

예를 들어, 식빵을 세로로 썰면 '직육면체'가 되고 어슷하게 썰면 '삼각형' 또는 '삼각기둥'이 된다. 집에 '사각기둥'도 있고 '구'도 발견된다. 냉장고에는 '계란형'이 있고 아이스크림을 먹으면 '원뿔'이 보인다.

이처럼 아동의 언어 발달과 인지 발달이 함께 이루어지는 현장이 바로 가정이다. '원기둥'은 어디 있을까? 이런저런 도형을 찾아보면서 아동은 즐거운 몬테소리 교실을 집에서도 찾게 되는 것이다.

많은 어머님들이 각양각색의 말씀들을 하신다.

"우리 아이는 너무 밖으로 나가려고 해요."

"꼭 제자리만 찾으려고 애를 써요."

"개미 같은 벌레를 너무 쫓아다녀요."

바로 그때가 어머님들이 아셔야 할 아이들의 민감기이다.

태어나면서부터 특히 12개월 이상의 아이들은 한없이 걸으려고 하는 운동의 욕구가 있다. 혼자 뒤뚱거리면서도 걷고 뛰고 하면서 스스로를 강하게 훈련시키려고 하는 노력이다. 그래서 밖으로 나가려고 한다.

(2) 질서 민감기

가장 강한 질서 민감기에 있는 아이들은 꼭 제자리만 고집한다. 자신의 눈에 익혀진 곳이어야 안심하는 것이다. 그래서 낯선 곳, 낯선 사람을 경계하고 두려워하는 것이 질서 민감기에 있는 아이들의 특징이다.

또한 이 시기에 작고 미세한 것들에 대한 강한 흥미를 나타낸다. 주위에 작은 벌레들이나 작은 물건을 입으로 가져가 탐색하려고 하기 때문에 위험한 작은 물건들이 없도록 교사나 부모님들이 조심해야 한다.

아이들의 질서 민감기는 특히 새 학기에 많이 나타난다. 특히 예민한 어린이는 지금까지 적응된 환경이 바뀌면 낯설고 변화된 환경(교실, 담임, 친구들 등)에 적응하기를 몹시 힘들어한다.

이는 지금까지 유지해 왔던 질서가 깨져서 이 나이에 어린이들이 갖는 강한 질서 의식이 흔들렸기 때문이다. 그래서 때로는 유치원 혹은 학교에 가기를 거부하기도 하고 한곳에 머무르지 못하고 왔다 갔다 하는 불안정한 모습을 보이기도 한다. 변화된 환경을 받아들이기 위한 안타까운 몸짓이라고 보아야 하겠다.

이때 교사나 부모는 이러한 아이들을 나무라거나 윽박지르지 말고 되도록 따뜻한 음성, 부드러운 손길로 어루만져 주어야 한다. 가능하면 많은 스킨십으로 머리를 쓰다듬어 주거나 가볍게 볼을 만져 주거나 손을 잡아 주기도 하면서 곁에 자신을 사랑해 주는 사람이 있음을 느끼게 해 주는 것이 치료약이다.

4. 몬테소리 교육의 특징

몬테소리 교육의 특징은 크게 3가지로 나눌 수 있다.

첫째, 구체물 교육(실물을 통한 감각교육)

둘째, 개별 교육(개인차 인정, 능력별 지도)

셋째, 혼합연령 교육(3년차 혼합 사회성 발달)

위의 3가지를 바탕으로 무엇보다 어린이들의 자유로움과 존중을 우선함으로써 어린이가 인격적으로 성장한다는 것이 몬테소리 교육의 특징이다.

1) 구체물 교육

평면적인 것으로 사물을 설명하는 것보다 구체물을 가지고 설명하는 것이 유아에게는 훨씬 빠르게 이해될 것이다.

예를 들어, 둥근 원을 그려 놓고 "이것은 공이야, 구를 수 있단다."라고 설명하는 것과 실제 공을 굴리면서 "이것은 공이라고 해, 구를 수도 있단다."라고 하면 아이는 공이라는 단어와 구른다는 단어를 동시에 익히고 평면으로 보는 원보다 실물로 배우는 구체물로서의 공을 훨씬 빠르고 쉽게 이해하게 된다.

이는 감각적 자극으로 인식 능력 발달을 도우며 이를 감각교육이라고 한다.

2) 개별 교육

개별 교육은 아동의 개인차 인정, 개성의 존중, 개별 능력의 인정을 의미한다. 즉, 아동의 개인차를 인정하고 아동의 개별 단계에 따라 그에 맞게 진도를 설정하고 교육의 내용을 마련할 수 있다.

어떤 교실에서도 아동이 모여 있을 때 아동이 똑같은 능력을 나타내는 경우는 볼 수 없다. 아동은 모두 조금의 차이는 보이기 마련이다.

몬테소리 교실의 교사는 아동을 한 명 한 명 개별 지도를 함으로써 그 아동에 대해 정확하게 알게 된다.

따라서 빠른 아이는 빠르게 앞서 나가면서 영재성을 키워 주고, 정상적인 아이는 정상적인 단계로 이끌어 주고, 늦는 아이는 반복 학습과 개별 지도로 처지는 부분을 정상적인 단계로 이끌어 준다.

3) 혼합연령 교육

몬테소리 교실의 혼합연령은 3, 4, 5세 또는 4, 5, 6세 구성으로 3년 혼합으로 하는 것이 원칙이다.

몬테소리 교실에서 혼합연령으로 아동을 구성하는 이유는 연령이 다른 아동이 모였을 때 어린 아동이 큰 아동의 작업에 대한 학습의 흥미로 연결될 수 있으며 큰 아동은 자신이 배운 작업을 어린 아동에게 가르쳐줌으로써 반복 학습의 효과를 갖는다.

또한 어린 아동은 큰 아동에게 존경을 나타내며 큰 아동은 어린 아동을 돌보려는 모성 본능을 나타내는 것을 볼 수 있다. 이것은 큰 아동의 리더십 발달이라는 좋은 덕목을 키우는 데 아주 좋은 환경이 될 수 있다.

그리고 아동의 연령이 섞이게 되면 더 많은 어휘의 발달을 가져올 수 있다.

구체물 교육과 개별 교육은 교구와 교사만 준비되어 있으면 쉽게 할 수 있는 부분이지만, 혼합연령 교육은 학부모 쪽에서는 걱정스럽고 유치원 입장에서는 여러 가지로 어려운 부분이 있다.

학부모들이 제일 염려하는 부분이 어린 아동은 큰 아동에게 치인다고 걱정하고 큰 아동의 부모는 자신의 아이가 어린아이와 함께 있으므로 퇴행하게 된다고 걱정하는 것이다. 그러나 혼합연령 교실에서의 아름다운 분위기를 부모님들이 보신다면 공연한 걱정인 것을 알게 된다. 퇴행은 형제간에 부모의 사랑을 잃을까 염려하는 큰 아이가 나타내는 현상일 뿐 유치원에서는 누군가에게 특별한 사랑을 베풀지 않기 때문에 큰 아이가 교사의 사랑을 잃을 염려를 할 필요가 없는 것이다.

그럼에도 불구하고 부모님들의 오해와 걱정으로 혼합연령 교실을 두려워하기 때문에 몬테소리 교육을 전문으로 하는 유치원에서조차 혼합연령 교실을 만들지 못하고 동일연령 교실을 유지하는 곳이 많다.

유럽이나 미국의 경우를 살펴보면, 몬테소리 교육을 하지 않는 유치원에서도 혼합연령 교실을 선호하는 곳이 많다. 그것은 혼합연령 교실의 좋은 점이 더 많기 때문일 것이다.

몬테소리 정규 과정을 하는 유치원에서는 한 교실에 인턴교사일지라도 정교사와 보조교사 2명이 있어야 한다. 재정상 두 명의 교사를 둔다는 것은 쉽지 않은 일이다.

몬테소리 교실은 3년 혼합을 원칙으로 하지만, 미디어의 발달 등에 따른 현재 아동의 성장 속도를 고려하면 3년차 혼합은 교사들의 수고를 가중시킬 수 있다. 2년차 혼합으로 하되 개월차를 6개월 정도 띠어 교실을 구성하는 것을 권한다.

이와 같은 몬테소리 교육을 받은 아동의 특징은 모든 사물에 대한 인식력과 인지도가 높고, 생각의 깊이와 사고의 차원이 깊어 다른 아동과 비교가 된다.

또한 어떤 문제와 부딪혔을 때 문제해결 능력이 뛰어나고, 끊임없이 배우고 싶어 하고 탐구하려는 정신이 크다.

이것은 많은 졸업생 부모님들의 공통된 생각이었다. 다시 말하면, 몬테소리 아동들은 모든 면에서 뛰어난 발달을 보인다고 할 수 있다. 현재 당장은 그렇지 못해 보이는 아동일지라도 조금만 더 지나면 부모님들의 기대 이상으로 발달해 있는 아이들을 발견하게 될 것이다.

5. 몬테소리 교육의 10대 목표

몬테소리 여사가 추구하는 목표는 여러 가지가 있으나 그중에서 10가지를 골라 10대 목표로 설정해 놓았다.

1) 배움의 즐거움(Joy of Learning)

'배움의 즐거움'은 몬테소리가 추구한 10대 목표의 첫 번째 키워드로 아동은 태어나면서 자신의 삶을 이루기 위해 무의식 또는 의식적으로 주위 환경을 흡수하고 무엇이든지 배우려고 한다. 그래서 아동은 말을 하기 시작하는 즉시 입에서 떠나지 않는 말은 "뭐야?"와 "왜?"이다.

날마다의 새로움이란 말을 쓸 만큼 몬테소리 교실에는 아이들이 매일 새로운 작업에 도전하여 성취해 내는 즐거움이 있다.

2) 발견을 통한 학습(Learning through discovery)

몬테소리 교구는 각 영역에서 특히 일상생활 영역이나 문화 영역에서 아동이 하는 작업 중 실험을 통해 깨닫게 되는 경우가 많다.

예를 들어, 일상생활 영역 교구 속에 색깔 혼합 작업에서 색깔을 섞었을 때 나타나는 다른 색깔, 물에 뜨거나 가라앉는 시연 작업에서 물체의 크기와 상관없이 뜨고 가라앉는 물체들의 발견, 과학 영역에서 자석 막대에 붙는 물체와 붙지 않는 물체가 있는 것을 실험을 통해서 알게 되는 등 셀 수 없이 많은 작업들을 통해 아동들은 새로운 발견을 하게 된다.

3) 질서 사랑(Love of order)

질서에 대해 아동이 느끼는 애착은 생후 1개월에서 2년까지 지속되는데, 이는 정확한 환경을 향한 강한 욕구에 근거하는 것으로, 그런 환경 속에서만 그 지각을 범주화할 수 있고, 그 세계를 이해하고 그에 필요한 내적인 개념의 틀을 형성할 수 있다.

아동은 질서에 대한 자신의 욕구를 3가지 방식으로 표현하는데, 첫째는 제자리에 놓인 사물을 보고 즐거워하며, 둘째는 제자리에 없을 때 짜증을 내며, 셋째는 자기 힘으로 사물들을 제자리에 갖다 두기를 고집한다.

4) 선택의 능력(Ability to choose)

교구장의 문을 잠그지 않고 교실을 떠난 다음 날 아동이 원하는 교구를 꺼내 자유롭게 작업하는 모습을 보고 선택의 자유를 주었을 때 아동은 선택의 능력을 나타낸다고 믿게 되었다(Lillard, 1994: 29).

선택은 먼저 결정이 있어야 하고 거기에 책임이 따른다. 이 선택은 성인에게도 어려운 일이나 어려서부터 누구의 지시 없이 스스로 선택한 작업을 하게 되면 성인이 되어서도 인생의 중요한 때에 원하는 것을 결정하고 선택할 수 있는 능력이 생기게 된다.

5) 침묵을 즐김(Love of quiet)

침묵 활동은 한순간의 정지된 상태에서 몸의 움직임을 통제하며 정신을 집중하여 고요 속에서 주위의 작은 소리를 찾아낼 수 있는 침묵 게임을 통해 아동이 침묵을 즐기게 한다.

현대 사회에서 소음 속에 묻혀서 제대로 자신의 행동과 정신을 수습하지 못하고 있는 사람들에게 침묵 게임, 즉 명상 훈련은 자신을 돌아볼 수 있게 하는 필수 훈련이라 생각된다.

6) 현실 접근(Attachment to reality)

몬테소리 교실에는 아동들의 주위 환경을 실물 위주로 갖추어 놓는다. 몬테소리 환경의 구성 요소인 현실과 자연에 대한 강조이며, 아동이 현실과 더 밀접한 접촉을 할 수 있도록 준비하는 것이다.

냉장고, 스토브, 유리잔, 칼 등 모두 실제 사물들이어야 하고 모든 사람들이 하나의 물건을 동시에 소유할 수 없다는 현실 세계를 보여 주기 위해 교실에는 각 유형의 물건을 하나씩만 갖추어 놓는다(Lillard, 1994: 100).

7) 자기 훈련(Self-discipline)

훈련이라 함은 반복되는 과정을 통하여 익혀지고 완성되어 감을 말한다. 아동이 누구의 지시에 의존하지 않고 흥미 있는 작업을 스스로 선택하고 자유 의지에 의하여 집중하며 반복하는 상태를 자기 훈련이라고 말한다.

8) 자신감(Self-confidence)

자신감은 정상화가 이루어진 아동들에게 나타나는 감정으로, 이러한 자신감은 독립심으로 이어진다.

아동이 흥미 있는 작업을 선택하여 집중하고 반복하면, 처음에는 실패했던 작업도 완성할 수 있게 되고 성취감과 만족감이 생기며 자신감이 커진다.

9) 집중(Concentration)

민감기의 아동은 흥미를 느끼고 작업을 선택한 후 반복되는 과정을 통해 집중을 하게 되고, 의지력을 갖게 되며 자기 통제가 가능하게 된다.

이 집중력은 몬테소리가 발견한 아동의 발달을 위한 정신적 원리 중 세 번째로, 어떤 작업에 강한 흥미를 느끼며 특정 대상에 주의를 기울이기 시작한다.

몬테소리는 "어떤 것이 아동의 성격 모두를 몰두시킬 만큼 흥미를 불러일으키는 것은 중요하다."라고 그의 저서 『흡수성 마음(*The absorbent mind*)』(1949)에서 언급하였다(Montessori, 2011: 206).

10) 독립심(Independence)

정상화를 이룬 아동들은 자신감을 가지고 독립적으로 자기 작업을 선택하고 마무리할 수 있다. 작업뿐만 아니라 모든 활동에서도 독립적으로 활동할 수 있다.

독립심은 몬테소리 정신적 원리 두 번째에서 기술하고 있는 키워드인데, 아동은 유용한 행동에 대한 내적 안내를 따르기 위하여 독립성을 사용한다.

몬테소리는 "내적인 힘은 선택에 영향을 미치고 누군가가 이러한 안내의 기능을 침해한다면 아동은 그의 의지력이나 주의 집중 능력을 발달시킬 수 없을 것이다."라고 하였다(Montessori, 1959: 217).

6. 몬테소리 철학 용어

몬테소리 철학 용어(17콘셉트) 속에는 10대 목표인 배움의 즐거움, 발견을 통한 학습, 질서 사랑, 선택의 능력, 침묵을 즐김, 현실 접근, 자기 훈련, 자신감, 집중, 독립심 10개뿐 아니라 그 외에 몬테소리가 중요하게 생각하는 키워드가 들어 있어 주요 내용을 소개한다.

1) 정상화(Nomalization)

작업을 선택한 후 반복, 집중, 성취, 만족으로 이루어지는 아동의 활동 주기가 시작되면 그것은 내적 훈련, 자신감과 목적이 있는 활동을 선호하는 등의 발달을 가져오게 된다. 이러한 과정에서 아동이 반복, 집중, 성취, 만족으로 이어지는 마지막 단계에 이르면 아동은 안정을 찾고 행복감을 느끼게 되고 긍정적인 성격이 된다. 이러한 과정은 반복되면서 아동 내면의 발달을 가져오는데, 몬테소리는 이러한 현상을 아동의 '정상화'라고 불렀다.

2) 형성기(Formative Period)

몬테소리 여사는 아동이 감각적, 근육적, 지적 기능을 형성하는 자연적 성향을 갖는 때를 형성 단계로 보았으며, 처음 6년간의 삶을 그 단계로 보았다.

처음 3년은 감각적이고 무의식적으로 준비하는 단계이며, 이후 3년은 준비된 육체와 정신의 완성을 위해 활동하는 단계를 말한다.

3) 활동 주기(Cycle of Activity)

아동이 작업을 선택한 후 반복, 집중, 성취, 만족으로 이루어지는 활동 주기를 말한다. 이 활동주기를 통하여 아동은 내적 발달을 이루고 궁극적으로 정상화를 이룰 수 있다.

4) 흡수성 마음(Absorbent Mind)

아동은 자신을 둘러싼 환경에 대해 전혀 모르는 상태에서 출발해야 하므로 이러한 불가능한 과제를 달성하게 하기 위해 출생부터 6세까지의 아동들은 몬테소리가 말하는 '흡수성 마음'을 소유한다.

이 기간 동안 아동의 두뇌 감수성은 그들의 환경을 획기적으로 흡수할 수 있게 한다. 의식적인 계획이나 정신적 교육 없이도 이 복잡한 것들을 습득하고 이해하게 된다.

그러므로 이 시기에 아동의 무의식적 활동은 정신을 준비하는 것이며, 자연적으로 언어를 흡수하고 말하는 것을 배우게 된다. 이것이 몬테소리가 말하는 '흡수 정신' 또는 '흡수성 마음'이다(Montessori, 1959: 25).

5) 배움을 향한 감각기(Sensitivity to Learning)

아동은 스스로의 삶을 이루기 위해 무엇이든 배우려고 노력하는데, 특히 출생 후 6년간 아동의 민감기에 감각적으로 탐색하며 배움을 이룬다.

6) 준비된 환경(Prepared Environment)

준비된 한경은 몬테소리 교실의 핵심 구성 요소 중 한 가지로, 아동이 삶을 실제로 경험할 수 있도록 삶을 돕는 교구들로 구성되어 있다. 소근육과 대근육의 발달, 눈과 손의 협응을 이루는 일상생활 영역을 비롯해 감각적인 활동을 할 수 있도록 오감의 영역과 수, 언어, 문화 등의 학습적인 자료들로 구성되어 있어야 한다.

7) 복종의 3단계(Three levels of obedience)

아동의 의지 발달 단계에서 마지막 복종의 3단계는 다음과 같다(Montessori, 1959: 257).

① 부모나 교사 등 외부 권위에 대한 복종
② 사회적 규율에 대한 복종
③ 자기 의지에 의한 복종

8) 정신의 배(Spiritual embryo)

아동의 정신 발달 패턴은 출생 전에 가지고 태어나는데, 몬테소리는 이를 '정신의 배'라고 칭하였다. 이러한 정신의 배가 계획대로 발달하기 위해서는 환경과의 절대적인 관계와 아동을 위한 자유라는 두 가지 조건이 선행되어야 한다(Lillard, 1994: 70).

7. 몬테소리 기타 용어

1) 자동 교육

몬테소리는 그녀만의 '자동 교육'을 명명하였다. 그녀는 적당한 환경, 즉 흥미 있는 자료, 자유가 준비된 환경, 그리고 이런 흥미 있는 자료와 자유가 있는 환경이 유지되고 있는 곳에서 아이들은 그들 스스로 교육을 받는다는 것을 실제로 확인했다.

그리고 몬테소리 자료 안에는 교사가 오류를 통제하기보다는 오류의 통제가 자료 안에 포함되어 있다. 인내를 가지고 필요할 때 간접적으로 그들을 도울 수 있는 성인과 '관찰 교사'도 적당한 환경의 필수 조건이다.

2) 교사로서의 아동

몬테소리 교실에서 아동들은 때때로 직접·간접적으로 서로를 가르친다. 특히 몬테소리 교실은 혼합연령으로 구성되어 있어 큰 아동이 어린 아동을 가르치는 일은 흔한 일이다. 그리고 같은 나이라고 하더라도 먼저 들어온 아이가 나중에 들어온 아이들을 지도할 수도 있다. 또한 몬테소리 아동은 의지의 발달로 자기 훈육을 할 수 있으므로 자기 자신을 스스로 발달하게 할 수 있다.

3) 경쟁이 아닌 협동

몬테소리 아동은 혼자 또는 그룹에서 다양한 작업을 하면서 필요할 때 서로서로 또는 교사와 함께 조용하게 말하기도 하며 자신의 작업에 함께할 친구를 초대하기도 한다. 또는 작업을 모두 습득한 아동이 다른 아동을 가르치며 협동하기도 한다.

4) 삶을 돕는 교육

몬테소리는 교육이란 충실하게 주제를 완전히 습득, 성장, 배열시키는 것뿐 아니라 '인생(삶)을 돕는 것'이라고 생각하였다.

교사는 아동이 스스로를 개발시킬 수 있도록 독립심을 얻고 그의 능력을 발휘할 수 있도록 환경을 준비해야 한다. 그곳에서 아동은 자유롭게 작업을 함으로써 그 자신이 인격을 형성하게 된다.

5) 개별화된 교육

몬테소리 교육의 유용한 점은 개별화된 현실성 교육이라는 데에 있다.

각각의 아동은 개인의 특별한 동기와 관심을 가지고 그 자신의 발달 단계에 해당하는 자료들을 선택하고 작업할 수 있다.

또한 아동의 도움 요청이나 교사의 관찰에 따른 아동의 필요를 채우기 위해 개별 지도를 한다. 그래서 교사는 아동 개개인의 진도와 흥미점, 아동의 성향을 정확하게 파악할 수 있다.

6) 본질적 내부 동기

아동의 경험 동기는 본질적이다. 그 동기는 아동 내부에서 비롯되며 아동은 그 자신을 발달시키기를 원한다.

7) 제한 간섭

몬테소리는 "교사는 불간섭의 정책을 따르도록 노력해야 한다."고 말했다.

어른들로부터 간섭을 받지 않는 아동은 자유로운 활동의 순환을 이룰 수 있고 '자기 훈련'을 발달시키는 데 도움이 된다.

다만 아동의 자유는 집단적 이익을 한계점으로 삼아야 하며 보편적으로 예의범절이라고 생각하는 것을 형식으로 설정해 놓아야 한다.

따라서 이것을 벗어날 때에는 제지해야 하며 파괴적인 행동 이외에는 제한해서는 안 된다(Lillard, 1994: 94).

8) 간접 교육

미래의 교육은 개별화 교육을 위한 준비된 환경에서 작업하는 자발적인 아동과 그 아동이 작업하도록 간접적으로 이끌어 주는 새로운 교사로 특징지어질 것이라고 몬테소리는 믿었다.

몬테소리 교육의 실제

2부

4장 몬테소리 방법론

몬테소리는 자신의 신념과 철학을 실제 교육 현장에서 실천할 목적으로 몬테소리 교육 방법을 고안해 내었다. 그리고 이 교육 방법은 몬테소리의 이념과 철학을 계승하는 제자들에 의해 보완되면서 현재까지 이어지고 있는 것이다.

1. 몬테소리 교실의 핵심 구성 요소

몬테소리 교실의 핵심 구성 요소는 크게 2가지다. 그것은 첫째, 준비된 환경과 둘째, 훈련된 교사이다.

1) 준비된 환경

준비된 환경의 필수 구성 요소는 자유, 교실의 환경 구성, 교실의 분위기, 몬테소리 자료, 영역의 구성 등으로 구별된다.

(1) 자유

자유라는 개념은 몬테소리 철학 전체에 깔려 있는 단어이다. 몬테소리 철학 전체에 들어 있는 자유와 사랑이라는 단어는 몬테소리 교육의 최초이자 최후 개념이다. 교실에 있는 아이들은 자유롭고 평화가 넘치는 공간에서 지시나 억압이 없는 상태에서 스스로 선택한 작업들을 마음 놓고 할 수 있어야 한다. 다만 이 자유는 집단적 이익을 한계점으로 한다.

(2) 몬테소리 교실의 환경 구성

몬테소리가 추구하는 교실은 자연적 환경으로 꾸미는 것이다. 환경은 자연적인 것이고 실제로 사용할 수 있는 살아 있는 것이나 실물이어야 한다.

또한 교실 환경은 아동이 중심이 되어야 한다. 아동의 나이와 성장에 알맞고 아동의 발달에 방해가 되는 것이 없으며 아동이 충분히 원하는 대로 교구를 반복 사용하여 만족할 수 있는 곳이어야 한다고 믿었다.

특히 교실의 구조는 우주의 질서를 반영하는 것으로 꾸며져 있다. 시계 방향으로 왼쪽에서 오른쪽으로 구성하되 선반 구성 원칙에 따른다.

교구의 배열은 순차적이며 질서를 지켜야 하지만 생동감 넘치는 교실을 위해 융통성 있게 배열을 바꿀 수 있어야 한다.

아이들은 한 작업에 몰두해 있다가도 항상 다른 영역으로 쉽게 이동할 수 있다. 어린 아동은 큰 아동의 작업에 학습의 욕구와 흥미를 갖게 되며 큰 아동은 큰 작업을 끝낸 후 잠시 쉬운 영역으로 옮겨 갈 수 있다. 헌트(Hunt)가 말한 매치의 문제가 여기에 해당된다.

모든 아동은 각자의 흥미대로 능력에 맞는 작업을 선택하므로 교사 외에는 누구도 각 아동의 능력을 가늠할 수 없으며 누가 낫고 누가 부족한가를 평가할 수 없다. 그래서 아동은 경쟁 없이 편안한 상태에서 스트레스 없이 자신의 작업을 즐길 수 있다.

(3) 몬테소리 교실의 분위기

몬테소리 교실에 비치된 실제의 사물들, 즉 냉장고, TV, 유리잔, 칼, 싱크대 등은 실제로 사용할 수 있는 현실적이고 자연적인 것으로 구성한다.

보통 몬테소리 교실에 교구가 하나밖에 없고 똑같은 교구가 더 없는 이유는 하나의 물건을 동시에 소유할 수 없는 현실을 알게 하고 기다림을 배우고 타인에 대한 배려와 존중을 배우게 하기 위해서이다.

교실은 청결과 아름다움을 유지해야 하며 교실이 너무 화려하거나 알록달록한 것으로 장식되어 있으면 아동이 교구에 집중을 할 수 없다.

이처럼 몬테소리 교실은 지배적인 교사의 엄격함이 없고, 아동 간의 경쟁이 없고 등급이 없으며, 자유와 사랑이 넘치고, 편안함과 즐거움이 넘치는 아름답고 평화로운 분위기여야 한다.

(4) 몬테소리 자료

몬테소리 자료, 즉 교구를 사용함으로써 아동은 감각적 자극을 통하여 두뇌를 확장하고 두뇌 세포를 활성화하여 단기·장기 기억을 저장하고, 감각 경험을 통하여 지능의 발달을 이루게 된다.

정신 발달에 가장 필수적인 것은 주의 집중이므로 교구를 준비할 때 주의 집중할 자료들을 많이 준비한다. 교구는 성장 발달 단계에 따라 차례차례 달성하도록 고안된 것이 가장 훌륭한 교구이다.

그리고 교구는 교재 중심이 아니라 아동 중심으로 연령에 맞는 실물 교구를 사용해야 한다. 어느 정도 실물 단계를 거치고 나면 평면화된 교재를 겸하여 사용할 수 있다.

교구를 안내할 때 적합한 평균 연령을 제시하여 그 자료에 대한 주의 집중력과 자발적인 반복을 관찰하여 적합한 교구·교재를 제시하여야 한다.

아동은 각각 다른 잠재력을 가지고 태어나므로 그 아동의 단계에 맞는 교구를 사용하면서 학습의 흥미를 느끼고 학습의 욕구가 일어나게 한다.

① 몬테소리 자료의 범주

몬테소리 자료는 크게 4가지로 분류된다.

일상생활 영역과 감각 영역의 자료, 그리고 아카데믹한 영역으로 학습 자료와 문화 자료로 구분된다.

학습 자료에는 언어 영역과 수 영역이 포함되며, 문화 자료에는 문화 영역의 역사, 과학, 지리와 예술 영역의 음악과 미술이 있다.

이러한 몬테소리 자료는 영역의 구성에서 자세히 설명하기로 한다.

② 몬테소리 자료 준비 시 알아야 할 점

- 한 교구 안에 너무 많은 어려움이 내재하면 진정한 그 교구의 목적을 익힐 수 없게 된다. 어려움은 교구마다 따로따로 분리되어야 한다.
- 간단한 것에서 복잡한 것으로 진행하고 쉬운 단계서 어려운 단계로 나간다.
- 구체적인 표현에서 추상적인 표현으로 진행한다.
- 오류의 통제가 교구 안에 들어 있게 되면 아동의 자동교육이 이루어진다.
- 교구는 미래 학습을 준비하는 것으로 만들어야 한다. 즉 지금 배우는 것은 미래에 배울 것을 준비하는 단계라는 것이다(예: 기하입체물을 배운 후 평면기하 도형으로 나가고 언어 영역에서 철판 도형을 배우는 것은 쓰기를 준비하는 것이다).

(5) 영역의 구성

몬테소리 교실은 대체로 6개 영역으로 나뉜다. 교실에는 일상생활, 감각, 수, 언어, 문화, 예술 등 6가지 영역으로 선반이 구성되어 있으며 아동의 손이 닿을 수 있고 아이들의 눈높이에 맞추어 선반에 교구들이 진열되어 있다. 보통 어른의 허리 높이라고 생각하면 된다.

문 입구 쪽으로는 보다 어린 친구들이 손쉽게 다가갈 수 있도록 간단하고 쉬운 영역의 작업 선반들이 있고 교실 안쪽으로는 좀 더 아카데믹한 작업 선반, 즉 수, 언어, 문화 선반들로 구성된다.

몬테소리 교실은 모든 것이 질서 있고 체계적으로 구분되어 있으면서 또한 모든 것이 통합적으로 어우러져 각 영역 속에 녹아들어 있다. 예를 들어, 일상생활 영역 속에 과학이, 그리고 언어와 미술이 함께 존재하며, 감각 영역 안에 수와 과학, 그리고 언어가 존재하며, 문화 영역 속에 수와 역사와 지리와 과학과 언어와 예술이 있다. 독립되어 있는 것 같으면서도 통합적으로 어우러져 거듭 반복되며 익혀지는 것이다.

더구나 수 영역 속에는 대수, 기하, 분수, 곱셈, 나눗셈 등이 있어 듣기에도 어마어마해서 고개를 갸우뚱거리게 하고 어렵게 느껴질 것 같은데, 막상 시작을 하면 모래 숫자를 더듬고 긴 막대기를 어루만지며 "하나는 일이요, 둘은 이요." 하품 나오는 시시한 작업들로 시작된다. 이것이 몬테소리 작업의 마술이다.

이 몬테소리 교육 방법은 체계적이고 순서적으로 진열된 교구들을 쉬운 것부터 시작해서 어려운 것으로, 간단한 것에서 시작해서 복잡한 것으로, 구체적 실물로 시작해서 평면적 작업으로 나아가는 것이라고 설명한 바가 있다.

또한 반복 훈련 작업으로 숙달된 작업에 대한 성취감과 자신감으로 인해 독립적인 아이가 되고 행복한 순간들을 경험하면서 긍정적인 성격으로 자라게 된다고도 이야기한 적이 있다.

아주 기초로 돌아가 쉽게 접근하고 차츰 생각의 방을 열어 가고 원리를 터득한 다음에는 날개를 달아 날아오르는 그래서 몬테소리 아동은 2년, 3년을 지나 보아야 얼마만큼 높이, 크게 성장했는지를 알 수 있다고 하였다.

몬테소리 영역은 다음의 내용에 기반하여 구성한다.

- 일상, 감각, 수, 언어, 문화(역사, 과학, 지리) 및 예술(음악, 미술) 선반이 있다.
- 몬테소리 교실은 영역 사이에 칸막이가 없는 대신 성인 허리 높이의 선반으로 영역을 나눈다.
- 혼합연령의 목적을 살리기 위해 일상–수, 감각–언어 등 대응을 이루도록 노력하며 어린아이들이 쉽게 접할 수 있도록 선반을 배열한다.
- 일상과 감각 영역은 바깥쪽에, 집중해야 하는 학습 영역은 안쪽에 자리한다.
- 아동이 영역을 옮기고 싶을 때는 언제든지 자유로이 이동할 수 있게 구성한다.

① 선반 배열

각 선반은 쉬운 것에서 어려운 작업으로, 간단한 것에서 복잡한 교구로, 입체적이고 구체적인 실물 교구로 시작해서 평면 자료로 우주의 질서를 반영한 체계로 구성되어 있다.

우선 일상생활 영역은 자기 삶을 돌보는 여러 가지 작업들로 이루어져 있으며 자신을 돌보고, 환경을 돌보는 일로 나눈다.

먼저 마른 작업으로 훈련하고 익숙해진 뒤 젖은 작업으로 이동하게 된다. 일상 자료는 아동의 주변 환경과 그 나라의 문화에 근거해서 만들어지며 일상생활 영역에서 순서, 질서를 익히고 사고력과 집중력을 기른다. 처음과 중간과 나중이라는 일의 순서와 개념을 익히고 타인에 대한 배려라든지 자신이 한 일에 대한 책임도 질 줄 알게 된다.

청각, 시각, 소근육 발달을 위한 여러 가지 작업은 언어, 수, 과학 등 통합교육으로 이어진다.

선반의 교구들은 아동의 손 높이, 눈높이에 맞추어져 언제나 쉽게 접근할 수 있도록 진열되어 있고, 아동의 발달 단계에 맞추어 체계적이고 질서 있게 구성되어 있기 때문에 교사가 시연한 후 아동이 자유롭게 교구를 선택하여 작업하게 된다.

모든 교구 작업은 실물 또는 구체물 작업을 먼저 익힌 후 입체적으로 사물에 대한 지식을 인지하고 그 차이를 감각적으로 경험한 후에 평면적 작업으로 유도되기 때문에 몬테소리 교실에서는 어떤 교구라도 비록 수나 언어라 할지라도 입체적이고 감각적인 단계 없이 바로 종이 작업(학습지 등 인지물)으로 들어가는 일은 없다.

② 일상생활 영역

일상생활 영역의 자료들은 아동의 주변 환경과 문화에 근거해야 하므로 정해진 자료가 있는 것은 아니다. 예를 들어, 오렌지 까기는 귤로 대체할 수 있고, 바나나 자르기는 오이 등으로 대체할 수 있다. 다만 정신적 발달과 신체적 발달의 근거를 몬테소리 원리에 근거해서 연령에 맞추어 아동을 도울 수 있는 자료로 만들어야 한다. 아직 미분화된 소근육의 발달이나 눈과 손의 협응, 손목 근육의 발달 등 여러 가지가 포함될 수 있다.

일상생활 영역은 일상에서의 생활을 체험해야 하는 영역이므로 소근육을 발달시키는 일을 비롯해 집중력과 사고력 훈련을 거친다. 옷 틀, 손과 도구를 사용해서 옮기기, 붓기, 쓸기, 닦기, 자르기 등의 작업과 훈련을 통해 질서, 사고력, 집중력, 소근육 발달이 체계적으로 이루어진다.

이 영역에서는 사람 돌보기와 환경 돌보기가 나누어지고 어려운 물 작업을 하기 전 마른 작업을 통해서 여러 가지 활동을 익힌다.

한 가지 작업을 똑같은 동작을 여러 번 반복하여 익숙하게 익힌다. 이를 '어려움의 분리', '난이도의 해소'라고 한다.

이러한 반복적인 연습을 통해서 규율과 확신, 정확한 순서로 이루어지는 활동에 대한 개념이 형성된다.

물체를 손으로 옮기는 것을 연습하고 이어 도구를 사용하는, 즉 연필과 스푼을 잡아 보고 사용하는 연습을 하게 된다. 마른 것 따르기를 시작으로 물과 우유 마시기와 따르기 등의 젖은 작업도 배우게 된다.

이런 활동들이 늘어나면서 사람(내 몸) 돌보기와 환경 돌보기 등을 배우며 가정에서 할 수 있는 일상생활의 내용을 교실에서 교사의 지도 아래 안전하게 연습하며 익히게 된다.

기술 향상을 위해서가 아니라 이런 활동들을 통해서 정확한 순서로 진행되는 일의 순서를 익힌다. 즉, 큰 물 작업을 통해서 익히는 시작–중간–마무리를 생각하고 사고력을 키운다. 이를 통해 작업에 대한 확신, 독립심과 자부심, 집중력 같은 내적 규율이 완성된다.

❶ 제 1선반 : 마른 작업(옮기기)

제 1선반은 옮기기를 경험하도록 진열되어 있는데 그중 처음 작업이 손으로 옮기기이고, 그다음이 손가락으로 옮기기, 그다음이 도구를 사용해서 옮기기이다.

물체를 옮기는 훈련을 하는데 손으로 먼저 물체를 옮기고, 그다음 도구를 사용해서 옮기게 하는 것은 사람이 살아가는 데 필요한 활동을 신체를 사용해서 할 수도 있고 편리한 기계와 도구를 사용해서 할 수도 있다는 것을 알게 하는 것이다.

'손은 밖으로 나온 두뇌'라고 했듯이 손을 많이 사용하면 두뇌를 자극해서 머리가 좋아진다고 했다. 그리고 손과 손가락, 손목 등을 많이 사용하게 함으로 아직 미분화되고 미발달한 소근육들을 발달시켜 물건을 잡고 옮기고, 문을 열고 닫고, 병을 열고 닫고, 연필이나 크레파스를 제대로 잡고 쓰고 그리게 하는 이 모든 동작들을 쉽게 할 수 있도록 한다.

특히 손가락 사용이나 집게 사용 등은 언어 교육을 위한 기초 활동이므로 눈과 손의 협응을 위해서 뿐만 아니라 글자를 읽고 쓰기에 필요한 기초 훈련을 돕기 위해 가정에서도 어린아이에게 직접 잡고 해 볼 수 있도록 도와주는 것이 필요하다.

안쓰럽다고 대신해 주면 대신해 주는 시간만큼 아이가 더디 발달할 것이고 뿐만 아니라 그 발달하는 시기(우리는 이것을 결정적 시기라고 부른다)를 놓치면 그 부분은 영원히 둔화되어 버린다는 사실을 꼭 기억했으면 좋겠다.

❷ 제 2선반 : 마른 작업(붓기)

제 2선반에는 마른 것 붓기 작업이 있다. 이 작업에 들어가기 전에 아이들은 '튕기기' 작업으로 옮기고 따르는 양손 작업 연습을 먼저 하게 된다.

손가락과 손목 근육을 강화하기 위한 작업에는 병뚜껑 매칭(열고 닫기), 나사 풀고 조이기, 나무집게 꽂고 빼기 등 여러 작업이 있다. 이 훈련을 통해 문 열고 닫기(손잡이 틀기), 수도꼭지 틀고 잠그기 등 생활에 필요한 사용법을 익히게 된다.

'쓸 것과 버릴 것'을 분류하는 작업을 하는 동안 판단력과 결정력이 생기고, 생활에의 참여 의식이 고취되고 생활 속의 '나'를 느끼게 된다.

붓기와 따르기 선반에서는 조심스레 붓고 따르는 작업을 통해 양손 활동이 익숙해지며 집중력이 발달하게 된다.

이때부터 본격적으로 '양손 사용'이 시작된다. 제 1선반에서는 주로 '오른손'이 사용되었으나 붓기 작업을 배우면서 왼손, 오른손을 번갈아 사용하며 '붓기'를 위한 집중력과 초점 맞추기 훈련이 이루어진다.

이 붓기 작업 이전에 집게로 옮기기(손목과 손가락 근육 발달), 이쑤시개로 옮기기(초점 맞추기, 집중력 향상) 작업을 통해 집중력을 좀 더 기른 후 붓기 훈련에 들어가면 더욱 좋다.

❸ 제 3선반 : 물 작업

마른 것에서 젖은 것까지 따르는 연습이 끝나면 아동은 물, 우유, 주스 등 자유로이 스스로 마시고 따를 수 있게 된다. 이때가 독립심과 자신감이 왕성해지는 단계이다.

이렇게 다양한 방법으로 옮기기와 붓기를 하는 것은 아동의 배우고자 하는 '학습의 흥미'를 유도하기 위해서이다. 아동을 영재로 이끄는 지름길은 교사나 부모가 요구하기 이전에 아동이 먼저 흥미를 느끼고 해 보려고 시도하도록 하는 일이다. 따라서 아동의 질문에 되도록 빠른 대답을 피하고 "음, 좀 생각해 보자. 너는 어떻게 생각하니?"라고 이야기함으로써 아동에게 조금이라도 더 생각하는 모습, 생각하는 태도를 갖게 하는 것이 중요하다.

❹ 제 4선반 : 옷 틀, 음식 작업

몬테소리 아이들은 교실에서 어려운 문제에 부딪쳤을 때 어떻게 풀어 가는가에 대한 훈련을 일찍부터 경험한다. 처음 교구를 대할 때에도 쉬운 것, 단순한 것부터 어렵고 복잡한 단계의 것을 차례로 차근차근 배워 나간다.

예를 들어, 옷 틀 배우기에서 단추 채우기, 벨트 묶기, 리본 매기, 운동화 끈 묶기 등 어렵고 까다로운 작업을 순차적으로 한 동작씩 여러 번 반복해서 익히고 하나하나 분류하고 짝을 지어 한눈에 쉽게 인지되도록 하는 훈련을 쌓아 간다. 이런 훈련에 익숙해져 있는 아이들은 이후에 자라서 어려운 문제에 부딪쳤을 때에도 해결 능력이 뛰어나다.

또한 음식 선반이 따로 준비되어 있는 경우에는 칼 쓰기와 간식 만들기, 손님 접대하기 등 사회성 발달이 이루어지도록 유도하는 작업을 진행하면 좋다. 10단계 이상의 작업을 이어 나가는 동안 순서 알기와 체계를 밟아 가는 지혜는 물론 다음 단계를 구상하는 추상 능력도 늘게 된다.

③ 감각 영역

일상생활 영역의 기초 단계를 통해 질서감, 사고력, 손목 근육 등이 강화되어 있다면 이제는 감각 영역으로 아동을 인도한다.

일상생활 영역 연습을 통하여 내적 규율이 이루어지고 작업에 대한 확신, 집중력, 사고력, 정확한 순서로 이루어지는 활동에 대한 개념이 생기면 감각적 활동의 준비가 되었다고 본다.

감각 자료들은 시각, 청각, 촉각, 후각, 미각, 온도, 무게, 색채 등에 대한 감각을 좀 더 정교하게 키워 나가게 하는 데 목적을 두고 있다. 다양한 색깔, 명확한 크기와 형태는 지능 발달을 돕고, 각각의 도형들을 구성하면서 창조성과 상상력의 발달을 돕는다.

이러한 감각 영역의 활동들은 정신적 질서에 따른 아동의 감각적 지각들을 조직하고 분류하는 감각적 경험에 의한 지능 발달을 돕기 위한 것이라고 할 수 있다.

❶ 전이 선반

감각 영역의 전이 선반은 짝 맞추기, 비교 분류, 대조, 서열, 패턴, 공간 등의 개념을 익힐 수 있는 선반으로, 제 1선반에 있는 교구들을 작업하기 전 유아의 인지 구조를 구축하는 기본 단계들이다.

❷ 제 1선반 : 공간 지각 선반

크기, 길이, 넓이, 높이, 깊이 등 공간 개념을 이해하는 각종 교구들이 있다. 즉 분홍탑, 갈색 계단, 빨강 막대, 꼭지 원기둥, 색 원기둥 등의 교구로 공간 지각을 훈련한다.

분홍탑은 크고 작은 10개의 큐브들로 아름다운 조화를 이루고 질서 감각을 익힌다. '크다, 작다'보다는 '크다, ~보다 작다' 등의 언어를 익히며 개념을 이해하게 된다. 갈색 계단은 두껍고 얇은 10개의 작은 막대들로 '굵다, 가늘다', '넓다, 좁다' 등을 비교 경험하며, 이 모든 개념이 형성된 뒤에는 분홍탑과 갈색 계단을 함께 사용하며 응용, 발전, 창조하면서 각양의 도형, 모형을 이루어 본다.

아이들은 평면적인 것보다 입체적이며 구체물(실물)을 다루기 때문에 마음껏 상상하고 응용하고 창조해 나가는 넓은 세계를 만나게 된다.

❸ 제 2선반

색판, 기하 도형, 항식, 건축 상자 등으로 구성되어 색깔의 인지, 색의 혼합, 입체 도형과 평면 도형의 형태와 명칭, 항식의 분해와 구성을 배운다. 특히 기하의 기본 개념들을 감각적으로 경험할 수 있어 미래 학습을 준비하는 데 유용하다.

❹ 제 3선반 : 종합 선반

소리 상자, 비밀 주머니, 촉각판, 무게 변별판, 온각판, 미각병, 후각병 등으로 구성되어 모든 영역의 감각 체험을 할 수 있다.

④ 수 영역

몬테소리 수 영역은 모든 '수' 영역의 완성이라고 할 수 있을 정도로 오묘하고 완벽하다.

첫째 1선반에서 처음 만나는 수 막대는 감각 선반에서 빨강 막대로 먼저 접해 보았던 것이라 아이들에게 익숙하다. 빨강 막대와 같은 길이의 막대를 빨강, 파랑의 색으로 나누어 길이로 수의 개념을 익히도록 만들어져 있다.

1부터 10을 익힌 다음 그 막대에 모래 숫자를 연결해 수를 익히고 수량을 알게 한다. 그리고 교실 안의 모든 물건을 재어 보게 하면서 실제 생활과 수 개념이 일치하도록 도와준다.

첫째 선반에서는 '수'를 길이로, 개수로, 부피로, 나아가 짝수, 홀수의 개념까지를 익히고 '0'의 의미와 또 '10'이 어떻게 만들어지는지 등 수의 기초적인 원리를 터득하도록 돕는다.

❶ 제 1선반 : 단위 선반

- 수 막대 : 길이로 아는 수, 길이 막대를 사용하여 1에서 10까지 세어 보고 숫자와 짝지어 본다.
- 모래 숫자 : 촉각으로 숫자를 익힌다. 1~9까지, 0과 10을 안다.
- 봉축 : 개수로 수를 알게 한다.
- 숫자와 바둑알 : 평면으로 내려온 숫자, 짝수와 홀수를 이해한다.
- 메모리 게임 : 이제껏 배운 단위 1에서 10을 기억 게임으로 반복한다.
- 색구슬, 십진법 : 색구슬, 십진법은 1에서 9까지 단위 알기, 그리고 십진법을 통하여 1에서 10까지 알기, 100 알기, 1000까지의 연산 법칙을 이해하며 자릿수를 익힌다.

❷ 제 2선반

숫자와 구체물 간의 대응 법칙을 이해하고 10의 보수를 터득하고 틴보드, 텐보드, 긍정 뱀놀이, 부정 뱀놀이로 덧셈을 경험하며 덧셈자와 뺄셈자, 뺄셈 뱀놀이, 곱셈판과 나눗셈을 익히고 나면 1~9000을 알게 하는 버드아이뷰(새의 눈으로 보는 은행놀이)로 덧셈, 곱셈, 뺄셈, 나눗셈을 공부한다.

❸ 제 3선반

스템프 게임(우표놀이)과 비즈프레임(색구슬 틀)에서 덧셈, 뺄셈, 곱셈을 배우고 분수봉과 분수철판 기초를 배우면 구체물로 배우는 수는 거의 마무리 단계에 이르게 된다.

100체인과 1000체인으로 2제곱과 3제곱의 기초 원리를 이해하거나 연산판으로 평면에서 덧셈, 뺄셈, 곱셈, 나눗셈 판에 칩을 놓아 가며 배우기도 한다. 완전 구체물 없이 종이 위에 숫자가 놓이면 닷 게임, 즉 점놀이로 덧셈, 곱셈을 해 볼 수 있다.

이처럼 몬테소리 '수'의 원리를 가장 빠르고 쉽게 깨닫게 하여 수의 기초 바탕을 이루어 주는 것으로 이후에 배우게 될 '수'를 쉽게 이해하고 터득하도록 도와준다. 즉 1~10, 10~100, 100~1000 단위로 이루어져 가는 수의 기초를 확실하게 알도록 한다. 십진법, 연산, 도형, 집합과 분리 등을 쉽게 이해하도록 되어 있다.

⑤ 언어 영역

한글을 배우는 과정은 처음에 전혀 글자 없이 글자의 방향을 알기 위한 작업으로 방향 알기, 패턴, 퍼즐 맞추기, 대소 알기 등 여러 교구를 다루어 본다.

철판 도형 그리기로 선 그리기를 익히고, 모래 글자로 글자 획의 촉감을 느끼고, 쌀 글자로 글자의 모습을 연습해 보고, 단어 카드로 전체 단어를 익히고, 단어 카드와 그림 맞추기를 하며 음성 상자에 있는 'ㄱ~ㅎ'의 모든 구체물(ㄱ : 강아지, 고양이, 고래, 구두 등)을 이름으로만 알고, 그다음 구체물에 단어 카드와 그림을 놓아 함께 익히고, 그다음에 자음(ㄱ)과 모음(ㅏ)을 조합시켜 '가'를 알고, 마지막에 구체물+그림+단어 카드+글자 조합, 글씨+쓰기에 들어간다. 그리고는 가위, 가방, 가지 그리고 ㄱ집, ㄴ집 등에 속하는 모든 단어들을 순차적으로 카드와 함께 익힌다. 이것이 기초 과정이다.

이 단계가 끝나면 문장 만들기, 문법 알기(명사, 동사, 형용사), 의성어, 의태어, 복합어, 경어부터 동화 스스로 만들기에 이르기까지 다양하게 배우게 된다.

영어 역시 같은 과정을 거치는데, 특히 몬테소리 영어교육은 쉽고 빠르게 익히도록 하는 방법이다.

몬테소리 교실에서는 보통 기초로 유치원 과정, 그리고 초등 4년 과정까지 갖추어져 있는데 1년차, 2년차, 3년차, 4년차에 따른 체계적인 단계를 연수에 따라 진행한다. 대체적으로 모든 아동이 배워야 할 모든 과정을 빠짐 없이 배우고 나가게 된다. 다만 1년차 취학 반인 경우에는 특별 과정과 비상 단계로 취학 준비를 하게 된다.

언어는 하나님께서 인간과 동물을 구별 지으신 가장 좋은 선물이다. 언어는 역사를 계승하게 하고 서로의 의사를 소통하게 하며 문화를 발전시킨다.

하지만 언어는 각 나라마다 지역마다 쓰임새가 다르고 소리와 문법이 달라 한 가지로 통일시킬 수가 없다. 그렇기 때문에 교사는 몬테소리가 고안해 낸 방법을 기본으로 하여 아동이 언어를 쉽게 배울 수 있도록 각 나라와 지역에 맞게 가르칠 준비를 해야 한다.

❶ 철판 도형 선반

철판 도형 선반에서는 10개의 도형을 사용하여 선긋기 훈련을 하고 연필 사용법을 충분히 익힌다. 지그재그선, 직선, 사선, 큰 물결 곡선, 작은 물결 곡선 등 직선 도형과 곡선 도형을 보며 선 긋기 훈련을 하고 난 후, 도형별 또는 선 긋기별로 책자를 만들어 본다. '나의 철판 도형책'이라고 겉장을 붙여서 책자를 완성한다. 10개의 도형을 응용하여 아름다운 선과 색채로 추상적이고 상상력이 풍부한 창조물을 만들어 낼 수 있다.

❷ 언어 1선반

언어의 전이 선반 역할을 한다. 우선 큰 그림, 작은 그림으로 언어의 대소를 아는 눈 훈련을 시킨다. 또한 사물의 방향 알기, 함께하는 것 찾기, 도미노 게임 카드로 시작과 끝나는 말 이어 가기, 같이 움직이는 것 찾기, 패턴 익히기 등 인식 능력을 기른 후 쌀 글자, 모래 글자를 이용하여 촉각으로 글자의 모양을 익힌다. 3단계 카드를 사용하여 같은 글자를 찾아내어 익힐 수도 있다.

❸ 언어 2선반

ㄱ에서 ㅎ까지 음성 상자로 실물의 음가대로 발음하며, 움직이는 글자를 사용하여 글자 만드는 법을 배운다. 영어의 파닉스도 이 음성 상자의 규칙을 따라 만든 것이다.

실물 모형을 앞에 놓고 글자를 옆에 놓고 펠트의 선에 맞추어 글자를 놓으면 바로 단어가 되고 문장이 된다.

옆에 있는 종이에 모음 자음의 색깔에 맞추어 쓰면 된다. 중간에 점선으로 동물 모양이나 글자 획을 연습하는 것도 좋다. 첫소리가 같은 단어를 모아 글자 알기 훈련을 하고 문법에 필요한 상징도 배운다.

- 명사 = 검은 삼각형 : 명사는 움직이지 않는 산 같이 삼각형으로 한다.
- 동사 = 빨간 원 : 잘 움직이는 동그라미는 활동적인 빨간색으로 한다.
- 형용사 = 파란 작은 삼각형 : 명사를 꾸며 주는 명사를 닮은 삼각형으로 하며, 명사에 가까운 파란색으로 표시한다.
- 부사 = 주황색 작은 원 : 동사를 꾸며 주기 때문에 동사와 비슷한 색깔과 모양으로 한다.
- 대명사, 조사, 수사, 접속사 : 그 나라에서 사용하는 문법 상자를 알려 준다.

한글은 조사가 있어 문장에 유용하게 쓰이지만 미국이나 중국을 비롯한 아시아권의 많은 나라에서는 조사를 쓰지 않아 한글을 배울 때 어려움을 겪는다.

글자 쓰기와 문법 배우기가 어느 정도 진행되면 비슷한말, 반대말, 존댓말, 낮춤말, 남성 여성 중성 표현, 동물의 이름, 의태어와 의성어, 동음이의어 등을 배우는데, 그림이나 사진을 곁들여 대조표를 만들어 익히게 한다.

⑥ 문화 영역

문화 영역의 자료는 역사, 과학, 지리, 지형, 음악, 미술 등으로 나눌 수 있으며, 감각 자료 사용에 이어 학습 자료들을 아동에게 처음 가르칠 때에 이용하는 자료들이다.

이 자료들은 구체적 감각 수준에서 조작 활동을 통하여 얻게 된 내적 지식을 바탕으로 평면화된 추상적 작업으로 이끌어 가게 된다. 이러한 자료들은 아동에게 많은 지식을 주고자 함이 아니라 지식을 얻을 수 있는 생각하는 두뇌를 열어 주기 위함이고 내적인 학습의 욕구와 흥미, 그리고 선천적 능력을 발달시키려고 하는 것이다.

세계와 지구의 기초 개념, 시간 개념, 나와 인류와 지구, 생물 무생물의 개념, 물질의 성질 등 기초 개념을 배우고 우주로 관심사를 이어 간다.

❶ 역사 선반

모래시계, 첫 시계(한 팔 시계), 양팔 시계, 펠트 시계, 나의 시계 만들기, 정시, 30분, 15분, 45분 카드 매칭, 스탬프 시계 찍기, 나의 하루 만들기, 한 주, 한 달 달력 만들기, 사계절, 1년(한 해), 나의 타임라인, 인간의 타임라인 등을 만든다.

- 모래시계 : 시간은 어떻게 흐르며 역사는 어떻게 쌓이는가를 배운다.
- 한 팔 시계 : 1시부터 12시까지를 배운다.
- 양팔 시계 : 24시간을 알고, 하루의 오전과 오후를 배운다.
- 펠트 시계 : 펠트 위에 시간에 맞는 숫자를 놓아 보며 색종이를 잘라 직접 시계를 만들어 본다.
- 나의 하루, 달력 만들기 : 하루가 어떻게 지나가는지, 한 주, 한 달, 사계절과 1년은 어떻게 지나가는지, 계절별로 어떤 동물과 식물이 있으며 사람들은 무슨 일을 하는지 배운다.

교사들은 프로젝트 수업처럼 단원을 나누어 아동들과 작업할 수 있다.

시계와 달력도 만들어 보고 나의 타임라인, 인간의 타임라인, 지구의 타임라인도 알아본다.

더 많이 나아가고 싶으면 각 나라들의 음식, 의상, 주택, 음악, 문화 등을 포함할 수 있으며 각 대륙의 특징 있는 동물이나 건축물을 알아보는 것도 할 수 있다.

예를 들어, 아시아에는 중국의 만리장성이나 팬다 곰 같은 것들이 대표적일 수 있으며, 오스트레일리아와 뉴질랜드에는 캥거루와 코알라와 오페라 하우스가 대표적일 수 있다. 아프리카에는 기린과 얼룩말이 있고, 유럽에는 프랑스의 에펠탑, 미국의 자유의 여신상, 이탈리아 피사의 사탑도 유명하다.

❷ 과학 선반

과학 선반은 탐구 선반이라고도 한다. 돋보기, 프리즘, 자성과 비자성, 물질의 3요소(액체 기체 고체), 돌의 3형태, 생물과 무생물, 식물 동물 광물, 집짐승과 들짐승, 육지 동물과 바다 동물, 부분 명칭 퍼즐(나무, 꽃, 잎, 사과, 곤충, 인체), 개구리의 일생, 척추동물과 무척추동물, 태양계에 대해 배운다.

ㄱ. 과학 1선반 : 탐구 선반

돋보기로 작은 물체를 크게 볼 수 있으며 프리즘으로 눈에 보이지 않던 '빨 주 노 초 파 남 보'의 7가지 색깔이 공기 중에 있다는 것도 배운다.

자석 막대로 자석에 붙는 물질과 붙지 않는 물질이 있다는 것을 알게 되면서 아동은 '왜 그럴까?' 하며 내 주위에 있는 것들에 대한 궁금증과 흥미를 갖게 된다.

지구를 구성하고 있는 물질 중에 기체 액체 고체가 있는 것도 배우고 돌의 종류에는 크게 3가지의 종류가 있고 생물과 무생물은 어떻게 다르고, 동물과 식물은 어떤 것들이며 광물은 무엇인지 배운다.

육지에 사는 동물과 바다에 사는 동물, 집에서 기르는 동물과 야생에서 사는 동물은 어떤 것들이 있는지도 알아본다.

부분 명칭 퍼즐을 통해 사람의 신체 부분은 무엇 무엇이 있는지 익히고, 나무나 꽃, 곤충을 분해하면서 각 동물의 부분 명칭과 식물의 부분 명칭들도 배운다.

ㄴ. 과학 2선반 : 동물의 왕국, 달의 변화

- 척추동물 : 포유류, 조류, 어류, 파충류, 양서류
- 무척추동물 : 연체류, 절지류
- 달의 변화, 태양계, 화산 폭발

동물의 왕국을 배우면서 등뼈가 있는 척추동물에는 포유류(젖먹이 동물), 조류(새 종류), 어류(물고기류), 파충류(거북, 뱀 등)와 땅과 물 양쪽에 살 수 있는 양서류(개구리, 도롱뇽 등)가 있고, 무척추동물인 연체류(달팽이, 문어 등)와 마디가 끊어지는 절지류(거미, 지네 등) 곤충들이 있다는 것을 배운다.

달의 모양이 줄었다가 다시 커지는 것은 일정한 주기에 따라 달이 지구를 돌면서 지구에 가려져 모양이 변한다는 것을 배운다. 달은 지구보다 작지만 끌어당기는 힘이 커서 바다에 밀물과 썰물을 일으키며 화산 폭발을 일으키기도 한다는 것도 알게 된다.

태양계에는 우리가 살고 있는 지구를 포함해서 8개의 행성들이 태양을 돌고 있으며, 그중 화성에는 여러 번 탐사 우주선을 보냈고, 행성 중에 가장 큰 목성은 우주로부터 날아오는 많은 운석들을 막아 주는 고마운 별이라는 사실을 알게 된다. 또한 아름답게 보이는 토성의 테두리는 실은 자갈, 모래, 얼음 등으로 이루어져 있고, 우주 안에서 가장 아름답고 생물이 살 수 있는 곳은 지구뿐인 것도 알게 된다.

❸ 지리 선반

지리 선반에서는 왼쪽과 오른쪽 동서남북 방향 알기, 모래 지구본, 지구의 3요소 하늘, 땅, 바다(공기, 흙, 물), 대륙 지구본, 대륙 이름 알기, 세계 지도 퍼즐,

대륙 언어 카드, 정정판 매칭, 동서반구, 대륙 지도책 만들기, 세계의 문화에 대해 알아 간다.

빨간 실을 손목에 매고 동, 서, 남, 북 각 방향에 대해 배우고 모래 지구본으로 지구가 공기, 흙, 물로 구성되어 있으며 하늘, 땅, 바다라고 부른다는 것을 배운다. 하늘과 바다에 사는 동물과 땅에 사는 동식물, 그리고 광물이 어떤 것인가도 배운다.

색깔이 있는 대륙 지구본으로 대륙 이름을 배우고, 동서반구로 나눈 세계 지도 퍼즐로 동반구와 서반구에 속한 대륙 이름들을 배운다. 색종이로 대륙 지도를 만들어 지도책을 만들고 아시아, 아프리카, 유럽, 북아메리카, 남아메리카가 있고 오세아니아와 남극 대륙도 있다는 것을 배운다.

각 대륙에 속하는 많은 나라들의 이름과 나라마다 가지고 있는 문화에 대해서도 배운다. 세계 의상과 대표 건축물, 음식과 예술에 관한 것도 다룰 수 있다.

❹ 지형 선반

대개는 지리와 지형이 한 선반에 있으나 자료를 많이 준비한 교실에서는 지리와 지형 선반을 따로 구성할 수도 있다.

지형 틀 물 부어 보기, 지형 이름 알아보기, 지형(섬, 호수, 만, 반도, 지협, 해협) 만들어 보기, 지형 카드 매칭, 지형 정의 알기, 지형 책 만들기, 세계 의상 및 국기 매칭, 지층 구조 알기 등이 있다.

지형 틀에 물을 채우고 지형의 이름을 배우기도 하고 직접 틀 안에 모래로 지형을 만들어 보기도 한다. 지형 카드에 반도, 만, 호수, 섬, 지협, 해협 등의 이름을 직접 써 보기도 한다.

찰흙이나 클레이로 지구 속의 내핵, 외핵, 맨틀, 지표를 만들어 쪼개어 보며 지층 구조는 어떻게 생겼는지 알아본다.

지층 구조를 배울 때는 화산 구조도 같이 배운다. 사진을 통해서라도 화산 폭발 이전의 산 모습과 그 이후의 산 모습을 비교하며 아이들의 이해를 돕는다.

물론 지형, 지리, 지질, 우주, 이런 내용들은 7세 학습 과정에서 다루게 되는 것으로 기초 개념을 익히고 초등학교에 진학하게 되면 아주 수월하게 모든 것을 학습할 수 있다.

❺ 음악 및 미술 선반

문화적 예술 자료들은 자기표현과 여러 가지 의미나 생각들을 주고받는 능력을 기르기 위함이다. 물론 교사들이 자료를 선택하겠지만 몬테소리는 몇 개의 원리를 제시했다.

ㄱ. 음악

몬테소리는 아동이 음악에 대한 애정을 가지고 감상할 수 있도록 해야 하며, 좋은 음악을 쉽게 접할 수 있도록 아동의 주변 환경을 만들어야 한다고 말했다.

또한 음악을 접하면서 리듬과 운율, 화음과 멜로디를 자연스럽게 인지할 수 있으며, 음악을 듣고 그에 맞춰 율동을 하는 선걷기 활동 등을 통해 운동 기관이 발달하기 시작한다고 보았다.

ㄴ. 미술

미술은 특별히 해야 한다고 정해진 것은 없으나 몬테소리 교육 전체에 미술 영역이 포함되어 있다. 몇 가지 활동을 소개하면 그리기, 페인팅하기, 데칼코마니, 콜라주, 마블링, 핑거 페인팅, 종이 물들이기, 거품 불기 등이 있다.

2) 훈련된 교사

몬테소리 교실의 핵심 구성 요소는 준비된 환경과 훈련된 교사라고 했다. 언뜻 생각하기에 환경, 즉 교구만 있으면 아이들이 충분히 작업을 할 수 있을 것이라고 생각하는 사람들이 의외로 많이 있다. 그러나 두 가지 중에 꼭 하나만 선택하라고 한다면 그 한 가지는 교사여야 한다.

교구가 없으면 만들 수 있는 만큼 교사가 직접 만들어 아동을 교육할 수 있다. 그러나 교실에 교사가 없으면 교구를 사용할 방법을 모르는 아이들은 교구를 제대로 사용하지 못하고 장난감이 되어 버리고 말기 때문이다. 교사가 교구를 잘 사용할 수 있도록 지식을 갖춰야 하는 것도 필수이다.

그러나 그 이전에 교사로서 갖추어야 할 덕목들이 있다.

먼저 교사는 자신을 포함한 인간에의 사랑이 있어야 한다. 인간에의 관심과 사랑이 없으면 그 힘든 교사의 임무를 수행할 수가 없다.

그리고 교사는 아동을 믿어 주는 신뢰와 아동이 성장해 주기를 기다리는 인내와 겸손한 마음으로 존중해 주는 아동 존중의 덕목을 갖추어야 한다. 몬테소리가 교사들에게 가장 강조한 교사의 덕목은 실력이 아니라 겸손이었다. 그래서 몬테소리 철학에서 강조한 것이 아동에게 자유와 사랑을 주라고 한 것이다.

또한 교사는 아동의 모델이 되어야 한다. 아동은 모방심이 강하여 모방을 통해 배우고 자란다. 그래서 교사는 아동의 모델이 되어야 하는 것이다.

그리고 교사는 온화함과 유연성을 가지고 끈기 있게 아동을 이끌어야 한다. 그래서 교사는 자신의 끊임없는 정신 개발과 단정하고 청결한 모습으로 아동에게 자신을 나타내 주어야 하는 것이다.

몬테소리 교실에서 교사의 역할을 정리하면 다음과 같다.

(1) 환경 보존

- 교사는 자기중심적이 아니고 권위적이지 않아야 한다.
- 교사는 정확한 지식을 가지고, 자기 개발에 힘쓰는 자여야 한다.
- 교사가 환경을 지키고 관리하는 것은 모든 업무에 우선한다.
- 교사는 상태 점검, 진열, 보수는 물론 교실을 질서 있게 아름답고 깨끗하게 정돈한다.
- 교사는 교실 분위기를 평화롭고 활기 넘치는 분위기로 조성한다.

(2) 관찰

몬테소리 교육환경의 준비에 있어 교사의 역할은 우선 '관찰'의 역할이다.

모든 유기체의 실험 연구에 있어 관찰은 기본적이다. 몬테소리 교사 또한 관찰을 통해 어린이 각자가 자유롭게 배우게 해야 하고, 또 어린이들 각자가 유기체의 내면적 법칙에 대응하는 욕구와 발달을 달리 가지고 공부하게 해 주어야 한다.

몬테소리는 교사의 역할을, 그녀의 표현으로는 '일의 조직화'와 연결시켰다. '일'이란 교사가 명심해서 모든 어린이를 존중하고 향상시키겠다고 다짐하는 '삶의 과정'을 의미한다. 몬테소리에게 학습 과정의 목표는 개개인의 보다 많은 성장이었다.

몬테소리는 어린이들의 관찰을 통한 연구에 있어서도 어느 교육학자보다, 어느 과학자보다 가장 많이 아이들을 이해하고 있고, 그들의 필요와 본능과 욕구를 정확히 알고 있었다고 할 수 있다.

또한 어린이들은 자아 속에 자기 발전의 욕구를 가지고 있으며, 그들은 어른들의 눈을 통해서가 아닌 그들 자신의 눈으로 보기를 원하며 일하기를 원하고 배우려고 한다고 하였다. 이러한 것들이 조화를 이루어 성취되어 가는 어린이들은 비로소 완전한 인간이 되어 간다고 하였다.

그래서 원에서는 몬테소리 교육에 필요한 모든 환경, 즉 보다 많은 환경과 보다 많은 교사를 원아들의 주위 환경과 안내자로 두고 있으며, 1:1의 개별 교육과 서클과 그룹 활동을 통한 통합교육의 상호작용으로 아동의 발달을 돕는다.

아이들이 처음 사물에 대한 흥미를 갖기 시작할 때에는 일상의 모든 것들에 대해 흥미를 갖기 때문에 원의 선반에 있는 모든 구체물들은 아동의 발달에 있어서 가장 큰 에너지가 될 것이다.

이제 유치원의 문을 열고 공동체 생활, 배움의 터전에 첫 발을 디디는 신입 원아들이나 2년, 혹은 3년차로 원을 이어 나가는 원아들이나 저들이 어떤 일에 흥미를 갖고 다가갈 때 흠뻑 즐거움에 취해 기쁜 성취를 할 수 있도록 우리 모두는 관찰하고 지켜보며 격려해 주어야 할 것이다.

다만 한 가지, 아이가 흥미를 느껴 집중할 때 혼자 하도록 하는 일은 아동에게 인내와 끈기를 배우도록 하는 중요한 일이다. 원에서나 가정에서나 이러한 때에는 혼자 하도록 하되 곁에서 혹은 뒤에서 지켜보는 것이 필요하다.

(3) 흥미 유도

작업 중 아이들이 어려움을 느낄 때 교사에게 "도와주세요!"라고 요청을 한다. 정말 어려워서 요청할 때도 있고 생각하기 싫어서 요청할 때도 있다. 이때 교사는 "네가 한 번만 더 해 보고 정말 안 되면 선생님이 도와줄게."라고 말한다.

선생님이 관찰한 결과 아이가 아직 어려운 단계라고 느끼면 전 단계를 반복하게 하고 좀 모르는 부분이 있다고 생각되면 다시 한번 시연을 해 준다.

또 아이들이 선생님께 요구하기 전에도 선생님이 관찰을 통해 아이들의 상태를 보면서 '저 부분이 안 되는구나.' 생각되면 지켜보다가 다시 유도하거나 다시 시연하거나 생각을 열어 줄 힌트를 주거나 해야 한다. 가급적 직접적인 '답'은 하지 않도록 한다.

그리고 하루에 배정된 작업량은 없다. 큰 작업은 하루에 1가지만 할 수도 있고 작은 작업들은 10가지도 더 할 수가 있다. 하루 혹은 한 달에 나아가야 할 목표를 정하고 아이들의 상태와 흥미도를 감안하여 그날그날 아이의 자유선택에 맡겨 즐겁게 원하는 작업을 하도록 한다.

다만 아이의 선택이 계속 선생님의 목표와 어긋날 경우 선생님은 흥미 유도를 통해 그 목표에 이르도록 도와주어야 한다. 선생님의 관찰일지는 아이의 진도를 파악하기 위해서 필요한 것이다.

(4) 감각적 경험 유도

몬테소리 교실에는 20여 개의 선반이 있으며 각 선반마다 16~20여 개의 교구가 들어 있다. 따라서 한 교실에 최소한 400~500여 개의 교구가 진열되어 있으며, 한 교구마다 2~4단계의 체계적 단계로 활동이 진행되기 때문에 이것을 다 익히자면 1000여 단계 이상의 교구 활동을 경험하게 된다.

하루에 두서너 개의 교구를 다룬다고 하면 족히 3년이 넘게 걸릴 분량이다. 다만 6, 7세(만 4, 5세)에 입학한 아이들은 기초 단계를 빠른 속도로 진행할 수 있는 이해력과 소근육 발달이 이루어져 있기 때문에 폭넓은 감각 경험을 충분히 할 수 없는 아쉬움은 남으나 교구를 다루어 보는 데 큰 차이는 없다. 7세 아이들은 학습 부분에는 많은 차이가 없으나 감각적 부분의 경험을 많이 하지 못하는 편이다.

모든 교구 활동의 기초 단계는 감각적 경험을 유도하기 위해 입체적 교구 활동으로 진행되며 이는 결국 손에 의한 촉각의 단계를 거치게 된다. 근육 기억(muscle memory)이라 불리는 촉각의 자극은 두뇌를 자극하고 두뇌 세포를 활성화해서 지식을 받아들일 저장 탱크(생각 주머니)를 많이 만들게 하고 오감을 통해서 받아들이는 모든 주위의 사물과 인지된 모든 것들을 두뇌 칩에 저장하게 된다.

그래서 어리고 감각이 예민한 민감기 초기 아이들에게 평면적 학습보다 구체적·입체적 교구를 통한 감각적 활동을 하게 하는 것이며, 이것이 몬테소리 교육 방법인 것이다.

(5) 안내자

어린 시절과 유아기가 없는 성인은 없다. 훌륭한 유아 시절이 훌륭한 성인을 만든다는 사실은 우리는 익히 알고 있다.

몬테소리 교실의 교사는 아동을 그룹별로 또는 전체로 대하기도 하지만 가능하면 한 명 한 명을 개별로 지도하면서 아이마다의 특성을 파악하고 그 아이에 맞게 지도함으로써 최선의 교육을 지원한다.

몬테소리 교실에 처음 들어와서 최소 2~3년의 경험을 해야 아이들도 교사도 모두 유연성을 가지고 적응을 할 수 있게 된다. 아이들의 내면이 이 정도 기간은 지나야 완성되기 때문이다.

아동을 전체로 하나로 이끄는 것은 어렵지 않다. 몬테소리 교실에서는 아동 개개인의 파악을 우선해야 하기 때문에 일반 교실의 교사보다 훨씬 더 어렵다. 인턴 시절을 거치지 않은 교사라면 몬테소리 교사로서의 1~2년이 가장 힘든 시기일 것이다. 그래서 인턴 시절에 아동 관찰 기법을 빨리 익혀 두는 것이 필요하다.

① 기초 수업

수업은 단순하고, 정확하며, 이해하기 쉬워야 한다. 새로 들어온 아동이 있을 때는 먼저 다른 아동의 작업을 관찰하게 하고 따라 해 보게 한다. 그룹 레슨을 할 때는 모두 같이 참여하게 하되 새로 들어온 아동은 따로 지나간 수업들에 대한 레슨을 개별적으로 해 주도록 한다.

교사가 개별 지도를 해 줄 수도 있지만 몬테소리 교실은 대체로 혼합연령 구성이므로 새로 들어온 아동보다 큰 아이나 먼저 들어온 아이를 짝지어 주면 훌륭하게 이끌어 주기도 한다. 이러한 수업 환경은 큰 아동은 리더십이 발달하게 되고 어리거나 새로 들어온 아동은 사회성이 발달할 수 있는 좋은 기회가 된다.

② 아동 간 분쟁 조정

어느 정도 훈련이 된 아동들은 자제력과 통제력이 생겨 있으므로 사소한 다툼이 일어났을 때에는 도움의 요청이 없는 한 잠시 지켜보고 그들 스스로 타협하고 해결할 수 있도록 기다린다.

교사 또는 성인은 섣불리 참견해서 판단하지 말고 기다려 보아야 한다. 손을 댔거나 물건을 뺐었다 할지라도 그 전에 상대편 아이가 무엇을 했는지 알기 전에는 누가 옳은지 판단해서는 안 된다. 자칫 억울한 아이를 만들 수 있기 때문이다.

그래서 교사는 항상 자신을 내세우지 않고 아동의 필요를 먼저 파악하고 준비해 두어야 한다. 아동이 항상 먼저라는 그 겸손의 모습이 교사의 미덕이다.

③ 작업 지도(자유선택 작업)

몬테소리 방법의 기본 개념은 '자유'에 있다. 다만 거기에 한계가 있어 ① 다른 사람을 방해하지 않는 선에서 이루어져야 하며, ② 내가 배운 작업 안에서 자유롭게 선택하고 스스로 가져와 반복하고 집중하고, 성취하고, 즐거움을 경험하고 깨끗이 정리해서 제자리에 돌려놓는다.

이것은 무언의 약속이고 내적 규율이다. 내가 이렇게 하는 것은 내 뒤에 이 작업을 할 다른 친구를 위함이고 또 이것은 다른 친구 뒤에 할 나를 위해서이기도 하다. 선생님이 선택해 주거나 가져다 주지 않는다. 내가 하고 싶은 것을 스스로 해야만 즐겁고 성취감이 생기고 흥미가 생기기 때문이다.

부모님께서는 또 걱정이 된다. '매일같이 제 하고 싶은 것만 하다가 여기에 있는 것 다 못하고 졸업하면 어쩌나…….' 하지만 그런 걱정은 하지 않아도 된다. 그런 걱정을 하지 않도록 하는 것이 교사들의 역할이자 일상이다.

교사들은 아이들의 작업 상황을 일일이 체크하고 관찰일지에 기록한다. 1주, 2주, 3주, 4주째에는 아이들의 작업 진도표를 작성하고 확인하며 그 달의 목표에 이르지 못하면 흥미 유도를 통해 하지 않고 넘어가는 작업이 없도록 인도한다. 그래서 교사는 가르치는 자 이전에 '안내하는 자'요, 연결 고리가 되는 것이다.

아동이 자유롭게 선택한 교구를 가져다 작업할 때 처음에는 깊은 집중에 이르지 못하나 2개 또는 3개 정도 교구 작업을 해 보고 15~20분 정도 지나게 되면 교구 작업에 몰입하게 된다.

대개 이쯤 되면 교실은 차분해지고 교구를 가져오고 가져가는 아이들의 움직임 외에는 거의 아동들이 자신들의 작업에 집중해 있기 때문에 밖에서 순간적으로 볼 때는 고립되어 있거나 상호작용이 안 된다거나 의사소통을 안 한다라고 오해할 수 있다.

그러나 20분 정도 집중의 시간이 지나면 다시 집중이 흩어지게 되며 교실이 조금씩 술렁이게 되어 마무리 작업에 들어가게 된다.

전체적인 시간으로 보아서 선 걷기 및 이야기 나누기와 그룹 시연이 30분에서 40분 정도가 소요되고, 자유 개별 작업 시간이 40~50분 정도(7세는 1시간 정도) 걸리게 되고 아이들의 집중이 길어지면 조금 더 길어질 수도 있다.

최소한 개별 작업 시간이 40분 이상 되어야 선택하고 집중하고 완성하고 마무리하는 단계가 이루어지는 것이다. 그 이하가 될 때는 진정한 작업을 했다고 말할 수가 없다.

그리고 이 집중의 시간에는 교사는 되도록 아동의 작업을 방해하지 말아야 하며, 아동들도 교사의 도움을 요청할 때에는 손을 들어 요청하고 큰 소리로 교사를 부를 수가 없다. 다른 친구들에게 방해가 되기 때문이다.

몬테소리 교실에서의 '자유'는 종종 부모들뿐 아니라 교사들까지 잘못 이해하는 경우가 있다. 교실 안에서의 '자유(freedom)'는 아동이 아무 생각이나 사고 없이 하고 싶은 대로 행할 권리는 아니라는 것을 기억할 필요가 있다.

몬테소리 철학 개념 속에 '제한 간섭'이란 용어가 있다. 자유롭게 행동하되 일반적인 상식선에서 이 이상은 안 된다고 하고 제한하는 한계를 둔다는 개념이다. 예를 들면, 모두 조용히 작업하는데 한 아동이 큰 소리를 내며 펄쩍펄쩍 뛴다면 모두를 위해 교사는 그 아동을 통제할 수밖에 없는 것이다.

교사의 일관성 있는 지도나 안내 없이 아동이 아무 작업이나 하도록 방치하는 것이 아동의 창의력을 키우는 유일한 방법도 물론 아니다. 창의적이고 건설적으로 작업하기 위한 '자유'는 확고한 훈육 지침 안에서 제대로 행할 수 있다.

그래서 자유와 훈육은 동전의 양면과도 같은 것이다. 자유란 멈추고 생각하고 주어진 여러 가지 가능한 선택들 중에서 하나를 결정할 수 있는 능력이며, 훈육은 내 주변의 환경과 타인의 권리를 존중하면서 옳은 결정을 내리도록 하는 것이다.

④ 가정과의 연계

몬테소리 교사는 개별 관찰 기록을 우선적으로 하기 때문에 아동 한 명 한 명에 대해 정확하게 파악하고 있다. 그래서 교사는 각 아동의 관찰 카드를 기록하고 언어 전달 카드 이외에 일주일에 한 번, 또는 두 번 정도 아동의 작업 기록과 생활 기록을 가정으로 보낸다.

- 관찰 카드 보내기 : 주 1~2회, 작업 관찰 기록 및 진도, 원에서의 생활, 행동, 친구와의 사회성
- 전화하기 : 주 1~2회(10분 이내), 결석했을 때는 당일 오후에 전화
- 상담하기 : 주 1회, 또는 부모가 원 방문 시 기록을 토대로 상담
- 가정 방문하기 : 아동이 3일 이상 결석 시, 가정에서 요청 할 때
- 부모 초대하기 : 학기당 1회 부모 참여 수업 및 부모교육

근래에는 교사들이 아동의 작업을 사진으로 찍어 가정에 보내는 일이 많다. 그러나 교사의 멘트가 필요하고 부모와의 소통이 필요하므로 관찰 기록 카드는 보내는 것이 좋다.

교사의 12계명

① 환경을 보살핀다.
② 물건이나 교구의 사용법을 명료하고 정확하게 말한다.
③ 아동이 환경과 적극적 관계를 맺을 때까지는 적극적으로 참여하고, 맺어지면 교사는 소극적으로 되어야 한다.
④ 아동을 주의 깊게 관찰하며 어느 때 도움을 주어야 하는지 어느 때 도움을 요청하는지 지켜보아야 한다.
⑤ 누가 부르던지 재빨리 응답하고 다정하게 말한다.
⑥ 요청을 받았을 때 귀 기울인다(요청의 내용을 파악한다).
⑦ 어느 아동의 말이던 존중해 주고 간섭하거나 묻지 않는다.
⑧ 아동이 실수를 해도 존중해 주고 바로 정정해 주지 않고 스스로 정정할 기회를 준다.
⑨ 휴식을 취하거나 다른 아동의 작업을 관찰하고 있는 아동을 훈계하거나 강제하지 않는다.
⑩ 작업을 찾지 못하는 아이에게 흥미 유도를 하거나 그에 맞을 만한 작업을 소개한다.
⑪ 교사의 도움을 필요로 하는 아동에게는 자신을 드러내고 작업을 찾은 아동에게는 존재를 숨긴다.
⑫ 작업을 끝내고 지친 아동에게 교사는 따뜻한 정신적 도움을 준다.

2. 원 운영

몬테소리 교실에는 똑같은 작업이 하나도 없다. 이것이 일반 교실과 다른 점이다. 대개의 경우 받아쓰기를 하거나, 그림을 그리거나, 읽기를 하거나, 조작 활동을 하는 등 거의 같은 활동을 반복하는 것이 보통이다. 다만 요즈음에는 자유선택 활동이라는 시간이 생겨 제한된 시간 속에서 몇 가지를 한다고 하는데, 몬테소리 교실의 자유선택 작업과는 전혀 다른 개념이다.

몬테소리 교실은 대체로 5~6개의 영역으로 나누어져 있다. 그리고 혼합연령의 의미를 살리기 위해 어린 나이의 아이들과 큰 아이들이 섞여 활동할 수 있도록 쉬운 영역과 어려운 학습 영역이 이웃하게 된다.

보통 일상생활, 감각, 수, 언어, 문화 영역으로 배열하기 쉽지만 몬테소리 교실은 대각선으로 영역이 나뉜다. 쉽게 말해서 일상생활 영역 옆에는 수 영역이나 문화 영역이 있고 대각이 되는 곳에 감각 영역이 자리한다는 말이다.

그러나 처음부터 어려운 작업을 만나면 아이들이 힘들어할 것이니 문 입구에 아이들이 처음 교실에 들어가서 접하는 곳에 일상생활 영역의 마른 선반을 준비해 쉽게 접근하도록 하는 것이다.

아이들은 그 속에서 쉬운 영역과 어려운 영역, 작은 작업과 큰 작업을 오가며 하고 싶은 작업을 원하는 대로 가져다 작업하는데 몬테소리 교실에는 같은 교구가 없기 때문에 20명이 일시에 작업을 해도 20명이 모두 다른 교구로 작업을 하게 된다. 그래서 몬테소리 교실의 교사는 더욱더 숙련된 능력을 필요로 하게 되는 것이다. 20여 명의 서로 다른 나이의 서로 다른 작업을 지도하려면 선생님 자신부터 3년 과정, 400여 교구, 1000여 단계의 모든 과정을 꿰뚫고 있지 못하면 아이들을 제대로 지도할 수가 없기 때문이다.

그래서 몬테소리 교실에는 지도 교사와 인턴 교사가 함께 활동을 지도하며 서로 보완하며 이끌어 가는 것이다.

1) 몬테소리 교실의 구성

몬테소리 교실에서 교사는 도우미 역할을 하는 안내자이며 아이들과 교구를 연결해 주는 연결 고리이자 다리이기도 하다. 교사는 아동 내부의 잠재력을 개발하고 세상을 탐구하려는 노력을 계속하도록 흥미 유도를 해 주고 관찰하고 이끌어 주어야 한다.

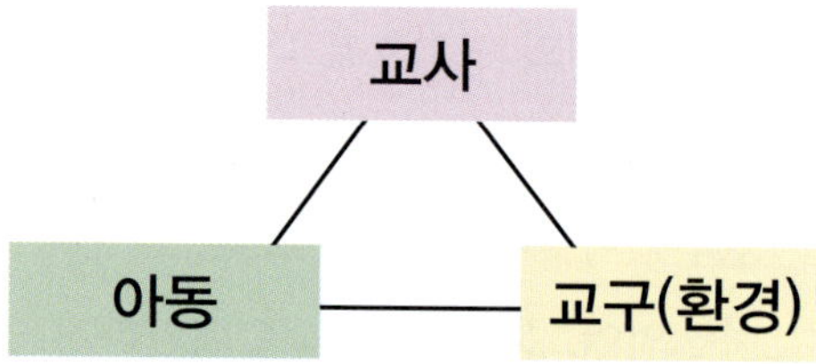

[그림 4-1] 몬테소리 교실의 구성

몬테소리 교실은 아동 25명 기준 정교사 1명, 보조 교사 1명이 함께 지도한다. 아이의 연령별로 인원을 $\frac{1}{3}$씩 조절한다.

1년이 지나 새로운 아동이 들어올 때에는 새로 들어오는 아동이 기존에 있던 아동의 수보다 적어야 한다.

3, 4, 5세의 아동들이 각각 $\frac{1}{3}$씩 모여 1년을 함께 보내고 6세가 된 5세 아동들이 나가면 새로운 3세의 아이들이 $\frac{1}{3}$이 들어오게 된다.

한 아동이 한 교실에서 3년을 지내는 동안 해마다 $\frac{1}{3}$의 낯선 친구들을 만나는 것인데, 이때 아동들은 자신보다 어린 친구들을 실제로 돌보고 협력하는 현상을 볼 수 있다. 경쟁적인 또래 아이보다 나이 어린 아동이 어떤 도움을 필요로 하는지 경험을 통해 알고 있으므로 자발적으로 그들을 돕는 것이다. 이렇게 서로 의사를 소통하며 상대방을 보호하고 존중하는 분위기는 혼합연령 교실에서 볼 수 있는 일이다.

그럼에도 불구하고 학기 초 교사는 혼합연령에 대한 부모들의 염려 때문에 학부모들과 많은 실랑이를 한다.

어린 아동의 부모는 자신의 아이가 큰 아이한테 치인다고 걱정하고 큰 아동의 부모는 자신의 아이가 어린 아동과 함께 생활하면서 퇴행할 것이라고 염려하는 것이다. 그러나 그것은 한 학기만 지나면 쓸데없는 걱정을 했다는 것을 알게 된다.

큰 아이들은 남아든 여아든 어린아이에 대한 모성 본능을 가지고 있어 어린 아동을 보호하며 챙기고, 어린 아동의 작업을 돌보며 가르치고 리더로서의 모습을 보인다. 반면 어린 아동은 큰 아동으로부터 보호받으며 선수 학습을 하게 되고 큰 아동의 학습에 흥미를 갖게 되며 큰 아동에 대한 존경심을 갖게 된다.

혼합연령 교실은 언어 발달에도 도움이 되며 마치 형제자매들과 같은 유대 관계를 이루게 되어 사회성 발달이 저절로 이루어진다.

퇴행 현상은 큰 아이가 어린아이의 사랑받는 모습을 부러워할 때 자기도 모르는 사이에 어려져서 사랑과 관심을 받고 싶다고 생각할 때 일어나는 현상으로, 타인과 있을 때는 일어나지 않는다.

2) 아동

(1) 몬테소리 교실의 주인

몬테소리 교실의 주인은 아동이다. 아동은 자유롭고 평화로운 분위기 속에서 자신을 마음껏 드러내고, 교사는 아동이 가지고 있는 잠재적 능력을 주위에 잘 갖추어진 환경을 이용하여 최대한 개발할 수 있도록 도와주는 것이다.

몬테소리 교실은 과학적으로 설계된 흥미로운 교구를 질서 있고 체계적으로 갖춰 놓음으로써 아동이 학습의 욕구를 해소하고 두뇌를 개발하고 이후에 더 많이 받아들일 수 있도록 모든 지식의 방을 넓게 준비하게 한다. 그 두뇌를 개발하는 도구가 양손이다. 양손을 이용하여 양 뇌를 자극하고 개발하여 균형 있는 발달을 이루게 한다.

몬테소리 교실 어린이에게 교사가 주고자 하는 것은 일반적인 교육 과정 이외에 모든 사물을 대할 때, 또는 어려운 사건에 부딪힐 때 생각하는 머리가 열려 돌아가게끔 해 주는 일이다.

모든 일을 스스로 생각하고 해결하려고 하고, 성취감을 느끼며 만족하고, 잘 안될 때 이루어 보려고 노력하고 긍정적으로 애쓰는 마음, 이런 모습들이 '정상화된 아동', '바람직한 아동' 또는 '우수한 두뇌의 아동' 이런 단어들이 어울리는 아이들이다.

논리적이고 진취적인 성격이 바탕을 이루고, 탐구하고 완성하려는 정신을 기반으로 독립적이고 자신감 넘치는 아이들로 성장한다면, 그리고 남을 배려하는 마음들을 그 위에 얹어 매너 있는 태도로 이 세상을 살아가게 된다면 얼마나 아름다운 모습의 아이들이 될까? 이는 몬테소리 교사들의 한결같은 소망이다.

대부분의 일반 장난감이나 일반 교육 자료들은 세부 영역, 모양, 목적 면에서 그곳에서 발견해 내야 할만한 것이 충분하지 않으므로, 그것들을 통해서는 아동들이 더 이상 발달하지 못한다.

그러나 몬테소리 교구는 아동 발달에 따라 과학적이고 체계적으로 만들어졌고, 아동의 내적 잠재력을 일깨울 수 있는 충분한 흥미를 일으키도록 디자인되어 있기 때문에 아이들이 몬테소리 교구를 끊임없이 좋아하고 학습의 흥미를 잃지 않고 있는 것이다.

다만 몬테소리 교사가 주의할 것은 아동에게 몬테소리 자료가 기본적으로 보여주고자 하는 것보다 더 많은 것들을 미리 가르쳐 줌으로써 아동이 스스로 발견할 수 있는 기쁨, 무엇인가를 창조해 내었다는 즐거움을 빼앗아 버릴 수도 있다는 점이다. 이것은 가정에서도 마찬가지다. 부모가 아이들에게 생각할 기회를 주지 않고 계속 답을 주거나 많이 가르쳐 주는 것을 좋은 것으로 알 때 이 같은 실수를 하게 된다. 교사와 부모가 아이들의 능력을 믿고 기다려 주는 인내심이 필요하다.

(2) 몬테소리 교실에서의 아동

몬테소리 교실을 보면 교실에 교사의 책상이 없다. 교사는 아동을 관찰하고 아동이 필요로 할 때만 나타나며, 교실에서는 아동이 주인이며 아동이 책임을 진다.

책상 닦기를 배운 아이들은 자신의 책상과 의자를 잘 닦는다. 책상 위에 흘린 물이나 우유는 물론 미술 활동 후 버린 종이들은 아동 자신이 정리한다.

교사는 환경을 준비하고 관리하며 유지하고 아동의 발달과 성장에 대한 관찰과 지도 평가에 따라 아동의 진도를 확인하며 아동이 즐겁고 편안하게 교실에서의 일과를 마칠 수 있도록 돕는다.

한 교실에 주 교사와 인턴 교사로 2명이 한 조가 되어 업무를 나누며 실기 시연은 주 교사가 주로 하며 인턴 교사는 관찰과 실기 보조를 하면서 1년 동안 주 교사의 지도로 업무를 배우며 실기를 익히고 관찰을 주 업무로 한다.

대체로 한 교실에 20명에서 25명 이내로 3년차 혼합연령으로 구성되지만, 같은 연령이라 해도 6개월에서 10개월 상당의 차이가 나는 구성일 경우도 있어 2년차 구성을 하는 경우가 많다.

(3) 몬테소리 교실 아동의 특징

몬테소리 교실에서 작업을 하는 아동에게 나타나는 특징은 다음과 같이 몇 가지로 요약할 수 있다.

① 반복 작업

첫 번째로 아동은 자신이 흥미를 느낀 작업에 대해서는 특별한 애정을 느끼며 반복 작업을 하려는 현상이 나타난다.

아동은 한 가지씩 자료를 선택하여 작업하며 그 자리에서 계속 반복하는 경우도 있고, 며칠 동안 계속 흥미를 보이며 반복하는 모습을 보여 준다.

② 선택의 능력

두 번째로 선택의 자유를 얻은 아동은 자신이 흥미를 느끼는 자료를 선택하여 학습할 수 있다는 것을 보여 준다.

아동은 여러 교구들을 사용하면서 자신의 능력과 한계를 알며 자신의 학습 진도와 흥미 영역을 안다. 따라서 자신의 흥미와 능력이 닿는 대로 아동은 선택의 능력을 갖게 된다.

아동은 자신이 원하는 자료를 스스로 선택하며 학습 흥미에 따라 학습하는 것을 즐거워하며, 잘했다고 칭찬해 주기를 바라거나 누군가의 강요에 의해서가 아닌 본인의 의지에 따라 선택할 수 있다.

③ 자발적 흥미

세 번째로 몬테소리 교실에 익숙한 아동은 성인의 지시가 아닌 아동의 자발적 흥미에 따라 작업하기를 원하는 현상이 나타난다. 아동에게 있어 학습의 자발성이라는 것은 가장 중요한 학습의 덕목이 될 것이다.

④ 집중력

네 번째로 아동에게 나타나는 현상은 집중력이다.

아동이 작업을 반복하게 되면 그 작업에 집중하게 된다. 작업을 두세 번 반복하는 동안 집중의 시간이 늘어나게 되고 집중력의 향상을 가져오게 된다.

⑤ 자신감과 독립심

다섯 번째로 몬테소리 아동에게서 볼 수 있는 것은 자신감과 독립심이다.

아동이 작업을 통해 성취감을 느끼고 만족하게 되면 자신의 작업에 대한 자신감을 갖게 되고 초기에 작업을 배울 때 교사에게 의존할 때와는 달리 점차 독립심이 자라게 된다.

몬테소리 저서 중에 동생과 한 교실에 있던 형이 처음에 계속 따라다니며 묻던 동생이 귀찮게 느껴졌는데 시간이 지나자 어느 순간에 동생 혼자 하는 것을 보고 "형이 도와줄까?"라고 묻자, "아니 나 혼자 할 수 있어."라는 대답이 돌아와 오히려 형이 무색해졌다고 쓴 것을 본 기억이 있다.

몬테소리 아동은 자신의 작업이 발전되었을 때 교사 또는 부모에게 자랑스럽게 표현하기를 좋아하며 자신을 인정하는 자아 존중의 모습을 나타낸다.

그리고 작업을 즐겁게 하는 동안 긍정적인 반응과 언어를 사용하는 것을 볼 수 있다. 작업 중에는 독립적으로 하는 개별 작업도 있지만 점차 작업이 커지고 2명 또는 3명이 함께하는 작업이 늘어나는데, 자아가 가장 강한 시기인 그 나이의 아동들에게서 보기 어려운 친구 간 배려하고 양보하고 협동하는 모습도 보인다.

몬테소리 교실의 최종 목표는 아동의 정상화에 있다. 작업을 통해서 아동이 즐거움을 느끼고 행복해지는 순간을 이어 가도록 하려는 것이 교사의 목표다.

매 순간의 즐거움이 매일의 기쁨이 되고 긍정적인 성격의 아동은 자라서 성인이 된 후에도 긍정적인 성격으로 인해 어려움을 극복하고 해결해 나갈 수가 있을 것이다.

3) 몬테소리 교실 분위기

몬테소리 교실의 교사들은 아이들의 높은 집중도를 유지하기 위해 되도록 음성을 낮추며 작은 행동으로 아이들을 자극하지 않으려고 노력한다. 그리고 아이들에게도 자제를 부탁한다. 그러나 이러한 노력이 자칫 아이들을 지나치게 통제하거나 억압 상태로 끌고 가게 될까 봐 중용을 유지하는 데 어려움을 겪는다. 작업에 열중하게 하려면 조용함이 필요하고 조용함을 만들려면 통제가 필요하다.

그러나 몬테소리 교실의 기본 분위기는 따뜻함과 자유로움과 자발적인 활동에 따른 기쁨과 평화다. 이 자유로움과 자발적인 활동이 소음을 만드는 요소이긴 하나 이것이 없으면 아동의 창의적 활동이나 사고력 증진을 기대할 수 없기 때문에 교사들은 딜레마에 빠진다.

그래도 몬테소리 교사들은 평형을 유지하면서 최대한의 자유를 주어 아동이 마음을 열고 자신의 작업에 열중할 수 있도록 도우면서 '제한 간섭'을 통해 내면의 규율을 지키게 된다.

아이들에게 스스로 자신을 통제하도록 하는 일은 아이들의 의지 발달이 이루어지고 난 이후라야 가능하므로 최소한 3년 차 아이들이 섞여 있을 때 가능하다. 물론 지도하는 교사도 3년 차 이상이어야 한다.

5장 몬테소리 실기 이해

몬테소리 교실의 영역은 대체로 일상생활, 감각, 수, 언어, 문화(역사, 과학, 지리) 및 예술(음악, 미술) 등으로 구분된다. 선반 구성의 원칙은 다음과 같으며, 이 원칙은 각 영역 구성에도 적용되고 실기 시연에서도 이 원칙을 따른다.

▶ **몬테소리 교실 선반 구성의 6가지 원칙**

- 왼쪽에서 → 오른쪽
- 위에서 → 아래
- 큰 것에서 → 작은 것
- 쉬운 것에서 → 어려운 것
- 간단한 것에서 → 복잡한 것
- 구체적인 것에서 → 추상적인 것

1. 일상생활 영역

1) 일상생활 영역 시작하기

일상생활 영역은 마른 작업과 물 작업으로 나누며 사람 돌보기와 환경 돌보기, 예의 배우기, 음식 작업 등으로 나뉜다.

교실에 들어서면 문 가까이에 일상생활 기초 선반부터 마른 작업 선반에서 젖은 물 작업 선반까지, 그리고 음식 작업 선반과 큰 물 작업 선반이 이어진다.

손 또는 손가락으로 옮기기, 도구(스푼, 집게, 핀셋, 젓가락 등)를 사용하여 옮기는 단순 동작의 반복을 통해 질서 또는 순서를 익히고 집중력을 기른다.

아이들은 손으로 옮기기, 집게로 옮기기, 물 따르기, 도구 사용하기, 옷 입기 등 일상생활에 필요한 모든 것들을 쉬운 것부터 어려운 단계까지 진행하며 질서감, 순서 찾기, 집중력과 사고력이 발달하며, 손목 근육이 강해져 물건을 집고 옮기는 것이나 자신을 돌보는 일, 연필과 크레파스를 잡고 그림을 그리거나 글씨를 쓸 수 있도록 점차 발달하여 간다.

이 과정을 통해 아이들은 독립심과 자신감이 생기고 성취감을 맛보면서 행복한 시간을 갖게 되고 긍정적인 성격과 타인과의 상호작용을 통해 타인에 대한 배려가 생기게 된다.

(1) 제 1선반

물체를 옮기는 훈련을 하는데 손으로 먼저 물체를 옮기고, 그다음 도구를 사용해서 옮기게 하는 것은 사람이 살아가는 데 필요한 활동을 신체를 사용해서 할 수도 있고 편리한 기계와 도구를 사용해서 할 수도 있다는 것을 알게 하는 것이다.

그리고 손과 손가락, 손목 등을 많이 사용하게 함으로써 아직 미분화되고 미발달한 소근육들을 발달시켜 물건을 잡고 옮기고, 문을 열고 닫고, 병을 열고 닫고, 연필이나 크레파스를 제대로 잡고 쓰고 그리게 하는 이 모든 동작들을 쉽게 할 수 있도록 한다.

(2) 제 2선반

몬테소리 교실 일상생활 영역 제 2선반에는 다양한 작업이 있다.

제 1선반에서는 주로 '오른손'이 사용되었으나 붓기 작업을 배우면서 왼손, 오른손을 번갈아 사용하며 '붓기'를 위한 집중력과 초점 맞추기 훈련이 이루어진다.

제 2선반에서 옮기기와 붓기의 겸용으로 튕기기, 이쑤시개 옮기기, 나무 집게 꽂고 빼기, 손가락과 손목 근육을 강화하기 위한 병뚜껑 매칭(열고 닫기), 나사 풀고 조이기 등 여러 작업이 있다. 이 훈련을 통해 문 열고 닫기(손잡이 틀기), 수도꼭지 틀고 잠그기 등 일상생활에 필요한 작업들을 배우고 붓기 단계로 넘어간다.

옮기기와 붓기 작업을 통해 손가락 근육과 손목 근육이 발달하면서 미분화되었던 말초 신경까지 차차 통제가 가능해지며, 5세 말~6세 초에는 트위저, 핀셋, 젓가락 사용이 가능해져 아주 작은 물체도 도구로 이동이 가능해진다.

제 2선반 맨 밑에 있는 마지막 작업들은 구두 닦기, 광내기, 바느질하기 등인데 이것은 7세 아이들의 작업이다.

제 2선반에 있는 작업 중에는 가정에서도 할 수 있는 작업이 많이 있다. '수건 말기', '냅킨 접기', '양말 접기' 등은 집에서도 충분히 할 수 있는 작업으로 집에서 엄마를 도와 즐겁게 작업을 연습할 수 있다.

'튕기기'는 입구가 좁고 밑이 넓은 병이 있으면 그 속에 구슬을 떨어뜨려 본다. 튀어 오르면서 맑은 소리가 나므로 아이들이 흥미로워할 뿐만 아니라 집중력과 초점 맞추기 능력이 발달된다.

'콩 쓸기', '종이 쓸기' 역시 쟁반 위에 색지나 색종이로 동그라미 표시를 하고 한쪽으로 몰아 담기를 연습한다. 마찬가지로 손과 눈의 협응이 이루어지며 집중력이 향상되는 작업이다.

(3) 제 3선반

일상생활 영역 제 3선반에는 작은 물 작업의 다양한 교구들이 있다.

① 물 옮기기

첫째 칸의 스펀지로 물 옮기기는 집중력과 인내심을 기르는 작업으로, 스펀지가 물을 흡수하는 모습을 보고 물체의 성질을 배운다.

베스타로 물 옮기기는 진공 상태에서 물을 빨아들이고 내어놓는 과정으로, 아이들은 이를 통해 과학을 경험한다. 이 작업은 과학 선반에 있어도 되는 작업이지만 유치 과정은 물 작업 선반에 둔다.

깔때기로 물 옮기기는 큰 그릇에 있는 액체를 입구가 작은 그릇에 옮길 때 깔때기라는 도구를 사용해서 옮길 수 있다는 지혜를 갖게 할 뿐 아니라 집중력과 초점을 맞추는 협응력이 상당히 발달하는 작업이다.

계량하기 작업 또한 아이들의 호기심을 자극하는 작업으로 이 계량하기는 모양은 달라도 양은 같다는 사실을 깨닫게 해 주는 작업이다. 얕고 넓은 그릇, 좁고 긴 그릇 등에 물을 옮겨 놓아도 물의 양이 같다는 것을 깨닫게 해 주는 '양의 보존' 개념을 어렴풋이나마 갖게 해 준다.

② 물 따르기

둘째 칸에 있는 물 따르기 교구는 투명한 그릇에서 점차 불투명한 그릇으로 옮겨 가면서 어려움을 더해 가는데 물 따르기 연습을 하다 보면 물이나 주스, 우유 등을 마시는 일은 혼자서 스스로 해낼 수 있게 된다.

③ 다양한 작업

셋째 칸에는 흘린 물을 스스로 닦아 내는 훈련을 하는 흘린 물 닦기, 물에 뜨는 것과 가라앉는 것을 실험을 통해 발견해 보는 뜨다 가라앉다 작업 등 물체의 성질을 탐색하게 하는 작업들이 있다. 역시 과학적 사고를 이끌어 내는 작업이다.

그리고 아주 흥미로운 작업인 '색깔 혼합(color mixing)'이라는 교구 작업이 있는데 빨강, 노랑, 파랑 3가지 색깔을 혼합해 주황, 초록, 보라색을 만들어 낸다. 두 가지 색이 만나면서 바로 2차색, 즉 다른 색깔을 만들어 내는 신기한 과정 속에서 아이들은 '발견을 통한 학습'을 체험하게 된다.

(4) 제 4선반

작은 물 작업이 끝나면 아이들은 손 씻기, 거울 닦기, 칠판 닦기, 책상 닦기, 의자 닦기, 인형 씻기기, 그릇 닦기, 빨래하기, 마루 닦기 등의 큰 물 작업을 경험하게 된다. 이러한 작업은 많은 과정을 거치면서 시작과 중간과 마지막을 확실하게 정리하는 방법을 터득하는 데 많은 도움이 된다.

또한 꽃 자르기, 잎 닦기 등을 통해 식물을 사랑하고 아름다운 마음씨의 '지구 지킴이'로서의 바탕도 쌓을 수 있다. 특히 여자아이들의 인형 씻기기는 역할놀이 중의 하나로 인식되기도 하지만 다른 한편으로 동생은 어리고 약해서 내가 돌봐 주어야 한다는 인식이 싹트게 하므로 어린 동생에 대한 질투나 미움 같은 것들을 없애 주는 좋은 작업의 하나이다.

대체로 지금까지 설명한 활동들이 3~6세 어린이들이 경험하는 작업이며, 이외에 구두 닦기, 목기 및 은기 광내기, 다림질하기 등은 주로 7세 아동들이 하는 작업이다. 다림질을 하거나 바느질 연습 등은 꼭 그 작업을 잘 해내기 위해서라기보다 섬세한 손놀림과 도구나 기구들을 조심성 있게 다루는 법을 배우게 하기 위함이다.

(5) 제 5선반

음식 선반의 사과 자르기나 당근 자르기 등 절차가 복잡하고 어려운 작업들도 주로 7세 이상 아동의 작업들이다.

이런 작업들을 통해 아동들은 칼을 사용하는 법, 서로 주고받는 법, 손목의 힘을 기르고 인내심을 갖게 하는 것, 여러 단계를 거쳐 완성하는 과정에서 '이 다음에는 무엇이 올까?' 생각하는 사고력 증진, 집중력 향상 등을 이룬다. 또한 작업 과정에서 질서를 배우고 다음 친구를 위하여 내가 깨끗이 정리해서 제자리에 돌려놓아야 한다는 타인에 대한 배려 등 사회생활을 하는 데 필요한 기초 질서와 예의를 배우게 된다.

옷 틀을 배우는 단계는 일상생활 영역의 맨 처음에 배우기도 하고, 소근육의 발달을 이끄는 작업으로 손 쓰기와 눈과 손의 협응력, 집중력, 순서 알기, 사고력 등이 발달하고 예의 알기를 배운 후에 사람 돌보기의 작업 순서에 따라 따로 배울 수도 있다.

옷 틀 작업에는 옷을 스스로 입도록 돕는 단추 채우기, 지퍼 올리기, 버클(벨트) 매기, 리본 묶기, 운동화 끈 매기, 핀 꽂기 등 기본적인 것과 몇 가지 보충 작업이 있기도 하다.

'옷 입기'를 통해 얻는 최대의 목적은 한 가지 동작을 여러 번 반복하는 과정을 통해 '어려움의 해결'을 경험하도록 함으로써 이후에 어떤 어려운 일이 있어도 차근차근 하나씩 풀어 나갈 수 있는 능력을 얻게 하는 데 있다.

이처럼 같은 동작을 여러 번 반복하는 동안에 어려움을 극복하도록 하는 이 작업들은 '어려움의 분리' 또는 '난이도의 해소'라고 하며 몬테소리 교육의 아주 중요한 개념 중의 하나이다.

'리본 묶기'와 같이 여러 단계를 거치면서 묶는 방법도 까다로운 작업은 5세나 6세 아이들이 하고 싶어 하는데, 이는 실패의 확률이 크기 때문에 좌절감을 느낄까 염려되는 어린 아동에게는 유도하지 않는다.

2) 일상생활 영역 실기 이해

일상생활 영역 제 1선반에 있는 마른 작업부터 마지막 음식 작업까지 차례로 소개한다.

(1) 제 1선반 : 마른 작업

먼저 대, 중, 소 그릇의 크기와 내용물의 크기가 비례하는 것을 알려 주고, 교사가 아래 순서로 짚어 주면서 시연을 한다. 첫 번째 선반에 있는 옮기기 작업은 그릇 안 대, 중, 소의 내용물과 그릇의 크기만 다를 뿐 시연 방법은 같음으로, 세 번째 선반인 집게로 옮기기 선반까지는 각 선반에서 한 가지씩만 시연한다.

- 시연 자료 소개(material)
- 시연(presentation)
- 나이(age)
- 흥미점(point of interesting)
- 목적(purpose)
- 오류의 정정(control of error)

① 첫째 칸 : 손으로 옮기기(대, 중, 소)

첫째 칸에는 쟁반 3개에 그릇 크기에 따라 각각 2개씩 그릇(bowl)이 있고 그 안에 구체물이 들어 있다. 첫 번째 그릇엔 솔방울, 도토리, 큰 색돌 등 되도록 자연물이면서 큰 종류로 준비한다. 두 번째 그릇엔 콩이나 팥, 작은 색돌 또는 중간 구슬 등을, 세 번째 그릇에는 쌀이나 작은 구슬 등 구할 수 있는 작은 구체물을 준비한다. 2주 정도에 한 번씩 구체물을 바꾸어 놓는다.

❶ 색돌 옮기기

ㄱ. 오른손으로 왼쪽 그릇에 있는 색돌을 잡아 오른쪽 그릇으로 옮긴다.

ㄴ. 다 옮겨졌나 확인하고 다시 왼쪽 제자리로 옮긴다.

ㄷ. 하고 싶은 만큼 반복한 후 선반 제자리에 놓는다.

② 둘째 칸 : 숟가락으로 옮기기(대, 중, 소)

손으로 옮기기를 충분히 연습했다면 도구를 사용하여 숟가락으로 옮기기를 시도한다. 내용물은 숟가락에 담길 만큼의 크기로 손으로 옮기기와 비슷한 구체물이면 된다. 예를 들어 잣, 콩, 팥, 도토리 등을 준비한다.

❶ 콩 옮기기

ㄱ. 왼손으로 숟가락 앞쪽을 잡아 오른손 엄지 검지 사이에 두고 숟가락에 담길 만큼 콩을 담아 오른쪽에 있는 그릇에 옮긴다.

ㄴ. 다 옮겨졌나 확인하고 다시 오른쪽 그릇에 있는 콩을 왼쪽 그릇 제자리로 옮긴다.

ㄷ. 하고 싶은 만큼 반복한 뒤 선반 제자리에 놓는다.

중간과 작은 그릇에 넣을 내용물은 점점 작은 것으로 준비하고 그릇과 숟가락도 작아진다. 사기 그릇이나 유리 그릇을 쓰면 내용물이 떨어질 때 나는 소리로 청각 훈련에 도움이 될 수 있다. 숟가락으로 옮기기 연습은 숟가락 연습의 목적도 있지만 내면의 목적은 나중에 글씨 쓰기를 준비하는 연필 잡는 방법을 연습하는 데 큰 목적이 있다.

③ 셋째 칸 : 집게로 옮기기(대, 중, 소)

집게로 잡을 만한 구체물, 예를 들어 밤, 도토리, 솜볼, 색돌, 큰 열매, 작은 구슬 등을 대, 중, 소로 준비하고 그릇과 집게도 대, 중, 소로 준비한다.

❶ 도토리 옮기기

ㄱ. 왼손으로 집게 앞쪽을 잡아 오른손 바닥으로 집게 뒤쪽을 잡게 한다.

ㄴ. 왼쪽 그릇에 있는 도토리를 집어 오른쪽 그릇으로 옮긴다.

ㄷ. 다 옮겨졌나 확인하고 다시 왼쪽 제자리로 옮긴다.

ㄹ. 하고 싶은 만큼 반복하고 선반 제자리에 놓는다.

숟가락 옮기기와 집게 옮기기는 유아로 하여금 도구를 사용해서 물건을 옮기는 법을 알게 하고 순서 알기와 집중력 발달, 소근육 발달에 도움을 주는 내적 발달을 위한 작업이다. 여기까지는 유아의 발달 상태에 따라 18개월에서 36개월 또는 42개월까지 할 수 있다. 넷째 칸에는 여러 종류의 옮기기가 함께 있다.

④ 넷째 칸 : 여러 가지 옮기기

넷째 칸에는 트위저로 옮기기, 핀셋으로 옮기기, 작은 집게로 옮기기, 비누 그릇(soap holder)에 옮기기, 젓가락으로 옮기기 등 다양한 옮기기가 준비되어 있다. 이 칸의 작업은 4~5세 아동이 하는 작업이므로 교사의 시연 일정이 고려되어야 한다.

옷 틀 배우기

① 단추 채우기(시연)

ㄱ. 단추 틀을 가져와 책상 또는 매트 위에 놓는다(큰 단추 틀→작은 단추 틀 순).

ㄴ. 오른손 엄지 검지로 왼쪽 깃을 잡고 왼손 엄지 검지로 단추를 잡아 반만 밀어 뺀다.

ㄷ. 오른손 엄지 검지로 단추를 잡고 빼낸다.

ㄹ. 같은 방법으로 나머지 단추도 빼낸다.

ㅁ. 단추를 다 빼내면 왼쪽 오른쪽 깃을 모두 젖히고 두 손으로 틀 가장자리를 더듬으며 다 벗었다고 한다.

ㅂ. 다시 오른쪽 왼쪽 깃을 닫고 이번에는 왼쪽 깃을 왼손으로 잡고 오른손으로 단추를 잡아 단추 구멍에 반만 넣는다.

ㅅ. 왼손 엄지 검지로 단추를 잡아 뺀다.

ㅇ. 같은 방법으로 단추를 모두 잠근 후에 다 입었다고 말하며 단추 틀을 들어 유아에게 보여 준다.

ㅈ. 하고 싶은 만큼 반복한 후에 선반 제자리에 놓는다.

② 지퍼 채우기

③ 버클(벨트) 매기

④ 리본 묶기

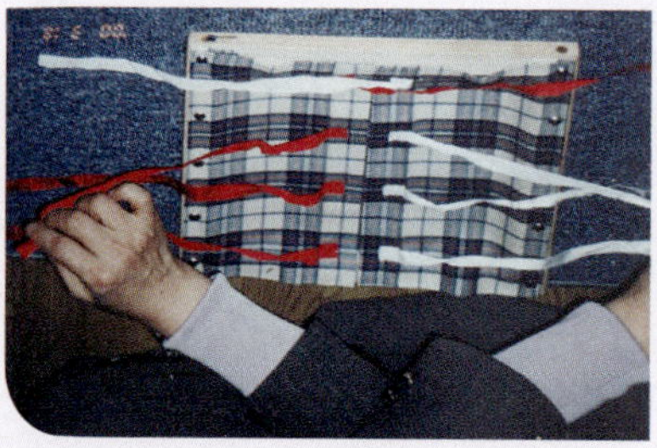

⑤ 운동화 끈 꿰기

⑥ 핀 꽂기

⑦ 기타 작업 : 스냅 틀, 똑딱이 틀

(2) 제 2선반 : 마른 작업

① 첫째 칸

❶ **구슬 튕기기** : 옮기고 따르는 두 가지의 방법을 사용하는 양손 사용의 작업이다. 왼쪽에 있는 그릇에서 구슬을 잡아 오른쪽 입구가 좁은 병에 떨어뜨리면서 튀어 오르는 모습을 보며 유아들이 즐거워한다. 오른쪽 병에 있는 구슬을 다시 왼쪽 그릇에 따른다.

❷ **이쑤시개 옮기기** : 이쑤시개 옮기기는 집중력 향상에 도움이 된다.

❸ **집게 꽂기** : 큰 집게, 작은 집게를 제자리에 꽂아 본다.

❹ **끈 꿰기 연습** : 실이나 끈을 구멍의 한쪽에 넣어 다른 쪽으로 빼 본다.

❺ **나사 조이기(병뚜껑 매칭으로 대체 가능)** : 두 개의 물체를 볼트와 너트, 못을 사용하여 연결하는 이치를 알게 하는 작업으로, 물건의 크기를 가늠하고 조이고 푸는 과정에서 손가락, 손목 근육의 발달을 돕는다. 이 교구가 없을 때는 크고 작은 화장품 병들을 이용한 병뚜껑 매칭으로 대체할 수 있다.

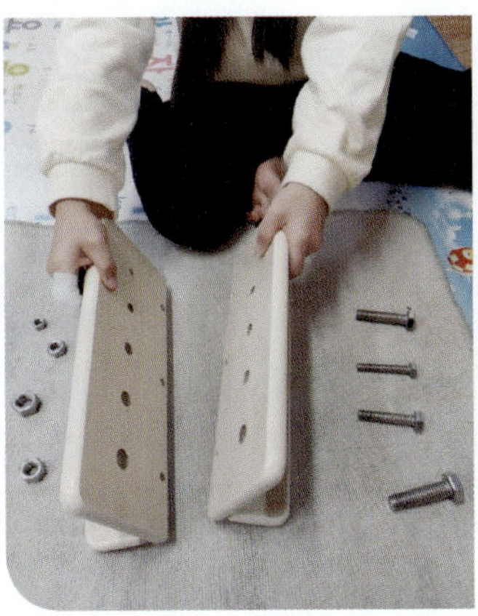

❻ **쓸 것 버릴 것 구분하기** : 쓰는 것과 버리는 것을 구별할 수 있는 능력을 기르기 위한 작업이다. 구슬이나 고무줄, 연필 토막이나 지우개 같은 것들, 구

겨진 종이 조각이나 부러진 핀 등을 준비하여 단어 카드를 놓고 그 밑에 분류하여 놓도록 한다. 놓을 자리가 마땅치 않을 때는 둘째 칸으로 옮긴다.

② 둘째 칸

둘째 칸의 마른 것 붓기는 물이나 우유, 주스 등 음료수를 유아 스스로 마실 수 있도록 훈련시키는 데 도움을 주기 위한 것이다. 마른 것으로 시작해서 젖은 것, 즉 물 따르기로 가기 전 단계이다. 다음의 내용을 참고한다.

- 투명한 유리 컵 3개, 불투명한 유리컵 3개를 준비한다.
- 투명-투명, 투명-불투명, 불투명-불투명 순으로 진행한다.
- 붓기는 오른쪽에서 왼쪽으로 붓는다.
- 왼쪽 그릇 바닥에 점을 찍어 그곳을 향해 부을 수 있도록 포인트를 정한다.

❶ 강낭콩 붓기

ㄱ. 오른손으로 오른쪽에 있는 투명한 유리컵을 잡고 왼쪽의 투명한 유리컵에 강낭콩을 따른다. 이때 왼손은 컵 앞쪽을 받친다.

ㄴ. 다 부은 것을 확인한 뒤 왼손으로 왼쪽 유리컵을 잡고 오른쪽에 있는 유리컵에 붓는다. 이때 오른손은 왼쪽 유리컵 앞쪽을 잘 받쳐 준다.

ㄷ. 다 부어진 것을 확인하고 나서, 하고 싶은 만큼 반복한 후 선반 제자리에 놓는다.

ㄹ. 나머지도 같은 방법으로 시연하면 된다. 다만 다음 단계를 시도할 때에는 유아의 진도 상태를 확인하고 진행한다.

③ 셋째 칸

❶ 콩 쓸기

ㄱ. 콩을 담은 그릇, 둥근 원을 붙인 콩 쓸기 쟁반, 빗자루와 쓰레받기를 준비한다.

ㄴ. 콩 쓸기 쟁반을 가져와 콩을 쟁반에 쏟아놓는다.

ㄷ. 왼손에 쓰레받기, 오른손에 빗자루를 잡고 콩을 둥근 원 안으로 모은다.

ㄹ. 쓰레받기에 콩을 담아 그릇에 넣는다.

ㅁ. 하고 싶은 만큼 반복한 후에 선반 제자리에 놓는다.

❷ 종이 쓸기 : 종이 쓸기는 유아들이 미술 활동을 한 후에 자신의 쓰레기를 스스로 처리할 수 있도록 돕는 작업이다. 콩 쓸기처럼 책상 위에서 그릇에 모아 담기도 하고 쓰레받기를 책상 아래에 대고 종이 쓰레기를 모아 쓰레받기에 담기도 한다.

❸ 냅킨 접기

냅킨 접기는 방향과 순서를 알게 하는 작업인데, 모두들 어려워하는 작업이어서 시연 방법을 자세히 소개한다. 이 작업은 왼쪽에서 오른쪽, 위에서 아래 원칙에 따라 선을 그으며 접으면 된다.

ㄱ. 파란색 천을 펼쳐 양손으로 위에서 아래로 접고, 왼쪽에서 오른쪽으로 접어 매트 왼쪽 위에 놓는다.

ㄴ. 빨간색 천은 펼쳐서 위의 왼쪽 끝을 잡아 대각선 오른쪽으로 내리고 다시 오른쪽 끝을 잡아 대각선 왼쪽으로 내리면 삼각형이 된다. 파란색 천 위에 놓는다.

ㄷ. 주황색 천도 같은 방법으로 네모로 만든 후 오른쪽 위에서 아래로 한번 더 접으면 작은 삼각형이 되어 빨간색 천 왼쪽에 놓는다.

ㄹ. 노란색 천도 네모로 만든 후 왼쪽에서 아래로 한번 더 접어 작은 삼각형을 만들어 주황색 천 위에 놓는다.

ㅁ. 초록색 천은 펼쳐서 위에서 아래로 반을 접은 후 왼쪽에서 계속 선을 따라 접으면 작은 직사각형이 되는데, 맨 위에 놓는다.

ㅂ. 다시 초록색 천부터 네모로 펼쳐서 초록색–노란색–주황색–빨간색–파란색 천 순서로 되돌아간다.

④ 넷째 칸

❶ **바느질하기 :** 팔찌 만들기와 단추 달기 등을 통해 복잡한 순서를 익히는 법을 배운다.

❷ **구두 닦기 :** 구두의 먼지를 털고 헝겊에 약을 발라 구두에 칠하고 헝겊으로 광을 낸다. 구두를 닦으며 자신의 물건을 깨끗이 하는 방법을 익힌다.

❸ **목기·은기 광내기 :** 주위 물건을 깨끗이 하는 방법이 여러 가지가 있음을 안다. 신주 광내기는 화학 약품을 쓰기 때문에 생략한다.

❹ **이 닦기 :** 위아래, 옆으로 이 닦는 순서와 방법을 익힌다.

구두 닦기, 광내기 등의 물 작업을 할 때에는 앞치마를 입어야 한다. 이 닦기는 작은 물 작업으로 옮겨 가도 무방하다.

(3) 제 3선반 : 작은 물 작업

① 첫째 칸

❶ **스펀지로 물 옮기기**

- 재료 : 그릇 2개, 스펀지, 쟁반, 피처

ㄱ. 피처에 물을 담아 왼쪽 정정선이 있는 그릇에 선만큼 물을 붓는다.

ㄴ. 스펀지로 물을 빨아들인 후 오른쪽 빈 그릇에 스펀지를 들어 물이 다 떨어지기를 기다려 남은 물을 짠다.

ㄷ. 반복해서 스펀지로 왼쪽 그릇의 물을 오른쪽으로 다 옮긴 후 다시 오른쪽 그릇의 물을 왼쪽 그릇으로 옮긴다.

ㄹ. 작업이 끝나면 물을 버리고 정리한 후 스펀지로 그릇과 책상을 닦는다.

❷ **베스타로 물 옮기기 :** 물을 빨아들이고 내보내는 과정에서 진공 상태를 이루는 이 작업은 과학 영역에 두어도 좋은 작업이나 유치 과정에서는 물 작업 선반에 둔다.

❸ **스포이드로 물 옮기기 :** 작은 물컵에 적당량 물을 담고 비누 받침이나 욕실 바닥에 미끄럼 방지용 판에 있는 작은 홀더에 물을 떨어뜨려 집중력을 기르고 마무리할 때는 스펀지로 닦아 낸다.

❹ **깔대기로 물 옮기기 :** 도구를 사용해서 넓은 그릇의 액체를 좁은 그릇으로 옮기는 생활의 지혜를 배운다.

⑤ 계량하기(양의 보존) : 그릇의 모양은 변해도 내용물의 일정한 양은 똑같다는 이치를 깨닫게 한다.

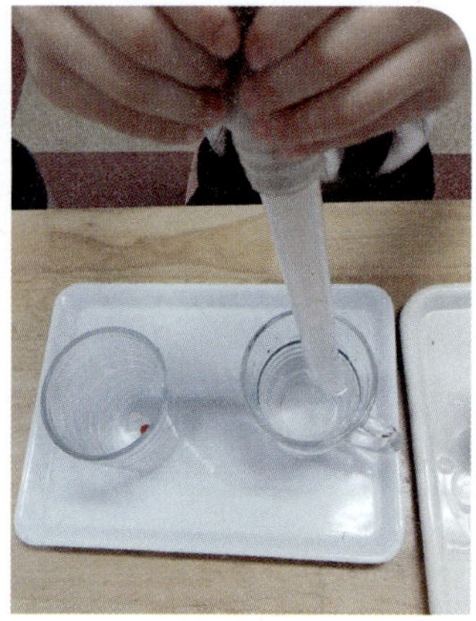

② 둘째 칸

❶ 물 따르기

물 따르기는 투명–투명, 투명–불투명, 불투명–불투명 순으로 진행한다.

ㄱ. 피처에 물을 담아 정정선이 있는 오른쪽 컵에 붓고, 다시 왼쪽 컵으로 물을 옮긴다.
ㄴ. 다시 왼손으로 왼쪽 컵에 있는 물을 오른쪽 컵에 따른다.
ㄷ. 작업이 끝나면 물을 버리고 스펀지로 컵과 흘린 물을 닦고 선반 제자리에 놓는다.
ㄹ. 이 작업을 유아들이 익히고 나면 가정에 알려 집에서 유아 스스로 물이나 음료수를 따라 마실 수 있도록 한다.

③ 셋째 칸

❶ 뜨다, 가라앉다

- 재료 : 쟁반, 작은 타월, 언어 카드, 뜨고 가라앉는 구체물, 그릇, 스펀지

ㄱ. 책상 위로 교구를 가져와서 피처에 물을 담아 그릇에 정정선만큼 붓는다.

ㄴ. 구체물을 하나씩 꺼내어 물에 넣어 보면서 뜨는 물건과 뜨지 않는 물건을 가려내어, 물기를 타월에 닦고 펠트 위 해당 언어 카드 밑에 놓는다.

ㄷ. 작업이 끝나면 정리하고 선반 제자리에 놓는다.

❷ 흘린 물 닦기 : 물이 담긴 작은 그릇과 스펀지, 작은 쟁반을 준비한다. 바닥이나 책상 위에 물을 흘려 놓고 스펀지로 빨아들여 그릇에 짠다. 스펀지가 물을 흡수한다는 것과 음료나 물을 흘렸을 때 유아 스스로 닦을 수 있도록 하는 훈련이다.

❸ 거품 내기 : 그릇에 물과 세제를 넣어 거품기로 거품을 내어 유아의 흥미를 일으키고 손목에 힘을 키운다.

❹ 색깔 혼합(color mixing) : 미술 영역에 포함될 수 있으나 유치 과정에서는 물 작업에 넣는다.

- 재료 : 빨강, 노랑, 파랑 색물, 6개의 유리잔, 스펀지, 피처, 쟁반

ㄱ. 정정선이 하나인 3개의 잔과 정정선이 둘인 3개의 잔을 꺼내어 빨강 노랑 파랑 점이 있는 곳에 자리를 잡아 놓는다.

ㄴ. 정정선이 하나인 3개의 잔에 선만큼 물을 붓는다.

ㄷ. 각 잔에 빨강, 노랑, 파랑 색물을 3방울씩 떨어뜨리고 저어 준다.

ㄹ. 검은색 정정선이 둘인 잔을 바로 세워 빨강과 노랑을 선만큼 부어 주면 바로 주황색이 나온다.

ㅁ. 같은 방법으로 노랑과 파랑을 섞어 초록색을, 빨강과 파랑을 섞어 보라색을 만든다.

ㅂ. 2차색을 만든 후에 6개의 색깔을 한 병에 모으면 거의 검은색이 나온다.

ㅅ. 작업이 끝나면 버리는 물통에 모두 버리고 흘린 물을 정리한 다음 선반 제자리에 놓는다.

ㅇ. 다른 작업들은 3세에 가능하나 색깔 혼합은 순서가 복잡하므로 만 4세 이후 또는 5세 이후에나 가능한 작업이다.

(4) 제 4선반 : 큰 물 작업

① 첫째 칸

❶ 손 씻기

● 재료 : 정정선이 있는 대야 2개, 피처, 시계 그릇, 비누, 로션, 작은 솔, 타월

ㄱ. 대야에 선만큼 물을 따른다.

ㄴ. 두 손을 물에 담갔다가 꺼내어 비누칠을 한다.

ㄷ. 손등과 손가락 하나하나를 문질러 닦는다.

ㄹ. 솔에 비누칠을 하고 손톱 밑을 깨끗이 닦고 물에 씻는다.

ㅁ. 필요에 따라 다른 대야 하나에 물을 붓고 헹구어 낼 수 있다.

ㅂ. 타월로 물기를 닦고 로션을 바른다.

ㅅ. 시계를 차고 모두 정리한다.

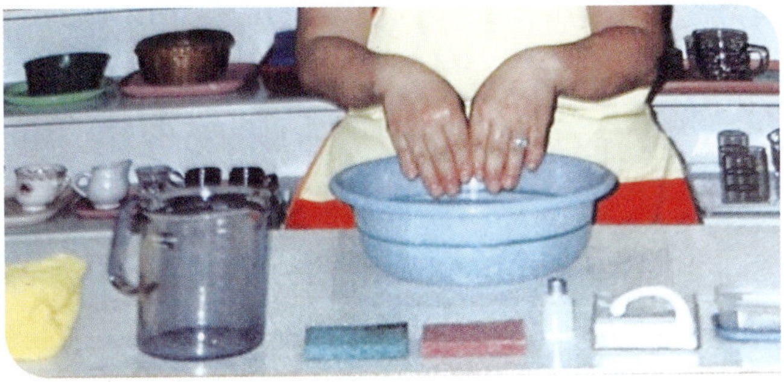

❷ 책상 닦기

- 재료 : 정정선이 있는 대야, 비누, 스펀지, 타월, 피처, 큰 솔

ㄱ. 피처에 물을 담아 대야에 선만큼 붓는다.

ㄴ. 솔에 물을 묻혀 비누를 바르고 책상의 반을 나누어 왼쪽부터 위에서 아래로 왼쪽에서 오른쪽으로 나선형으로 책상을 닦는다.

ㄷ. 물에 적신 스펀지로 책상 위에 비누 거품을 닦아 낸다.

ㄹ. 왼쪽이 끝나면 오른쪽을 같은 방법으로 닦는다.

ㅁ. 대야에 물이 더러워지면 버리는 물통에 붓고 새로운 물을 부어 쓰기도 한다.

ㅂ. 작업이 끝나면 흘린 물과 그릇, 대야를 스펀지로 닦고 대야 안에 용품들을 넣고 타월로 손을 닦는다. 마무리 후 선반 제자리에 놓는다.

② 둘째 칸

❶ 그릇 닦기

- 재료 : 씻을 그릇, 대야 2개, 피처, 스펀지, 중성 세제, 거품기, 그릇 정리대, 타월

ㄱ. 피처에 물을 담아 대야에 붓고 중성 세제를 3방울 떨어뜨려 거품기로 거품을 낸다.

ㄴ. 그릇을 하나씩 넣어 스펀지로 닦은 후 다른 대야에 넣고 헹군다.

ㄷ. 헹군 그릇을 그릇 정리대에 넣는다. 정리대가 없으면 대야에 바로 넣는다.

ㄹ. 대야의 물을 버리고 정리한다.

이 작업은 일을 시작했을 때 다음에 무엇이 올까 생각하게 하는 시작과 중간, 끝을 알게 하는 사고력을 키우는 데 유용한 작업이다.

❷ 빨래하기

- 재료 : 대야 2개, 타월, 비누 그릇, 세탁물, 피처, 옷걸이, 빨래판

ㄱ. 피처에 물을 담아 대야에 정정선까지 물을 붓는다.

ㄴ. 손수건이나 양말 등 세탁물을 대야에 넣고 물에 적셔 빨래판 위에 놓고 비누칠을 한 다음 손으로 비비고 물에 헹군다.

ㄷ. 다른 대야에 있는 물에 다시 헹구고 옷걸이에 걸어 말리게 한다.

ㄹ. 두 번째 대야의 물로 먼저 대야와 빨래판을 씻고 물을 버린다.

ㅁ. 정리하고 선반 제자리에 놓는다.

❸ 인형 씻기기

- 재료 : 머리카락 없는 벌거벗은 인형, 비누, 로션, 대야 2개, 타월, 스펀지, 피처

ㄱ. 피처 물을 대야에 붓고 인형 옷을 벗기고 기저귀를 뺀 인형을 담근다.

ㄴ. 왼손을 인형 목에 대어 받치게 하고, 비누를 스펀지에 묻혀 인형의 얼굴부터 몸 앞뒤에 바르고 골고루 닦아 준다.

ㄷ. 물로 인형을 헹구고 타올로 감싸 닦아 준 뒤 로션을 바른다.

ㄹ. 대야의 물을 버리고 정리한다.

이 작업은 동생을 둔 유아에게 동생에 대한 질투를 없애고 아기를 소중하게 여기도록 하는 데 특히 좋은 작업이다. 아기를 씻길 때 어머니는 유아에게 아기 팔을 붙들게 하거나 목욕시킬 때 필요한 심부름을 하게 하여 참여의 자부심을 갖도록 한다.

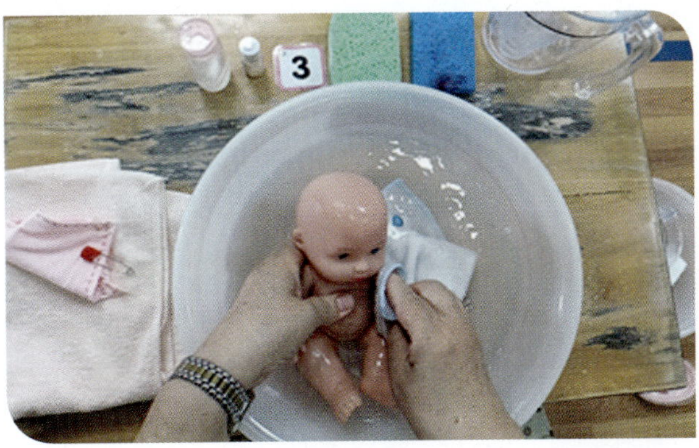

❹ 마루 닦기

- 재료 : 정정선이 있는 대야, 비누, 스펀지, 타월, 피처, 큰 솔

ㄱ. 마루에 사방 30cm 길이로 테이프를 이용해 사각형을 만든다.

ㄴ. 책상 닦기와 같은 방법으로 사각형 안을 닦는다.

③ 셋째 칸

❶ 꽃잎 닦기

- 재료 : 작은 나무나 잎이 많은 꽃 화분, 쟁반, 물과 물뿌리개, 스펀지, 가위, 받침 종이 등

ㄱ. 먼저 꽃 화분을 가져와 나뭇잎의 시들거나 상한 부분을 찾아 가위로 잘라 내고 받침 종이에 버린다.

ㄴ. 나뭇잎에 물을 뿌리고 잎 안쪽부터 바깥쪽으로 스펀지로 닦아 낸다.

이 작업은 식물을 소중하게 다루고 나뭇잎도 그냥 두면 먼지가 쌓여 숨을 쉬지 못해 죽는다는 것을 알게 하여 생명의 소중함을 느끼게 한다.

❷ 꽃 자르기(꽃꽂이)

- 재료 : 꽃병, 꽃 한 다발, 도마, 스펀지, 피처, 물, 받침 종이

ㄱ. 꽃잎 닦기와 마찬가지로 잎의 시든 부분을 잘라 내어 받침 종이에 버린다.

ㄴ. 꽃을 골라 꽃병에 키를 맞추어서 중앙은 높게, 좌우는 낮게 꽃줄기를 칼로 자른다. 자른 꽃을 꽃병에 꽂은 후 물을 붓는다.

이 작업은 물 속에 물체를 넣으면 그 물체와 같은 부피만큼의 물이 흘러넘치고, 흘러넘친 물의 무게만큼 물체가 가벼워진다는 '아르키메데스의 원리'가 적용되는 작업이다.

(5) 제 5선반 : 음식 작업

① 첫째 칸

❶ 빵 자르기

- 재료 : 식빵, 칼, 도마, 담을 그릇, 스펀지, 받침 종이, 쟁반

ㄱ. 빵 자르기 쟁반을 책상으로 가져오고 선생님께 칼을 받는다.

ㄴ. 식빵을 세로로 1cm씩 한입 크기로 잘라 그릇에 담는다.

ㄷ. 다 썰지 않고 남은 식빵은 굳혀 빵가루 내기 재료로 쓴다.

ㄹ. 정리 후 선반 제자리에 놓는다.

❷ 바나나 자르기

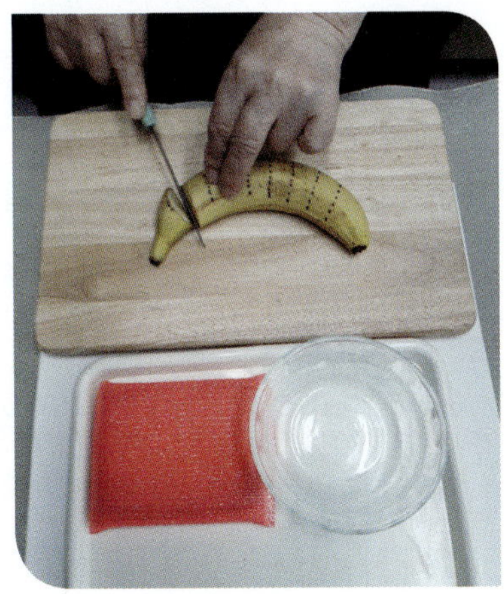

- 재료 : 바나나, 칼, 도마, 담을 그릇, 스펀지, 받침 종이, 쟁반

ㄱ. 바나나는 1~1.5cm 길이로 줄을 그려 자를 부분을 표시해 놓는다.

ㄴ. 자를 때마다 바나나 껍질을 벗길 수도 있으나, 깨끗한 손을 유지하려면 선을 다 잘라 놓고 한꺼번에 껍질을 벗겨 그릇에 담는 것이 좋다.

ㄷ. 받침 종이에 바나나 껍질을 넣어 싸고 분리수거한 다음 정리한다.

ㄹ. 자른 바나나 그릇을 들고 간식 테이블로 가 친구를 초대해 함께 먹는다. 작업을 통해 유아는 간식을 스스로 만들어 먹는 방법을 배울 수 있다.

❸ 달걀 자르기

- 재료 : 껍질을 까 놓은 삶은 달걀 몇 개, 달걀 자르기 틀, 담을 그릇, 스펀지, 받침 종이, 쟁반

ㄱ. 달걀을 틀에 얹어 손으로 눌러 자른다.

ㄴ. 자른 달걀을 하나씩 그릇에 담는다.

ㄷ. 비스킷 위에 자른 달걀을 얹고 케첩과 마요네즈를 얹어 에그 까나페를 만들어 먹기도 한다.

ㄹ. 주변을 정리하고 간식 테이블로 가서 친구들을 초대해 함께 먹는다.

② 둘째 칸

❶ 오렌지 까기·즙내기

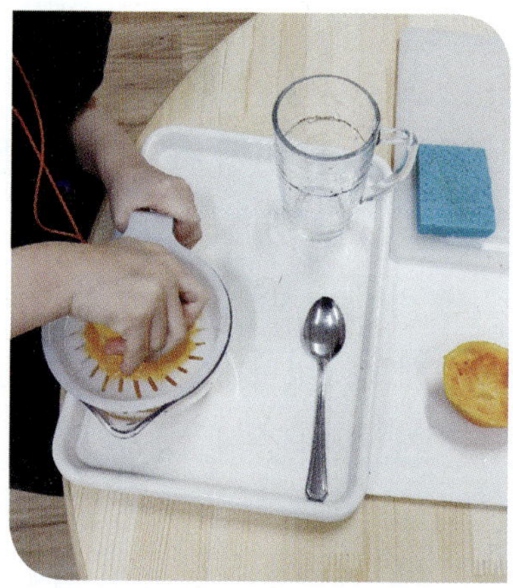

- 재료 : 오렌지, 도마, 칼, 유리컵, 즙내기 틀, 스푼, 스펀지, 받침 종이, 쟁반

ㄱ. 도마에 받침 종이를 깐다.

ㄴ. 선이 그어진 오렌지를 선을 따라 반으로 자른다.

ㄷ. 즙내기 틀에 오렌지를 넣어 즙을 낸다. 나머지 반쪽도 똑같이 즙을 낸다.

ㄹ. 즙을 유리컵에 붓는다.

ㅁ. 즙내기 틀에 남아 있는 오렌지 찌꺼기를 받침 종이에 싸서 분리수거한다.

ㅂ. 과일로 주스를 만들어 먹을 수 있다는 것을 유아가 알게 한다.

ㅅ. 스펀지로 도마와 컵의 물기를 닦아 내고 선반 제자리에 놓는다(필요하면 수도에 가서 씻을 수 있다).

❷ 빵 갈기

- 재료 : 굳은 빵 조각, 빵 갈기 통과 방망이, 담을 그릇, 스펀지, 작은 봉투, 받침 종이, 쟁반

ㄱ. 빵 자르기에서 잘라 낸 빵 조각들을 굳혀 딱딱하게 굳으면 빵 갈기 통과 방망이 등으로 갈아서 빵가루를 만든다.

ㄴ. 만든 빵가루는 봉투에 담아 이름을 쓰고 유치원에서 기르는 동물들에게 직접 주거나 집에 가져가 어머니께 드리게 한다.

ㄷ. 빵 갈기 작업은 손목 근육의 발달에 도움을 준다.

❸ 계피 갈기

- 재료 : 계피, 계피 갈기 도구 또는 강판, 작은 봉투, 받침 종이, 쟁반

ㄱ. 계피를 잡고 강판에 대고 문지르면 가루가 나온다.

ㄴ. 가루를 봉투에 담고 정리한다.

ㄷ. 계피 갈기를 통해 유아들은 나무 껍질에서 먹을 것이 나온다는 것을 알게 된다. 이때 조심할 점은 계피가 작게 될 때까지 갈면 자칫 유아들이 손가락을 다칠 염려가 있으니 주의한다.

❹ 커피 갈기

- 재료 : 원두, 커피 그라인더, 작은 봉투, 받침 종이, 쟁반

ㄱ. 원두를 그라인더에 넣고 손잡이를 돌리면 가루가 되어 나온다.

ㄴ. 준비한 봉투에 가루를 담고 정리한다.

❺ 견과류 깨기

- 재료 : 호두·잣·땅콩 등 견과류, 호두 까기 도구, 받침 종이, 쟁반, 담을 그릇이나 봉투

ㄱ. 도구를 이용해 견과류를 하나씩 깬 다음 껍질은 버리고 알맹이만 골라 내 그릇에 담는다.

ㄴ. 유아들은 열매 껍질 속에서 먹을 것이 나온다는 것을 배우며, 손목과 손아귀 힘을 기를 수 있다.

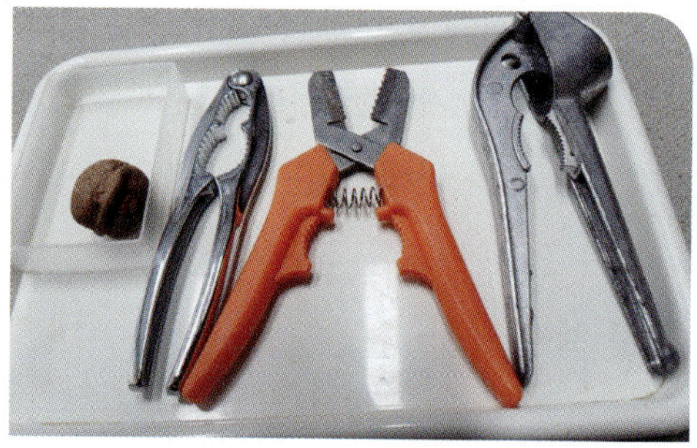

③ 셋째 칸

❶ 사과 자르기

- 재료 : 작은 사과, 도마, 칼, 그릇 2개, 받침 종이, 쟁반, 스펀지, 피처

ㄱ. 피처에 물을 담아 그릇에 선만큼 물을 붓는다.

ㄴ. 사과를 반으로 자르고 다시 반으로 자른다.

ㄷ. 칼로 사과의 씨 부분을 잘라 낸다.

ㄹ. 자른 사과를 한입 크기로 잘라 물을 담은 그릇에 넣는다.

ㅁ. 물속에 넣은 사과를 하나씩 꺼내어 물이 떨어질 때까지 기다렸다가 다른 그릇으로 옮긴다.

ㅂ. 작업이 끝나면 물을 버리고 정리한 후 선반 제자리에 놓는다.

❷ **당근 자르기 :** 사과 자르기와 같은 방법으로 진행한다.

아이들은 칼로 자르기 등의 음식 작업을 통해 집중력을 기르고, 과일을 물에 씻으며 물이 떨어지기까지 기다리는 과정을 통해 인내심을 기를 수 있다.

각 원의 선반 사정에 따라 제 4선반과 제 5선반은 합쳐도 괜찮다.

2. 감각 영역

1) 감각 영역 시작하기

일상생활 영역을 통해 집중력을 기르고 손과 손목의 힘을 키우고, 일의 순서를 익히며 세상의 이치를 터득해 가노라면 어느덧 감각 영역에서 같은 것과 다른 것의 차이를 인식하는 인지 발달의 단계로 들어간다.

제 1선반인 공간 지각 선반에 이르기 전, 전이 선반에서 짝짓기, 구별하기 등을 경험하고 퍼즐과 패턴, 각 도형의 탐색, 구멍에 끼워 보기 등의 작업으로 앞으로 만날 공간, 지각 교구들과의 훈련을 쌓는다.

체계적으로 제작되어 같고 다름을 인지하고 높낮이, 면적, 모양 등을 비교하며 모으고 짝 맞추고, 분류하는 등의 작업을 하면서 높은 사고력과 분별력이 생기고 사물의 분석력이 늘어난다. 특히 2항식, 3항식은 분류하고 짝지으며 어려움을 하나하나 해결해 나가는 '어려움의 분리'의 좋은 예가 된다.

같은 색깔, 같은 크기, 같은 넓이 등으로 모으고 만나는 일이나 건축 상자 삼각, 사각, 육각 상자 등이 소개되면 아이들의 창조력과 상상력이 가장 활발하게 움직이며 발달하게 된다.

아이들은 가장 높은 수준의 교육 바탕을 이루어 나간다. 다만 이것은 문자화, 도형화, 형상으로 표현되어지는 평면 작업에 이를 때까지는 머릿속에만 담겨 있으므로 부모님들은 무엇을 배우며 자라는지 답답하고 궁금해하게 된다. 가정에 돌아가 무언가 구성적 작업에 매달리고 가지런히 줄 세우고 맞추고 하는 일을 보면 그 아이가 무엇을 배우고 있는가를 대충 알 수 있게 될 것이다.

아이들의 최대 즐거움은 무엇을 잘하는 데 있지 않고, 이것과 저것의 다름을 발견하는 차이를 알아내는 데 있다고 한다. 부모도 학습지를 잘 끝내거나 문제지를 잘 푼다고 칭찬할 일이 아니라 이런저런 문제에 부딪쳤을 때 잘 도전하고 풀어 나가는 모습에 대견해 해야 한다.

2) 감각 영역 실기 이해

(1) 전이 선반

감각 영역의 전이 선반에서는 다음 단계로 넘어가기 전에 미리 탐색하고 훈련해 보는 과정을 거친다. 주로 짝 맞추기, 분류하기, 퍼즐 맞추기, 패턴 따라 하기, 도형 만들기 등이 있다. 감각 선반에서 다루어야 할 여러 교구들을 사용하기 전 단계로, 같고 다름을 구별할 수 있는 능력을 기른다.

같은 것과 다른 것을 나누어 보는 분류, 같은 것끼리 짝지어 보는 짝짓기, 나온 자리에 형태를 지각하고 찾아 들어가는 능력을 기르는 퍼즐놀이, 도형을 인식하는 도형 찾기, 같은 것의 반복으로 시각 훈련을 하는 패턴 알기 등 감각 제 1선반에서 배우게 될 길이, 넓이, 깊이, 굵기, 도형 등을 미리 쉽게 다루어 보게 한다.

실제로 진짜와 가짜를 구별해 보고 큰 과일 매칭에서부터 작은 조개 매칭, 단추 매칭 등을 해 보면서 같고 다름을 인지하는 훈련을 한다.

이렇게 쉬운 자료로 한번 경험한 아이들은 본 과정에 들어가서 훨씬 쉽고 빠르게 교구에 적응하게 되며 즐거움의 원천이 되는 차이를 인식하면서 새로운 감각적 경험의 세계를 찾아가게 된다.

전이 선반에 있는 모든 작업들은 거의 어린 아동들의 인지 구조를 구축하는 기본 단계들로, 만 2~3세 아동들의 인식 능력을 기르는 데 필수적인 작업들이다.

여러 개의 물건 중에 같은 것은 같은 것끼리 짝을 짓고, 다른 것은 다른 것끼리 분류한다. 같은 범주에 있는 물건들 중에도 크기가 다르고 길이가 다르고 넓이와 높이가 다른 것들을 구별해 낼 수 있는 인식 능력의 발달은 아이가 학습적인 작업으로 들어가기 전에 반드시 이루어져야 학습이 제대로 이루어 질 수 있다.

가정에서도 간단하게 짝짓기와 분류하기 등으로 아동을 훈련시킬 수 있다. 예를 들어, 콩과 팥을 섞어놓고(약 20알 정도) 분류해 보라고 하던가, 바둑알이나 색돌멩이 등 얼마든지 우리 주위에 있는 것들로 연습해 볼 수 있다. 패턴 교육은 같은 모양의 물건이 두 개씩 있으면 짝 맞추기, 분류하기 등을 하고 나서 다시 재료들을 반복하여 자리를 바꿔 놓으면 다양한 형태의 패턴 실습을 할 수 있다. 가정에서 함께해 줄 수 없으면 각기 다른 색깔, 형태의 물건을 두 개씩 준비해 주거나 물건이 없으면 포장지 등에 있는 곰, 강아지, 꽃 등을 오려서 준비해 줄 수 있다.

(2) 제 1선반 : 공간 지각 선반

앞서 전이 선반에서 짝짓기, 분류하기, 도형 알기, 퍼즐 맞추기, 패턴 따라 하기 등의 기초 활동을 통해 어느 정도 인지 활동이 이루어졌고, 제 1선반에서 본격적으로 공간 지각 능력을 기르기 위한 작업이 이어지게 된다.

도형을 알고 쌓기를 연습해서 눈과 손의 협응력을 키우며 공간에 대한 감각이 어느 정도 이루어졌다고 판단되면 교사는 분홍탑, 갈색 계단, 빨강 막대, 꼭지 원기둥들로 구성되어 있는 선반으로 아동을 안내한다.

공간 지각 선반이라고도 하는 이 선반에 있는 교구들은 크고 작음, 넓고 좁음, 길고 짧음, 높고 낮음과 같이 크기, 넓이, 길이, 높이, 깊이 등 공간 지각을 익히게 하는 데 사용된다.

우선 크고 작음을 구별하는 '분홍탑'을 질서 있게 쌓아 나가면서 아름다움과 조화로움을 느끼고 집중력이 쌓여 간다. 넓고 좁으며, 굵고 가는 것을 경험해 보는 '갈색 계단'은 특히 남자아이들에게 인기가 있으며 10개의 토막으로 여러 가지 창조적인 구성물을 만드는 재미가 있기 때문에 작업에 열중하면 시간 가는 줄을 모른다. 또한 길이를 비교해 보는 '빨강 막대'로 길이의 변화를 만들어 본 아이는 수 선반에서 수 막대를 배울 때 덧셈과 뺄셈의 기본 구성을 아주 쉽게 터득하게 된다.

이 3가지 기본 교구들을 자유롭게 사용할 수 있는 아이들은 이 교구에 달려 있는 많은 어휘들을 익히면서 꼭지 원기둥 40개의 변화무쌍한 작업에 몰입하게 된다. 아이들은 분홍탑(크기), 빨강 막대(길이), 갈색 계단(넓이, 굵기), 꼭지 원기둥(크기, 길이, 넓이, 굵기, 높이, 깊이), 색 원기둥(크기가 모두 다른 40개 원기둥)을 다루어 보면서 수많은 단계를 거치며, 서로 다른 차이를 느껴 보고, 여러 가지로 변화되는 창조적 구성물을 만들어 간다.

"우리 아이는 왜 맨날, 똑같은 교구만 만질까요?" 아주 흔히 듣는 물음이다. "네, 교구는 같지만 단계와 순서와 하는 작업의 심도가 다르기 때문이지요. 전혀 다른 방법으로 창조적 활동을 하는 것이랍니다." 교사들의 대답 또한 한결같다.

여기에서 앞서 설명했던 아른하임(Arnheim) 교수의 말을 다시 한번 인용하면 "명확한 형태, 길이, 크기, 색깔 이러한 것들은 아동의 지능을 향상시키는 데 가장 큰 영향력을 미친다."라고 하였다.

이러한 점에서 몬테소리 교구는 높이 평가할 만하다. 그렇다. 우리 교구들이 크기가 모두 같고, 색깔이 모두 같았더라면 지루해서 어쩔 뻔했나 가끔 생각해 본다.

① 분홍탑

같고 다름의 훈련을 통해 세상 모든 물건들이 차이가 있음을 인지하게 되면 새로움의 발견으로 아이들은 흥미를 갖게 된다. 감각 제 1선반의 분홍탑을 만나 흥미로움을 더해 가게 되는데 분홍색으로 된 10개의 크고 작은 나무토막들을 하나씩 쌓아 올리면서 점점 작아지고 점점 커져 가는 입체적인 촉감과 시각을 경험한다.

아이들은 맨 꼭대기에 가장 작은 나무토막을(1㎤) 올려놓고는 차례로 질서 있게 쌓아 올려져 있는 자신의 작품을 보면서 성취감과 질서와 조화로움을 느낀다.

분홍탑은 '크다와 작다'를 비교, 인지하는 작업이다. 이 작업을 할 때 교사나 부모가 조심해야 할 것은 토막을 쌓을 때 천천히 크기를 비교하면서 쌓도록 유도할 것과 설령 크기가 다르게 쌓아졌더라도 "아니야, 이것이 더 큰 것이야. 잘못 올려놓았어."라고 지적하고, 고쳐 주지 말고 아이 스스로가 발견하고 고칠 때까지 기다리는 일이다. 몇 번을 해도 계속 인지하지 못할 때는 성인이 다시 한번 시범을 보여 주거나 크기가 틀린 토막을 놓고 "어느 것이 더 크지?" 비교하며 틀린 것을 인식시켜 깨닫고 고치도록 유도해야 한다.

분홍탑 작업으로 1단계를 완성하면 '이것은 이것보다 크다', '이것은 이것보다 크고 저것보다 작다'와 같은 비교급과 '이것이 제일 크고 이것이 제일 작다'와 같은 최상급의 어휘를 배우고 인지하게 되는데 거기까지 1년 이상이 걸린다.

분홍탑 10개의 토막으로 크기의 비교를 경험한 아이들은 이제 크고 작다는 개념을 일상의 생활에서 익혀 나가기 시작한다. 일단 개념이 생기면 세상의 모든 것들은 크고 작은 것의 개념으로 아이에게 다가온다. 예를 들어, 마당에 나가면 돌멩이를 줍고, 바닷가에 가면 조가비를, 은행잎이 떨어지면 그것을 주워 크기를 비교하며 즐거워한다. 이제 큰 것과 작은 것을 구별할 줄 아는 인지 능력이 생긴 셈이다.

② 꼭지 원기둥

크고 작고, 길고 짧고, 넓고 좁은 개념을 어느 정도 익힌 아동은 4개의 꼭지 원기둥을 만나게 된다. 이미 경험한 유사성과 상이점을 발견해 내는 작업의 연속으로 보아도 좋을 것이다.

4개의 꼭지 원기둥은 각 원기둥마다 10개의 구멍이 있고 그 구멍에 맞는 꼭지 달린 둥근 기둥들이 있다. 1번 원기둥은 지름이 줄어들면서 높이도 낮아지며, 2번 원기둥은 지름은 줄어들고 높이는 10개가 같다. 3번 원기둥은 지름은 줄어들면서 높이가 점점 높아지고, 4번 원기둥은 지름은 같고 높이가 점점 낮아진다.

이렇듯 40개의 원기둥 토막들을 각각의 구멍들 속에 시각과 촉각으로 크기와 높이를 가늠해 가면서 찾아보는 작업을 한다. 물론 한 기둥 한 기둥씩 따로따로 연습하면서 4개의 원기둥들을 차례로 익혀 가는데, 아이들에게 쉬운 일은 아니다.

❶ 꼭지 원기둥 1~4번 시연

ㄱ. 1번 틀을 가져와 왼손으로 꼭지를 잡고 오른손 검지 장지 두 손가락으로 원기둥 둘레를 가늠하고 자유롭게 바닥에 내려놓는다.

ㄴ. 10개의 원기둥들을 다 꺼내어 놓고 다시 오른손 두 손가락으로 원기둥들이 들어갈 자리를 만져 본 다음 맞는 자리를 찾아 넣는다.

ㄷ. 제대로 다 넣은 다음 꼭지 원기둥 1번 틀을 돌려 위에서 아래로 훑어내리면서 제대로 들어갔는지 확인한다.

ㄹ. 3단계 학습을 한 뒤 선반 제자리에 놓는다.

ㅁ. 2, 3 ,4번 꼭지 원기둥들도 같은 방법으로 시연한다.

❷ 꼭지 원기둥 눈 감고

크기, 길이, 넓이, 깊이를 경험한 아이들은 눈을 감고도 감각(촉각)으로만 크기나 굵기를 가늠하면서 꼭지 원기둥을 넣을 수 있는 단계에까지 이른다.

"이것은 낮고 굵구나, 3번 원기둥 틀의 왼쪽에 있는 것일 거야."

"이것은 높고 가늘구나, 2번 원기둥 틀의 맨 끝에 있는 걸 거야."

이렇게 하나씩 찾아 들어가는 노력은 지능 발달에 도움을 주지만 하나씩 제자리를 찾았을 때의 성취감과 만족감, 그리고 자신감과 인내심은 무엇으로도 살 수 없는 귀중한 아이의 내적 양식이 될 것이다. 그래서 이런 종류의 작업은 원기둥들을 제자리에 잘 끼워 넣고 못 넣고의 기술 향상에 목적이 있는 것이 아니라 이런 내적 발달과 훌륭한 인성을 만드는 것에 더 큰 비중을 두고 있다.

많은 사람들이 특히 영유아 부모들이 아이의 보이지 않는 내적 발달보다 눈에 드러나 보여지는 글자 읽기와 쓰기, 숫자 셈하기 등에 더 큰 비중을 두고 있기 때문에 내 아이의 귀중한 인성 발달에는 눈을 돌리지 못한다.

하지만 머릿속에서 분주히 이루어지는 집중력이나 사고력, 창의력, 분별력 향상 등은 시간이 지나면서 아이의 생활 속에서 학습 속에서 나타나게 되는 것인데, 이것을 미처 생각하지 못하고 내 아이는 아직 모자라는 아이로 단정 짓는 수가 많다. 보기에 별 것 아닌 것 같은 원기둥들이 그렇게 많고 오묘한 내적 변화와 지능 발달을 이루어 주는지 아무도 모를 것이다.

ㄱ. 틀을 가져와 눈 뜨고 원기둥들을 꺼낸 다음 눈을 감고 원기둥들을 손에 잡고 맞는 구멍에 찾아 넣는다.

ㄴ. 다 넣은 다음 눈을 뜨고 틀을 위쪽으로 돌려 위에서 아래로 제대로 들어갔나 확인한다.

ㄷ. 1번 틀부터 4번 틀까지 같은 방법으로 시연한다.

❸ 꼭지 원기둥 조합

◉ 1, 2번 'ㅅ자' 조합

ㄱ. 2개의 원기둥 틀을 ㅅ자로 맞대어 놓고 20개의 원기둥을 꺼내어 자유롭게 흩어 놓고 맞는 구멍을 찾아 넣는다.

ㄴ. 같은 방법으로 3번과 4번, 1번과 3번, 1번과 4번, 2번과 3번, 2번과 4번… 등 자유롭게 다양한 조합을 해 본다.

ㄷ. 눈을 뜨고 2개씩 조합하는 단계가 끝나면 같은 방법으로 눈을 감고 2개씩 조합하는 단계도 시연한다.

◉ 1, 2, 3번 'ㄷ자' 조합

ㄱ. 3개의 원기둥 틀을 맞대어 놓고 30개의 원기둥들을 꺼내어 제자리 찾기를 한다.

ㄴ. 눈 뜨고 단계가 끝나면 눈 감고 단계도 시연한다.

◉ 1, 2, 3, 4번 'ㅁ자' 조합

ㄱ. 마지막 단계로 4개의 원기둥 틀을 울타리 형태인 ㅁ자로 만들어 40개의 원기둥들을 꺼내어 제자리 찾기를 한다.

ㄴ. 눈 뜨고 단계가 끝나면 눈 감고 단계도 시연한다.

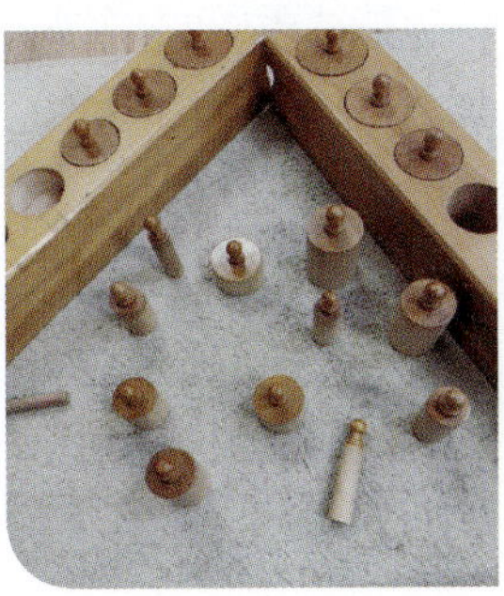
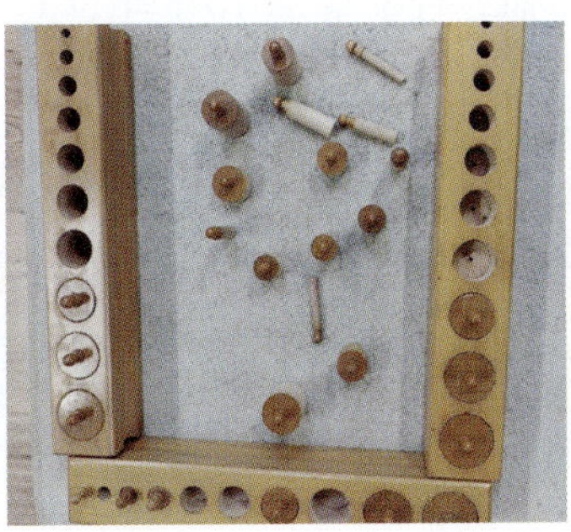
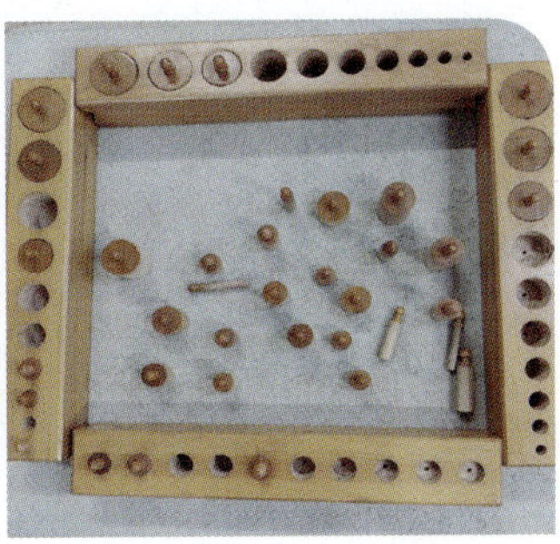

눈 감고 제자리 찾기를 하는 것은 만 5~6세 취학반 단계에서 가능하다. 울타리 만들기를 할 정도가 되면 눈 뜨고는 20분 정도, 눈 감고는 약 30분 정도에서 가능하다. 손에 잡은 원기둥이 몇 번 원기둥 틀에 속한 것인가를 알아내는 것은 오랜 시간 동안 반복 작업을 통해 익히게 되면 어려울 일이 없다. 이렇게 되기까지 1~2년은 족히 걸릴 것이다. 이는 시각과 촉각을 함께 사용하는데 특히 손으로 기억되는 경험은 80% 이상이 두뇌에 남는다고 하며 가장 확실한 기억 방법으로 평가되고 있다.

③ 색 원기둥

제 1선반에는 빨강, 노랑, 초록, 파랑의 4개의 상자가 있고 그 안에는 각각 크고 작은 10개의 색 원기둥들이 있다. 이 40개의 색 원기둥들이 꼭지 원기둥 40개와 조합을 이루기도 하고 독립적으로 수직, 또는 수평으로 쌓거나 나열해 보면서 그 높이와 길이, 넓이와 깊이를 시각과 촉각으로 경험하면서 공간에 대한 이해를 넓혀 가게 된다.

특히 빨간색 원기둥 10개를 차례차례 쌓아 올릴 때는 어지간한 집중력과 균형감각이 없으면 성취해 낼 수 없는 고도의 기술을 요하기 때문에 이 탑을 쌓을 때에는 아이들이 정신과 육체 모두를 이 탑 쌓기에 집중하게 되는데, 성공했을 때의 그 만족감과 자신감, 성취감은 그 무엇보다도 아이를 기쁘게 한다.

❶ 색 원기둥 1~4번 쌓기

ㄱ. 노란색 원기둥 상자를 매트 위에 놓고 10개의 크고 작은 원기둥들을 꺼내어 자유롭게 놓는다.

ㄴ. 뚜껑을 젖혀 중앙에 놓고 가장 큰 원기둥부터 차례로 쌓아 올린다.

ㄷ. 맨 위에 가장 작은 것이 올라갔나 확인하고 위에서 아래로 원기둥에 손이 닿지 않게 양손으로 쓸어내린다.

ㄹ. 맨 위 원기둥부터 차례로 자유롭게 내려놓고 3단계 학습을 한 후 정리한다.

ㅁ. 1번에 이어 같은 방법으로 2, 3, 4번의 색 원기둥들도 시연한다.

◉ 색 원기둥 1, 2, 3, 4번 형태

– 1번 노란색 원기둥 : 지름은 줄어들고 높이도 낮아진다.
– 2번 빨간색 원기둥 : 지름은 줄어들고 높이는 같다.
– 3번 초록색 원기둥 : 지름은 줄어들고 높이는 점점 높아진다.
– 4번 파랑색 원기둥 : 지름은 같고 높이는 점점 낮아진다.

원래 빨간색 원기둥이 1번 상자였으나 높이가 같아 쌓아 올리는 것이 어려워 노란색 원기둥을 1번으로 시연했다. 4번 파란색 원기둥은 지름이 같아서 쌓아 올리기가 어렵다. 시연할 때 2번 상자와 4번 상자의 원기둥 쌓기가 어려운 것을 유념하고 시연한다.

❷ 꼭지 원기둥과 색 원기둥의 조합

노랑, 빨강, 초록, 파랑의 4가지, 40개의 크고 작은 원기둥들로 여러 가지 다양한 도형을 구성해 보고 나면 꼭지 원기둥과 꼭지 없는 색 원기둥과의 조합으로 새로운 경험을 하게 된다.

◉ 1번 꼭지 원기둥과 색 원기둥의 조합

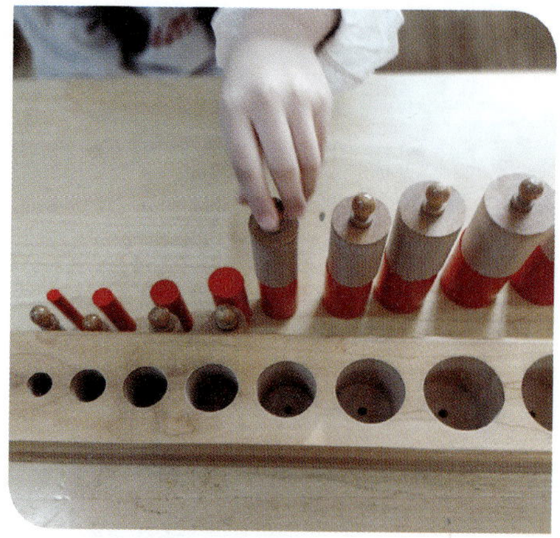

ㄱ. 매트나 책상 위에 딱딱한 받침 종이를 놓는다.
ㄴ. 1번 꼭지 원기둥의 원기둥을 꺼내어 자유롭게 매트에 놓는다.
ㄷ. 받침 종이 위에 큰 것부터 차례로 왼쪽에서 오른쪽으로 진열한다.
ㄹ. 1번 색 원기둥에서 10개의 원기둥을 꺼내어 매트 위에 자유롭게 놓는다.
ㅁ. 색 원기둥 큰 것부터 차례로 꼭지 원기둥을 꺼내어 놓은 곳에 짝을 찾아 그 앞에 놓는다. 짝을 이룬 꼭지 원기둥과 지름과 높이가 같은 것을 확인한다.
ㅂ. 꼭지 원기둥 틀에 꼭지 원기둥들을 차례로 넣고, 색 원기둥 상자에 원기둥들을 큰 것부터 넣는다.
ㅅ. 작업을 끝낸 후 원기둥 교구를 정리해 제자리에 놓는다.
ㅇ. 같은 방법으로 2, 3, 4번 꼭지 원기둥과 색 원기둥의 조합을 시연한다.

40개의 색 원기둥들은 꼭지 원기둥 40개와 짝지어져 있으므로 각각 그 짝을 찾아가는 작업도 예삿일이 아닐 것이다. 겉으로 보기에 별 볼 일 없는 이 나무토막들이 우리 아이들의 두뇌를 끊임없이 자극하고 발달시킨다고 누가 생각할 것인가. 수직으로 쌓았던 색 원기둥은 풀어서 다시 수평으로도 늘어놓아 보고 여러 가지의 도형들을 만들며 상상과 창조의 틀을 넓혀 간다.

❸ 색 원기둥 울타리 쌓기

각각 다른 색깔과 길이와 굵기를 가진 1, 2, 3번의 총 30개 원기둥이 만나서 결국에는 같은 높이를 이루는 '울타리 쌓기' 작업에서 아이들은 색깔의 조화와 더하고 빼는 수의 기본 개념을 터득한다. 일상생활 영역의 작은 물 작업 중 계량하기에서 배운 '모양은 달라도 양은 같다'라는 양의 보존과 같은 맥락으로 보아도 좋을 것이다.

◉ 1, 2, 3번 색 원기둥 쌓기

ㄱ. 1, 2, 3번 색 원기둥을 차례로 쌓아 같고 다른 원기둥들이 모두 높이가 같아지게 한다.

ㄴ. 작업을 끝낸 후 원기둥을 모두 제자리에 놓는다.

모든 작업이 이루어진 후에 꼭지 원기둥과 색 원기둥을 함께 놓고 어떻게 같고 다른지, 높이와 지름의 차이를 비교해 보면서 한층 더 사고의 폭이 넓어지게 된다.

또한 작고 예쁜 여러 색깔의 원기둥들을 만지며 그 크기를 가늠하는 아이들을 보면서 만약 이것들이 칙칙한 검은색이거나 갈색으로만 되어 있다면 아이들이 얼마나 지루할까? 아이들의 흥미를 이끌어 반복하고 집중하는 동안 즐겁고 재미있는 여러 가지 모양의 창조적 놀이를 할 수 있도록 빨강, 노랑, 초록, 파랑색으로 교구를 만들어 놓은 몬테소리 교구의 세심함에 감탄을 금치 못한다.

④ 갈색 계단

제 1선반에서는 공간에 대한 지각을 넓히려는 노력이 계속된다. 갈색 계단은 굵기와 넓이가 다른 갈색의 10개 나무토막들로 구성되어 있으며, '넓다 좁다' 또는

'굵다 가늘다'의 개념을 배우게 된다. 여기서도 같은 방법으로 각각의 개념과 어휘들을 익히면서 공간에 대한 지각을 키워 가게 된다.

◉ 10개 막대로 갈색 계단 만들기

ㄱ. 선반에서 가장 가는 막대부터 두꺼운 막대 순서로 차례로 10개의 갈색 막대들을 매트로 자유롭게 옮겨 놓는다.

ㄴ. 큰 막대부터 차례로 크기와 넓이를 쓰다듬어 보면서 막대와 다음 막대를 붙여 위에서 아래로 내리며 차례로 놓는다.

ㄷ. 가장 가는 막대로 얼마만큼씩 늘어났나 재어 보고 가장 작은 막대 넓이만큼 늘어난 것을 확인한다.

ㄹ. 가장 넓은 막대 위에 구슬을 놓고 아래로 굴려 넓은 막대와 좁은 막대 위에서 구르는 소리가 다른 것을 알게 한다.

ㅁ. 3단계 학습을 하고 정리한다.

갈색 계단 역시 분홍탑에 쓰이는 정육면체 토막들과 같이 조합하면서 여러 가지 창조물을 만들어 낼 수 있다.

⑤ 빨강 막대

빨강 막대는 길고 짧은 10개의 빨간색 나무토막이다. 이는 이후에 배워 나갈 수 영역의 1~10까지의 수 막대 토막들과 같은 길이의 나무들이다. 우선 이 감각 영역 선반에서는 빨강 막대로 '길다 짧다'의 개념을 익히고 '보다 긴', '보다 짧은' 등의 비교급, 또는 '가장 긴', '가장 짧은' 등의 최상급 어휘와 각각의 막대가 갖고 있는 기능을 알게 된다.

또한 10개의 나무토막을 차례로 가져오고 가져가면서 길이의 변화를 느끼게 되고 20번의 왕복을 하는 동안 대근육 발달도 이루어지게 된다.

◉ 10개 빨강 막대를 길이 순서대로 놓기

ㄱ. 선반에서 가장 짧은 막대부터 긴 막대까지 차례로 양손으로 잡고 매트로 자유롭게 옮겨 놓는다.

ㄴ. 가장 긴 막대를 들어 맨 위쪽부터 차례로 진열한다.

ㄷ. 가장 짧은 막대를 잡고 아래부터 차례로 얼마만큼씩 길어지나 가장 긴 막대까지 재어 본다. 가장 짧은 막대만큼 길어지는 것을 안다.

ㄹ. 3단계 학습을 하고 가장 긴 막대부터 차례로 제자리에 정리한다.

빨강 막대에는 숫자가 표시되어 있지 않다. 그러나 유아들은 수 막대를 배우고 나면 빨강 막대가 수 막대와 길이가 같다는 것을 안다. 빨강 막대는 수 막대를 배우기 전에 감각적으로 '길다 짧다'와 같은 길이에 대한 감각을 배우는 것으로 수 막대를 배우기 전 미래 학습을 감각적으로 체험한다. 빨강 막대를 배우고 나면 이후 수 막대를 배운 후 3년차 마지막 즈음에 빨강 막대와 수 막대의 조합으로 아름다운 창조물을 만들어 낼 수 있다.

제 1선반에서 다양한 교구로 학습을 하고 나면 생물에서 무생물에 이르기까지 우리 주위를 둘러싸고 있는 모든 사물들, 길거나 짧거나, 좁거나 넓거나, 크거나 작거나 각가지 다양한 모든 것들은 아이들에게 무한한 배움의 대상이며 실험의 대상이 된다.

몬테소리 교실에서만이 아니라 집에서도 길고 짧은 막대기나 끈이 있으면 아빠의 앉은키, 엄마의 앉은키, 그리고 아이의 선키 등을 재어 보면서 즐거운 미소를 나누어 보면 좋겠다.

(3) 제 2선반

전이 선반이나 제 1선반에서도 모든 교구가 색깔을 가지고 있다는 것을 인식하고 있는 단계였지만, 감각 본 선반인 제 2선반에서는 '색깔'에 대한 연구가 본격적으로 시작된다.

아이들은 세상에서 만나는 모든 사물에 색깔이 있고 그 색깔에 이름이 있다는 것을 알고 나면 모든 사물이 훨씬 친근하게 느껴진다. 첫 단계에서 배우는 1차색, 빨강, 노랑, 파랑색은 아이들이 좋아하는 3원색이다. 이 3가지 색깔의 탐색이 어느 정도 진행되었다고 판단될 때 우리는 이 3가지 색깔을 혼합시켜서 나오는 2차색을 아이들에게 소개한다.

이처럼 '색판'으로 색을 공부하게 되면 아이들은 색의 이름과 색깔의 같고 다름, 색깔의 혼합, 중간색, 얕고 깊음, 강하고 약함 등 명암에 관한 것이나 색깔의 순서 배열까지도 느끼고 생각하는 단계에 들어가게 된다. 이 단계가 되면 세상의 모든 물건에는 색깔이 있고 내가 가진 교구는 우리의 생활 속에서 어떤 것과 같을까를 생각하면서 '배움의 색깔'을 '삶'과 연계시킬 수 있게 되는데, 이를 통해 삶을 잘 살아갈 수 있도록 생각을 이끌어 준다.

또한 이 선반에는 감각 영역의 핵심이라고 할 수 있는 항식과 건축 상자, 기하도형 서랍과 기하 도형 물체들이 준비되어 있다. 이러한 교구들을 통해 감각을 보다 예민하게 발달시켜 발전적이고 창조적인 생각이 계속 뻗어 나갈 수 있도록 도와주어야 한다.

1항식에서 3항식까지의 교구는 큰 것이 나뉘어져 작은 부분을 이루며 작은 부분이 모여져서 어떻게 큰 것을 이루는지, 부피와 면적에 대한 이해를 하게 한다. 숫자 대신에 만나는 면을 같은 색깔로 표시해 두어 좀 더 쉽게 생각하고 조립해 갈 수 있도록 한다.

① 색판

색판은 4개의 상자로 구성되어 있다. 1번 상자에는 빨강, 노랑, 파랑이 각각 2개씩 짝을 이루고 있으며 '색깔'을 인지하는 첫 단계로 빨강, 노랑, 파랑의 3원색을 배우게 된다. 2번 상자에는 주황, 초록, 보라의 3개 색이 더 추가된다. 3번 상자에는 분홍, 갈색, 회색, 검정, 흰색이 추가된다. 4번 상자에서는 색판을 조합해 여러 중간색을 만들 수 있다.

❶ 색판 1번 : 3원색

◉ 색판 1번 시연

ㄱ. 제 2선반에서 색판 1번 상자를 가져와 매트 또는 책상 위 오른쪽에 놓는다.

ㄴ. 빨강, 노랑, 파랑색이 2개씩 있는 것을 꺼내어 자유롭게 놓는다.

ㄷ. "이것은 빨강이야, 빨강" 왼쪽에 앉은 유아에게 말하며 매트 또는 펠트 왼쪽 상단에 놓는다.

ㄹ. 노랑, 파랑색도 같은 방법으로 말해 주며 빨강색 밑에 차례대로 놓는다.

ㅁ. 나머지 색깔을 들고 왼쪽에 있는 색깔과 맞는 것을 찾아 짝짓기를 한다.

ㅂ. 3단계 학습을 한 후 메모리 게임을 통해 주위에 있는 사물과 매칭을 해 보게 한다.

ㅅ. 왼쪽 오른쪽, 위아래 순서로 거두어 상자에 넣고 정리한다.

◉ 색판 1번 색칠하기

ㄱ. 같은 방법으로 진열한 후 색판 1번 페이퍼에 색연필로 색을 칠한다.

ㄴ. 작업을 마친 후 정리한다.

◉ 언어 카드 놓기

ㄱ. 같은 방법으로 진열한 뒤 색깔에 맞추어 언어 카드를 놓는다.

ㄴ. 작업을 마친 후 정리한다.

❷ 색판 2번 : 색깔 혼합

ㄱ. 색판 2번에는 주황, 초록, 보라색의 3개 색이 더 추가된다. 먼저 색판 1번과 같이 빨강, 노랑, 파랑색의 3원색을 놓은 후 주황, 초록, 보라색의 3개 색을 짝짓기하여 2차색을 만든다.

ㄴ. 실물과 실물 매칭이 끝나면 1차색 때와 같이 2차색 페이퍼 작업으로 색연필로 색을 칠한다.

ㄷ. 2차색 페이퍼 작업에 언어 카드 매칭을 더한다. 2차색을 배우기 전에 일상생활 영역에서 색깔 혼합(color mixing)을 배운 후에 2차색을 배우면 더 쉽게 이해한다.

❸ 색판 3번 : 명도 알기

색판 3번에는 분홍, 갈색, 회색, 검정, 흰색이 추가된다. 시연 방법은 1차색이나 2차색과 동일하다. 유치원 과정에서는 2차색까지 소개하고 3차색에서는 진한 색과 옅은 색을 가려내는 명도 알기만을 시연한다. 빨강부터 보라까지 진한 색부터 옅은 색까지 비교하면서 색의 밝기를 알게 한다.

❹ 색판 4번 : 중간색 만들기

아이들이 색판 3번 상자의 명도 알기에서 색의 밝기와 어두움의 정도 그 미세한 차이까지 찾아낼 수 있는 단계에 이르게 되면, 아직 한국에는 많이 나와 있지 않지만 색판 4번 상자 속의 색판을 이용하여 3번 색판과 4번 색판을 조합하여 18개의 중간색의 색판을 만들어 내는 작업으로 들어가게 되는데 이를 '스펙트럼'이라 부른다.

이러한 '스펙트럼'은 18가지 색의 여러 중간색을 만들어 내는 작업으로 난이도가 높은 작업이라 7세 미만의 아이들에게는 어려운 작업으로 평가된다.

② 기하 도형

❶ 기하 도형 물체 : 기본 3가지 시연

10개의 다양한 기하 고형(입체) 속에서 구, 정육면체, 원뿔을 따로 분리하여 도형의 기본을 먼저 시연한다.

ㄱ. 먼저 구를 보여 주며 "이것은 '구'야, 공이란다. 만져 보겠니? 이렇게 생긴 것을 '둥글다'라고 하고 이것은 이렇게 굴리면 굴러간단다."라고 설명한다.

ㄴ. 정육면체를 보여 주며 "이것은 '정육면체'야, 정육면체는 6개의 면이 사각형으로 되어 있고 구를 수는 없지만 설 수는 있단다."라고 설명한다.

ㄷ. 원뿔을 보여 주며 "이것은 '원뿔'이라고 해, 원뿔은 이렇게 서기도 하고 원으로 되어 있어 구를 수도 있단다."라고 설명한다.

아이들은 공을 만져 보고 '둥글다'와 '구르다'의 개념을 터득하고, 자동차 바퀴, 자전거 바퀴 등이 왜 둥글게 생겼는지를 이해하게 된다. 이것은 종이에 평면적으로 그려 놓은 원형 선을 놓고 '굴러간다'라고 설명하는 것과는 근본적으로 차이가 있다. 이 3가지 도형이 모든 도형의 기본이 되는 것을 알게 한다.

❷ 기하 도형 물체 : 7가지 시연

'구'군에 속하는 타원체, 계란체(계란형), '정육면체'군에 속하는 원기둥, 삼각기둥, 사각기둥, '원뿔'군에 속하는 삼각뿔, 사각뿔(피라미드) 등 7개의 입체 도형을 시연한다.

그리고 각각의 교구가 가지고 있는 특성과 내 주위에 있는 같은 모양의 사물들을 찾아보고, 이 세상의 모든 물건들은 도형으로 만들어졌다라는 것을 알게 한다.

"세상에! 선풍기는 구와 원기둥이 합쳐졌어, 냉장고는 직육면체야, 컴퓨터도, 자판도 직육면체네, 책상이랑 책꽂이랑 전부 직사각형 직육면체야, 아이스크림 끝은 원뿔이로구나. 사각기둥 위에 삼각기둥을 얹었더니 집이 되었구나." 끝이 없는 발견에 아이들은 시간 가는 줄을 모른다.

❸ 기하 도형 매칭 : 입체 → 평면 인지

7개의 기하 고형을 차례로 소개한 후 각 기하 고형 물체에 나무 도형 카드를 대어 보면서 평면화를 시도한다. 그리고 각 도형 위에 언어 카드를 놓고 도형의 이름을 알게 한다.

교구는 구, 각기둥, 피라미드, 원뿔, 원통형의 기하학적 입체 등 다양한 형태가 있다. 아동이 이러한 형태들을 인지할 수 있도록 가르치는 가장 좋은 방법은 아동이 눈을 감고 그 형태를 만져서 그것들의 이름을 알아맞히는 것이다.

아동이 입체 기하학적 형태에 흥미를 느끼게 하는 또 다른 방법은 이 입체 형태들을 '움직이게' 하는 것이다. 구는 다방면에서 구르고, 원통은 오직 한 방향으로만 구르며, 원뿔은 제자리에서만 뱅뱅 돌고, 각뿔과 각기둥은 멈춰 있다.

이처럼 감각 영역 제 2선반에 있는 기하 고형 물체는 입체적으로 사물을 인지

하도록 만들어져 있다. 개개의 구체물들을 익힐 뿐 아니라, 서로서로의 구체물을 조작하다 보면, 사각기둥 위에 삼각기둥이 얹히면서 '집'의 형태가 생기고 원기둥 위에 원뿔이 얹히면서 원탑이 된다. 사각기둥 위에 사각뿔을 얹으면 사각탑이 되고 이것들을 다 연결하면 교회, 또는 잠자는 공주가 있는 중세의 성이 나타난다.

그 물체들이 현실 세계와 어떻게 연관되어 있나, 이것들은 내 삶의 어디에 쓰이는가를 생각하게 되고, 무심히 갖고 놀던 공을 들고는 "아, 이것이 오늘 배운 '구'로구나. 그래 공은 이렇게 구르는 거야."라며 이해하게 된다.

식빵을 썰어 먹던 아이가 "이것은 직육면체예요.", 교실 한가운데 버티고 서 있는 기둥을 만져 보며 "선생님, 이것은 사각기둥이에요.", 맛있게 먹던 아이스크림 끝을 만지면서 "아, 여기 원뿔이 있네."라고 말한다.

6면이 정사각형으로 된 정육면체, 4면이 모두 직각인 직사각형, 각 면이 모두 직사각형으로 된 직육면체, 끝이 뾰족한 원뿔, 구르기도 하고 설 수도 있는 원기둥 등 각가지 다른 형태와 기능의 입체 도형들을 접해 보면서 내 주위에서 그것들과 같은 것들이 널려 있음을 깨닫게 된다.

이러한 기하 도형 입체들을 실물로, 나무 도형 카드로, 언어 카드로, 3단계 학습을 거쳐 익혀 가는 것은 거의 반년이 걸린다.

◉ 기본 서랍 시연

이 작업은 평면화된 기하 도형 서랍 속에 들어 있는 '선'으로 구성된 도형들을 통해 입체 실물과 평면 구성과의 차이를 깨닫게 한다.

ㄱ. 기본 서랍 시연 : 기본 서랍에는 원, 정사각형, 정삼각형 3가지 도형이 들어 있다. 이 3가지 도형을 유아에게 시연하고 3단계 학습을 한다. 이는 입체의 구, 정육면체, 원뿔이 평면화된 것이다.

ㄴ. 기하 도형 서랍은 원형 서랍을 비롯하여 삼각형, 사각형(직사각형, 사다리꼴, 평행사변형, 마름모꼴 등), 다각형(오각형, 육각형, 팔각형, 기타 다각형

등) 등 다양한 서랍으로 구성되어 있다.

ㄷ. 나머지 서랍들에 있는 도형들도 원형 서랍에 있는 도형들 시연과 같은 방법으로 시연한다.

◉ 원형 서랍 시연(나무 도형과 종이 카드 매칭)

이 작업은 유아들에게 실물을 경험하게 한 후 굵은 선, 가는 선 등으로 되어 있는 카드들을 보고 본래의 형태를 알아낼 수 있도록 하는 작업이다. 아동들은 기하 도형의 윤곽뿐만 아니라 끼워 넣는 곳의 '윤곽'도 만지게 되는데 이 방법은 형태의 '인식'에 매우 유용하다.

ㄱ. 원형 서랍에서 6개의 원형 종이 카드를 꺼내어 나무 도형과 매칭을 한다. 다음에 중간 테두리 종이 카드와 가는 선으로 되어 있는 종이 카드 순서로 각각 나무 도형과 종이 카드를 매칭한다.

ㄴ. 18개의 선이 다른 종이 카드를 자유롭게 흩어 놓고 나무 도형 카드를 굵은 선, 가는 선에 차례로 얹어 짝을 맞추면서 도형의 크기를 알아 보게 한다.

교사는 동작을 정확히 가르치기 위해 처음 시작할 때 개입해야 한다. 우선 아동에게 만지는 방법을 몸소 정확하게 보여 주며 동작을 수행하는 방법을 설명하거나, 또는 변과 모서리 등 모든 부분을 확실히 만질 수 있도록 아동의 손을 직접 인도하며 가르칠 수도 있다.

삶 속 '배움의 기쁨' : 기하 도형 찾기

예화 ①

개별 작업 시간에 지현(만 5세)이와 민규(만 4세)는 작은 나무 육각상자 작업(기하 도형 인지 작업)을 하고 있었다.

육각상자 뚜껑을 열어 여러 가지 색깔과 모양의 삼각형을 꺼내어 매트 위에 놓고, 같은 색깔과 모양의 삼각형끼리 모아 검은 선을 맞추면 마름모꼴(정삼각형 2개)도 되고, 사다리꼴(정삼각형 3개)도 되고, 육각형(정삼각형 6개)도 된다는 것을 배우고 있었다.

둘이서 열심히 작업을 하고 있는데, 옆에서 남아메리카 국기 매칭 작업을 마친 재협(만 4세)이가 작업 정리를 하면서 두 친구가 하는 것을 힐끔 보더니 "어, 이거 사다리꼴이네. 사다리꼴 두 개가 만나면 육각형이 되는 거야."라고 설명하며 함께 작업에 참여한다.

예화 ②

엄마를 졸라서 아이스크림콘을 사들고 맛있게 먹던 혁이가 말했다.

"형, 형아! 이거 끝이 원뿔이다. 오늘 유치원에서 본 거하고 똑같아."

"맞아, 그거 원뿔 맞아."

방에서 공부하던 초등학교 3학년짜리 형이 연필을 손에 든 채 아이스크림을 먹으려고 뛰어나온다. 한 손에 연필을, 다른 한 손에 아이스크림을 들고 먹으려던 형이 연필 끝을 유심히 본다.

"혁아 여기도 원뿔이 있어."

"어디?"

"여기 연필 끝 좀 봐. 원뿔 모양이랑 같잖아."

"맞아, 형 그러고 보니 형아 아이스크림은 공 모양이네."

이제 아이들은 먹으려던 아이스크림은 잊은 채 둘레둘레 집안 곳곳을 쳐다보며, 도형들을 찾기에 바쁘다. 저 부엌 한쪽에 버티고 있는 직육면체 냉장고며, 원통형으로 생긴 형광등은 원기둥과 똑같다. 냉장고 속에 있는 계란을 보니 교구 상자 속에 있던 계란형이랑 똑같고 견과류 통의 아몬드는 타원형을 닮았다.

"둥근 것은 구르는 거야. 그래서 자동차도, 자전거도 바퀴가 굴러가는 것이구나!"

실제로 일상생활에서 배움의 결과들을 발견하고 신기해하고 기뻐하는 아이들의 웃음 속에 행복이 번져 난다. 이것이 삶 속에서 얻는 '배움의 기쁨'이다.

③ 항식 : 숫자가 아닌 같은 것끼리 모으기

감각 영역 제 2선반 안에는 1, 2, 3항식이라고 부르는 면적과 부피, 높이와 길이를 가늠하는 교구가 있다. 항식은 원래 수학에서 다루는 교구인데 숫자로 다루는 교구가 아니라 같은 색깔로 모으고 같은 높이, 같은 넓이, 같은 크기를 맞춰 가면서 같은 것은 같은 짝으로 모은다는 개념을 알게 된다. 이 방법이 익숙해지면 이후에 방정식, 인수 분해 등의 어려운 문제를 대했을 때 정말 쉽게 이해할 수 있는 능력이 생긴다.

모든 교구는 미래 지향적으로 디자인되어 있는데 항식 역시 감각 영역에 두어 색깔과 크기를 감각적 단계로 익혀 가다가 초등학교 이상에 가서 수학적 지식으로 표현하게 된다.

❶ 1항식 : 나누고 조합하기

1항식에서는 하나가 둘로 나뉘고 둘이 넷으로 분열되며 다시 조합되는 과정을 실물로 해 보며, 나누고 합하는 수의 기본 원리를 터득하게 된다.

하나가 둘이 되고 둘이 넷이 되고, 이렇게 점차 분화되는 작업에서 1의 크기 조각이 16의 배수인 32 크기로 커지면서 똑같다고 크기를 비교하고, 다시 모여 하나가 되는 가장 기초적인 1항식을 경험한 아이들은 순차적으로 2항식, 3항식의 작업을 배우게 된다(이러한 작업은 은물에도 있다).

❷ 2항식 : 순서 짓기, 가족 짓기

항식 작업은 숫자로 풀어내는 것이 아니라 같은 크기와 같은 색깔, 같은 모양의 나무 조각들을 나누고, 맞추는 과정이다. 이후에 배울 2차, 3차 방정식과 인수분해의 기본 원리를 수학이라고 생각하지 않고 같은 크기, 같은 색깔로 묶고 푸는 연습을 통해 쉽고 자연스럽게 익혀 나간다.

이러한 체계를 모르고 맞추어 보겠다고 나선 수학 선생님들이 끝내는 손을 들어 버렸던 경험을 지켜본 바 있으나, 익숙한 아이들은 보통 20분 내에 순서 짓기와 가족 짓기로 상자 속에 가지런히 정리해 넣었다.

항식 작업은 숫자를 다루거나 넓이, 높이, 길이로 모으는 것이 아니라, 아이들이 이해하기 쉽게 '같은 색깔, 같은 크기, 같은 모양'으로 모으는 작업이다. 이러한 작업을 통해 같은 것은 같은 것끼리 모인다는 것을 알게 해서 이후 초등학교 고학년이나 중학교에 가서 인수 분해나 방정식을 풀 때 같은 숫자는 같은 숫자끼리 모인다는 것을 알고 아이들이 수학에 재미를 느낄 수 있도록 미리 놀이를 통해 배우는 것이다.

❸ 3항식 : 길이, 높이, 넓이, 색깔 맞추기

3항식은 내용 면으로는 $(a+b+c)^3$의 내용을 갖지만, 실제 작업을 할 때는 2항식과 마찬가지로 같은 색깔, 같은 크기, 같은 모양으로 모아 짝을 맞추는 교구 작업이다.

빨강, 파랑, 검정, 노랑의 4가지 색깔을 가진 나무 조각들을 모아 2항식과 마찬가지로 순서 짓기와 가족 짓기로 완성하는 작업이다.

즉, 각각 다른 길이와 높이의 나무 조각들이 각각의 대칭되는 짝들을 찾아 전체를 이루는데 이것을 숫자 대신에 색깔로 표시해 만나는 면이 같은 색깔로 되어 있고 같은 길이와 높이를 찾아 짝을 맞춰 구성하는 작업이다. 이는 아이들에게 고도의 정신력을 요구하는 작업이다.

④ 건축 상자

항식의 개념을 어느 정도 터득한 아이들은 이제 본격적으로 평면으로서의 도형의 세계에 접근한다. 앞에서 입체로서의 구(원형)와 정육면체, 원뿔, 원기둥, 삼각기둥 등을 경험한 아이들은 2차원적인 감각 교구로서 삼각, 사각, 육각의 건축 상자들 속 여러 가지 다양한 평면적 도형 조각을 맞추는 일에 매달리게 된다.

건축 상자를 통해 하나로 된 삼각형이 2개로 3개로 4개로 나뉘면서 결국은 똑같은 삼각형을 이룬다거나, 3개의 마름모가 육각형을 만들고, 2개의 사다리꼴도 역시 육각형을 만들고, 6개의 삼각형도 육각형을 이룬다는 사실을 알게 된다. 사각형 상자 속에서 나온 삼각형들은 마름모꼴, 사다리꼴, 정사각형, 직사각형, 평행사변형까지 다양하다. 간단히 말하면, 아이들은 여러 각도의 삼각형들이 얼마나 많은 도형들을 만들어 내는가를 알아보는 즐거운 작업에 임하게 된다.

노랑, 빨강, 초록, 회색, 파랑 등으로 이루어져 있는 건축 상자들은 삼각 상자 속에 들어 있는 삼각형을 이루는 구성 요소들을 익히는 단계로부터 시작하여 큰 육각 상자(삼각형, 육각형, 마름모꼴, 평행사변형 등), 종합 사각 상자(정사각형, 직사각형, 평행사변형, 마름모꼴, 사다리꼴 등), 자유로운 파랑 사각 상자, 국내에 잘 알려져 있지는 않으나 12개의 파랑 삼각형 상자가 있어 각도에 따라 구성물이 이루어지는 초등 과정 수준의 기하 도형들을 만들 수가 있다.

기초 1, 2단계를 제대로 거친 후에는 바람개비 모양, 2개의 육각형, 팬(fan) 모양, 12각형의 구성, 렌즈 모양의 도형 등 자유롭게 창의적 구성물을 만들게 되는데 이때 아동의 두뇌는 한없는 창조의 세계로 빠져들게 된다.

이처럼 건축 상자는 아동의 창조적 작업의 꽃이다. 삼각 상자, 큰 육각 상자, 작은 육각 상자, 종합 사각 상자, 파랑 사각 상자, 12개의 파랑 상자 등 6개의 건축 상자 속에 들어 있는 다양한 모양의 삼각형 조각들로 단계적으로 각종 도형을 만들어 내면서 창의력과 사고력을 증진시킨다.

아이들은 이미 구체물로서 도형을 다루어 본 후라 아주 쉽게 이 작업에 접근할 수 있게 된다. 가장 단순하고 정확한 구성의 단계를 익히고 나면 상자 속의 각각 다른 형태와 색깔의 삼각형들로 상상의 창조적 도형을 만들어 보기도 한다.

❶ 삼각 상자

삼각 상자에는 총 10개의 정삼각형, 직삼각형, 이등변 삼각형들이 들어 있다. 1개로 된 회색 큰 삼각형, 2개로 된 녹색 직삼각형, 3개로 나누어진 노랑 이등변 삼각형, 4개로 나누어지고 모아지는 빨강 정삼각형 조각들이 들어 있으며, 이들이 도형을 이루고 모두 합해져서 큰 삼각형을 이룬다.

이는 초등 3학년 교과서에는 평면화된 도형으로 삼각형의 개수를 알아보는 작업으로 나와 있다. 하지만 유아 단계에서는 그 이름들을 익히지는 않으며 검은 선과 검은 선이 만나 각각의 삼각형들을 만들어 내는 과정만 익힌다.

10개의 삼각형으로 다양한 삼각형 조합을 만들어 보고 3단계 학습을 한다. 이렇게 10개의 삼각형들을 모아서 큰 삼각형을 만들어 본 아이는 이후 초등 3~4학년에 나오는 평면으로 만나는 삼각 도형들에 대해 훤히 꿰뚫고 있으므로 무난히 이해할 수 있게 된다.

❷ 큰 육각 상자 : 1단계

두 변의 길이가 같은 노랑 삼각형 3개가 모여 하나의 큰 삼각형을 이루고 그 삼각형에 하나로 된 삼각형을 덮어 봄으로써 2개가 서로 같다는 것을 인지한다.

다시 하나로 된 회색 삼각형 세 변에 각각 노랑 삼각형을 1개씩 대어보면 육각형이 된다. "아하, 커다란 정삼각형 1개와 이등변 삼각형 3개가 모여서 육각형이 되는구나." 그러나 아이들은 아직 '정삼각형', '이등변 삼각형'이라는 말은 모른다.

다만, 어느 것이 같고 어느 것이 다른지 같고 다름을 알아낼 뿐이다.

만나는 변에는 검은 선이 칠해져 있고 검은 선이 있는 선끼리만 만난다. 그래서 도형을 만들기가 쉽다.

다시 상자 안에서 밑변에 검은 선이 칠해져 있는 빨강 삼각형 2개를 꺼내어 마름모꼴을 만들어 놓고, 3단계 학습으로 각 삼각형들이 만들어 놓은 도형의 이름을 알게 한다. 삼각형, 육각형, 마름모꼴, 그리고 마지막으로 회색으로 된 삼각형 두 개로 평행사변형을 만들어 보고 다시 3단계 학습을 해 봄으로써 큰 육각 상자 1단계가 끝이 난다.

❸ 큰 육각 상자 : 2단계

큰 육각형 1단계가 익숙해지면 2단계로 나간다.

빨강 이등변 삼각형 2개를 떼어 큰 육각형을 이루고 있는 노랑 이등변 삼각형 2개와 대체하면 또 하나의 큰 육각형이 된다. 여기에서 유아들은 마름모가 육각형을 만들 수 있다는 것을 알게 된다.

2단계에서 마름모를 모아서 육각형을 만들어 보는 것은 그다음 단계에서 만나는 작은 육각형에서 나오는 마름모꼴 3개가 육각형을 이룬다는 것을 알게 하기 위한 전 단계 작업이다.

삼각 상자, 육각 상자에서 삼각형, 육각형, 마름모꼴, 평행사변형에 대해 배웠다. 모두 삼각형들로 이루어진 도형들이다. 그런데 이 정도의 구성적이고 창조적 작업은 7세 이후라야 가능하다. 6세 중반에서 1, 2항식으로 순서와 질서의 개념을 알고 삼각 상자와 큰 육각 상자들 속의 도형으로 도형의 개념과 변화를 인지한 상태에서 그 이후의 발전 단계인 작은 육각 상자, 종합 사각 상자들 속의 도형을 구성할 수가 있다.

❹ 작은 육각 상자 : 1단계

회색 정삼각형 6개로 육각형을 만들어 보고, 또 초록색 정삼각형 3개로 사다리꼴을 만들어 본다. 빨간 정삼각형 2개로는 마름모꼴을 만들어 본다. 사다리꼴 속에는 마름모꼴이 들어 있다는 것을 알게 된다.

이등변 삼각형 6개로도 육각형을 만들어 본다. 다시 빨간 이등변 삼각형 6개로 마름모꼴 3개를 만들어 보고, 이 마름모꼴 3개를 합치니 또 하나의 육각형이 된다는 사실을 이해한다.

정삼각형 6개로 된 육각형과 이등변 삼각형 6개로 된 육각형이 똑같다. 사다리꼴 2개가 육각형이 되고 마름모꼴 3개도 육각형이 된다. 그 육각형 속에 하나로 된 큰 삼각형을 얹으니, 이것은 큰 육각 상자에서 나온 육각형의 모습이라는 것을 인지한다. 작은 육각형 1단계 작업을 마치면 상자 속 제자리에 정리한다.

❺ 작은 육각 상자 : 2단계

회색 육각형을 둘로 나누면 사다리꼴 2개가 생긴다. 2개로 나눈 사다리꼴 1개를 옆에 있는 초록색 사다리 꼴 밑에 넣었더니 또 하나의 육각형이 되었다. 결국 사다리꼴 2개로 육각형을 만들 수 있다는 것도 알게 된다.

그리고 보면 빨강 마름모꼴 3개로도 육각형을 만들 수 있다. 사다리꼴에서 삼각형 1개를 떼어 내면 평행사변형이 생기고, 사다리꼴 위에 삼각형 1개를 얹으면 커다란 정삼각형이 생긴다. 삼각형들로 도무지 몇 가지의 도형을 만들 수 있을까? 아이들은 점점 신기해지고 알쏭달쏭해지는 도형의 세계를 경험하게 된다.

결국 작은 육각 상자 안에는 육각형, 사다리꼴, 마름모꼴, 평행사변형, 삼각형 등 각각의 도형들이 여러 가지 색깔들로 예쁘게 들어 있다. 삼각형 조각들을 붙였다 떼었다 하면서 아이들은 여러 가지로 변형되는 도형들을 보면서 무엇을 깨달을까? 아이들의 생각의 깊이가 점점 깊어져 갈 것이다. 이 삼각형 조각들이 단순히 한 색깔이 아니라 여러 가지 색깔들로 이루어져 있어 아이들이 지루해하지 않는다. 무궁무진한 창조적 작업에 아이들은 시간 가는 줄을 모른다.

❻ 종합 사각 상자 : 1단계

검은 선끼리 만남으로 도형을 구성해 내는 마지막 건축 상자, 종합 사각 상자는 4각으로 이루어지는 도형은 모두 만들어 낸다.

초록 큰 삼각형 둘을 맞대어 정사각형을 만들고, 회색 작은 삼각형으로 직사각형을 만들어 본다. 커다란 노란 삼각형을 맞추어 평행사변형을 만들다가 어느덧 작은 초록 삼각형과 노란 작은 삼각형이 평행사변형을 이루는 것을 본다.

이제 남은 것은 노란 정삼각형 2개다. 2개를 바닥에 놓으면 마름모꼴이 된다. 사다리꼴은 변형이 안 되니 그대로 두고 2단계로 넘어간다.

❼ 종합 사각 상자 : 2단계

초록색 삼각형 두개로 정사각형을 만든 도형 바로 밑에 커다란 노랑 삼각형으로 평행사변형을 만들고 다시 초록색 정사각형 위에 얹어 보면 "정사각형은 평행사변형의 엄마로구나."

작은 삼각형 2개로 평행사변형을 만들어 보고 다시 직사각형 위에 얹으니 또 똑같다. 그제야 아이들은 같은 삼각형이라도 선과 선, 변과 변끼리 만나는 대로 도형의 이름이 달라진다는 것을 깨닫는다.

마름모를 옆으로 돌리면 또 다시 평행사변형이 되고 사다리꼴은 그대로 사다리꼴이다. 작은 육각 상자와 이 종합 사각 상자가 제일 어렵고 이것들로 아이들은 가장 많이 구성적 창조물을 만들어 낸다.

한동안 만져 보지 않으면 국제 교사라 할지라도 더듬더듬하는 것이 이 작업인데 우리 아이들은 쉽게 해내니 신통할 따름이다.

❽ 파랑 사각 상자

선끼리 만나서 도형을 이루는 건축 상자들을 모두 거치면, 파랑 사각 상자를 만난다. 이 상자를 열어 보면 파랑 삼각형이 몇 개 들어 있는데 만나는 선이 없다. 만나는 선이 없다는 말은 어느 쪽으로 만나도 괜찮다는 말이다. 삼각형 둘이 만나 이등변 삼각형을 이루고 정사각형을 이루고 직사각형, 평행사변형, 마름모꼴, 사다리꼴을 이룬다.

종합 사각 상자에 색깔 찬란하게 삼각형으로 만들어졌던 도형들이 파랑 사각 상자에서는 제한된 선이 없이 모든 변이 자유롭게 만나므로 종합 사각 상자에서 만들어 냈던 도형들을 이 상자 속에서도 만들어 낸다. 도형을 만들어 내는 것이 중요한 것이 아니라 각 단계에 따라 두뇌가 체계적으로 정리되어 사고가 논리적으로 성장하는 것이 중요한 것이다.

❾ 12개의 파랑 삼각형 상자

한국에 많이 소개되지 않은 교구이기는 하지만 언젠가는 쓰일 것 같아 간단히 소개하기로 한다.

이 상자는 각각 각을 가진 12개의 파랑 삼각형이 들어 있는 상자로, 곱셈을 배운 유아들에게는 쉽게 이해될 수 있는 작업이다. 교사가 이 작업을 소개할 때 "이

각은 몇 각이야."라고 설명하지 않고 다만 만나는 각도마다 손가락으로 짚어 유아들로 하여금 집중해서 만나야 하는 각을 제대로 찾아볼 수 있게 해야 한다.

◉ 사각형 만들기

각을 가진 4개의 삼각형을 가지고 각을 서로 만나게 하여 바람개비를 만들고, 다시 각과 각을 만나게 하여 4개의 직각을 만들어 2개의 사각형을 만든다.

◉ 육각형 만들기

6개의 삼각형을 각으로 만나게 하면 좀 더 큰 바람개비 또는 팬(fan) 모양이 되고, 다시 각 끼리 만나게 하면 2개의 육각형 모양이 생긴다.

◉ 십이각형(12각형) 만들기

각 12개를 서로 만나게 하면 카메라 렌즈와 같은 모양이 되고 다시 올려 각과 각을 만나게 하면 둔각이 되면서 12각형의 모습이 된다. 12각형의 내부는 거의 각이 원형의 모습에 가깝다. 유치원에서는 3년 과정을 마쳤거나 취학반 단계에 있는 아이들에게 시연하기도 한다.

건축 상자의 비밀

건축 상자는 삼각형 또는 육각형 속에 여러 가지 형태를 이루는 삼각형 조각들이 들어 있다. 정삼각형, 이등변 삼각형, 직삼각형 등 각각 크기가 다른 삼각형들이 검은 선을 맞추어 만나면 모두 다른 도형들이 된다.

똑같은 이등변 삼각형으로 마름모꼴을 만들기도 하고, 평행사변형을 만들기도 하고, 육각형을 만들기도 하면서 '몇 개의 다른 모양을 만들 수 있을까?', '어떤 것들이 만나면 어떤 모양이 될까?' 등을 계속 탐구하며 창의적인 작업을 계속하게 된다. 이러한 구성적 작업을 통해 아동의 창의력이나 사고력, 상상력 등이 부쩍 늘어나게 된다.

원칙적인 구성 작업이 끝나면 그때부터는 제 마음대로 로봇도 만들고, 로켓도 만들고 태권 브이, 아톰, 꿈돌이, 우주 정거장 등 못 만드는 도형 구체물이 없다. 모든 건축물들이 도형으로 이루어진다는 사실을 깨닫는 순간 아이들은 사회를 향하여 크게 한 발자국 나갈 수 있는 것이다.

특히 건축 상자들은 삼각형들이 만나서 도형을 이루어야 하는 변에 검은 선이 있어 아동이 어렵지 않게 구성할 수 있으며 오류의 정정이 가능해 배우기에 용이하다.

(4) 제 3선반 : 종합 선반

이제 감각 영역 마지막 선반으로 들어가 보자.

가장 활발하게 창의적 활동이 이루어지는 건축 상자의 단계를 지나면 모든 감각 교구의 마무리 단계로 간다. 즉, 청각, 후각, 미각, 온도, 무게(촉각, 시각은 처음부터 끝까지 반복되어 진행된다) 등의 감각적 경험을 여러 가지의 교구를 통해 통합적으로 하게 된다.

제 3선반의 첫째 칸과 둘째 칸에는 촉각을 익히는 작업들이 있고, 셋째 칸에는 소리를 구별하는 소리 상자와 '음'에 대한 감각을 기르는 음감벨(음감벨은 잘 사용하지 않는 편이다), 온도를 구별하는 온각판이 있다. 넷째 칸에는 무게 변별판을 비롯해 맛을 구별해 내는 미각병과 냄새를 구별하는 후각병이 있다.

이처럼 제 3선반은 아이들의 모든 감각적 지각이 완성되도록 교구들이 준비되어 있어 변화와 발전이 이루어지는 곳이다. 어떤 프로그램이던 감각적 활동을 한다고는 하지만 몬테소리 교구가 다루는 오감의 깊이 있는 수준에는 거의 미치지 못한다고 말해도 지나치지 않을 것이다.

특히 기억할 것은 이 모든 감각적 교구를 다루며 단계를 지날 때 반드시 언어 활동의 단계를 경험한다는 것이다. 감각적 활동의 경험과 창의적 활동을 통한 인지적 발달이 이루어지는 과정에서 언어 활동은 필수적이기 때문이다. 많은 사람들이 오해하는 부분이 교구만 갖고 놀게 되면 학습적이거나 언어적인 것이 뒤지지 않을까 염려하는 것이지만 사실 언어 발달을 가장 많이 이루게 되는 것이 몬테소리 교육 방법이다.

몬테소리 교육에 대한 오해는 이 뿐이 아니다. 건축 상자의 경우 여러 개의 삼각형들로 여러 가지 모양의 도형을 이루어 내는 과정에 몰두하다 보면 집중력이 강해지게 되는데 밖에서 보면 고립적 작업으로 보이기가 쉽다. 이런 모습 때문에 몬테소리는 사회성 발달이 안 되고, 언어 발달이 안 된다고 말들을 하는 것이다. 참 딱한 일이다.

처음 전이 선반에서 짝짓기와 분류하기로 변별 능력을 기른 아이들이 마지막 선반에서 촉각판, 소리 상자, 후각병, 미각병, 무게 변별판, 온각판 등으로 변별력을 더욱 키우게 된다.

① 첫째 칸

첫째 칸에는 촉각을 경험하는 교구들이 있다. 그동안 전이 선반부터 제 1선반, 제 2선반을 거치면서 시각과 촉각을 모두 경험하는 작업을 해 왔지만 이 마지막 선반 첫째 칸에는 촉각만을 기르는 교구들로 구성되어 있다.

먼저 이제껏 배운 도형들을 촉각에 의해 알아맞춰 보는 비밀 주머니가 아이들을 기다리고 있다. 비밀 주머니에는 작은 크기의 각종 도형들이 들어 있고 또 다른 주머니에 짝을 이루는 도형들이 들어 있다. 보지 않고 촉각에 의해 탐구하는 학습 단계이다. 그 옆에는 부드럽고 거칠기를 연습해 보는 판들이 있고 여러 종류의 어휘들이 함께 제시되어 쉽게 이해하고 습득할 수 있다.

❶ 비밀 주머니

비밀 주머니는 두 개로 되어 있어서 똑같은 물건이 두 개씩 들어 있다. 양손을 각각의 주머니에 넣고 동시에 같은 물건을 꺼내놓는 것이다. 양손의 촉각으로 같은 것을 찾아 꺼내 놓고 이름을 말하게 한다. 주로 거칠거칠한 솔방울이나 옥수수 속대, 돌멩이, 나무토막 등 구별하기 쉬운 물건들을 준비하여 놓고 1주 또는 2주만에 내용물을 바꿔 놓는다. 교구상에서는 기하 고형 입체 소형물을 비밀 주머니로 팔기도 하는데, 제 2선반에서 배운 도형들을 기억하는 아이들은 눈 감고 꺼내면서 이름을 맞추는 게임으로 진행할 수도 있다.

❷ 촉각판 1 : 거칠다 부드럽다 느끼기

'거칠다 부드럽다'는 나무판 위쪽은 사포를 붙여 거칠게 하고, 아래쪽은 매끄러운 나무의 면을 그대로 느끼게 한다. 이 작업을 시연하기 전날 자기 전에 아빠 턱을 만져 보게 하고 다음 날 아침에 아빠가 면도한 후의 턱을 만져 보게 하여 전날 밤 아빠의 턱과 아침의 턱을 비교해 수염의 느낌 차이를 경험하게 한 후 촉각판을 다루면 확실한 차이를 알게 할 수 있다. 3단계 학습 후 제자리에 놓는다.

❸ 촉각판 2 : 반복 경험

똑같은 거칠기의 사포를 4~5개 나무판에 거칠다와 부드럽다의 순으로 반복하여 붙여 놓고 유아로 하여금 거친 느낌과 부드러운 느낌을 반복해서 느끼게 하여 확실한 차이를 알게 한다.

❹ 촉각판 3 : 차이 표현하기

'많이 거칠다, 조금 거칠다, 거칠다, 부드럽다, 아주 부드럽다' 등 거칠기의 차이를 주어 사포를 붙여 놓고 거친 느낌의 차이를 언어로 표현하게 한다.

❺ 촉각판 매칭

거칠기가 다른 4~5개의 사포 나무토막 2개 세트를 준비하여 한 세트는 왼쪽에 진열하고 남은 세트는 바닥에 깔아 놓은 후 눈을 감고 같은 짝을 찾아 짝 맞추기를 한다. 촉각판 1~3까지의 촉각판 작업은 모두 3단계 학습을 거친다.

② 둘째 칸

❶ 천 짝 맞추기

⊙ 무늬 짝 맞추기(시각과 촉각)

무늬가 각각 다른 천(꽃무늬, 물결무늬 등)을 4~5개, 2개씩 준비하여 시각과 촉각에 의해 짝 맞추기를 시연한다.

⊙ 질감이 다른 천 맞추기(촉각)

질감이 다른 천(면, 비단, 울, 가죽 등)을 4~5개, 2개씩 준비하여 왼쪽에 진열하고 눈을 감고 촉각에 의해서 짝을 맞춘다.

⊙ 질감이 다른 하얀 천 맞추기(촉각 고난도)

하얀 천을 다른 질감(모시, 베, 면, 얇은 비단, 공단 등)으로 준비하여 짝 맞추기를 한다. 이 작업은 아주 고난도의 작업이므로 교사들이 이 작업을 시연하려면 하얀 천을 구분이 가능하게 다른 질감으로 준비해야 한다.

'거칠다 부드럽다'를 느껴 보는 1~3까지의 촉각판을 경험하고, 그 거칠기의 정도를 눈 감고 알아내고 손가락 끝에서 느껴지는 촉감의 차이로 거칠기의 순서와 그 짝을 찾아 맞추는 작업에 이어 같은 무늬로 짝을 맞추는 시각 변별과 천의 질감에 따라 분류하고 짝을 맞추는 촉각 변별의 천 매칭을 모두 배우면 촉각 작업은 거의 끝이 난다.

③ 셋째 칸

❶ 소리 상자

빨강 소리통 6개, 파랑 소리통 6개가 있다. 이 작업은 소리의 크기를 구별할 수 있는 능력을 기르게 하는 작업으로, 각 소리통에는 제일 큰 소리부터 제일 작은 소리까지 6단계로 나뉘어 있다.

⊙ 1단계 : 큰 소리와 작은 소리 구분하기

ㄱ. 6개의 빨강 소리통을 2개씩 왼손과 오른손으로 흔들어 큰 소리부터 작은 소리까지 차례를 만든다.

ㄴ. 6개의 파랑 소리통을 자유롭게 놓고 큰 소리부터 작은 소리까지 차례대로 찾는다.

⊙ 2단계 : 같은 소리 짝 찾기

ㄱ. 빨강 소리통과 파랑 소리통을 자유롭게 놓고 양손으로 좌우에 있는 소리통을 들어 짝을 찾는다.

ㄴ. 각 상자 속에 들어 있는 6개의 소리통으로 큰 소리, 작은 소리, 시끄럽고, 조용한 것을 경험한 아이들은 빨강과 파랑 소리 상자 속에 들어 있는 12개의 소리통에서 같은 소리를 찾아내는 훈련을 통해 소리의 같고 다름의 정도를 느낄 수 있게 된다.

단계별 작업이 끝나면 '음감벨'을 다루어 보게 되는데 청아한 음감벨의 소리는 같은 음, 다른 음을 알게 할 뿐만 아니라 높은음과 낮은음을 가려내고 소리의 사라짐까지 느낄 수 있다.

❷ 온각판

온각판은 물체의 온도 차이를 알게 하는 교구로, 스텐 조각, 나무 조각, 융이나 따뜻한 질감의 천, 유리 같은 온도 차이가 느껴지는 물체를 이용해 온도를 구별하는 작업을 한다. 각각 2개씩 들어 있는 상자에서 1개씩을 꺼내어 왼쪽에 진열하고 나머지 물체를 자유롭게 바닥에 내려놓은 후 눈을 감고 같은 온도의 물체를 찾는다.

④ 넷째 칸

❶ 무게 변별판

3가지 종류의 나무 재질로 각각 무게를 달리하고 왼쪽에 가장 무거운 것, 중간 무게, 가벼운 것 순으로 진열하고 각각 5개씩 있는 상자에서 나무 조각을 꺼내어 바닥에 진열한 후 눈을 감고 무게의 정도에 따라 왼쪽부터 진열되어 있는 나무 조각의 짝을 찾는다.

"감각 지각의 경험으로 지능이 발달한다."라고 피아제(Piaget)가 강조한 것처럼 몬테소리(Montessori)는 일찍이 오감, 특히 촉각의 경험을 강조하며 거기에 따른 교구를 개발해 교육에 사용하였다.

❷ 후각병

손으로 느껴 보는 촉각과 시각의 단계를 지나 이제는 후각, 즉 향이나 냄새로 물체의 이름을 알아내는 후각병 짝 찾기 작업을 한다. 참기름, 깨소금, 식초, 후추, 커피 등으로 각각 2개씩 같은 물체를 담아 한 세트를 왼쪽에 진열하고 다른 쪽에 있는 물체를 코끝으로 향을 맡고 짝을 찾는 작업이다. 짝을 찾을 때 물체의 이름을 대고 언어 카드도 맞춰 놓게 한다. 종합 선반의 작업은 대부분 만 5세 이상 취학반 유아들이 하므로 언어 카드를 쓰게 한다.

❸ 미각병

냄새로 물체를 알아맞히는 훈련이 된 유아들은 이제 맛으로 물체의 이름을 알아내는 훈련을 하게 된다. 병에 들어 있는 액체를 조금씩 순가락에 담아 맛을 보면서 이름을 말하고 다른 쪽에 진열되어 있는 병 속의 액체를 맛보며 짝을 맞추는 작업이다. 한 가지씩, 한 번 맛을 볼 때마다 물컵으로 입을 헹구어야 하는 번거로움이 있다.

그리고 맛을 보는 액체 교구이므로 교사는 시음 액체를 수시로 새 것으로 바꿔 놓아야 하며 그 종류도 가끔씩 바꾸어 아이들이 지루하지 않도록 한다.

❹ 시각 교구의 응용

감각 영역 선반에 있는 다양한 교구들로 몇 가지 창의적인 구성물을 만들어 사진으로 실어 보거나, 가정으로 사진을 보내는 방법을 시도해 볼 수 있다.

예를 들어, 빨강 막대로 햇살 만들기, 달팽이집 만들기, 나선형 만들기, 계단 만들기 등 쉬운 단계부터 어려운 단계까지 여러 형태의 구성물을 만들어 볼 수 있다. 또한 분홍탑 한 가지로도 아름다운 장미를 연출해 낼 수 있으며, 분홍탑과 갈색 계단의 조합으로 다양한 응용물을 만들 수도 있다. 이러한 창조적인 응용물을 더 많이 기대하는 것은 아이들의 상상력과 창조력의 발달을 위해서이다.

감각 영역은 아이들의 창조성을 가장 많이 개발해 낼 수 있는 교구들이 대부분이어서 3세 어린아이들부터 7세 취학반 아동에 이르기까지 쉬운 대로 어려운 대로, 이 모양 저 모양으로 자신들의 창의력을 개발할 수가 있다.

감각 훈련을 지도하는 일반 규칙

아동이 특별한 순간에 작용하는 감각 자극에 주의를 집중하기 위해서는, 가능한 한 감각을 '고립'시키는 것이 좋다(isolation of difficulty). 예를 들어, 모든 연습을 위해서 방 안을 조용하게 하고 시각 훈련에 관련되지 않는 연습을 할 때는 두 눈을 기리는 것이 좋다. 감각 훈련을 지도하는 절차와 순서는 다음과 같이 정리할 수 있다.

① '동일한 것'의 인식
유사한 물건끼리 짝을 짓고, 입체 형태를 꼭 맞는 위치에 끼우기
– 짝 맞추기, 꼭지 원기둥 끼우기

② '대조되는 것'의 인식
일련의 물체 중 양 끝의 것을 제시하기
– 크다/작다, 거칠다/부드럽다, 길다/짧다, 굵다/가늘다

③ '유사한 것'의 인식
서로 유사한 물건을 찾아 변별하기
– 색 원기둥, 소리 상자, 기하 도형 등

3. 수 영역

1) 수 영역 시작하기

몬테소리 교육이 감각 교육을 중심으로 하고 있는 것은 틀림없다. 무엇을 배우든 첫 단계는 실물을 만져 보면서 하는 감각적 단계를 거친다. 감각 교구를 통하여 두뇌의 지각을 분류 조직하고 발달시킨 이후 수, 언어, 문화(과학, 역사, 지리) 등의 학습 영역으로 넘어가는데 이 과정에서도 모두 실물 교구로 경험한 뒤 평면 단계로 넘어가는 것이 순서이다.

몬테소리 수 영역은 수의 기초와 기본 원리를 쉽게 이해시키면서 각 단계를 체계적으로 배워 나가는데, 1의 자리 덧셈만 터득하면 1000의 자리, 10000의 자리라도 어려움 없이 배울 수가 있다.

수 영역으로 들어가게 되면 부모들 중에서 "우리 아이 하나 더 낳아 기르자."라든가 "이렇게 배웠으면 얼마나 쉽게 학교 공부를 했을까?"라며 억울해하는 모습을 많이 본다. 아빠 참여 수업 때에 어느 아빠 한 분은 "네가 다니는 유치원에서 아빠도 이렇게 배워 봤으면 좋겠다."라며 농담 섞인 진심(?)을 토로한 분도 계셨다. 그만큼 우리가 그동안 형식적이고 추상적인 방법에만 매달려 공부를 해 왔기 때문에 '수학' 하면 어려운 것으로 연상을 하게 된다.

그러나 몬테소리 수 영역에서는 체계적이고 과학적인 방법으로 기본 원리를 터득해 나가는 과정으로 진행되기 때문에 아이들이 아무 어려움 없이 차근차근 바탕을 쌓아 가게 된다. 이 수 영역을 배우기 전에 이미 감각 영역에서 기본을 익혀 왔기 때문에 더욱 쉽게 이해할 수 있는 것이다.

제 1선반(단위 선반)에는 길이로 수를 알게 하는 수 막대, 거칠거칠한 느낌으로 숫자를 익혀 가는 모래 숫자, 개수와 부피로 수를 알게 하는 봉축 상자 등이 있으며, 또한 입체적인 교구로 수에 대한 인식을 하고 난 아이들은 숫자와 바둑알을 이용해 1부터 10까지를 종이에 놓아 보는 평면적인 작업, 게임으로 수를 익히는 '메모리 게임' 등을 해 본다. 색구슬까지 단위 선반에서 진행하며 자리에 여유가 있을 때는 십진법을 단위 선반에 두기도 한다.

이렇게 단위 선반에서는 기다란 수 막대로부터 작은 봉축으로 그리고 아주 작은 바둑알까지 점차 작아지면서 거의 평면 작업으로서의 수를 익히는 과정으로 가게 된다.

제 2선반에서는 10~100, 1000까지 알게 하는 십진법, 백판, 뱀놀이, 롤링 페이퍼(숫자 말기), 덧셈자, 틴보드, 텐보드, 곱셈판, 뺄셈자, 나눗셈판, 버드아이뷰 등이 있다.

제 3선반에는 스템프 게임, 비즈프레임, 분수봉, 분수철판, 100체인, 1000체인, 점놀이, 비즈곱셈 등이 있다.

분수철판과 1000체인, 핑거 보드는 유치원 과정에서는 잘 다루지 않으나 진도가 빠른 아이들에게는 시연할 수 있으므로 교사가 알아 두는 것이 좋다.

수 영역의 작업은 외우는 것이 아니라 이치를 터득하고 생각하고 응용하면서 풀어 나가게 하는 것이 순리이다. 이 순리를 지키지 않고 빨리 나가겠다고 단계를 뛰어넘거나 생략하게 되면 두뇌 체계가 바로 서지를 않는다. 그래서 수 작업에 들어가기 전에 이미 아이들은 감각 영역에서 공간, 기하, 도형을 배우는 것이다.

2) 수 영역 실기 이해

(1) 제 1선반 : 단위 선반

① 수 막대

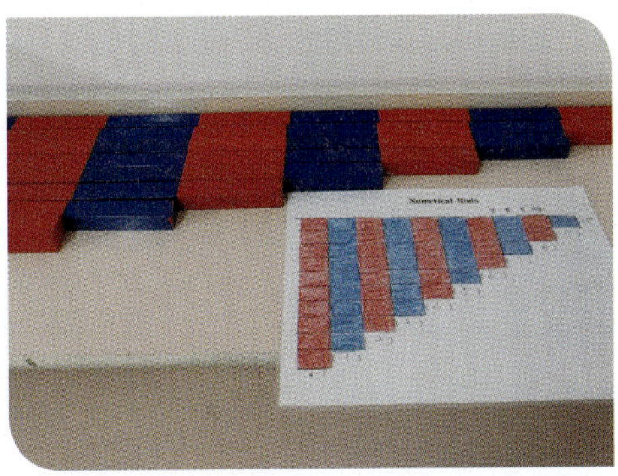

제 1선반은 단위 선반으로 1부터 9까지를 구체물로 이해하고 숫자로 익히는 선반이다. 선반 상단에는 길이가 다른 수 막대 10개가 있다. 빨강, 파랑으로 10cm씩 구분되어 색이 칠해져 있는데 1막대부터 10막대까지 있어 길이로 수를 배우는 교구이다. 처음에는 숫자를 놓지 않고 하나, 둘, 셋… 열까지 막대를 세어 보도록 한다. “이것은 하나야 하나, 이것은 둘이란다 둘.” 구체물로 길이를 배울 때는 하나, 하나 둘, 하나 둘 셋… 이렇게 막대의 길이를 실물로 느껴 가면서 배우는 것이 좋다.

수 막대로 1막대에서 10막대까지 길이를 알게 한 뒤, 모래 숫자(사포 숫자를 촉감을 이용해 만져 보고 숫자를 익힌다)를 가지고 1~9까지 단위 숫자를 배우고, ‘0’은 ‘아무 것도 없다’라는 개념과 작은 수 1과 아무것도 없는 0으로 큰 수 ‘10’을 만든다는 것을 알게 한다. 그리고 수 막대에다 1~10까지 수 카드로 이름을 붙여 본다. 이것이 수 막대와 모래 숫자, 수 카드 매칭까지의 단계이다.

② 모래 숫자

모래 숫자 카드의 촉감으로 1부터 9까지 숫자 쓰기를 배운다. 먼저 연필로 다음엔 크레파스나 색연필로 모래 숫자를 베껴 내고 그 위에 색 모래를 뿌려 숫자를 만들어 본다.

◉ 0레슨(0의 수업)

1, 2, 0 모래 숫자를 가져와 나열하고 1과 2에 해당하는 실물을 가져오게 한다. 0을 실물로 가져오게 하면 0은 찾을 수가 없다. “그래, 0은 아무것도 없단다.”라고 설명하며, 0이라는 숫자는 아무것도 없다는 것을 알게 한다.

◉ 10레슨(10의 수업)

0의 수업이 끝난 후 다시 모래 숫자 1과 0, 그리고 나무 숫자 10을 가져온다. 가장 작은 숫자 1과 아무것도 없는 0으로 10을 만들고, 나무 숫자 10을 보여 주며 이것은 1, 0이 아니라 큰 수인 10이라는 것을 알려 준다. 아이들은 가장 작은 수인 1과 아무것도 없는 수인 ‘0’이 만나서 ‘10’이라는 큰 수를 만든다는 것을 배운다.

③ 수 막대와 수 카드

1막대에 1의 숫자 카드를 대응시키고 2막대에 2의 숫자 카드를 대응시키면서 10막대까지 배운다.

❶ 수 막대와 수 카드 짝 맞추기

수 막대와 수 카드 짝 맞추기는 단계별로 난이도를 높여 가며 진행한다.

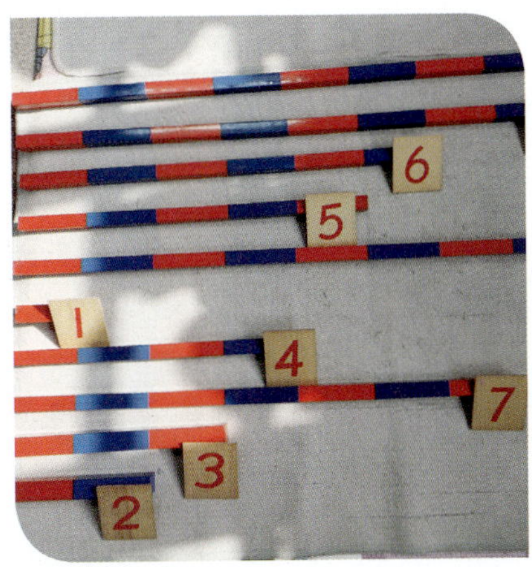

- 1단계 : 수 막대와 수 카드를 차례로 짝을 맞춘다.
- 2단계 : 수 막대는 차례로, 수 카드는 섞어서 준비하고 짝을 맞춰 본다.
- 3단계 : 수 막대는 섞어서, 수 카드는 차례로 준비해서 짝을 맞춰 본다.
- 4단계 : 수 막대와 수 카드 전부 섞어 놓고 난이도를 점점 높게 한다.

❷ 수 막대 10의 보수

10개의 막대를 세어 놓고 1개의 막대를 가져와 보여 주며 "이 하나가 열이 되려면 몇 개가 더 필요할까?"라고 물으며 직접 세어 보게 한다. "맞아, 열이 되려면 아홉이 모자라는구나." 9개의 수 막대를 가져와 10을 만들어 본다.

"10이 되려면 1개의 막대와 9개의 막대가 필요하고, 2개짜리 막대와 8개짜리 막대가 필요하겠구나." 아이들은 수 막대 10의 보수를 자연스럽게 익히며, 덧셈의 개념을 알게 되고 보수 관계를 이해하게 된다.

이렇게 1과 9, 2와 8, 3과 7… 등 10의 보수를 모두 찾아보고, 다시 숫자 카드를 가지고 수 막대로 덧셈하기 등을 해 본 후 개수로 배우는 봉축 알기로 넘어간다.

④ 봉축(spindle)

10개의 수 막대로 10의 보수와 덧셈을 배우고 나면, 45개의 봉축으로 1부터 9까지의 개수와 부피의 개념을 익히며 '수'를 배운다.

하나에서 아홉까지 손으로 잡아 보고, 바닥에 놓아 보고, 통에 넣어 보고, 다시 꺼내어 하나씩 상자로 되돌아가면서 여러 번 세어 보면 하나에서 아홉, 1에서 9는 거의 이해하게 된다.

"하나는 1이고 둘은 2라고 해." 기수와 서수의 읽는 법을 배우면서 구체물을 세는 방법을 배우고, 십진법의 기초를 여기서 미리 배운다.

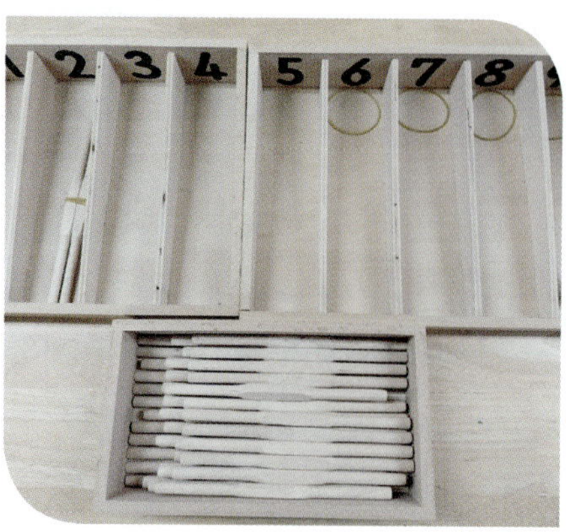

⑤ 숫자와 바둑알

봉축 알기가 끝나면 숫자가 종이에 쓰여 있는 평면 작업으로 들어가게 된다.

1~10까지 정정 카드가 있고, 카드에는 빨간 숫자와 바둑알이란 구체물이 있다. 여기서는 바둑알을 사용하지만 55개의 같은 모양의 구체물만 있으면 무엇으로든지 할 수 있다. 조개류나 돌멩이도 가능하다.

이러한 교구를 통해 홀수와 짝수의 개념을 포함한 평면화 단계의 수 교구 작업을 하게 된다.

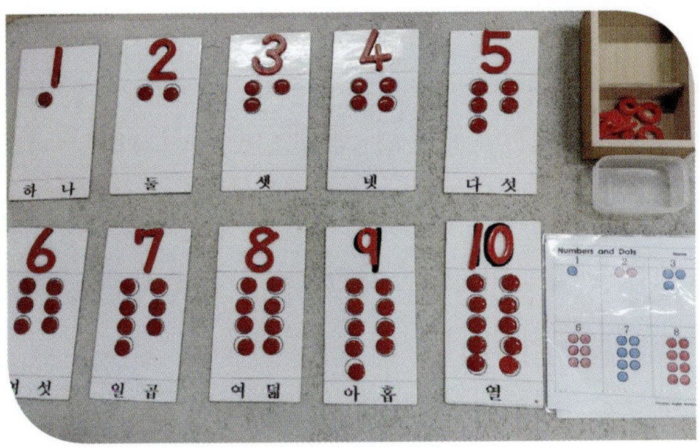

❶ 정정 카드와 실물 매칭

바둑알이나 기타 구체물을 놓을 자리를 표시한 카드를 1~10까지 펼쳐 놓고, 그 위에 숫자를 놓고 그 숫자에 맞추어 바둑알을 세어 놓는다. 그릇에서 바둑알을 세어 꺼낼 때 한 번, 카드 위에 세어 놓을 때 두 번, 다 놓아 보고 거둘 때 세 번, 이렇게 여러 번 계속해서 세다 보면 1부터 10까지의 수는 거의 익히게 된다.

❷ 짝수와 홀수

바둑알을 놓을 때 '1은 하나, 2는 둘, 왼쪽에서 오른쪽, 위에서 아래로' 이렇게 차례로 놓다 보면 '짝이 있는 수'와 '짝이 없는 수'를 스스로 알게 되어 짝수와 홀수의 개념을 확실히 알 수 있다.

❸ 정정 카드 없이 구체물 놓기

처음에는 정정 카드 위에 하나씩 놓아 봄으로써 수를 터득하게 하고, 단계를 지나면 정정 카드 없이 숫자만 놓고 그 숫자에 해당하는 구체물을 놓아 보게 한다.

유치원에서 숫자와 바둑알 작업을 했다고 하면 가정에서도 숫자 종이를 놓고 그 밑에 사탕이나 밤, 돌멩이 등을 세어 놓아 보게 한다. 앞서 봉축을 배웠을 때도 가정에서 흔히 마시는 작은 주스 병 등에 숫자를 붙여 놓고 한 개, 두 개, 세 개씩 순차적으로 넣어 보게 하면 재미있는 반복 학습이 된다.

⑥ 메모리 게임

숫자와 바둑알 단계가 끝나면 메모리 게임으로 넘어간다.

메모리 게임은 이제껏 배운 단위 선반에서 익힌 1~10까지의 숫자를 비밀 주머니에서 꺼내어 구체물과 맞추어 보는 게임으로, 정말 1~10까지 숫자와 구체물을 매칭할 수 있는지를 테스트하는 작업이다.

우선 구슬이나 바둑알, 열매나 무엇이든지 10개씩 동일한 구체물을 4가지 종류로 준비하고, 1~10까지 숫자를 만든다. 4명의 아이들이 자신이 좋아하는 구체물을 선택한 후 비밀 주머니에 들어 있는 숫자를 보지 않고 선택한다. 이후 자신이 가진 수만큼을 앞자리에 세어 놓고 상대 아이에게 내가 가진 구체물의 수나 숫자를 맞추게 한다.

메모리 게임은 1~10까지 숫자와 구체물을 짝지을 수 있는지 기억해 내는 기억 게임으로, 아이들은 주머니 속에 10개의 숫자가 있으므로 자기가 좋아하는 구체물과 숫자를 바꾸어 가면서 몇 번이고 즐겁게 게임을 하며 수를 배울 수 있다.

⑦ 색구슬

❶ 색구슬 피라미드 쌓기

길이의 수 막대가 길이의 색구슬로 대치되며, 빨강은 하나, 초록은 둘, 분홍은

셋, 노랑은 넷 등 색구슬로 피라미드 같은 삼각형을 만들고 1~9의 숫자를 배운다. 즉, 지금부터는 숫자에 색깔을 주어 쉽게 익히게 된다. 1에서 9까지 색깔과 개수를 익히는 동안 3단계 학습을 하면서 확실하게 색구슬의 '색깔과 개수'를 익히게 한다.

❷ 색구슬 패턴(색구슬과 숫자 매칭)

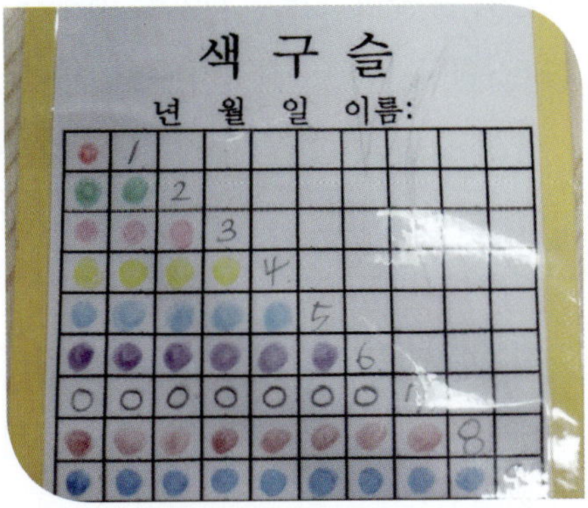

1~9까지 빨강에서 남색까지 색구슬을 놓고, 그 옆에 숫자 칩을 놓고 색연필을 놓아 하나는 1, 둘은 2라고 부르며 1~9까지 숫자와 색깔을 맞추는 작업을 한다. 그리고 문제지에 색연필로 색구슬을 그리고, 연필로 숫자를 그 옆에 쓰게 한다.

❸ 색구슬 10의 보수

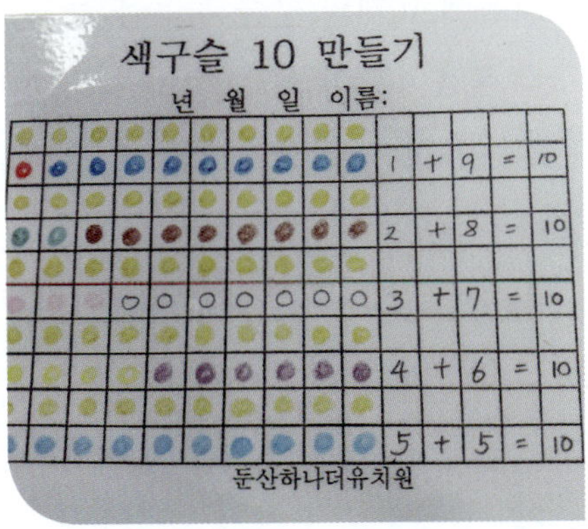

이 작업은 금색 구슬을 사용하여 10을 배우는 작업이다.

우선 10개의 금색 구슬을 준비하고, 1~9까지의 색 구슬을 왼쪽에 진열한다. 수 막대 10의 보수를 배웠던 방법으로, 10개의 금색 구슬 밑에 1개의 빨간 구슬과 9개의 파란 구슬을 놓고 1이 10이 되려면 몇 개가 필요할까 물어보고 직접 세어 보도록 한다. 9개의 구슬을 놓으면서 1+9, 2+8··· 등 10의 보수 관계를 배운다. 문제지에 만들어 놓은 구슬 모양과 똑같이 '10 만들기'를 해 보며 덧셈의 기초를 익히게 된다.

색구슬은 단위 수를 배우는 것이므로 제 1선반에 속할 수 있지만, 십진법은 2선반으로 가는 것이 맞다. 그러나 제 1선반에 자리 여유가 있을 때는 1선반에 진열할 수도 있다.

(2) 제 2선반

① 십진법

❶ 1단계 : 이름 알기

금색 구슬이 1개, 그리고 10개가 묶여 있는 '텐바', 10개가 10번씩 묶여 있는 '100스퀘어', 100스퀘어가 10번 쌓여 있는 '1000큐브'가 있다.

금색 구슬을 잡고 "이것은 1, 하나야. 이것은 10, 열이라고 해. 이것은 100, 백이야. 이것은 1000, 천이로구나."라고 설명하며 3단계 학습을 한다.

❷ 2단계 : 원리 배우기

1, 2, 3… 10까지 구슬을 세어 10개의 한 묶음의 구슬이 '10(열)'이 되는 것을 이해시킨다.

다음에 10개의 구슬 묶음을 들고 10, 20, 30… 100까지 센다. '100(백)'은 10개 구슬 묶음이 10개 묶인 것이라고 알려 준다.

그다음 100개 구슬 묶음을 들고 100, 200, 300… 1000까지 세고, 이것이 '1000(천)'이라고 원리를 이해시킨다.

처음에는 교구의 이름부터 하나씩 배운다. 그리고 1(하나)에서 1000(천)까지 어떻게 이루어지가를 배워 나간다.

❸ 3단계 : 숫자 카드 익히기

쟁반에 1 ,10, 100, 1000 숫자 카드를 담아 매트에 놓는다. 1부터 1000까지 늘어 놓고 "이것은 숫자 1이야, 이것은 숫자 10, 이것은 숫자 100, 이것은 숫자 1000이야."라고 소개하고 3단계 학습을 한다.

❹ 구슬 구체물과 숫자 짝짓기

구슬 하나, 구슬 열(텐바), 구슬 백(스퀘어), 구슬 천(큐브) 구체물 밑에 1, 10, 100, 1000 숫자 카드를 각각 대응시키고, 3단계 학습을 한다.

❺ 십진법 9의 위기(9의 전환)

이 작업은 1, 10, 100, 1000이 하나씩 담긴 십진법 1단계 쟁반과 1~100 구슬이 9개씩 담긴 쟁반이 필요하다.

"하나, 둘, 셋… 아홉, 아홉에 하나를 더하면 열, 열이 되면 가족의 이름이 바뀌는구나." 다시 하나를 제자리에 돌려놓는다. 10구슬을 잡고 "열, 스물, 서른… 구십, 구십에 열을 더하면 백, 그런데 백이 되면 열의 가족에서 백으로 가족의 이름이 바뀌는구나." 이렇게 해서 하나에서 천이 되어 가는 과정, 연산의 법칙을 이해하게 한다. 가족의 이름이 바뀌는 위기라서 '9의 위기'라고 하고 '9의 전환'이라고도 한다. 이 작업은 생각을 깊게 하도록 하는 작업이다.

이렇게 일, 십, 백, 천의 자리를 알고 나면 색깔로 숫자를 기억하여 덧셈을 배우는 뱀놀이에 도전하게 된다.

② 긍정 뱀놀이

긍정 뱀놀이는 10의 보수에서 배웠듯이 1+9, 2+8, 3+7… 이런 방법으로 10이 넘어가지 않는 수의 배열로, 10이 되면 10의 색인 금색 구슬로 바꾸어 주면서 …5+5까지 해서 전체 구슬이 50개가 되도록 순서를 바꿔 가면서 작업하는 덧셈이다.

앞에서 우리는 색구슬을 배우면서 색마다 수가 정해져 있다는 것을 배웠다. 1은 빨강, 2는 초록, 3은 분홍, 4는 노랑, 5는 하늘색 파랑, 6은 보라색, 7은 하얀색, 8은 갈색, 9는 남색 10은 금색이다.

처음에는 {(1+9)+(2+8)+(3+7)+(4+6)+(5+5)}=50 순서로 더하다가, 나중에는 순서를 바꿔가며 2+8, 4+6, 7+3, 9+1… 등 자유롭게 더한다. 이처럼 10이 넘어가지 않게 하는 뱀놀이를 '긍정 뱀놀이(even snake game)'라고 한다.

③ 부정 뱀놀이

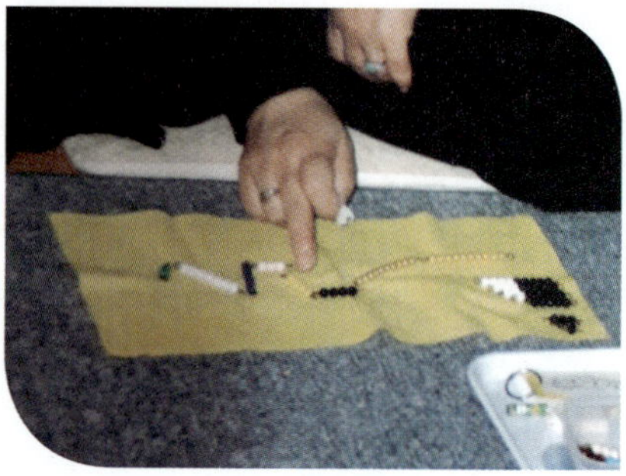

'부정 뱀놀이(uneven snake game)'는 둘을 더해 10이 넘어가는 덧셈으로, 흑백 구슬(흑백 비즈)을 사용한다. 빨간 1구슬 1개 또는 2개로 눈을 만들고 그 뒤에 노란색 4구슬을 더하고 그 뒤에 보라색 6구슬을 놓아 10이

넘어가게 하고, 이런 식으로 7~8개의 색구슬을 뱀처럼 구불구불하게 휘어서 놓으면(1+1+4+6+7+6+4+8…) 뱀과 같은 모양이 나온다.

카운터로 색구슬을 세어 가다가 10이 되는 자리에 10 금색 구슬을 놓고, 색구슬은 들어낸다. 이때 11이나 12가 되어 10 구슬로 대치하기가 어려우면 금색 10구슬을 놓고 그 옆에 흑백 구슬을 남은 수만큼 더하면 색구슬을 들어낼 수 있다.

다시 계속해서 세어 가다가 10만큼 되는 곳에서 금색 10구슬로 바꾸고 10이 넘으면 넘는 수만큼 흑백 구슬로 대치한다. 이렇게 해서 '10이 넘는 수'를 배우면서 부정 뱀놀이를 끝낸다.

④ 백판

❶ 백판 시작하기

1~100까지 숫자가 있는 4각 보드 정정판(백판)이 있고, 맨 처음 1과 맨 끝에 숫자 100이 있고 중간에는 빈칸만 있는 판이 있다. 1~10, 11~20, 21~30… 91~100까지 수를 분류해서 담은 그릇 10개를 준비하고 빈칸을 채우는 작업을 한다.

먼저 1~10까지 그릇에서 숫자를 꺼내어 정정판에 대어 보고 빈 판의 빈칸을 맞춰 가는데 "1 다음에 무엇이 올까?" 질문한다. 정정판에 가서 1 다음에 오는 2를 확인하고, 2 숫자를 정정판에 대어 보고 '똑같다'는 것을 확인한 후 1 다음 빈칸에 2를 놓는다.

같은 방법으로 10까지, 20까지 놓아 본다. 그리고 차차 늘려 가면서 100까지 몇 번에 나누어 작업한다.

❷ 잃어버린 숫자(빈칸) 채우기

잃어버린 숫자(missing numeral) 채우기 작업은 백판 1단계 작업을 끝낸 후 문제지로 중간중간 빈칸을 만들어 기억에 의해 백판에 숫자를 채워 나가면서 배우는 작업이다. 처음에는 빈칸을 조금 넣었다가 점차 빈칸을 듬성듬성 많이 두어 작업하게 한다. 나중에는 아예 전체 빈칸 문제지를 주고 기억에 의해 채우게 한다. 정정판을 옆에 두고 도움을 받으며 작업을 한다. 아동이 1~100까지 계속 반복 작업을 하는 동안 저절로 100까지 숫자를 깨닫게 된다.

⑤ 롤링 페이퍼(종이 말기)

이 작업은 자릿수를 알게 하기 위해서 1의 자리부터 10, 100, 1000의 자리까지 숫자를 하나씩 가져다가 1~9까지 쓰고 9 밑에 10의 자리 두 칸짜리 종이를 붙여 10~99까지 쓰게 한다. 1의 자리는 초록색 연필로, 10의 자리는 파랑으로, 100의 자리는 빨강색으로 써 내려간다. 보통은 100까지 쓰게 하는데 아이들이 재미에 빠져 경쟁적으로 몇 백 이상을 쓰려고 한다. 두 자리 이상이 되면 1부터 말기 시작하여 계속 쓰면 점점 부피가 늘어난다.

조심할 일은 자릿수를 쓸 때 자리에 맞게 색을 달리해 연필을 바꿔 가며 써야 하는데 빨리 쓰고 싶어 하는 아이들이 1의 자리를 쭉 쓰고 다시 10의 자리를 쭉 쓰면 자릿수를 알게 하려는 본래의 목적을 이룰 수가 없다. 인내심을 가지고 차근차근 숫자와 연필을 바꿔 가며 쓰도록 지도해야 한다.

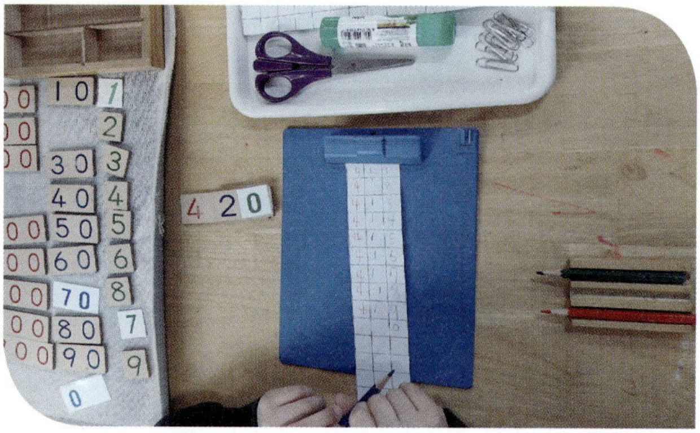

⑥ 덧셈자

큰 수 막대 덧셈으로 막대 덧셈의 개념을 경험한 아이들이 20cm 정도로 줄어든 작은 수 막대로 덧셈을 배운다.

파란 문제자 뒤에 빨간 답자를 놓으면 바로 '답'을 찾을 수 있어 여러 번 반복하는 동안 쉽게 덧셈을 익힐 수 있다. 1+1부터 시작하여 9+9까지의 답을 알 수 있게 된다. 덧셈은 파랑자를 왼쪽에 1부터 9까지 밑에서 위로 올라가면서 진열하고 빨강자를 오른쪽에 진열하여 빨강자로 답을 알게 한다. 감각적인 단계를 거치고 문제지를 대할 때쯤에는 거의 암산으로 해결할 수 있을 정도로 수 계산이 빨라지게 된다.

⑦ 틴보드

틴보드(teen board)란 말은 'teen'이 의미하는 것처럼 11~19까지 수를 다루는 교구 작업이다. 예를 들어, 열에 하나를 더하면 열 하나, 금색 10구슬에 빨간색 1구슬을 가져다 더해 보고 10에 1을 더하면 11, 나무 숫자 10에 1 숫자를 끼워 보면 11이 된다. 즉, 틴보드에서는 열 하나와 11, 구체물을 세는 법과 기수와 서수의 숫자 읽는 법 등을 배운다.

10비즈 하나를 숫자 10 옆에 놓고, 여기에 다시 색구슬 하나를 세어 열에 하나를 더하면 열하나, 10에 1을 더하면 11이 된다. 이는 기수와 서수를 익히는 작업인데 10에 1, 2, 3… 순서대로 숫자를 더해 가면 11, 12, 13… 이 된다. 답이 나오면 열하나, 열둘, 열셋… 반복적으로 세어 나가면서 11~19까지 수를 쉽게 익힌다.

우리나라의 셈은 구체물(사탕, 밤, 계란 등)을 셀 때 1개, 2개 하지 않고 하나, 둘로 세기 때문에 아이들이 많이 헷갈려하지만, 계속해서 숫자와 구슬을 바꿔 가며 19까지 배우다 보면 틴보드는 끝난다.

또 11~19까지 숫자를 섞어 놓고 아이들에게 숫자를 고르게 한 다음 메모리 게임처럼 자기가 가진 숫자를 찾아 보드판에 끼우는 반복 작업을 하는 것도 아이들을 흥미롭게 한다.

⑧ 텐보드

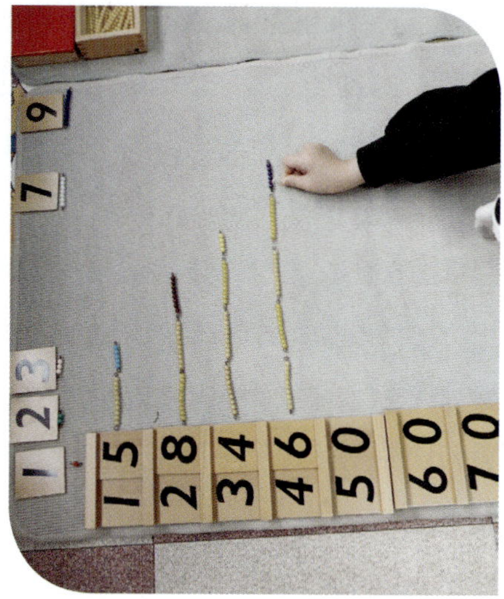

텐보드(ten board)는 11~99까지의 수를 배우는 교구 작업이다. 열에 하나를 더하면 열하나가 되고 10에 1을 더하면 11이 된다는 것, 열하나와 같다는 것을 실제 사물을 이용해 '수량과 수사'의 짝짓기를 하며 익히게 된다.

특히 텐보드에서 터득하게 되는 것은 19, 29, 39… 등 9에서 어떻게 10으로 넘어가는가를 19~99까지 반복을 통해 이해하게 된다. 물론 하루에 19~99까지 진도를 나가는 것은 아니다. 며칠 또는 몇 주에 걸쳐서 이해할 때까지 반복 훈련을 한다.

메모리 게임 같이 아이들이 숫자를 뽑아 그 숫자에 맞는 10구슬과 단위 구슬을 놓아 보면서 익힐 때, 아이들은 자신이 해냈다는 기쁨을 느낄 수 있다. 다만 이 작업은 크고 긴 작업이기 때문에 교사들이 시작을 망설이는 경우가 있으나, 몇 명씩 짝을 지어 날짜를 바꿔 가면서 진행하는 지혜를 발휘하면 좋은 작업이 될 수 있다.

이처럼 틴보드는 11~19까지의 덧셈이고, 텐보드는 11~99까지의 덧셈이다. 틴보드에서 텐보드까지 모두 배우고 나면 11부터 99까지의 수를 셀 수 있게 된다.

⑨ 곱셈판

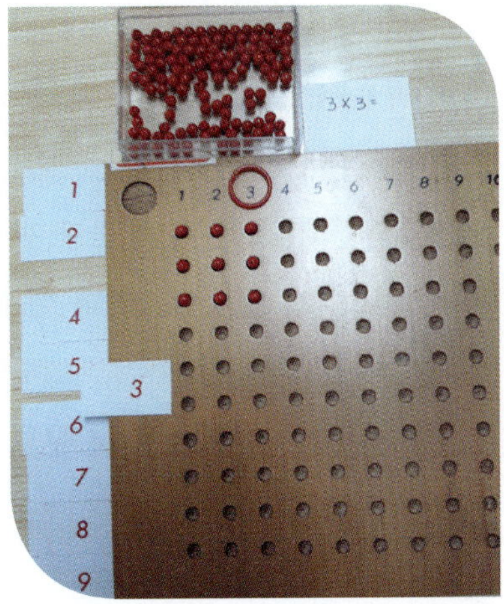

나무 곱셈판은 옆으로 10개, 아래로 10개씩 100개의 패인 홈을 갖고 있는 나무판이다. 100개의 빨간 구슬과 1~10까지의 숫자 칩, 제시되는 숫자를 나타내는 링('치킨 링'이라고 부른다), 그리고 문제집이 있다. 쉽게 말해서 곱셈 구구단을 나무판 위에서 구슬을 세어 가며 배우는 작업이다.

아이들은 구슬 3개씩을 3번 놓아 보고, 이는 구슬 3개씩을 3번 더하는 것과 같다는 것을 알게 된다. 즉, 곱셈은 덧셈의 연속인 것을 이해하면 훨씬 쉬워진다. 그래서 나무 곱셈판으로 구구단 연습을 끝낸 아이들은 버드아이뷰 곱셈에서 아주 쉽게 100단위 곱셈을 하게 된다.

⑩ 뺄셈자

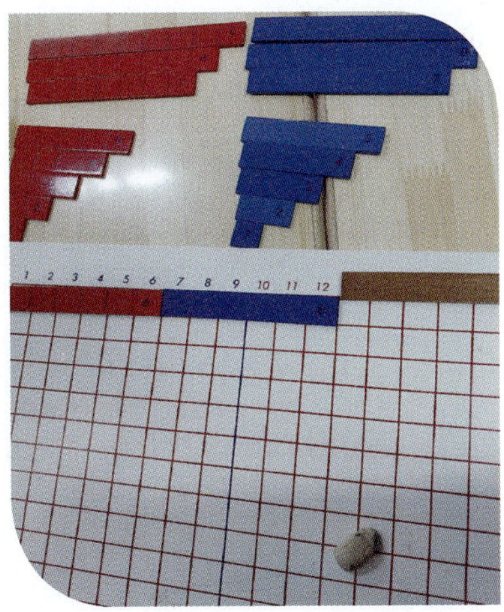

뺄셈자의 교구 구성은 3가지로 나뉜다. 덧셈자에 쓰이던 1~9까지의 빨강과 파랑자 한 상자와 뺄셈판(원래는 판에 줄이 파랑이어야 하는데 한국 제작회사의 사정으로 줄이 빨강이다)과 갈색자 17개 1세트가 재료 구성이다.

뺄셈자 작업은 덧셈과 달리 빨간자가 왼쪽에 위치하고 파랑자가 오른쪽에 배치된다. 답이 왼쪽에 나오기 때문이다. 그리고 갈색자는 오른쪽 판 옆 아래에 17개를 짧은 자부터 긴 자까지 위쪽을 향해 배열한다.

먼저 왼손으로 9를 짚고 오른손으로 10~18까지를 센다. 숫자 아홉 개가 남는다. 오른쪽 갈색자를 밑에서부터 하나, 둘 세어서 아홉 번째를 가져와 10~18까지의 숫자를 덮는다. 그리고 남은 9에다 3자를 놓는다. 남은 수는 6, 참 쉽다. 덧셈자보다는 어렵지만 갈색자로 가리는 일만 잘하면 쉬운 것이 뺄셈이다.

그렇다면 갈색자는 왜 놓을까? 10~18까지 숫자를 남겨 놓고 계산을 하면 아이들이 헷갈리기 쉽다. 그래서 아홉 번째 자로 덮어 버리면 간단하게 뺄 숫자만 남는다. 아이들에게 쉽게 배우도록 하는 배려이다.

1~9까지 모두 하고 나면 문제지를 주어 문제를 섞어서 작업하는 단계도 해 볼 수 있다. 뺄셈자는 문제자와 답자, 그리고 숫자를 가려 주는 갈색자를 배열하는 번거로움이 있지만 이것들을 사용해서 문제를 풀면 바로 답을 알 수 있어 반복을 통하여 암산에 능해진다.

⑪ 뺄셈 뱀놀이

앞에서 뺄셈자를 배워 뺄셈의 개념은 익혔으리라 본다. 이제 회색 구슬을 사용해서 뺄셈을 해 보는 '뺄셈 뱀놀이'를 배운다.

여러 가지 숫자를 사용해서 긍정 또는 부정 뱀놀이로 덧셈을 진행하다가 회색 구슬이 나오면 '뺄셈이구나' 하고 회색 구슬을 돌려 더해 오던 색구슬 밑에 놓고 회색 구슬의 수만큼 빼 준다.

이때 위에 있는 뺄 구슬이 밑에 있는 회색 구슬보다 크면 뺀 나머지 수만큼만 흑백 구슬로 바꾸면 되지만, 뺄 구슬이 더 적을 때에는 더해 오던 10구슬에서 모자라는 수를 빼 주고 10구슬을 들어내고 남은 수만큼 흑백 구슬로 그 자리를 대신한다. 복잡해 보여도 직접 다루어 보면 쉽게 이해할 수 있다.

이해를 돕기 위해 예를 한번 들어 보자. 계속 더해 오던 덧셈이 23이 되었는데 그 뒤에 뺄셈 회색 구슬이 6이 나왔다면 3에서 6을 뺄 수 없다. 모자라는 3만큼 금색 10구슬에서 3을 세어 주면 7이 남는다. 10구슬은 들어내고 흑백 구슬 7을 대신 그 자리에 놓는다. 17이 남았다. 다시 덧셈을 계속하다가 뺄셈을 만나면 같은 방법으로 하면 된다. 이것이 '뺄셈 뱀놀이'이다.

⑫ 나눗셈판

나눗셈을 하기 전에 먼저 나무 나눗셈판에 대해 알아본다. 나눗셈판은 초록색 구슬 81개, 인두(사람 머리 모양) 9개, 81개의 홈이 파여진 나무판과 나눗셈 문제집 등으로 구성되어 있다.

구구단을 거꾸로 하면 나눗셈을 하는 것이 된다. 1단에서 9단까지 나눗셈을 해 본다.

예를 들어, 4단을 해 보자. 먼저 4개의 인두를 숫자 밑 홈에 세우고 구슬 4개를 손에 잡는다. 각각의 인두 밑에 구슬 1개씩을 놓는다. 즉, 4개의 구슬을 4개 인두 밑에 각각 나누어 놓는다. 의미를 쉽게 설명하면 4개의 구슬을 4명의 사람(인두)에게 똑같이 나누어 주는 것이다. “영희 하나 갖고, 준이 하나 갖고, 진아 하나 갖고, 윤이 하나 갖고, 4명이 1개씩 가졌구나.” 이처럼 몇 명의 사람이 1개씩, 2개씩, 3개씩… 똑같이 나누어 갖는 것, 그것이 나눗셈이라는 것을 알게 한다.

나무 나눗셈판으로 나눗셈을 배우고 난 아이들이 버드아이뷰, 스탬프 게임 등에서 나눗셈을 배우는데 나눗셈은 큰 수부터 나누는 것이 순서이다.

⑬ 버드아이뷰(은행놀이)

이제는 아이들이 수량과 수사에 대해 어느 정도 개념이 자리 잡혀 숫자가 낯설지가 않다. 롤링 페이퍼, 백판, 틴보드, 텐보드 등을 통해 수 연습을 계속 해온 아이들은 이제 버드아이뷰 작업에 들어가는데, 이제까지와는 규모가 다른 큰 작업을 만나게 된다.

수 영역 제 2선반 아래에는 1, 10, 100, 1000으로 묶여 있는 금색 구슬이 있고 이것들을 대신할 나무 비즈들이 있다. 커다란 펠트를 깔아 놓고 1의 숫자에서 9000의 숫자까지 늘어 놓으면서 또한 같은 숫자만큼의 구체물을 놓는다.

이렇게 다 깔아 놓은 다음에는 1과 하나, 2와 둘, 3과 셋… 10의 숫자와 열만큼의 비즈, 100단위의 숫자와 그에 맞는 비즈 또는 대치하는 나무 조각들, 1000의 숫자와 1000의 비즈, 예를 들어, '1256'이란 숫자와 그에 맞은 비즈들을 판에 담아와 보는 훈련을 거듭한다.

이름하여 버드아이뷰(bird eye view, 조감도)라고 부르는 이 작업은 '새의 눈으로 본다'라는 뜻으로 새가 높은 하늘에서 땅의 넓은 곳을 보듯이 1~9000까지의 숫자와 하나에서 구천까지의 구체물을 작은 구슬로부터 시작해서 열의 구슬, 백의 구슬, 천의 구슬로 보여 주는 조감도라고 할 수 있다. 즉, 한 눈에 1~9000까지의 '숫자와 수량'을 인식하고 파악할 수 있게 한다.

은행이라는 표현은 우리가 잔돈을 모아 은행에 가서 큰돈으로 바꾸는 것과 같이 작은 수를 모아 큰 수로 바꾸고 큰 수를 가져가 작은 수로 바꾸는 활동을 하기 위해 매트 위쪽에 이 작업에 필요한 구체물들을 모두 준비해 놓는 것이다. 1구슬부터 10구슬, 100구슬, 1000구슬까지 바꾸어 줄 만큼의 수량을 준비한다. 최소한 55개 이상은 준비되어 있어야 놀이가 가능하다.

큰 펠트 위에 구체물과 숫자를 깔고 그 위쪽에 여분의 구체물을 준비하고 양옆으로 숫자를 배열한다. 올림 덧셈을 하거나 내림 뺄셈을 할 때 큰 수로 또는 작은 수로 바꾸어 줄 수 있도록 구체물과 숫자를 준비해 놓고 이곳을 은행이라 부른다.

금색 구슬은 교구 비용이 비싸기 때문에 교구사에서 100구슬과 1000구슬을 대신할 나무로 된 교구를 만들었고 실제로는 주로 나무 교구를 사용한다.

❶ 버드아이뷰 시작하기 : 팻칭

1~9, 10~90, 100~900, 1000~9000까지 구체물을 금색 구슬로 놓고 그 옆에 숫자를 놓는다. 1~9까지와 10~90까지는 금색 구슬로 놓을 수 있다. 1~9000까지 구체물과 숫자를 깔면 새가 나무 위 또는 공중에서 아래를 환히 보듯이 유아들도 한번에 1~9000까지 볼 수 있다.

첫 번째 단계로 숫자와 구체물 가져오기(팻칭)를 하면서 숫자와 구체물을 제대로 인지하는지 확인한다. 1은 하나, 2는 둘… 10은 열, 20은 스물… 이렇게 숫자와 구체물을 1:1 대응시켜 한눈에 볼 수 있도록 깔아 놓고, 문제를 주어 유아들이 직접 구체물과 숫자를 가져오게 해 본다. 숫자와 구체물을 찍지어 가져올 수 있도록 훈련하는 것을 '팻칭'이라고 한다.

처음에는 1의 자리부터 시작해 10의 자리, 100의 자리 구체물과 숫자를 가져오게 한다. 자릿수를 차차 늘려가면서 숫자와 구체물 가져오기를 연습한 뒤 단순 덧셈을 시작한다.

❷ 단순 덧셈

10이 넘어가지 않는 단순 덧셈을 시작해서 10의 자리를 연습해 본다. 구체물을 먼저 놓고 숫자를 그 밑에 놓고 구체물을 단위 수부터 먼저 손에 모아 세어 본다.

처음에는 작은 수부터 1의 자리, 10의 자리, 위에서 아래로 더해 보면서 자릿수를 익혀 본다. 작은 수부터 연습하다가 원리를 깨우치게 되면 100의 자리 1000의 자리도 쉽게 더할 수 있게 된다.

버드아이뷰 덧셈이 아무리 천의 자리, 만의 자리라 해도 단위 수부터 더해 나가면 단순 덧셈의 경우 아무 문제가 없다. 위, 아래 진열된 구슬들만 자릿수대로 한 손에 모아 세어 놓으면 그만이다.

❸ 올림 덧셈 : 큰 수로 바꾸기

단순 덧셈과 달리 올림 덧셈이 되는 경우, 즉 10이 넘어가고 100이 넘어가게 되면 조금 어려워지는데 원리를 이해하면 쉽게 할 수 있다.

구슬 열 개를 모아 은행으로 가서 큰 수로 바꿔 달라고 말한다. 둘 또는 세 명의 유아가 할 경우 유아 한 명이 뱅커(은행원)가 되어서 구슬을 세어 보고 그에 맞는 큰 수를 바꾸어 준다. 바꾼 열의 구슬을 10의 자리 위 문제에 얹어 주면 10이 20이 되어 버린다. 그리고 나머지 4, 즉 넷은 답 자리에 내려놓는다. 20이 되어 버린 수와 40이 되어 있는 수를 합치면 60이 된다. 답은 64가 된다.

이런 식으로 10의 자리, 100의 자리, 1000의 자리를 반복해서 연습해 보고 곱셈에 들어간다.

❹ 곱셈 : 덧셈의 연속

곱셈은 덧셈의 연속이라고 배웠다.

우선 펠트 위에 금색 1의 구슬 5개와 10의 구슬, 즉 텐바 3개를 가져다 1의 자리부터 10의 자리까지 차례로 놓고 그 밑에 숫자 35를 놓는다. 이 작업을 3번 똑같이 반복하여 놓고 1의 자리부터 차례로 더해 본다.

대부분 곱셈을 할 때는 올림 덧셈을 하게 되는 경우가 많으며, 순차적으로 진행하다 보면 100의 자리 1000의 자리 곱셈도 어렵지 않게 하게 된다. 반복적인 수 연습도 중요하지만 그 원리와 이치를 깨닫는 것이 더 중요하다.

❺ 단순 뺄셈

앞에서 버드아이뷰 단순 덧셈과 올림 덧셈을 배웠다. 뺄셈에도 단순 뺄셈과 내림 뺄셈이 있다.

우선 1의 자리부터 5개의 금색 구슬을 위에서 아래로 놓고 10의 구슬 텐바 3개를 10의 자리에 놓는다. 그리고 100비즈 2개를 100의 자리에 놓고 각각의 실물 구슬 밑에 숫자를 가져다 놓는다. 숫자 123을 가져다 235숫자 밑에 놓는다. 뺄셈에서는 빼는 수에는 실물을 놓지 않는다. 위의 구슬에서 3과 20과 100의 구슬을 빼면 112가 남는다. 아주 간단하다.

❻ 내림 뺄셈 : 작은 수로 바꾸기

이제 내림 뺄셈을 할 차례이다. 뺄셈과 마찬가지로 위쪽에 3개의 1구슬, 2개의 10구슬, 2개의 100구슬을 놓고 그 밑에 구체물에 맞게 223 숫자를 매칭한다. 그리고 그 밑에 155 숫자를 놓는다.

하지만 1의 자리를 보면 3에서 5를 뺄 수가 없다. 이렇게 모자라는 수는 큰 수에서 빌려 와야 한다. 10의 자리 텐바 2개 중 1개를 은행으로 가져가서 작은 수로 바꿔 온다. 뱅커(은행원)는 10구슬을 받고 1구슬 10개로 바꾸어 준다.

바꾸어 온 구슬 10개를 3구슬에 함께 놓으면 13개의 구슬이 된다. 여기에서 5개의 구슬을 빼면 8이 남는다. 답 자리에 내려놓는다.

이제 10의 자리를 빼야 한다. 10의 자리에는 텐바가 1개밖에 없다(아까 빌려주었으니까). 10에서 50을 뺄 수가 없다. 10의 자리에서도 모자라는 수는 100의 자리에서 빌려 와야 한다. 100비즈 2개 중 1개를 뱅크에 가서 바꿔 온다.

바꿔 온 텐바 10개를 원래 10의 자리에 있었던 10구슬에 보태면 110이 된다. 110에서 텐바 5개(50)를 빼면 60이 남는다. 밑에 있는 답의 자리에 내려놓는다.

이제 마지막으로 100의 자리를 보면, 남은 100에서 100을 빼면 아무것도 없다. 이 문제의 답은 68이 된다.

❼ 단순 나눗셈

버드아이뷰에서 빌려 오는 내림 뺄셈까지 진도가 나간 아이들은 나눗셈을 배울 차례이다. 나무 나눗셈판으로 나눗셈의 개념을 익히고 난 후 은행놀이 나눗셈을 해 본다.

금색의 단위 구슬인 1의 구슬과 10의 구슬, 100을 상징하는 정사각형 100의 구슬 등을 가져오고 은행을 차린다. 문제를 만들어 각각의 자리에 문제만큼의 구슬들을 배열하고 나누기를 해 본다.

나눗셈을 예를 들어 설명하면, 10구슬 2개와 1구슬 4개를 가져다가 2개의 그릇에 10구슬을 1개씩 나누어 담고 1구슬도 2개씩 나눈다. "윤이 하나 갖고, 진이 하나 갖는다. 다시 윤이 둘 갖고, 진이 둘 갖는다. 이제 서로 똑같이 나눠 가졌구나." 둘이 똑같이 10구슬 1개와 1구슬 2개를 가졌으니 답은 12이다. 이것이 쉽게 나누어지는 단순 나눗셈이다.

❽ 빌려 오는(움직이는) 나눗셈

10의 구슬 2개와 1의 구슬 4개를 4명에게 똑같이 나누어야 하는 경우를 생각해 보자. 이때는 10구슬 2개를 은행에 가서 20개의 1구슬로 바꾸어 24개의 구슬을 4명에게 나누어 주는 것이다. 이것을 '빌려 오는 나눗셈' 또는 '움직이는 나눗셈'이라고 한다. 스템프 게임, 즉 우표놀이도 같은 방법으로 단순 나눗셈과 빌려 오는 나눗셈을 할 수 있다.

버드아이뷰와 스템프 게임

버드아이뷰와 스템프 게임은 구체물의 형태만 다르고 풀어 나가는 방식은 똑같다. 1의 자리부터 더해 가면서 10이 넘거나, 100이 넘거나 하게 되면 은행에 가서 큰 수로 바꾸고, 넘어가는 자리 위에 놓으며 '올림 덧셈'의 원리를 알게 된다.

뺄셈에서는 작은 수로 큰 수를 빼게 될 경우 큰 수에서 빌려다가 빼 주는 '내림 뺄셈'의 원리를 알게 된다.

또한 곱하는 것은 '덧셈의 연장'이고, 나누는 것은 '똑같이 나누어 갖는다'라는 것을 다시 한번 확인하게 된다.

1의 자리 덧셈, 뺄셈부터 시작해서 100의 자리, 1000의 자리를 하면서도 아이들은 어려워하거나 당황하지 않는다. 1의 자리나 1000의 자리나 원리는 같기 때문이다.

이후 평면의 수를 익히기 위해 핑거 보드를 다루어 보고, 점놀이(Dot game)로 덧셈과 곱셈을 평면에서 익히며, 분수봉에서 나눔의 원리를 확실하게 깨우치게 한다.

(3) 제 3선반

① 스템프 게임(우표놀이)

스템프 게임(stamp game)은 버드아이뷰와 같은 방법으로 시연되기 때문에 설명을 생략할 수 있으나 교구가 다르므로 간단히 설명한다.

교구는 우표 크기보다 조금 작은 사각형 칩이다. 각 자릿수마다 크기는 같으나 색깔이 달라 쉽게 구별이 된다. 1의 자리는 초록, 10의 자리는 파랑, 100의 자리는 빨강, 1000의 자리는 초록으로 칩에 숫자가 쓰여 있다.

원래 스템프 게임에 사용되는 매트가 있으나 여의치 않을 때는 버드아이뷰와 마찬가지로 일반 매트에 자릿수를 표시하고 작업할 수 있다.

우선 매트를 깔고 맨 위쪽에 인두를 놓는다. 나눗셈판 맨 위에 놓았던 인두와 같은 것인데 1의 자리에는 초록 인두, 10의 자리에는 파랑 인두, 100의 자리에는 빨강 인두이고, 1000의 자리에 놓는 인두는 색깔은 초록이나 인두의 크기가 커서 1의 자리 초록 칩과 비교된다.

단순 덧셈이나 올림 덧셈, 곱셈, 뺄셈, 나눗셈 모두 올림 덧셈에서는 작은 수가 큰 수인 10, 100, 1000이 되었을 때는 은행에 가서 큰 수로 칩을 바꿔 큰 수의 자리에 올려주고, 내림 뺄셈에서 큰 수에서 빌려와야 할 때는 큰 수를 은행에 가서 작은 수로 바꾸어 작은 수의 자리에 올려 주고 셈을 하면 된다. 구체물 교구만 바뀌었을 뿐 작업 방법은 버드아이뷰와 똑같다.

② 비즈프레임(구슬 틀)

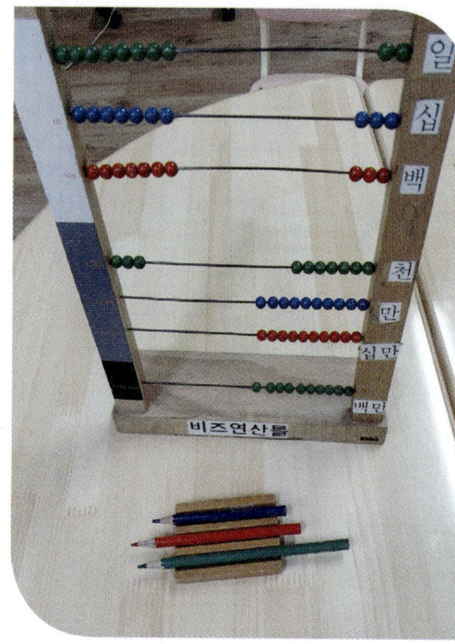

수 심화 영역인 비즈프레임(beads frame, 구슬 틀)은 주판처럼 생겼지만 주판과는 다르다. 구슬 틀에서 빨강, 파랑, 초록 각 10개씩의 구슬을 가지고 덧셈, 뺄셈, 곱셈을 한다.

맨 윗줄 1(일)의 자리 초록 구슬, 둘째 줄 10(십)의 자리 파란 구슬, 셋째 줄 100(백)의 자리 빨간 구슬이 있다. 다시 반복해서 1000(천)의 자리 초록 구슬, 10000(만)의 자리 파란 구슬, 100000(십만) 자리 빨간 구슬, 1000000(백만) 자리까지 계산할 수 있다.

❶ 단순 덧셈과 움직이는 덧셈

단순 덧셈은 10개가 넘어가지 않는 범위 내에서 더하는 것이다.

예를 들어, 초록 구슬(1의 자리) 4개가 먼저 가고 2개를 더하면 6이 된다. 파란 구슬(10의 자리) 2개가 가고 다시 1개를 더하면 30이 되어서, 문제의 답은 36이 된다.

단순 덧셈에 이어 움직이는 덧셈(올림 덧셈)을 해 본다. 우선 초록 구슬 6개를 왼쪽으로 보내고 파란 구슬 4개를 세어 왼쪽에 같이 자리 잡는다. 문제는 46에 68을 더하는 것이다.

1의 자리에서 초록 구슬 8을 세다가 4까지 보내니까 10이 되었다. 파란 구슬 1개를 왼쪽에 더해 주고, 초록 구슬 10은 다시 오른쪽 시작 자리로 보낸다. 4까지 세었으니 나머지 4도 세어서 왼쪽으로 보낸다. 1의 자리 답은 4가 된다.

다시 10의 자리에는 60을 더해야 한다. 파란 구슬 4개에 10구슬 1개(초록 구슬 10개 바꿈)가 더해져 모두 5개(50)가 있었으니, 여기에 추가로 우선 5개를 보내면 100이 된다. 빨강 구슬 1개(100)를 왼쪽으로 보내고 파란 구슬 10개를 오른쪽 시작 자리로 보낸다. 아직 보내지 못한 파란 구슬 나머지 1개(10)를 왼쪽으로 보내면 60을 모두 더한 것이다. 그래서 답은 114가 된다. 말로는 복잡해도 바로 틀에서 해 보면 쉽게 이해가 된다.

❷ 단순 뺄셈과 움직이는 뺄셈

비즈프레임 단순 뺄셈은 왼쪽에 놓은 문제 구슬에서 빼는 수만큼 오른쪽으로 옮겨 놓으면 된다. 너무 간단하다. 하지만 움직이는 뺄셈, 즉 빌려오는 뺄셈이 조금 어렵다.

문제 323−167을 해 보자. 먼저 왼쪽 맨 위에 초록 구슬 3개를 옮긴다. 그 밑줄에 10의 자리 파란 구슬 2개를 옮긴다. 그 밑줄에 빨간 구슬 3개를 옮긴다.

이제 1의 자리 7을 빼야 하는데 초록 구슬 3개밖에 없으니 뺄 수가 없다. 파란 10의 구슬 1개를 오른쪽으로 빼고 초록 구슬 10개를 왼쪽으로 보낸다. 3은 뺐으니 4만 더 빼면 된다. 초록 구슬 4개를 빼니 1의 자리에는 6만 남는다.

둘째 줄 10의 자리 파란 구슬이 1개(10)만 남았다. 60을 뺄 수가 없다. 빨간 100 자리 구슬 1개를 오른쪽으로 빼고 파란 10의 구슬 10개를 왼쪽으로 보낸다. 이미 10을 뺐으니 50만 더 빼면 된다. 파란 10의 구슬이 5개 남는다.

이제 100의 자리 빨간 구슬은 2개 남았다. 거기에서 100의 자리 구슬 1개를 빼면 100구슬 1개가 남는다.

1의 자리 6, 10의 자리 50, 100의 자리 100이므로 답은 156이 된다.

③ 분수봉

❶ 분수봉 1단계

하나를 둘로 나누면 각각 둘 중에 하나, 둘 중에 하나가 되며, 둘로 나뉜 봉을 양쪽에 두고 그 앞에 $\frac{1}{2}$이란 작은 수 카드를 놓는다.

하나를 셋으로 나누면 각각 셋 중에 하나 $\frac{1}{3}$, 셋 중에 하나 $\frac{1}{3}$, 셋 중에 하나 $\frac{1}{3}$이 되며, 하나를 넷으로 나누면 각각 넷 중에 하나 $\frac{1}{4}$, 넷 중에 하나 $\frac{1}{4}$, 넷 중에 하나 $\frac{1}{4}$, 넷 중에 하나 $\frac{1}{4}$이 된다. 이렇게 하나에서 둘로, 셋으로, 넷으로, 다섯으로 나누어 본다. 우리나라 분수봉은 넷으로 나누는 것이 끝이다. 이것이 분수봉 1단계이다.

❷ 분수 덧셈

분수봉 1단계를 배우고 나면 똑같은 방법으로 나누어 세워 놓고 다시 오른쪽으로 봉과 수 카드를 옮겨 합쳐 본다.

$\frac{1}{2}$과 $\frac{1}{2}$을 더하니 $\frac{2}{2}=1$ 하나가 되었구나. $\frac{1}{3}$, $\frac{1}{3}$, $\frac{1}{3}$을 합치니 $\frac{3}{3}=1$ 하나가 되었구나. 즉, 분수 덧셈을 배우는 것이다.

분수를 배우기 전에 사과나 과일들로 여러 쪽을 나누어 보면서 자신이 가진 쪽이 몇 분의 몇을 가졌는지 알아보는 것도 전 단계에서 미리 해 보면 더 도움이 된다. 각 분수봉은 나눠진 숫자별로 다른 색이 칠해져 있어 이제까지 숫자를 색깔로 배워 온 아이들에게 친숙하게 다가오며, 색으로 나누어진 봉을 다시 더해 하나, 즉 1을 만드는 방법을 배우면서 더 쉽게 이해하게 된다.

④ 분수철판

분수철판은 1에서부터 $\frac{1}{2}$~$\frac{1}{10}$ 조각으로 나누어지는 철판으로 된 분수 교구이다.

이 철판 조각을 들어내어 조각들을 더해 보는 작업을 해 보고, 작은 철판마다 숫자 카드를 놓고 덧셈을 해 본다. $\frac{1}{2}+\frac{1}{2}=1$, $\frac{1}{3}+\frac{1}{3}+\frac{1}{3}=1$, $\frac{1}{4}+\frac{1}{4}+\frac{1}{4}+\frac{1}{4}=1$ … 각 분수들을 더해 1을 만들어 본다.

이 과정에서 $\frac{1}{2}$과 $\frac{2}{4}$와 $\frac{3}{6}$이 같다는 것도 깨닫게 되는데 각각의 색에 맞추어 종이로 오려 보면서 실물 교구와 같이 만들어 본다.

이 철판분수는 3년차 마지막이거나 초등 과정에서 배우게 되는데 1000체인이나 철판분수 같은 큰 작업은 연차도 중요하지만 아동의 정서 또한 어느 단계까지는 성숙해 있어야 하며 자신이 먼저 도전해 보려는 독립심과 자신감이 뒷받침이 되어야 한다.

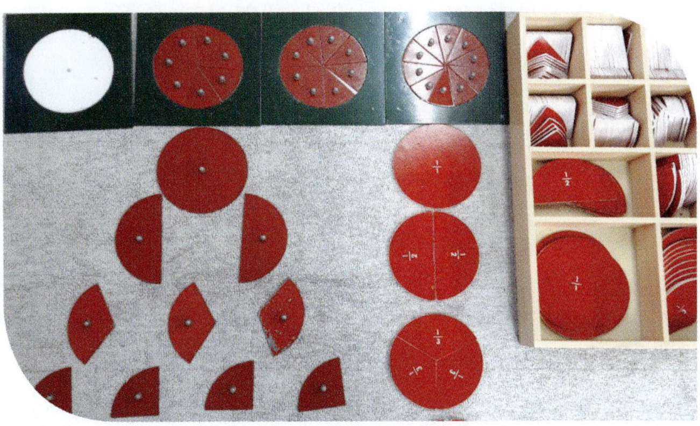

⑤ 점놀이

점놀이(dot game) 작업은 직접적인 숫자로 들어가기 바로 전의 평면 종이 작업이다. 이 작업을 분수봉 뒤에 하면서 유년 과정을 끝낼 수도 있다. 분수철판, 비즈 곱셈, 1000체인 등은 초등 과정에서 다루어도 되는 작업이므로 유년 마지막 작업을 평면 작업으로 들어가면서 끝내도 된다는 말이다.

작은 사각형으로 줄쳐진 종이에 1, 10, 100, 1000, 10000, 경우에 따라서는 100000까지 있다. 1의 자리는 초록색 연필로 칠하고 10의 자리는 파란색, 100의 자리는 빨간색, 다시 초록, 파랑, 빨강으로 자리 표시를 하고 옆에 문제를 쓴다.

덧셈 문제를 올리고 계속 자릿수대로 올리면서 10, 100, 1000이 넘어가면 올림 덧셈을 하듯이 올려 주고 올린 문제는 줄을 긋는다. 점놀이 작업은 덧셈, 곱셈은 할 수 있으나 뺄셈, 나눗셈은 할 수 없다.

⑥ 비즈 곱셈

비즈 곱셈은 구구단이라고 생각하면 쉽게 이해가 될 것이다. 이 작업은 초등 과정에서 가능하나 유치 3년 과정을 제대로 이수한 유아들 중에는 할 수 있는 유아들이 있어 소개한다.

비즈 1구슬부터 10구슬까지 오른쪽 상단에 배열하고 왼쪽 세로로 다시 1구슬부터 10구슬까지 놓는다.

오른쪽 초록색 2구슬과 왼쪽 초록색 2구슬을 손으로 짚어 가며 카운터(세는 교구)를 들고 하나부터 넷까지 센다. 계속해서 색 구슬을 곱하는 수만큼 놓아 가며, 왼쪽 구슬과 오른쪽 구슬을 곱해 나간다.

오른쪽 3구슬 밑에 3구슬을 4개 놓고 왼쪽 3구슬과 곱한다. 카운터로 하나씩 센다. 줄줄이 색구슬을 세어 가며 놓으면 곱셈 비즈판에 색 구슬이 가득하다.

이렇게 해서 10×10까지 곱해 보면 이후에 1000체인을 할 때 스킵 카운터, 건너 세기를 쉽게 할 수 있으며 비즈 곱셈 단계에서도 건너 세기를 쉽게 할 수 있다.

이 작업을 완성할 즈음에는 2×3나 3×2나 6×1이 같은 답임을 알아내는 곱셈의 응용도 할 수 있게 된다. 7세 말, 3년차는 가능한 작업이며 초등학교에 갔을 때 덧셈, 곱셈을 수월하게 할 수 있게 된다.

⑦ 수-1000체인

'1000체인' 작업은 초등 과정에서 가능한 작업이다. 그러나 유치 과정에서 3년 전체 과정을 다 마쳤거나 발달이 빠른 유아들은 간혹 할 수도 있기에 교사는 이 작업을 가르칠 준비를 항상 하고 있어야 한다.

1000체인으로 2의 제곱은 4, 2의 3제곱은 8, 3의 제곱은 9, 3의 3제곱은 27, 4의 제곱은 16, 4의 3제곱은 12가 아니라 64라는 것을 배운다.

예를 들어보자. 3구슬이 묶인 1줄은 3, 2줄은 6, 3줄은 9이다. 3구슬 3줄을 모아 놓으면 정사각형이 되고 3의 제곱이 된다. 이 3의 정사각형이 3개가 포개지면 3큐브, 즉 3의 정육면체가 되면서 3의 3제곱, 27이 된다.

이런 방식으로 4의 정사각형을 만들면 4의 제곱은 16, 4의 정육면체(3제곱)는 64가 된다. 5의 제곱은 25, 5의 3제곱은 125이다. 이렇게 1의 3제곱에서 10의 3제곱까지 건너 세기를 하면서 숫자 칩(화살 모양)을 하나씩 놓아 가며 계산해 본다.

수 선반의 이해가 어느 정도 이루어졌으리라 생각한다. 덧셈, 뺄셈, 곱셈, 나눗셈, 분수 등의 모든 단계는 한 교구 안에서도 4~6단계를 거쳐 익혀 간다. 아마도 초등 3, 4학년 정도의 '수에 대한 개념 확립'이 이루어졌으리라 본다.

다만 이 단계에서 교사나 부모가 조심해야 할 일은 점점 깊이를 더해 가면서 '연상'적인 수 개념과 실제적인 '수의 방법' 인지에 많은 노력과 시간이 걸릴 수도 있음을 인지해야 한다는 것이다. 어릴 적부터 차근차근 기초 단계부터 밟아 온 유아는 그 이해의 폭이 넓어져 쉽게 적응하지만 그렇지 못한 유아는 힘이 들 수도 있다.

또한 체력이 미치지 못하면 '긴 작업'을 소화해 내기 어려울 수도 있다. 이러한 것이 감지되면 유아가 힘들어하거나 흥미를 잃기 전에 무리하지 말고 천천히, 차근차근 단계적으로 유도하며 나아가야 한다. 절대로 재촉하거나, 요구하거나, 나무라거나 해서는 안 될 것이다.

4. 언어 영역

1) 언어 영역 시작하기

(1) 언어 민감기

민감기 어린이에게는 언어 발달의 욕구가 있다. 옹알이를 시작한 영아를 비롯해 대부분의 어린이는 되든 안 되든 하루 종일 중얼거리고 조잘대고 "왜?", "뭐야?"를 끊임없이 반복한다. 무엇이든 궁금하고 무엇이든 신기하고 무엇이든 알고 싶다.

이 민감기의 어린이는 수차례 거론했듯이 기가 막힌 흡수장치가 있어 듣는 대로 머리에 저장하는 능력이 있어 3세 정도 되면 1800~2000개의 단어 및 어휘를 구사할 수 있는 능력이 생긴다. 하루 종일 혼자 자라다시피한 아이와 가족 또는 많은 아이들과 함께 생활한 아이의 언어 구사 능력은 엄청난 차이가 있다. 혼자 자랐다 해도 끊임없이 말 상대가 되어 주는 이가 있거나, 동화나 이야기를 듣고 자란 아이는 염려가 없으나 그렇지 못한 경우 언어 발달에 어려움이 생긴다. 혼자 자라야 하는 아이에게는 인형 같은 대상물을 주어 주고받는 연습이라도 해야 언어 발달의 기회가 주어진다.

또한 이 시기에는 되도록 여행 및 관찰, 견학 등 많은 환경을 접하게 하는 것이 좋다. 언어 민감기는 9세까지 계속된다. 복잡한 어휘 구사 및 문법을 이해하기 위해 그런 장치가 되어 있는 것이다.

(2) 언어 환경

아동들이 문자로 의사소통을 할 수 있도록 도와주기 위해 출생 시점에서부터 언어교육은 시작되어야 한다. 즉, 문자를 통한 의사소통은 아동의 구술적 언어에서 시작되며 이것이 시각적 언어로 이어지기 때문에 아동의 환경은 태어나면서부터 인간의 목소리로 가득 차 있어야 한다.

조용히 잠들게 한다고 아무도 없는 방에 하루 종일 정적 속에 놓아두면 아동은 아무 소리도 접촉할 수 없게 된다. 아주 어린 아기의 경우에도 놀라지 않을 정도의 작은 속삭임 또는 작은 소리에 익숙하도록 환경을 만들어 주는 것이 좋다. 가족들의 목소리를 익히면서 사회생활로부터 격리되지 않도록 해 주어야 한다.

또한 말을 배우는 어린아이가 제대로 의사 표시가 되지 않아 마음은 급하고 말은 제대로 나오지 않을 때가 있다. 이때 듣는 어른이 갑갑하다고 재촉하거나 대신 말해 버리거나 하면 아이는 깊은 좌절감에 빠져 입을 다물어 버릴 수가 있다. 인내와 흥미를 가지고 아이에게 말할 수 있는 기회를 주고 끈기 있게 들어 주어야 한다. "그래, 응, 그런데…" 맞장구를 쳐 주면서 천천히 마음 놓고 말을 할 수 있도록 도와주어야 한다. 다만 발음이 제대로 되지 않아 힘들어 할 때엔 또렷한 발음으로 가볍게 도와줄 수 있으면 더욱 좋다.

언어는 몬테소리 모든 영역 속에 존재한다. 일상생활 영역에서 스푼 잡기를 통해 연필 잡는 훈련을 하고 튕기기, 붓기 등을 통해 청각을 발달시킨다. 감각 영역에서는 모든 선반의 모든 교구에 딸려 있는 언어 카드를 통해 언어가 최대로 활용된다. 크다, 작다, 보다 더, 가장, 제일 등 비교급과 최상급의 어휘, 오감의 경험을 통한 달다, 쓰다, 시다, 향기롭다, 고소하다, 차다, 미지근하다, 거칠다, 부드럽다, 빨강, 노랑, 파랑, 둥글다, 원, 정육면체, 원뿔 등 감각 영역 안에 있는 언어만 해도 수백 가지의 언어가 사용된다. 이어 수, 언어 영역과 역사, 지리, 과학 등 문화 영역에 이르면 언어의 내용과 가짓수는 헤아릴 수 없을 정도이다. 그래서 몬테소리 아동은 언어에 있어서 어떤 아이보다 다양하고 풍부한 어휘를 구사할 수 있게 된다.

그리고 언어 영역을 접하게 되는 아동은 문자를 접하기 전에 실물로 어휘를 익히고 방향, 크기의 비교 등을 통해 문자의 세밀한 부분까지 구별할 수 있게 된다. 반복되는 패턴 교육으로 같은 글자, 다른 글자를 구별할 수 있는 능력도 생긴다.

언어 영역 기초 선반에서는 영어의 대문자, 소문자를 구별하기 위한 훈련으로 큰 그림, 작은 그림으로 대소 구별을 배우게 한다. 그리고 같은 것과 다른 것을 구별하는 식별력 향상을 위한 카드 매칭, 글자의 방향을 제대로 알기 위한 방향 알기, 끝말 이어 가기, 패턴 이어 가기, 그림자 찾기 교구 등 다양한 교구가 있다.

대소 알기 교구는 달력에 있는 큰 그림과 같은 그림으로 작은 그림이 있다. 이것을 오려서 교구로 사용하면 좋다. 또는 풍경이나 정물화나 어떤 것이라도 큰 그림을 사진 찍어 작은 그림으로 사용해도 된다.

방향 알기 교구는 실물을 사용하면 더욱 좋고 똑같은 실물이 없을 때는 앞, 뒤, 위, 옆으로 된 사진이나 그림을 사용하면 된다. 보통 4가지 정도의 사물이나 그림을 왼쪽에 놓고 같은 그림을 맞추어 본다.

끝말 이어 가기를 위한 도미노 게임은 몇 개의 사물이나 그림, 사진으로 교구를 만들고 뒤에 있는 그림과 같은 것을 다음 그림의 앞에 놓고 이어 가기를 한다.

패턴 이어 가기 교구는 몇 개의 사물 또는 그림을 이어 가면서 중간에 하나씩 공란을 만들어 같은 사물이나 그림을 찾아 맞추어 보게 하는 작업이다.

그림자 찾기 교구는 왼쪽에는 그림을 오른쪽에는 그림자를 섞어 두어 본체와 그림자를 짝을 맞추어 보게 하는 작업이다. 모두 같고 다름을 인지하게 하는 짝 맞추기 작업인 셈이다.

3단계 카드 작업은 그림과 글자가 함께 있는 '정정 카드'와 같은 그림만 있는 '매칭 카드'와 밑에 '언어 카드'로 짝을 맞춰 보는 작업 교구이다.

이외에도 함께 가기(go together), 즉 같이 가는 물건을 찾는 작업이 있다. 손과 장갑, 발과 신발, 책상과 의자 등 함께 쓰이는 물건의 사진이나 그림을 모아 교구로 만들어 사용할 수 있다.

(3) 언어 발달

인지 발달을 위한 여러 가지 방법 중에 인식 능력 및 지식을 얻게 하기 위한 시각적인 방법과(평면 도형, 글씨, 그림, 카드 등) 두뇌를 자극하여 반응하게 함으로써 뇌세포를 만들게 하는 촉각적인 방법을 들 수 있다. 즉, 세포방을 많이 만드는 것이다. 쉽게 말해 '눈'을 통하여 지식을 얻는 방법과 '손'을 통하여 경험적 지식을 쌓아 '사고의 틀'을 넓혀 나가는 방법이 있다. 다만 인간의 경험상 시각(눈)으로 보아 남는 것은 5%에 불과하고 촉각(손)에 의한 경험적 인상은 80%가 남는다고 하니 가정에서도 되도록 눈으로만이 아닌 손과 눈을 다 함께 사용하게 하면 좋을 것이다.

언어 발달 측면에서도 처음부터 글자를 익히게 하지 않고 실물을 놓고 그 실물의 이름을 알게 하고 모래 글자, 쌀, 콩 등을 사용하여 글씨를 써 보게 함으로써 촉각에 의한 인지가 되면 훨씬 정확하고 빠르게 글자를 익힐 수 있다. 또한 집안에 있는 모든 물건들의 명칭을 바르게 알려 줌으로써 많은 어휘를 익히게 할 수 있다.

20세기 이후 서양을 중심으로 급진전된 과학의 발달로 조기 교육의 중요성과 필요성이 거론되기 시작하였다. 뇌 생리학, 심리학 분야의 과학자들은 사람이 출생 후 만 4세까지의 시기에 대뇌의 80% 정도가 발달한다는 사실을 알아내었다.

연구 내용에 따르면, 인간의 뇌세포는 서로 얽힘으로써 뇌의 활동이 생기며 그 얽힘의 복잡한 정도가 사람의 두뇌가 좋고 나쁨의 기준이 된다는 것이다. 이 뇌세포가 서로 얽히게 되는 것은 외부로부터의 자극과 이에 대한 반응 및 적응 과정에서 이루어진다. 만 4세까지 결정된 뇌의 성장률은 18세까지 이어지게 된다. 즉 4세까지 뇌가 빠르게 발달한 아이는 그 후에도 계속 같은 속도로 뇌가 발달한다는 이야기다.

무게가 1400g 정도 되는 우리 몸의 한 부분, 그리고 태어나면서부터 정해져서 더 이상 잘 늘어나지 않는다는 약 140억 개로 이루어진 뇌세포의 수, 이것이 약 80%가 출생 후 4년 안에 발달된다는 연구 결과를 볼 때, 우리는 소중한 우리 아이의 발달 시기를 결코 그냥 지나칠 수 없다는 결론을 얻게 된다.

특히 언어는 개인 간의 의사소통에 필요한 절대적인 도구일 뿐만 아니라 문화를 계승하고 역사를 기록하며 사회와 국가 간의 교류를 위해서도 그 중요성이 강조되고 있다. 언어가 있는 민족과 타 문화권의 언어에 의존하는 민족의 문화 차이는 거의 종속관계라 할 수 있을 정도이다.

과거 한자 문화권에 의지했던 우리의 역사는 거의 군신관계의 정치적 통제를 견뎌야 했지만 세종대왕의 집념으로 한글이 창제되면서 글을 보다 쉽게 배울 수 있고, 우리말로 표현하지 못하는 것이 없을 만큼 다양하고 아름다운 언어로 표현할 수 있게 되었다.

한자로도, 영어로도 표현할 수 없는 우리 한글의 형용사적, 부사적 표현들이 얼마나 많은가. 학교에서, 학원에서 몇 년을 배워도 영어 한 문장을 제대로 표현하지 못하고 살았던 우리에 비해 외국인들은 한국에 와서 3개월이면 우리말로 대충 하고 싶은 말은 거의 할 만큼 한글은 쉽게 만들어졌다.

특히, 몬테소리 교실에서는 한글이나 영어를 몬테소리 교구들을 사용해 쉽게 배울 수 있도록 되어 있어 글을 더욱 쉽게 익힐 수가 있다.

인간은 태어날 때 언어의 유전인자를 갖고 태어날 뿐 아니라 구강 구조가 모국어를 할 수 있도록 되어 태어나기 때문에 모국어권에서 두런두런하는 주위의 말소리만 들어도 무의식적으로 흡수하여 모국어를 익힐 수 있다고 한다. 그러므로 만 3세 이후 인지가 최고로 발달할 즈음에는 그동안 흡수된 언어 능력에 의해 이미 1200~1800여 개의 어휘를 사용할 수 있게 된다. 누가 특별히 가르치지 않았음에도 불구하고 그 많은 어휘를 사용할 수 있다는 것은 몬테소리의 언어 민감기의 실체를 느낄 수가 있다.

유치원 적령 시기가 되어 입학한 아이들 중에는 때로 여러 가지 이유로 인해 자신의 의사를 제대로 표현하지 못하는 아이들도 많이 있다. 그러나 상대하는 교사들이 따뜻하고 상냥한 어투로 차근차근 말을 이끌어 내면 아이가 하는 말을 충분히 이해할 수 있으며 하고자 했던 말들을 반복 확장시켜 줌으로써 아이들은 표현하려고 했던 말들을 조리 있게 할 수 있게 된다. 이 시기에 아직 표현을 제대로 하지 못하는 아이들을 재촉하면 오히려 위축되고 겁나고 두려워 말을 더듬는 경우까지 생기게 되므로 교사나 부모는 조심해야 한다.

언어는 하루 아침에 이루어지는 것이 아니다. 모국어는 태내에서부터 그리고 태어난 후 성장하기까지 알게 모르게 자연히 습득되어지는 흡수정신으로 인해서 9살까지 이어지는 언어 민감기 동안에 거의 모두 습득하게 된다.

(4) 몬테소리 언어 환경

몬테소리 환경에서 아이들은 자율적인 교구 작업을 함으로써 자연스럽게 지능 발달을 이루어 간다. 옮기기, 분류하기, 짝짓기, 말하기, 쓰기, 읽기, 셈하기 등을 배우는 과정에서 아이들은 자신의 온몸을 사용하는 놀이 과정을 통해 자기도 모르는 사이에 결과를 얻게 되는 것이다.

글을 읽는다는 사실만 보아서는 어머님의 강요에 의해 배운 아이와 자율적인 놀이를 통해 배운 아이는 아무런 차이가 없는 것처럼 보인다. 그러나 전자의 아이는 글 읽기를 단순한 지식의 하나로 알고 수동적으로 받아들이는 반면에 후자의 경우는 글 읽기나 쓰기를 보다 창조적이고 능동적으로 활용하는 능력을 갖게 된다. 전자의 경우는 분명히 지능의 발달과는 별개의 것이다.

우리 아이들에게 정말 필요한 것은 즐기면서 자연스럽게 자신의 지능 및 잠재력이 개발되는 그러한 교구와 놀이 방법이다. 이러한 방법을 만족시켜 주는 것이 바로 몬테소리 환경이다. 아이들이 놀면서 교구를 통해 자기도 모르는 사이에 글자 쓰기, 셈하기, 말하기, 질서 지키기, 예절 지키기, 분별력 키우기 등의 지능 및 잠재 능력을 계발시킬 수 있다는 사실이 세계의 많은 나라들이 몬테소리 교육을 선호하는 이유가 되는 것이다.

몬테소리 교실은 언어로 가득하다. 천여 가지 이상의 구체물들이 모두 이름을 갖고 있어 교구마다 작업마다 언어 카드가 딸려 있다. 일상생활 첫 선반에서부터 손으로 옮기기, 스푼으로 옮기기, 집게로 옮기기, 트위저로 옮기기, 핀셋으로 옮기기, 젓가락으로 옮기기 등의 작업 이름과 솜볼, 색돌, 콩, 쌀, 구슬 등 각각의 교구 이름들이 있다. 따라서 한 선반에 있는 교구의 이름과 작업의 이름을 모두 알게 되면 첫 선반에서만 30~40여 개의 단어를 배운다.

일상생활 제2선반에서는 이쑤시개 옮기기, 집게 꽂기, 튕기기, 붓기, 접기, 쓸기 등 다양한 명사와 동사 어휘가 있다.

물 작업 선반에서도 배우는 어휘가 여러 가지 있다. 스펀지, 베스타, 깔때기, 스포이드 등은 물론 빨강, 노랑, 파랑 등 기초 3원색이 서로 만나 주황, 초록, 보라색 등 2차색으로 변하는 색깔 혼합 작업을 통해 색 이름을 배우며, 뜨다 가라앉다 작업에 들어 있는 돌멩이, 나무토막, 스티로폼, 동전 등 여러 가지 물체의 이름도 익힐 수 있다. 이렇게 수많은 선반, 수많은 작업에서 만나는 어휘들을 통해 아이들은 자연스럽게 필요한 언어를 충분히 익히게 된다.

일상생활 영역을 넘어 감각 영역 선반으로 들어가면 공간 지각에서 사용하는 모든 어휘들을 만난다. 길이, 높이, 크기, 넓이, 방향에 관한 어휘, 촉각, 청각, 미각, 후각, 시각 등 이 모든 감각 영역에 속한 많은 어휘들을 배우며 사용할 수 있다. 거칠다, 부드럽다, 조금 거칠다, 많이 거칠다 등 비교급, 최상급의 단어마저 단계에 따라 배우니 아이들의 3년 과정은 수천 개의 어휘들로 넘쳐 난다.

우리나라 부모들의 주요 관심사는 우리 아이가 얼마나 글을 잘 읽나, 글자를 잘 쓰느냐에 있는 것 같다. 하지만 어느 나라 아이든, 태어날 때에 이미 모국어를 습득할 수 있는 장치를 갖고 태어나기 때문에 글자 때문에 학습을 하지 못하는 일은 거의 없다고 언어 학자들은 말한다.

특히 몬테소리 교실의 선반에는 구체물로 언어를 익히도록 교구가 마련되어 있고 단계별로 배우도록 되어 있어 별로 배운 것 같지 않은데 졸업할 때쯤이면 스스로 동화를 만들 만큼 성장해 있는 것을 볼 수 있다.

이것은 5세 때부터 같고 다름을 식별해 낼 수 있는 수많은 교구 훈련을 비롯해 교구에 붙어 있는 언어 카드를 계속 사용하면서 저도 모르는 사이에 많은 언어를 습득하게 되어 가능한 일이다. 과학적이고 체계적으로 되어 있는 언어 교구를 사용하면서 가장 쉬운 글자의 방향 알기나 구체물의 이름 알기 등에서 시작해 3년차에는 명사, 형용사, 동사, 부사, 조사 등의 문법과 수사, 문장 만들기까지 수월하게 이해하는 단계가 된다.

5~7세 이 나이 때의 어린이들은 질문을 항상 달고 산다. "왜요?", "무엇이에요?" 대답을 해 주면 또 다른 질문으로 끊임없이 물어 오기 때문에 인내심이 적은 교사나 부모는 대답을 해 주다 못해서 나중에는 짜증을 내는 경우를 가끔 본다. 이 아이들이 일부러 그러는 것도 아니고 사실은 어떤 때는 알면서도 물어보기도 한다. 궁금해서, 알고 싶어서 묻는 경우가 대부분인데 이것을 '배움의 욕구'라는 용어로 표현하며, 아동의 본성 중 1위이다.

몬테소리 교육은 간접교육을 표방한다. 처음에는 시연해 주고 가르쳐 주지만 그 뒤에는 아이들 스스로가 생각해 보도록 하기 위해 직접적인 대답을 가급적 뒤로 미룬다. 선생님이 답을 바로 말해 주면 선생님 공부가 된다. 하지만 아이들에게 답을 찾게 유도해 주면 조금 더딜지라도 대답을 찾는다. 배웠기 때문에 이것이 직접적인 답을 주는 대신에 힌트를 주거나 재시연을 통해서 아이들이 알아듣도록 간접적 유도 방법을 통해 아이들 스스로 답을 찾도록 하는 것이다. 그래야 그것이 진정한 아이들의 생각을 자라게 하는 일이 된다.

아이들이 끊임없이 질문을 하는 경우 부모가 거꾸로 되물어 볼 수도 있다. "너는 어떻게 생각하니?", "왜 그럴까?" 아이의 생각을 끌어내 보는 것도 좋은 방법이다.

(5) 발달의 결정적 시기

어린이의 발달에 결정적 시기가 있다는 말은 수없이 들어 왔다. 특히 민감기인 0~6세 사이에 가급적 많은 것을 만지고, 듣고, 보고, 느끼게 해 주어야 그것들이 장기 기억 속에 저장되었다가 커 가면서 필요할 때 유용하게 쓰이는 것이다. 그래서 헤브(Hebb)는 "초기 학습의 풍부성과 다양성이 후기 학습을 결정한다."고 말했다.

그렇다고 인지적인 것만 반드시 머리에 넣어 주어야 하는 것은 절대로 아니다. 무심히 들려오는 바람 소리, 새소리, 파도 소리, 가랑잎 소리, 웅얼웅얼 들려오는 말소리, 넓은 들, 파란 숲, 파란 하늘, 노랑나비 등 우리 삶 속에 있는 모든 것들이 어린아이에게는 모두가 학습 거리이다.

옹알이를 할 때는 옹알이를 해야 하고 배밀이를 할 때는 배밀이를 해야 한다. 아이의 옹알이를 받아 주면서 대꾸하는 말들이 아이에게 흡수되고 반 토막 말을 온전한 말로 되돌려 주는 일도 귀한 교육이다. 옛 우리 할머님들께서 손자를 업고 어르시며 귀해 하셨던 것이 얼마나 귀한 상호작용의 교육 방법이었는지 새삼 느껴진다. 직업을 가진 어머님들이 가장 조심할 일은 일하는 가사 도우미보다는 아이와 놀아 주는 보육 도우미를 구하는 일이 급선무이다. 가장 가까운 혈연관계로부터 도움을 얻는 것이 가장 좋고 그것이 어려울 때는 정서적으로 도움을 받을 수 있는 이웃이나 도우미를 구하는 일이 아이에게 최상의 도움이 된다.

(6) 몬테소리 교사의 언어

몬테소리 교사의 자격 우선순위는 아마도 아이들에 대한 사랑일 것이다. 몬테소리 교실에서 핵심 구성 요소로 꼽히는 '준비된 환경'과 '훈련된 교사'에서 이 훈련된 교사는 잘 가르치는 것만이 아니라 아이들을 잘 도울 수 있도록 훈련이 되어 있는 것을 말한다.

몬테소리 교사는 제일 먼저 아이들을 이해할 수 있어야 하고 아이들에 대한 최대한의 인내심을 가져야 한다. 그것은 아동에 대한 사랑과 존중이 없으면 어려운 일이다. 그리고 "네가 할 수 있다."는 격려와 신뢰감을 아이에게 보여 주는 것이 아동으로 하여금 선생님을 따르게 하는 좋은 방법이 된다.

그래서 몬테소리 교사는 "이거 해라!" 대신에 "이거 할 수 있겠니?", "이거 해 보겠니?"라는 아동의 의사를 존중하고 배려하는 말투를 쓰고 "안돼. 하지 마!"라는 말 대신에 "안 하면 좋겠다.", "뛰지 마!" 대신에 "걸어가면 좋겠다.", "걸어가렴." 등으로 순화된 언어를 사용해야 한다.

2) 언어 영역 실기 이해

(1) 철판 도형 선반

철판 도형은 생김새가 도형으로 되어 있어 때로 감각 선반에, 수 선반에 가 있는 것을 보는데 이 철판 도형 익히기는 글자를 익히기 이전에 연필을 잡고 선긋기 훈련을 통해 손목 근육, 손가락 운동, 연필 사용하는 법을 배우는 것이 목적이다.

먼저 바깥 틀을 들어 종이에 올려놓고 틀을 의지해서 선긋기 훈련을 하고 다음 안에 있는 틀을 꺼내어 반복적으로 훈련을 하고 나면 도형 틀을 이용해 각양의 아름다운 선들을 연출해 낼 수 있다.

먼저 원, 타원형, 계란형, 곡선 삼각형, 네 장 꽃잎형 등 5개의 곡선 철판 도형으로 연습한다. 그다음에 정사각형, 직사각형, 사각형, 사다리꼴, 오각형 등 5개의 직선 철판 도형으로 바깥 철판 도형과 안에 있는 도형으로 각각의 도형 안에 지그재그선, 직선, 사선, 큰 물결곡선, 작은 물결곡선 등을 두 가지 색연필을 사용해서 지루하지 않게 연습하도록 한다.

이 연습을 충분히 하고 난 후 아이들에게 5개의 곡선과 5개의 직선 도형들을 모아 '나만의 철판 도형 책'을 만들게 하는데, 자신의 작품이 완성되면 아이들의 성

취감을 크게 높일 수 있다. 이 철판 도형 그리기 작업을 제대로 연습한 아이들은 연필 잡는 방법을 쉽게 터득해 초등학교 수업에서도 많은 도움을 받는다.

(2) 기초 언어 선반

기초 언어 선반에는 그것이 언어학습에 필요한 것이라고는 생각도 못할 여러 가지 작업들이 들어 있다.

① 큰 그림 작은 그림

한글에는 없지만 영어나 다른 외국의 문자에는 대문자와 소문자가 있다. 언어 선반에는 큰 그림과 작은 그림 카드가 있는데, 이것은 대문자나 소문자와 같이 글자의 크기를 구별하는 능력을 기르게 하는 교구이다. 같은 그림을 하나는 크게 하나는 작게 해서 큰 그림을 나열하고 작은 그림으로 같은 그림을 찾아가서 짝을 맞추게 하는 교구 작업이다.

큰 그림을 사진 찍어 작은 그림 카드를 만들 수도 있고, 달력에 큰 그림과 한쪽에 작은 같은 그림을 이용해 교구를 만들어도 된다.

② 방향 알기

글자의 방향을 알기 위한 방향 알기 카드와 구체물을 준비한다. 방향을 알게 하는 좋은 방법은 같은 구체물 3~4개로 각각 다른 방향, 즉 위, 아래, 앞, 뒤, 옆을 보게 하고 그림 카드를 만들어 구체물과 짝을 지어 보는 것이다. 만약 구체물이 마땅치 않을 때는 방향을 나타내는 카드로 짝 찾기를 하면 된다.

③ 그림자 찾기

그림자 찾기는 글자의 식별 능력을 키우기 위한 것으로, 실물 카드와 실물의 그림자 카드를 따로 놓고 짝을 맞추어 보게 하는 작업이다. 3세 아이들의 작업이다.

④ 도미노 게임

글자 또는 그림 카드를 놓고 같은 글자나 그림의 뒤를 이어 가게 하는 따라가기 게임 작업이다. 이는 같은 글자를 찾는 식별 능력을 기르기 위한 작업으로, 여러 개의 그림이나 글자 카드를 활용해 자연스럽게 다음 글자를 찾을 수 있다. 감각 선반에서 같고 다름을 인지하기 위한 매칭, 짝 맞추기 작업이나 분류 작업과 같은 맥락의 작업이다.

이처럼 기본적인 유아들의 식별 능력을 기른 후에는 모래 글자 작업이나 쌀 글자판을 사용해 촉감으로 글자의 모양을 익히는 단계를 거치면서 글자의 생김새를 익히는 작업을 반복한다.

⑤ 끝말 이어 가기

끝말 이어 가기는 도미노 게임과 같은 맥락이지만 실물 교구가 없이 종이 작업으로 한다. 첫 단어를 '가'로 시작하면 가구–구두–두부… 이렇게 끝 글자를 이어

가는데 가구 이후 부터는 빈칸을 4~5칸 만들어 이어 가게 한다. 가~하까지 교사의 노력에 따라 아이들이 더 많은 언어를 배우게 된다.

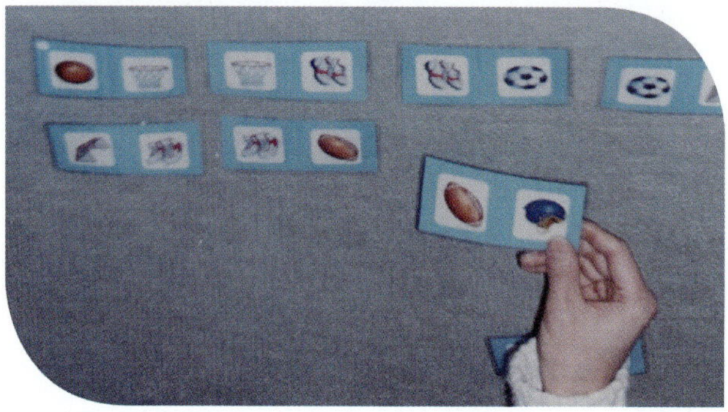

⑥ 함께 가기(go together)

함께 가기 작업은 손–장갑, 발–양말, 발–신발, 책상–의자, 요–이불, 눈–안경, 머리–모자 등을 짝짓는 작업이다. 실물로 준비가 가능하면 실물로 짝을 맞춰 보고, 실물이 어려우면 그림 또는 사진을 준비하여 카드를 만들고 짝짓기를 하게 한다.

⑦ 3단계 카드

그림이나 사진으로 '정정 카드'와 '매칭 카드'를 만들고, 정정 카드에는 밑에 '언어 카드'를 붙인다. 매칭 카드는 그림 또는 사진으로 만들고 언어 카드는 따로 만들어 매칭을 한다. 이 작업은 시중에 교구가 나와 있으니 그것을 사용하면 된다.

(3) 제 1선반

① 모래 글자

수 영역에서 모래 숫자 만들기를 배운 아이들은 언어 영역에서도 같은 방법으로 모래 글자를 만든다. 모음 ㅏ부터 ㅣ까지는 분홍 색모래 또는 빨강 색모래로 모음 카드를 만들고 ㄱ부터 ㅎ까지는 파랑 색모래로 자음 카드를 만든다.

모래 글자를 만들기 전에 먼저 연필로 탁본을 뜨듯이 만들어 본 후에 샘플 모래 글자 밑에 받침 종이를 깔고 모래 글자 위에 종이를 덮은 다음 크레파스나 색연필로 베끼면 종이 위에 글자가 나온다.

글자에 물풀을 바르고 색모래를 뿌린 후 열까지 센 후 받침 종이 위에 색모래를 털면 풀 바른 곳에는 글자 모양이 생기고 나머지는 받침 종이 위로 떨어진다. 떨어진 색모래는 잘 모아서 따로 통을 만들어 담고 다른 용도로 사용하게 한다. 사용한 받침 종이는 재사용하기도 하고 종이 쓰레기로 분류하기도 한다.

이렇게 자음과 모음을 다 만들어 본 후에는 단어 모래 글자를 가지고 자유롭게 글자를 만들어 본다.

② 쌀 글자

쌀 글자 작업은 모래 글자처럼 3~4세 아이들에게 촉감으로 글자를 익히게 하는 작업이다.

종이 낱말 카드를 쌀 글자판 유리 밑에 넣고 비치는 글자를 손가락으로 따라 쓰면 쌀 밑에 글자가 나타나 아이들이 촉각으로 글자를 배운다. 처음에는 낱말 카드로 글자를 배우지만 나중에는 자기가 좋아하는 단어를 만들어 쓰기도 한다.

쌀 글자판이 없는 경우에는 쟁반이나 와이셔츠 상자에 커피 찌꺼기 마른 것을 모아 그 위에 글자를 써 볼 수도 있다. 미국에서도 영어 알파벳을 배울 때 주로 이렇게 한다. 색모래 쓰다 남은 것을 모아서 사용하기도 한다.

③ 첫소리 글자

가~하까지 가방, 가지, 가마, 가구… 나비, 나무, 나사… 등 그림 밑에 단어를 쓰고 그 단어 위에 같은 단어 카드를 찾아 짝을 맞추어 단어를 익히는 작업이다.

단계가 높아지면서 그림 밑에 단어가 없어도 그 단어 카드를 찾아 짝을 맞출 수 있다. 한 장에 4~5개 단어를 배울 수 있어 60~70개 단어를 쉽게 익히게 되고, 계속 단어를 바꿔 주면 더 많은 어휘를 배울 수 있게 된다.

(4) 제 2선반

① 음성 상자

사운드 바켓(sound bucket)이라고 부르는 음성 상자는 한글의 ㄱ부터 ㅎ까지 상자마다 사물과 단어 카드가 들어 있다.

ㄱ상자에는 가지, 고구마, 가마, 개구리…, ㄴ상자에는 나무, 나비, 나사, 노루… 등 각각의 음가(音價)가 있는 사물들이 들어 있어 마치 첫소리 글자에 있는 단어들이 이 상자에 옮겨 온 듯하다.

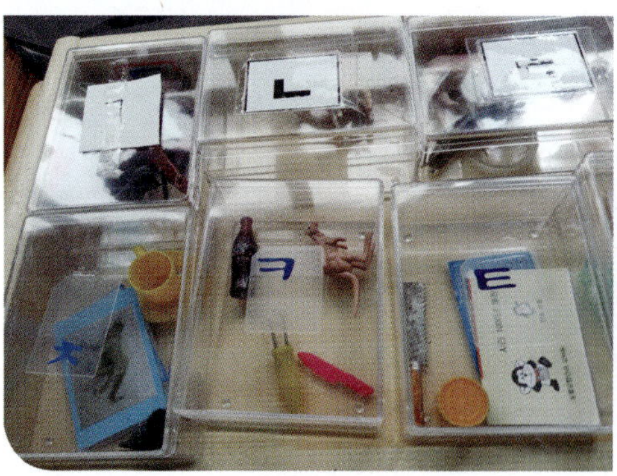

❶ 1단계 : 단어 익히기

1단계로 상자 안의 단어들을 알려 주고 익히게 한다.

❷ 2단계 : 단어를 섞고 맞는 상자 찾아 넣기

4~5개 상자를 배우다가 2단계로 ㄱ과 ㄴ에 있는 사물을 꺼내어 섞어 놓고 맞는 상자를 찾아 넣어 보게 한다. 2~3개 상자까지 섞어서 할 수도 있다.

❸ 3단계 : 단어를 인지하고 말하기

3단계로 "이것은 무엇이지?" 유아로 하여금 그 사물의 이름을 말할 수 있도록 하여 확실하게 사물에 대해 아는지 확인한다. 이렇게 ㅎ상자까지 배운 것을 확실히 알게 하는 '3단계 학습'을 한 후 글자 조합 작업으로 들어간다.

② 글자 조합

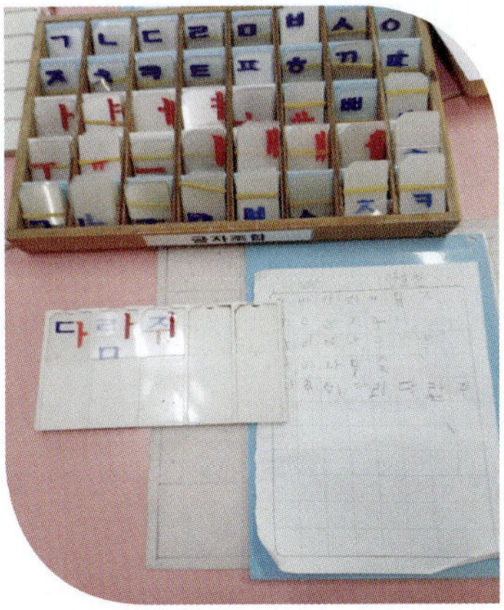

이 작업은 음성 상자에 있는 사물과 필름 글자판에 있는 글자를 가지고 사물에 맞는 글자를 만들어 보는 작업이다.

ㄱ상자에 있는 사물들을 꺼내어 선이 그어져 있는 흰 천에 놓고 사물 옆에 언어 카드를 놓고 글자 만드는 판에다 글자를 만든다. 예를 들어, 강아지는 자음 ㄱ과 모음 ㅏ, 다시 자음 ㅇ을 차례로 놓고 판에 글자를 합쳐서 '강'을 만든다. 이렇게 계속 '아'와 '지'를 만들어 강아지 사물 옆에 글자를 놓는다.

한 번 작업에 ㄱ상자에 들어 있는 사물들과 글자를 모두 만들어 본 후에는 아이들이 하고 싶은 만큼 글자 조합 작업에 매달리게 된다. 처음에는 ㄱ상자부터 ㅎ상자까지 상자 안에 들어 있는 사물들만 가지고 글자를 만들다가 그 글자들을 가지고 문장까지도 만들고 싶어 한다. 이 단계가 되면 명사, 동사, 형용사, 부사, 조사, 접속사, 수사 등 품사를 배우고 문법을 배우는 단계로 넘어가게 된다.

③ 품사

자음, 모음이 모아져 음가대로 읽는 글자 조합을 반복해서 익혔다면 이제 품사를 배울 차례이다.

우선 명사는 사람이나 사물의 이름을 나타내며 움직이지 않는 산으로 비유하여 검정색 삼각형(▲)의 부호를 사용한다. 동사는 사람이나 사물의 움직임을 나타내며 활동적인 빨간색 원(●)으로 표시한다. 형용사는 사물의 성질이나 상태를 나타내는 말로 명사 앞에 놓여 명사를 꾸며 주므로 파란색 작은 삼각형(▲)으로 표시한다. 부사는 동사를 도와주는 말로 주황색 작은 원(●)으로 표시한다.

그리고 나, 너, 그, 명사를 대신하는 대명사는 보라색 작고 긴 삼각형(▲), 단어를 이어 주는 조사는 초록색 반달 모양(☽), 문장을 이어 주는 접속사는 분홍색 막대 모양(▮)이고, 수량을 나타내는 수사는 노란색 두상 모양(●)을 쓴다.

이러한 품사를 익히기 위해 문장을 만들어 놓고 각 단어 위에 상징 부호를 놓아 보게 한다. 그리고 품사를 사용하여 문장을 만들 때는 단어 카드를 각각 색깔에 맞추어 만든다.

예를 들어, 명사 카드를 만들 때에는 검은색 카드에 단어를 쓰고 동사 카드를 만들 때에는 빨강색 단어 카드를 만든다. '하얀 강아지가 뛴다'라고 하면 하얀은 파란 카드에 강아지는 까만 카드에, 뛴다는 빨강 카드에 쓰는 것이다.

❶ 명사(검정색 삼각형)

명사를 더 확실하게 알게 하기 위해 검정색 삼각형판을 만들어 명사판에는 책, 동물, 집, 꽃과 같은 사물 그림을 붙여 놓고 그 사물들의 이름을 그림 밑에 적어 놓고 이름을 익히게 한다.

❷ 동사(빨간색 원)

둥근 동사판에는 사람이나 동물들이 움직이는 그림을 붙여 놓고 움직이는 것을 따라 하도록 한다.

아이가 책을 읽는 그림, 아기가 자는 모습, 웃는 모습, 강아지가 뛰는 그림 등 아이들이 쉽게 이해하는 동작을 그림으로 붙여 놓고 그 동작의 이름을 익히게 하는 것이다. 이외에도 먹다, 자다, 웃다, 마시다, 달리다, 앉다, 걷다 등의 동작을 보여 주며 따라 하면서 익히도록 한다.

❸ 형용사(파란색 작은 삼각형)

형용사는 명사를 꾸며 주는 품사로 명사와 비슷한 파란색 삼각형을 쓴다. 예를 들어, '빨간 장미'를 표현 할 때는 형용사를 나타내는 파란색 삼각형을 '빨강' 글자 위에 붙여 주고 명사를 나타내는 검은색 삼각형을 '장미' 글자 위에 붙여 준다.

❹ 부사(주황색 작은 원)

부사는 동사를 꾸며 주는 품사로 동사의 상태를 나타낸다. 예를 들어, '뛴다'라는 동사 앞에 '빨리'라는 부사를 붙여 '빨리 뛴다'의 문장 구성을 배운다.

❺ 대명사(보라색 작고 긴 삼각형)

대명사는 나, 너, 그, 당신, 우리 등 이름 대신에 쓰는 품사로 보라색의 작고 긴 삼각형으로 표시한다.

❻ 조사(초록색 반달)

조사는 명사와 명사를 이어 주는 품사이다. '동생이', '아버지가', '나는'에서 '이, 가, 는' 등이 조사이며, 명사 뒤에 붙여 문장을 만들 때 쓴다. 받침이 없을 때는 '가, 는' 등을 쓰고 받침이 있는 명사 뒤에는 '이'를 쓴다.

❼ 수사(노란색 두상)

수사는 명사의 수량을 나타낼 때 쓰는 품사이다. 사람, 개, 꽃 등의 명사는 각각 수량을 나타낼 때 쓰이는 말이 다르다. 수사의 쓰임새를 예를 들어 설명하면 다음과 같다.

- 명, 사람 : 한 명, 두 명, 한 사람, 두 사람
- 마리 : 개 한 마리, 닭 두 마리, 물고기 세 마리
- 송이 : 장미 한 송이, 국화 두 송이
- 개 : 감자 한 개, 달걀 한 개
- 채 : 집 한 채, 인삼 한 채
- 대 : 자동차 두 대, 비행기 한 대, 피아노 세 대
- 자루 : 연필 세 자루, 쌀 한 자루
- 봉지 : 과자 한 봉지
- 켤레 : 신발 한 켤레, 버선 두 켤레

이 정도는 취학반 만 5세나 만 6세에 가능하다. 이외에도 수사는 종류가 많으니 교사들이 자료를 더 준비하면 좋다.

❽ 접속사(분홍색 막대)

접속사는 문장을 이어 주는 품사이다. 그리고, 그러나, 그런데, 그래서 등이 있다. 예를 들어 '아침에 일어났다.'와 '밥을 먹고 학교에 갔다.' 두 문장 사이에 '그

리고'를 넣어 '아침에 일어났다. 그리고 밥을 먹고 학교에 갔다.'와 같이 이어지는 한 문장으로 만들 수 있다.

④ 문법, 기타

각 품사의 쓰임새를 배운 아이들은 소리를 흉내 내는 의성어, 모양이나 움직임을 흉내 내는 의태어, 비슷한말, 반대말, 두 가지 단어가 섞인 복합어, 존댓말, 낮춤말, 동음이의어, 여성, 남성, 중성 등의 다양한 의미의 언어를 배울 수 있다.

물론 이 정도는 초등 과정에 가서 배우는 단계이지만 몬테소리 교육 방법으로 한글을 배우는 아이들은 한글을 빨리 익히기 때문에 문장 만들기나 문법 이해가 빠른 편이라 미리 배우고 갈 수도 있다. 이해를 돕기 위해 예를 들어 설명하면 다음과 같다.

- 의성어 : 비오는 소리 – 주룩주룩, 종소리 – 뗑뗑, 웃는 소리 – 하하 호호, 아기 울음소리 – 응애응애, 시계소리 – 째깍째깍
- 의태어 : 거북이 – 엉금엉금, 토끼 귀 – 쫑긋, 나비 – 나풀나풀, 구름 – 뭉개뭉개, 도둑 – 살금살금, 김 – 모락모락, 웃는 아이 – 방긋방긋
- 비슷한말 : 조용하다 – 고요하다, 기쁘다 – 즐겁다, 화내다 – 성내다, 아름답다 – 예쁘다
- 반대말 : 웃다 – 울다 , 조용하다 – 시끄럽다, 앉다 – 서다 , 자다 – 깨다, 기쁘다 – 슬프다
- 복합어 : 책가방(책+가방), 동화책(동화+책), 꽃밭(꽃+밭), 물컵(물+컵)
- 동음이의어 : 쓰다(모자를 쓰다, 약이 쓰다), 다리(사람 다리, 건너는 다리), 배(과일 배, 인체 배, 타는 배)
- 존댓말(높임말) : 자다 – 주무시다, 죽다 – 돌아가시다, 먹다 – 잡수시다
- 여성 – 남성 – 중성 : 할머니 – 할아버지 – 어르신

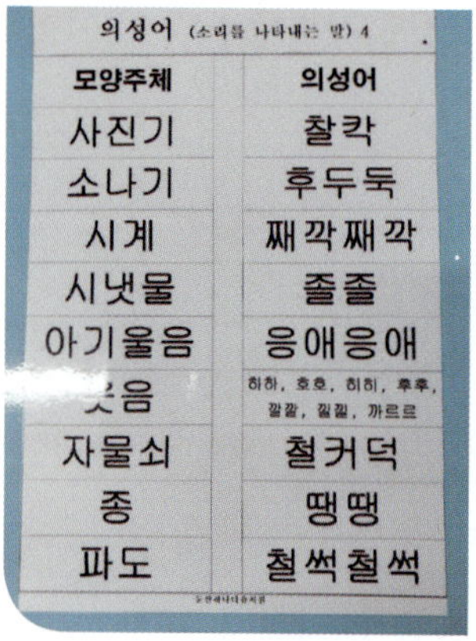
의성어 (소리를 나타내는 말) 4
모양주체 의성어
사진기 찰칵
소나기 후두둑
시계 째깍째깍
시냇물 졸졸
아기울음 응애응애
자물쇠 철커덕
종 땡땡
파도 철썩철썩

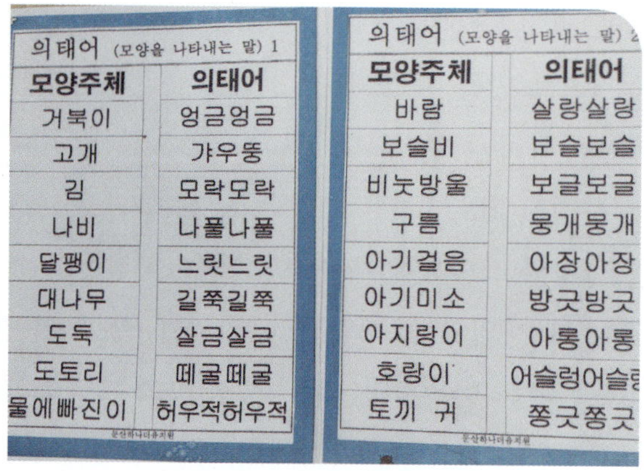
의태어 (모양을 나타내는 말) 1
모양주체 의태어
거북이 엉금엉금
고개 갸우뚱
김 모락모락
나비 나풀나풀
달팽이 느릿느릿
대나무 길쭉길쭉
도둑 살금살금
도토리 떼굴떼굴
물에빠진이 허우적허우적
의태어 (모양을 나타내는 말)
모양주체 의태어
바람 살랑살랑
보슬비 보슬보슬
비눗방울 보글보글
구름 뭉게뭉게
아기걸음 아장아장
아기미소 방긋방긋
아지랑이 아롱아롱
호랑이
토끼 귀 쫑긋쫑긋

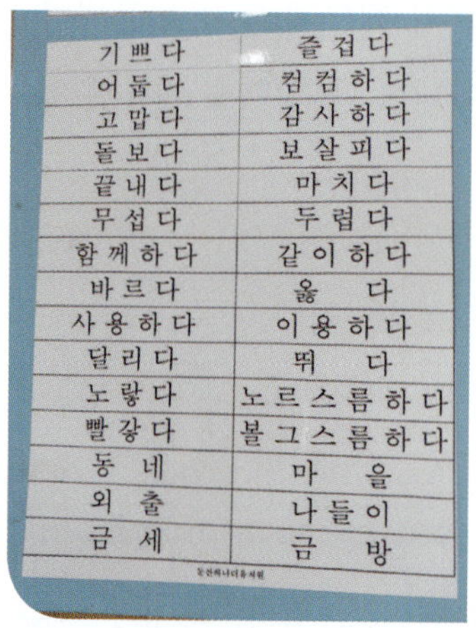
기쁘다 즐겁다
어둡다 컴컴하다
고맙다 감사하다
돌보다 보살피다
끝내다 마치다
무섭다 두렵다
함께하다 같이하다
바르다 옳다
사용하다 이용하다
달리다 뛰다
노랗다 노르스름하다
빨갛다 불그스름하다
동네 마을
외출 나들이
금세 금방

복합어
동화책 = 동화 + 책
머리핀 = 머리 + 핀
손목시계 = 손목 + 시계
앞치마 = 앞 + 치마
꽃 밭 = 꽃 + 밭
불자동차 = 불 + 자동차
눈사람 = 눈 + 사람
물 컵 = 물 + 컵
책가방 = 책 + 가방
편지 + 봉투
유리창 = 유리 + 창
빨래비누 = 빨래 + 비누
밀짚모자 = 밀짚 + 모자
밀가루 = 밀 + 가루

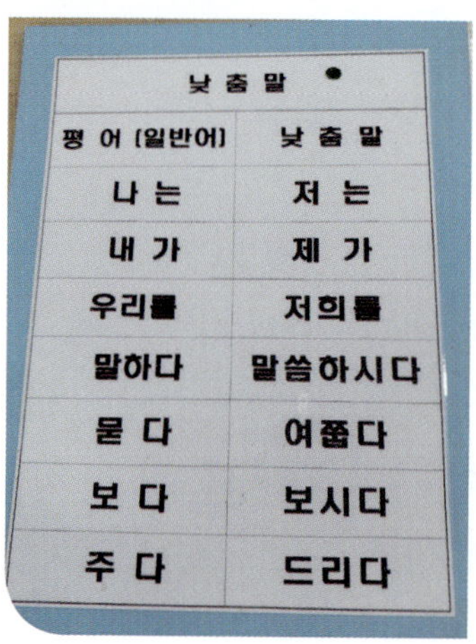
낮춤말
평어 [일반어] 낮춤말
나는 저는
내가 제가
우리를 저희를
말하다 말씀하시다
묻다 여쭙다
보다 보시다
주다 드리다

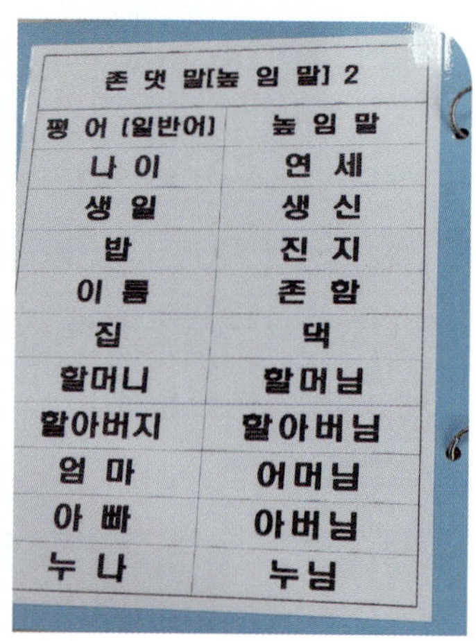
존댓말[높임말] 2
평어 [일반어] 높임말
나이 연세
생일 생신
밥 진지
이름 존함
집 댁
할머니 할머님
할아버지 할아버님
엄마 어머님
아빠 아버님
누나 누님

⑤ 영어 선반

언어 선반에는 한글 교구만이 아니라 몬테소리 영어 교구가 구성되어 있다.

한글 음성 상자처럼 A부터 Z까지의 상자, 즉 음성 상자가 준비되어 있고 그 상자 속에는 구체물이 고루 담겨 있어 소리 나는 대로 사물의 이름을 발음하며 배워 나가는 단계, 단모음, 장모음에 따른 글자 카드, 두 글자가 합쳐졌을 때 소리가 변하는 교구, 형용사, 부사, 정서 표현, 컬러 등 수많은 교구들이 진열되어 있어 1차 시연 이후에 언제라도 아이들이 가져다 활용하며 익힐 수 있도록 되어 있다.

또한 한글을 익힐 때처럼 명사, 동사를 사용하면서 형용사, 부사를 함께 사용하면 서너 개의 어휘를 한꺼번에 익힐 수 있고, 단어의 의미가 더 빨리 이해되어 어휘력이 배 이상으로 늘어난다. 특히 영어는 white house, red rose 등 품사 하나를 외울 때보다 두 개를 같이 쓰면 훨씬 빨리 익힐 수 있다는 것을 현장에서 아이들을 통해 알 수 있다.

영어는 1:1 지도나 학원 수업이나 원어민 지도도 좋지만, 꾸준히 언어에 노출되어 있어서 자연스럽게 익히는 것이 가장 좋다. 아이들끼리 팀끼리 게임을 통해서 익히기도 하고 선생님과 주고받는 회화도 중요하겠지만 집에 돌아간 후 일반 TV 만화보다 영어 인형극이라든지 애니메이션, EBS 어린이 영어 프로그램 등을 접하게 해 놀며 먹는 동안 한 마디, 두 마디 귀에 들어오는 것을 따라 하고 "아, 이런 경우는 이런 말을 쓸 수 있구나!" 하고 포인트를 이해하고 따라 한다면 훨씬 많은 도움이 될 것이다. 굳이 영어 글자 쓰기를 유치원에서 안 하더라도 동화나 이야기를 많이 듣는 동안에 상황을 이해하는 능력이 늘고 어휘가 늘고 꾸준히 저장된 문장들이 저절로 떠오르게 되고, 입에 익어서 통문장도 구사할 수 있게 된다.

이처럼 몬테소리 교실 언어 영역의 영어 선반에는 아주 쉽고 빠르게 배울 수 있도록 모래 글자, 쌀 글자, 글자 조합 등 여러 교구는 물론 쉽게 발음을 익혀 두뇌에 내장되도록 파닉스 용법에 의한 읽기, 쓰기, work book 하기 등 다양한 작업이 준비되어 있어 아이들이 빠르게 언어를 익힐 수 있다.

파닉스(phonics) 학습

파닉스(phonics)는 알파벳이라는 '글자'와 알파벳이 내는 '소리(발음)'를 연결하여 배우는 영어 학습법이다(네이버 국어사전, 2023). 전문가들은 파닉스를 영어학습의 기초라고 말한다. 한글을 깨치기 위해 'ㄱ, ㄴ, ㄷ…', 'ㅏ, ㅑ, ㅓ, ㅕ…' 각각의 음가를 익혀 조합시켜 나가듯 영어를 읽고 쓰기 위해서는 철자와 말소리의 관계를 배워야 한다는 것이다.

예를 들어, 고양이라는 단어를 익힐 때 '캣(cat)'이라고 통째로 외우는 것이 아니라 'c(크)', 'a(에)', 't(트)' 각각의 음가를 익힌 후 조합하는 방식이다. 각각의 음가가 어떤 발음을 내는지 규칙을 익히면 낯선 단어가 나왔을 때도 당황하지 않고 읽고 쓸 수 있다는 장점이 있다. 파닉스로 'mom', 'bus', 'dog'를 읽을 수 있는 아이들은 'mug'라는 단어의 발음을 배우지 않고도 쓸 수 있다.

몬테소리 교실의 영어 선반이 외국어가 되는 우리 교실에서는 주위의 물건과 환경을 익히는 데서 만큼은 TPR(total physical response) 방식의 여러 가지 활동(노래, 율동, 게임 등)이 적용되며, 미국 몬테소리 교실의 'I spy game(탐지하기 게임)'처럼 듣기와 말하기의 기초가 된다.

각종 흥미 있는 활동으로 동기 부여가 된 몬테소리 교실의 아이들은 sound buckets(음성 상자)로 abc words(단어)를 익힌다. sound bucket의 구체물들은 단어 카드를 통해 평면화되고 이젠 읽기의 단계가 시작된다.

단계별 교구를 통해 자음과 모음의 음가를 익히는데, movable alphabets(움직이는 알파벳)은 우리말의 글자 조합에 해당된다. 각종 철자 카드, 음성 읽기용 카드, 음성 그림 상자, 그림판, 퍼즐, 16개의 합성음(phonograms), 단모음과 장모음, 운율 카드, 기본 문법 상자, 읽기용 책 등으로 읽기가 완성된다.

기하 도형 철판(metal insets)에서 시작된 쓰기 영역은 미국 선반의 커피 글자나 우리 교실의 쌀 글자로부터 시작되어 칠판 따라 쓰기, 모래 글자를 거쳐 점선 따라 쓰기(tracing), 점선 없이 쓰기(free hand writing), 4선지(또는 3선지)에 쓰기로 이어진다.

5. 문화 영역

1) 문화 영역 시작하기

몬테소리 교실의 모든 영역에 있는 선반들의 내용이 다 뛰어나지만 특별히 문화 영역의 역사, 과학, 지리, 지형 선반들을 둘러보자.

어린아이에게 무슨 역사고 지리, 지형들이 필요하겠느냐고 고개를 갸웃거리겠지만 몬테소리 교실의 유명한 '바탕 깔기'는 이 영역에서 백미를 이룬다고 할 수 있다. 어떤 특별한 지식을 넣어 주자는 것이 아니라 세상은 이런 것들로 되어 있다는 것을 알려 주는 의미이다.

시간은 어떻게 시작이 되며 하루와 한 달은 어떻게 이루어지고, 어제와 내일은 어떻게 다르며, 옛날과 지금은 무엇이 다른지, 커다란 세계의 다른 나라들에는 어떤 사람들이 살고, 낙타가 사는 곳은 왜 사막이라고 하는지 등을 자연스럽게 알게 한다.

또 물에 뜨는 것이 있는가 하면 가라앉는 이상한 일도 있고, 자석에 붙기도 하고 떨어지기도 하는 별의별 물건들이 다 있다. 우리가 사는 지구는 하늘, 땅, 바다로 되어 있고, 그것은 공기, 흙, 물로 만들어졌으며 그것들을 기체, 고체, 액체라고 하는데 우리 몸도 그런 것으로 이루어져 있다는 것을 알게 한다.

끝도 없이 알쏭달쏭한 많은 탐색거리, 호기심거리, 이상하다고 생각되는 그 시점에서 그 이상한 것들이 낯설지 않을 즈음에 초등, 중등학교에 가게 되면 "아, 그것이 이런 것이었구나!" 하며 스스로 터득하고 이해하고 더 연구하고 싶어진다. 이처럼 학문의 세계를 서슴지 않고 나아갈 수 있도록 호기심의 문을 열어 주는 것, 이것이 몬테소리 교실의 작업이다.

2) 문화 영역 실기 이해

(1) 역사 선반

'하루, 한 주, 한 달, 일 년'의 개념이 생기고 나서 '어제, 오늘, 내일', '작년, 금년, 내년', '과거, 현재, 미래'에 대한 이해를 시켜 주고, 과거의 우리 문화, 전통, 세계의 문화 및 건축, 의상에 대한 기초적인 소개가 이어진다.

또한 사계절에 대한 이해와 관련된 기후, 사물 등도 알게 되고, 고대와 현대의 비교를 통해 역사를 이해하는 눈을 길러 준다. 물론 이는 취학반에 들어가서 배울 과제이다.

1~10세, 10~90대에 이르는 인간의 타임라인과 지구의 타임라인을 알아보면서 '자신, 가족, 이웃'에 대한 소중함과 '생명'에 대한 경외심도 갖게 되고 '우주 안에 나', '가족 속의 나'의 존재 가치도 새롭게 느끼게 된다.

① 모래시계

유아들에게 수건에 싼 모래시계를 가져가 궁금증과 호기심을 자극한다. 궁금한 표정으로 모래시계에 집중한 아이들에게 수건을 벗기고 모래시계를 보여 주며 교사가 설명한다. "자, 지금 모래가 흐르지요? 모래가 흐르는 동안 우리 세어 봅시다. 1초, 2초, 3초, 4초…" 1분짜리 모래시계는 금세 바닥으로 가라앉는다.

모래시계를 보여 주면서 교사는 시간의 흐름에 대해 자연스럽게 설명해 준다. "오늘은 역사에 대해 배울 건데 역사란 할아버지의 또 할아버지의 또 할아버지인 아주 오래전에 사셨던 분들의 이야기가 쌓여서 오늘까지 이어져 오는 내용을 기록한 것이에요. 글자가 없었던 때는 말로 그림으로 이어져 오다가 글자가 생기고 나서는 기록으로 남아 지금까지 전해진 거지요."

유아들에게 시간을 가르친다는 것이 쉬운 일은 아니다. 시간이 흐른다는 것을 아이들에게 이해시키기가 어렵고, 아이들에게 지나간 세월을 설명하기가 쉽지 않았는데 이렇게 모래시계가 흐르는 것을 보여 주면서 모래가 흐르는 대로 시간이 같이 지나고 흐른다는 것을 알게 함으로써 아이들은 흐르는 시간이 쌓여서 지금이 되었고 또 우리가 살고 있는 지금이 지나면 우리의 역사가 쌓이게 된다는 것을 어렴풋이나마 이해할 수가 있다.

② 한 팔 시계

한 팔 시계는 아직 교구로 나와 있는 것이 없어 교사가 만들어야 한다. 케익 먹고 난 둥근판을 사용하면 좋다.

먼저 둥근판에 1~12까지 숫자를 붙이고 시침을 하나만 붙여 정정 시계를 만들어 놓고, 12시 다음에 몇 시가 올까? 12시 다음에는 1시, 이렇게 반복해 죽 돌아 12시 제자리까지 오게 하면서 시계 안에 12시간이 있다는 것을 알게 한다.

③ 양팔 시계

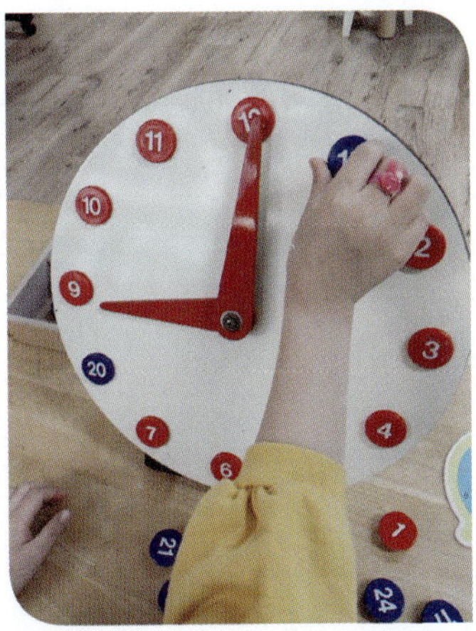

한 팔 시계를 배우고 난 유아들은 양팔 시계를 배운다. 둥근판에 12개의 숫자를 붙인 것은 같으나 긴 침과 짧은 침이 두 개 있어 양팔 시계라고 부른다. 이 양팔 시계로 유아들에게 시침과 분침을 알려 주는데, 긴 바늘이 한 바퀴 돌면 짧은 바늘, 즉 시침이 한 시간을 지난다는 것을 알게 한다.

양팔 시계를 배울 때 분침을 한 바퀴 돌려 한 시간이 지나는 것을 배운 아이들은 만 5세 이후가 되면 오전 시간과 오후 시간에 대해 배운다. 오전 12시를 배운 아이들에게 오후 1시를 알게 할 때에는 통에서 13~24까지의 숫자를 꺼내어 12시 다음에 13시라고 하면서 시계의 숫자 1을 빼고 그 자리에 13을 넣는다. 이 작업은 더하기를 배운 아이들이 하는 작업이다.

이때 오전은 빨강 숫자, 오후는 파랑 숫자로 구별을 하고 그렇게 14시, 15시, 마지막 12시에 24를 넣으면 하루가 24시간이라는 것을 알게 된다.

④ 펠트 시계(felt 시계)

양팔 시계를 배운 유아들은 직접 펠트(천)에 시계를 만들어 본다. 빨간 둥근 펠트에 12개의 사각형 검정 자판을 놓고 그 위에 빨간 숫자를 놓으며 직접 시간을 알아보는 작업이다. 펠트 색깔은 정한 것이 없으니 선택해 사용하면 된다.

위아래 오른쪽, 왼쪽, 12, 6, 3, 9로 4등분하고 중간중간 비어 있는 곳에 12시 다음에 몇 시가 올까? 1시, 1시 다음에 몇 시가 올까? 2시, 이런 식으로 1, 2, 4, 5, 7, 8, 10, 11을 정정 시계를 보면서 한 팔 시계나 양팔 시계에 시간을 놓듯이 숫자를 놓아 가면서 자신이 직접 시계를 만들어 보는 즐거움을 느껴 본다.

몇 시 다음에 몇 시가 올까? 하고 정정판을 보며 수를 세는 방법은 수 영역 2선반에서 백판을 배울 때 아이들이 하던 작업과 같다.

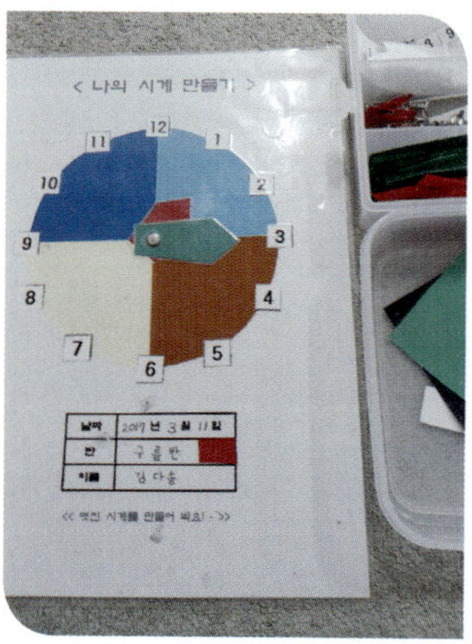

⑤ 나의 시계 만들기

펠트 시계에 자판과 숫자를 놓아 가면서 시간을 알아본 유아들은 나의 시계 만들기에 도전한다.

하얀 도화지, 또는 A4 용지에 4가지 다른 색깔의 색종이를 오려 원형을 만들고 그 위에 12개의 숫자를 잘라 펠트 시계에 숫자 놓는 것처럼 12, 6, 3, 9의 숫자를 먼저 놓고 빈자리에 나머지 숫자도 간격을 맞추어 놓는다.

짧고, 긴 화살표 색종이로 시침, 분침을 만들고 시계 가운데 구멍을 뚫고 할핀을 꽂고 종이 뒤쪽에 양쪽으로 벌려 고정시킨다. 고정시킬 때 1mm 정도 떼어 놓아야 시침, 분침이 움직인다.

아이들이 만드는 것은 코팅을 하지 않지만 교사가 만들어 놓는 시계는 할핀을 꽂기 전에 코팅을 해서 만들어 놓아야 구겨지지 않는다.

가정에서는 시리얼 상자나 과자 상자 앞면에 시계를 만들어 붙이고 상자 밑에 추를 달아 놓으면 괘종시계 같은 모양이 되어 아이들이 좋아한다.

⑥ 정시 알기

유아들이 시간 알기를 시작하면 이제는 시간에 대해 전체를 알게 하는 것이 순서이다. 즉 정시, 30분, 15분, 45분에 대해 배울 차례이다.

먼저 정시 3단계 카드를 가지고 정시를 배운 다음, 나머지 시간들도 3단계 카드로 순차적으로 배우도록 한다. 정시, 30분, 15분, 45분의 순서를 지키는 것이 아이들이 배우기 쉽다. 3단계 카드는 정정 카드와 매칭 카드, 언어 카드로 되어 있다.

⑦ 스탬프(stamp) 시계 찍기

❶ 정시 시계 만들기

1시부터 12시까지 차례로 스템프 도장으로 찍은 시계에 초록색 큰 바늘과 빨강색 작은 바늘을 그려서 정시 시계를 만든다.

❷ 30분 시계 만들기

정시 시계와 마찬가지로 1시 30분부터 12시 30분까지 스템프 도장으로 찍은 시계에 30분을 나타내는 12시간의 시계를 그린다.

주의할 점은 큰 바늘은 6을 가르켜 30분을 나타내더라도 작은 시간 바늘은 시간과 시간 사이 중간에 그려 넣어야 한다는 것이다. 이 점이 아이들이 어려워하는 점이므로 교사는 모델 시계를 정확히 그려 아이들이 보고 따라 그릴 수 있게 해야 한다. 경우에 따라서는 시간을 가리키는 짧은 바늘을 그리고 점선을 그리게 해 따라 하는 방법도 있다.

정시, 30분 시계 그리기는 만 4세에 할 수 있지만 15분과 45분 시계는 만 5세 취학반에 가야 가능한 작업이다. 교사가 작업 스케줄을 만들 때 아동의 진도를 잘 관찰해 기록한 뒤에 정할 일이다.

❸ 15분 시계 만들기

15분 시계는 긴 바늘은 3을 가리키도록 그리고 작은 바늘은 시간을 가리키는 숫자의 1/4만큼 지나서 가리키도록 그린다. 작은 바늘은 시간을 가리키는 빨간색, 긴 바늘은 분을 가르키는 초록색이다.

❹ 45분 시계 만들기

45분 시계 만들기도 같은 방법으로 분침은 9를 가리켜 45분을 나타내고 시침은 나타내는 시간에서 3/4만큼 지나서 그리게 해야 한다.

정확하게 눈금만큼 지나서 그리기가 쉽지 않으니 교사가 모델을 그려 놓거나 시침을 그려야 하는 자리에 점선을 그려 놓고 따라 그릴 수 있도록 잘 지도한다.

1시부터 12시까지, 1시 30분부터 12시 30분까지, 1시 15분부터 12시 15분까지, 1시 45분부터 12시 45분까지 모두 만들게 한다. 처음 정시 만들기는 어렵지 않으나 30분, 15분, 45분 시계는 조금 어려워한다. 분침을 그리는 것은 어렵지 않으나 시침을 그릴 때 30분만큼 15분만큼, 45분만큼 시침을 띠어서 그리게 하는 게 어렵다. 정정 시계를 정확하게 만들어 주어 따라 만들게 한다.

⑧ 나의 하루

시계와 시간에 대한 학습을 마친 아이들은 이제 하루에 대해 배운다.

❶ 나의 하루 카드 만들기(3단계 카드)

정시 카드와 같이 다양한 3단계 카드를 만들어 본다. 예를 들어, 7시 일어난다, 9시 유치원에 간다, 10시 작업을 한다, 12시 점심을 먹는다, 오후 2시 귀가 한다, 오후 4시 간식을 먹는다, 오후 6시 TV를 본다, 오후 7시 저녁을 먹는다, 오후 9시 잠을 잔다 등 6~8개 정도의 3단계 카드를 만든다.

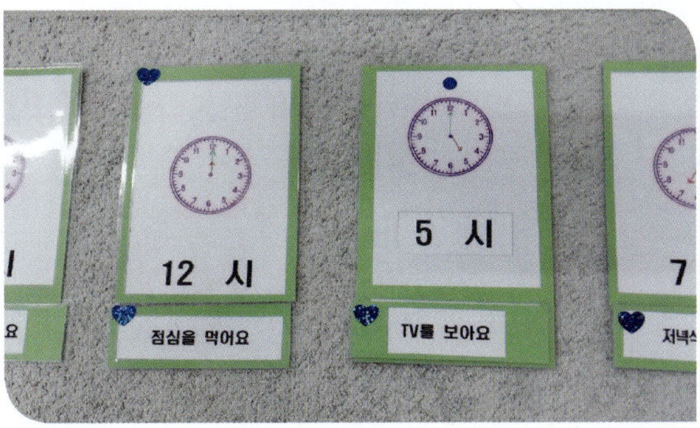

❷ 병풍 카드 만들기

하루 중 아이들 본인이 좋아하는 시간을 선택하고, 병풍 모양으로 다양한 시간 카드를 만들어 본다.

종이는 '나의 하루 카드'와 같은 길이로 세로 길이를 잡고, 가로 길이는 만들려고 하는 시간 카드의 개수 만큼 길이를 넉넉하게 잡아 병풍 접기 형태로 만든다. 다 만든 후 작업할 때 펼쳐 놓고 본다.

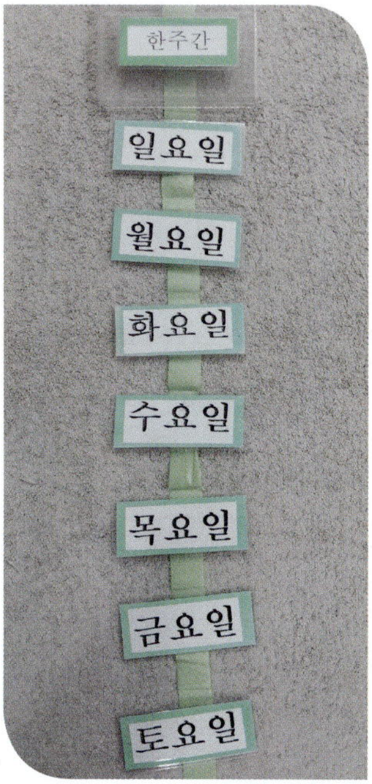

⑨ 한 주

❶ 한 주 띠 만들기

일요일부터 시작하여 토요일까지 한 주간에 7일이 있음을 알게 하는 이 작업은 초록 띠에 요일을 붙이고 접어 놓았다가 풀어 매칭 카드를 맞추어 보면서 한 주를 익힌다.

❷ 한 주 문제지 만들기

초록 띠로 배우는 단계가 지나면 일주일 표를 만들어 놓은 종이 과제물을 가지고 카드 매칭을 하거나 문제지에 답을 쓰거나 하는 방법으로 한 주를 배운다.

또한 영어로 한 주를 익히게 하고 선데이, 먼데이 등 영어로 노래와 율동을 하면서 즐겁게 한 주를 배우기도 한다.

⑩ 한 달

❶ 나무 달력 사용하기

몬테소리 교실에는 역사 교구로 나무 달력이 있다. 이 나무 달력에는 나무 카드로 1~31 숫자가 있고 달과 요일, 날씨를 붙일 수 있는 자리가 있다. 아이들이 순서를 정해서 매일 날짜와 요일, 날씨를 바꾸어 달게 하면 저절로 날짜와 요일에 대해 알게 된다.

❷ 한 달 띠 만들기

한 달을 알게 하는 이 작업은 1~30(31)의 숫자 카드를 만들어 한 주와 같은 방법으로 초록 띠에 붙여 매칭 카드와 같이 작업을 한다.

❸ 달력 만들기

한 달을 알게 하는 작업에 달력 만들기가 있다. 이 작업은 참고할 수 있도록 정정 달력(샘플)을 준비하고 도화지 또는 색지, 아동이 고른 달에 맞는 그림을 고르거나 그려 준비한다. 위쪽에 그림을 붙이고 아래에 날짜 1~30(31) 칸을 만들어 정정 달력과 같은 달력을 만들게 하는 작업이다.

토요일 일요일에 굳이 빨간색을 쓰지 않아도 된다. 달력을 만들 때 아동은 대개 자신의 생일이 있는 달을 고르지만 다른 좋아하는 날이 있는 달도 고를 수가 있다. 교사는 달력 만들기에 쓰이는 그림이나 사진을 항상 준비해 두어야 한다.

⑪ 사계절

한 달을 배우고 난 유아는 이제 봄, 여름, 가을, 겨울로 나누어진 사계절을 배울 차례이다.

미국이나 유럽, 그리고 아시아 몇 나라들을 다니다 보면 우리 민족이 얼마나 좋은 환경에 살고 있는지 새삼 느끼게 된다. 불과 두 시간 안팎이면 서울에서 남쪽 끝 부산까지 서울에서 동쪽 끝 강릉까지 오고 갈 수 있는 작은 땅인데 그 안에 눈 오고, 비 오고, 꽃 피고 단풍 드는 그런 아름다운 나라가 얼마 없다. 멀지 않은 베트남이나 필리핀은 사계절 뜨거운 여름뿐이고 큰 땅덩어리를 자랑하는 러시아는 그 많은 땅이 꽁꽁 언 얼음뿐이다.

이 작은 땅덩이를 왜 탐내나 하고 알아보니 큰 나라라고 으스대던 중국이나 몽골도 살지 못할 사막이 자꾸 늘어난다지 않는가. 동남아 쪽 학생들이 수학여행 왔다가 신기해하며 비닐봉지에 눈을 담아 비행기를 탔는데 내리자마자 집에 가기도 전에 다 녹아서 엉엉 울었다는 이야기에 괜히 미안한 마음까지 든다. 또한 베트남에서 강의할 때 영상으로 밖에 보여 줄 수 없는 눈을 보여 주며 겨울을 설명하기가 쉽지 않았던 기억이 있다.

이처럼 우리나라는 사계절이 있는 나라이다. 사계절은 3~5월까지 봄, 6~8월까지 여름, 9~11월까지 가을, 12~2월까지 겨울로 나누지만, 지금은 지구 온난화로 인해 계절이 한 달여씩 당겨지는 것을 감안해야 한다. 다행히 우리 한글에는 늦가을, 초겨울이라는 단어가 있어 그래도 계절은 어느 정도 설명을 할 수가 있다.

❶ 사계절 펠트

4개의 갈색 펠트를 준비하고 나무 기둥 모양으로 잘라 한 개씩 각 계절의 특징인 사물을 그 위에 놓는다. 봄에는 분홍색 꽃, 여름에는 초록색 잎, 가을에는 빨간색 단풍이나 주황색 감 또는 빨간색 사과, 겨울에는 하얀색 눈을 부직포로 잘라 얹으면 사계절이 한눈에 들어온다.

❷ 사계절 프로젝트

다음 단계에서 각 계절에 따른 동물, 식물, 의상, 기후, 하는 일 등을 작업해 본다. 예를 들어, 봄에 나오는 동물은 개구리, 제비, 뱀, 봄에 나오는 식물은 개나리, 진달래, 매화, 봄에 하는 일은 나무와 꽃을 심는다, 논에 모를 심는다 등이다.

이렇게 봄, 여름, 가을, 겨울, 사계절에 따른 동물이나 식물, 입는 옷, 하는 일 등을 프로젝트 형식으로 작업한다. 실물로, 사진으로, 그림으로 뻗어 나가면 이것만으로 몇 달을 작업할 수 있다.

⑫ 한 해

❶ 한 해 띠 만들기

한 주 알기를 배우던 때와 마찬가지로 초록 띠에 12달을 붙이고 매칭 카드로 달의 이름을 익힌다. 페이퍼 작업을 하면서 1월, 2월, 3월, 4월, 5월, 6월, 7월, 8월, 9월, 10월, 11월, 12월이 있음을 배운다. 각 달의 영어 이름을 익히기도 한다.

달을 읽을 때 6월을 '유월'로 읽고 육월로 읽지 않게 해야 하고 10월을 '시월'로 읽고 십월로 읽지 않게 해야 한다.

취학반 후반에는 음력으로 정월과 대보름, 오월 단오, 칠월 칠석, 팔월 한가위, 십일월 동짓날과 절기마다 먹는 음식과 전통, 내용도 알려 줄 수 있으면 좋다.

❷ 평면 작업(달, 분기, 학기)

둥근판을 그려서 1년에는 12개의 '달'이 있고, 3개월, 6개월, 9개월, 12개월을 나누면 '분기', 1학기 2학기로 나눠 '학기'로 나누기도 한다는 것을 알려 준다.

⑬ 시제 알기

❶ 어제, 오늘, 내일

시제는 오늘을 중심으로 지나간 어제와 지금 현 시점인 오늘, 다가올 미래인 내일을 표를 만들어 익힌다.

❷ 작년, 금년, 내년

금년을 중심으로 지나간 과거인 작년과 앞으로 올 내년으로 나눈다. 조금 더 나가면 어제보다 더 전인 그제, 내일 보다 더 먼 모레, 작년보다 더 지나간 재작년, 내년보다 더 먼 내후년, 이렇게 카드를 만들어 쓸 수 있다.

시제를 배우고 나면 교실에서 매일 '시제 알기'를 사용하는 것이 좋다. 아이들이 달력을 배웠으니 달력을 짚어 가며 "오늘은 몇 년도, 몇 월, 며칠, 무슨 요일이 됩니다." "어제는 몇 년도, 몇 월, 며칠, 무슨 요일입니다." "내일은 몇 년도, 몇 월, 며칠, 무슨 요일이 됩니다."라고 말해 준다.

이렇게 시제를 정확하게 말하는 것을 배운 아이들은 생각하는 것에 체계가 잡히고 말할 때 이야기를 정확하게 이해하고 전달할 수 있는 능력이 생기게 된다.

한 팔 시계로 시작한 유치부 수업은 한 해 알기와 시제까지로 마무리를 짓는다. 한 단계 더 나아가서 나의 타임라인, 인생 타임라인, 지구 타임라인까지 나가기도 하지만 유치부 수업은 시제까지 나가는 것이 좋다.

⑭ 나의 타임라인

교사는 부모님들에게 요청해 아이들의 생일을 중심으로 태어나서 지금까지(0~5세까지) 자라 온 과정의 사진을 받아 유아별로 '나의 타임라인' 사진첩을 만들어 본다.

신생아, 백일, 돌, 2세 생일, 유치원 입학, 자전거 타기, 달리기, 견학 등 6~8가지 정도의 사진으로 아이들의 자라온 과정을 담은 유아의 타임라인을 만든다. 이 작업은 나의 한 주 띠 교구를 만들 듯이 할 수도 있고, 병풍 만들기처럼 접이식으로 만들 수도 있다.

⑮ 생일

아이들은 반원형으로 둘러앉고 생일을 맞은 유아가 대륙 지구본을 안고 "지구가 태양을 돈다 트랄라라~" 노래를 부르면서 의자 위나 다른 유아가 안고 있는 태양 모형을 돈다. 3번 반복해서 부를 때 ○○이가 한 살일 때, 두 살일 때, 세 살일 때 유아의 나이 수만큼 노래를 불러 주며 태양을 돈다.

이 작업은 한 살, 두 살, 세 살 해가 거듭되는 역사를 배우는 작업이기도 하지만 1년이 되면 지구가 태양을 한 바퀴 돈다는 과학을 배우는 시간이 되기도 한다.

보통 원에서 유아의 생일에 노래를 부르면서 작업으로 하는 것이 좋지만 원에서 매달 한 번씩 생일을 챙겨 주는 곳이 많기 때문에 그 달에 생일이 든 아이들이 몇 명이 될 수도 있다. 교사는 중간쯤 되는 날에 생일잔치를 열고 한 명의 유아를 먼저 부른 후 노래가 한 번 끝나면 멘트를 하면서 다른 유아의 이름을 부른다. 이렇게 반복하면서 생일 맞은 친구를 모두 초대한다.

⑯ 인생 타임라인

유아의 타임라인을 만들었으면 이제는 '인생 타임라인'을 만들어 본다. 0세에서 90대까지 10개의 사진 또는 그림을 그려, 병풍 모양 또는 그냥 카드로 사슬모양으로 연결해도 된다.

신생아에서 유아시절, 10대 중·고등학생 시절의 사진, 20대 대학을 다니거나 혹 회사에 다니거나 결혼을 하거나 본인의 생각대로 사진이나 그림을 모아 지팡이 짚고 다니는 90대 노인까지 표현해 보면 좋다.

⑰ 인류 역사 타임라인

초등 과정 또는 국제 과정에서 다루는 작업으로 여기에서 자세히 다루지는 않겠지만 윤곽을 설명하자면 고생대, 신생대, 석기시대부터 현재까지 인류의 문화를 살펴 B.C.와 A.D.를 나누어 인류의 발자취를 더듬어 보는 작업이다.

이 작업은 각 시대별로 실물 또는 사진을 모아 연대별로 나누어 놓고 한눈에 인간의 문화와 역사를 알아보게 하는 큰 작업이다. 고생대까지 올라가지는 않더라도 B.C. 4000년 정도부터~A.D. 2000년 현재까지의 역사를 모아 놓는 것만으로도 충분한 학습 자료가 된다. 교사의 준비와 노력이 필요한 작업이다.

(2) 과학 선반

과학 선반은 탐구 선반이라고도 한다. 유아들에게 과학이란 '세상에 이런 것도 있구나!', '이건 왜 이럴까?' 호기심과 의문을 갖게 해서 탐구심을 가지고 주위를 보고 생각하게 하는 데 의미가 있다.

탐구 선반은 보통 첫 번째 칸에 돋보기, 프리즘, 자석 막대, 물질의 3요소, 3형태의 돌 등이 진열되어 있다. 두 번째 칸에 생물과 무생물, 동물과 식물, 광물 등이 있고, 세 번째 칸에는 사는 곳에 따른 동물이 분류되어 있다.

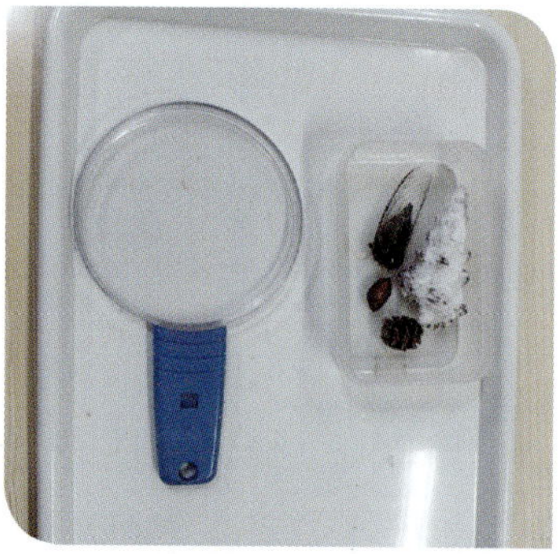

① 돋보기

작고 미세한 물건을 크게 보게 하는 돋보기로 교사는 아이들에게 신기한 세상을 보게 할 수 있다. 봄에는 파릇파릇 새싹이 돋을 때 돋보기를 들고 나가 작고 예쁜 새싹이 움트는 것을 보여 주고, 겨울에는 창가에 붙은 성에를 돋보기로 비춰 예쁜 육각형 눈꽃을 보여 줄 수 있다. 그리고 울퉁불퉁 퇴적암이나 반짝반짝 원석을 돋보기로 들여다 보면 작아서 그동안 육안으로 보지 못했던 아름다운 무늬들을 볼 수도 있다.

교사들이 특히 주의해야 할 점은 돋보기에 초점을 모으는 작업을 하다가 자칫 불을 내는 일이 없도록 해야 한다.

② 프리즘

빛의 굴절을 통해 무지개 색깔을 만들어 내는 프리즘을 통해 유아들은 보이지 않는 공기 속에 알록달록 색깔이 들어 있는 것을 알게 되고, 이것 또한 신기한 현상으로 유아들에게 탐구의 대상이 된다.

③ 자석 막대

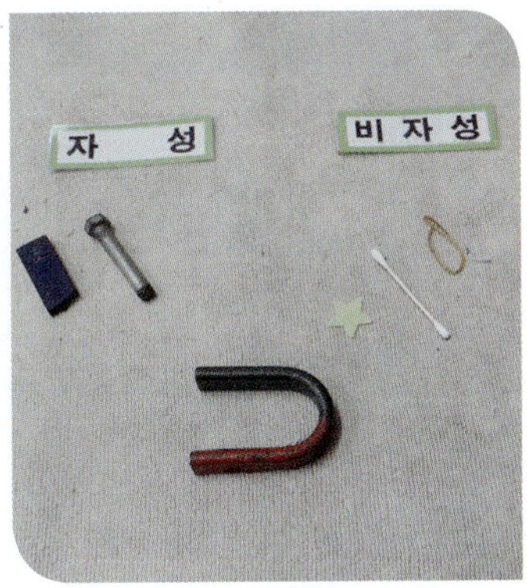

자석에 붙는 물건이 있고 붙지 않는 물건이 있다는 것을 알게 하는 자성과 비자성 작업이다. 자석 막대로 우리 주위에는 여러 가지 신기한 물건들이 많다는 것을 알게 한다.

자석에 붙는 것으로 못, 핀, 철사 등을 준비하고 안 붙는 것으로 돌멩이, 종이, 천, 나무 등을 준비한다. 작은 펠트 위에 자성과 비자성 언어 카드를 양쪽에 놓고 사물이 든 상자나 주머니에서 사물을 꺼내어 자석 막대로 실험하며 막대에 붙는 것은 자성 카드 밑에 붙지 않는 것은 비자성 카드 밑에 나열해 보게 한다.

계속하게 되면 아이들은 어떤 것이 막대에 붙고 어떤 것이 붙지 않는다는 것을 알게 되는데, 2주에 한 번씩은 사물을 몇 개 바꾸어 놓으면 좋다.

④ 물질의 3요소

물질의 3요소라고 불리는 액체, 기체, 고체를 알게 하는 작업으로, 유리병이나 투명 플라스틱 통을 준비하고 각각에 물, 돌, 깃털을 넣고 물은 흔들어 보거나 쏟아 보면서 액체라는 것을 알게 하고, 돌이나 나무는 두드려 보며 단단한 것이 고체라는 것을 알게 한다. 깃털을 입으로 후우 불어 보면 깃털이 날리는데 이때 보이지는 않지만 바람을 일게 하는 공기가 있다는 것을 알게 한다. 또는 빈 병에 입김을 불어 넣고 뿌옇게 김이 서리는 것을 보여 주며 기체를 이해하게 한다.

그리고 모든 동물들에게도 이 3가지 요소가 있고 우리 몸도 이런 것들로 구성되어 있다는 것을 알게 한다. 우리 몸 안에 피, 콧물, 소변, 침 등은 액체이며 살이나 머리카락, 뼈, 손톱, 발톱 등 이런 것들은 고체이고 하품이나 방귀 같은 것은 기체라는 것을 알게 한다.

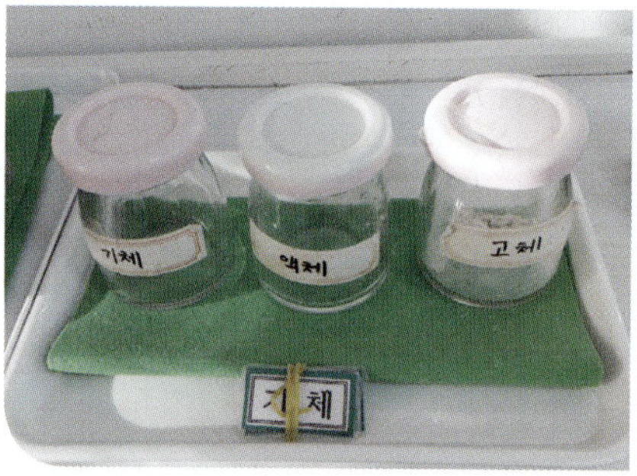

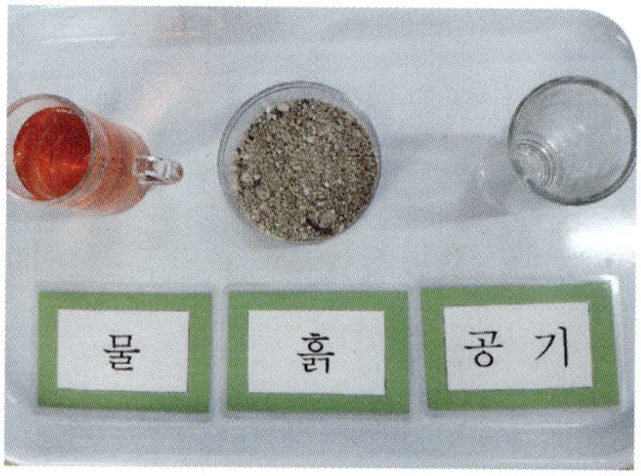

⑤ 돌의 3형태

돌에도 여러 가지 형태가 있음을 배운다. 돌의 3형태로는 우선 냇가에서 쉽게 발견하는 돌멩이로 오랜 세월 흙과 모래와 자갈이 쌓여서 된 퇴적암이 있다. 땅속에서 높은 열과 압력에 의해서 생긴 바위나 돌의 종류는 화성암이다. 더 깊은 땅속에서 더 높은 열과 압력으로 생긴 돌은 변성암이다.

그 외에도 여러 가지 돌멩이들이 다 이름이 있다. 제주도에서 흔히 보는 구멍이 숭숭 뚫린 돌을 현무암이라고 하는데, 화산이 폭발할 때 용암과 함께 나온 돌이다. 엄마가 예쁘게 손에 낀 보석 반지도 땅속 깊은 곳에 있던 아주 강한 돌이었다니 아이들에게는 신기하기만 하다.

⑥ 생물과 무생물

소, 말, 강아지, 나무, 꽃 같은 생물과 바위, 쇠, 총 같은 무생물을 배운다.

우선 생물은 살아 있고 생명이 있고 후손을 이을 수 있는 것으로, 새끼나 씨앗을 남길 수 있다. 지금은 죽었더라도 생명이 있었던 것, 즉 동물이나 꽃, 나무 등의 식물을 예로 들어 설명한다. 무생물은 생명이 없고 후손를 이을 수 없는 것으로, 예를 들어 돌, 쇠, 플라스틱 등이 있다.

펠트를 깔고 생물, 무생물 언어 카드를 놓고 그 밑에 해당하는 물체를 놓으면서 설명한다. 실제로 이것을 이해시키는 것이 쉽지는 않다.

⑦ 동물과 식물

생명이 있고 호흡하며 움직이며 이동하는 것은 동물이고, 생명이 있고 호흡은 하지만 이동하지 못하고 한자리에만 심어져 있는 것을 식물이라고 설명한다.

엄밀히 말하면 식물도 넝쿨로 뻗어 나가고 자라는 것을 보면 움직이지 않는다고는 할 수 없다. 다만 본체가 한 장소에 있는 것을 식물이라고 표현하는데 유아들에게는 자세히 설명할 필요는 없다. 예를 들어 나무, 꽃, 채소 등 한자리에만 있는 이런 것들이 식물이라고 알려 준다. 사자, 호랑이, 새, 물고기 등은 동물이라고 하고 사람도 동물에 속한다는 것을 알려 준다. 시연은 생물과 무생물 시연과 동일하게 진행한다.

⑧ 광물

무생물을 배울 때 돌멩이, 쇠붙이 등 이런 것들은 생명이 없고 움직이지 않는 무생물로 배웠다. 여기서는 광물이란 이름으로 배운다.

앞서 배운 생명이 있고 호흡하며 움직이며 이동하는 동물, 생명이 있고 호흡은 하지만 이동하지 못하고 한자리에만 심어져 있는 식물과 구분할 수 있도록 펠트를 세 쪽(동물, 식물, 광물)으로 나누고 언어 카드를 세 군데에 놓고 물건들을 나누어 놓는다.

⑨ 집짐승과 들짐승

집에서 기르는 동물과 밖에서 사는 동물을 구별해 보는 작업이다. 먼저 집짐승은 집에서 기르는 동물을 말하는데, 예를 들어 개, 고양이, 소, 돼지, 말, 닭, 오리, 염소 등이 있다. 들짐승은 사자, 호랑이, 코끼리, 사슴, 낙타, 곰 등으로 들에서 자유롭게 사는 동물을 말한다.

그런데 아이들은 많이 헷갈려 한다. 얼룩말도 말인데 왜 들짐승이고 동물원에서 본 사자나 곰도 사람이 울타리에서 기르는데 왜 들짐승이라고 할까? 교사는 집짐승이 원래는 들에 살았는데 사람들의 필요에 의해서 여러 종류의 동물들이 옛날부터 사람과 함께 살았다는 이야기를 해 준다.

⑩ 육지 동물과 바다 동물

육지 동물은 소, 말, 사자, 닭, 코끼리와 같이 땅에서 사는 동물을 말하며, 바다 동물은 고등어, 갈치, 오징어, 고래와 같이 바다에서 사는 동물이라고 알려 준다. 직접 실물 교구와 언어 카드를 매칭해 보도록 한다.

⑪ 부분 명칭 퍼즐

몬테소리 교실에는 나무, 꽃, 잎 등 식물의 부분 명칭을 알게 하는 식물 퍼즐과 다양한 동물의 부분 명칭을 알게하는 동물 퍼즐, 사람의 몸을 탐구하는 인체 부분 펠트와 몸속 기관 알기 등 인체에 관한 다양한 교구가 준비되어 있다.

시중에 교구로 나와 있는 식물 퍼즐에는 나무 퍼즐, 꽃 퍼즐, 잎 퍼즐, 사과 퍼즐 등이 있다. 동물과 식물의 부분 명칭을 알기 위해 퍼즐로 준비해서 각 부분을 탐색해서 알아본다.

우선 각각의 명칭을 알아보고 종이에 그려서 각 부분을 색칠하고 3단계 카드를 만든다. 모든 퍼즐 시연은 먼저 퍼즐 조각을 정정판에 놓아 본 뒤 자리로 들어가는 단계가 있고, 그다음에 판에서 퍼즐들을 모두 꺼낼 때 손으로 만져 보고 매트 위에 꺼내어 놓고 들어갈 때 들어갈 자리를 만져 본 다음 촉각과 시각 경험에 의해 제 자리를 찾아 넣는다.

❶ 나무 퍼즐

기둥 부분, 잎 부분, 뿌리 부분으로 나뉘어져 있고 정정 카드가 있어 먼저 정정판에 놓아 보고 자리를 찾아 들어간다.

❷ 꽃 퍼즐

꽃 퍼즐은 백합꽃 부분 퍼즐이 있다. 꽃잎 부분, 암술과 수술 부분, 꽃 받침 등으로 나뉘어져 있다. 나무 퍼즐을 할 때와 같은 순서로 따라하면 된다. 부분 명칭을 배우고 3단계 카드로도 배운다.

❸ 잎 퍼즐

잎, 잎맥, 줄기 등 부분 명칭을 배우고, 3단계 카드와 종이 문제지로도 해 본다.

❹ 사과 퍼즐

사과 퍼즐을 통해 사과의 모든 부분 명칭을 배운다. 씨방의 역할까지도 배운다. 3단계 카드와 종이 작업도 해 본다.

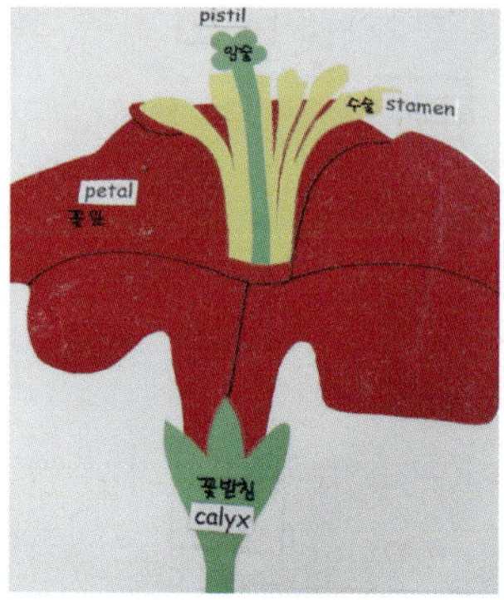

❺ 곤충 퍼즐

곤충의 부분 명칭을 배운다. 개미와 나비 등의 부분 명칭을 알아보며, 3단계 카드와 종이 작업도 해 본다.

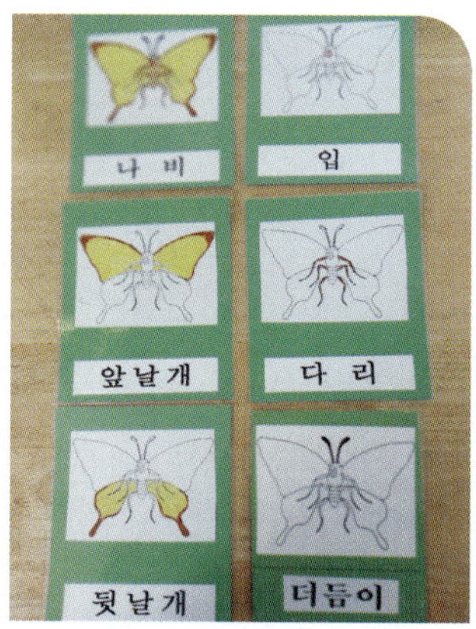

❻ 인체 퍼즐

인체 부분 알기 작업은 퍼즐만이 있는 것이 아니라 펠트로 만든 교구도 있어 아이들이 직접 인체 부분을 맞추어 보는 작업을 해 볼 수 있다.

머리부터 눈, 코, 입, 팔, 다리, 손, 발까지 인체 부분을 다 익히면 노래를 부르면서 명칭을 외우게도 한다.

인체를 탐구하는 작업에는 몸속 기관을 탐구하는 교구도 있으나 너무 복잡하므로 몸속 기관이나 인체 뼈 탐험까지는 들어가지 않는다. 다만 진도가 빠른 아이들도 있으니 교구가 준비되면 교사는 개인 지도로 아이들을 이끌어 간다.

유아들의 발달 속도에 따라 유치원 과정에서 탐구하는 어린이도 있고 초등 과정으로 넘어가서 만져 보는 아이도 있을 것이다. 인체 작업은 몇 가지가 있다.

ㄱ. 인체 구성 : 베이지색 펠트로 인체 부분을 만들어 유아들에게 인체를 구성해 보게 한다.

ㄴ. 종이 작업 : 몸의 부분을 종이에 그려 보고 문제지를 만들어 본다.

ㄷ. 인체 구조물 : 얼굴과 몸속 기관을 해부해 놓은 교구로 심장, 위, 폐, 간 등 주요 몸속 기관의 부분 명칭을 알 수 있다.

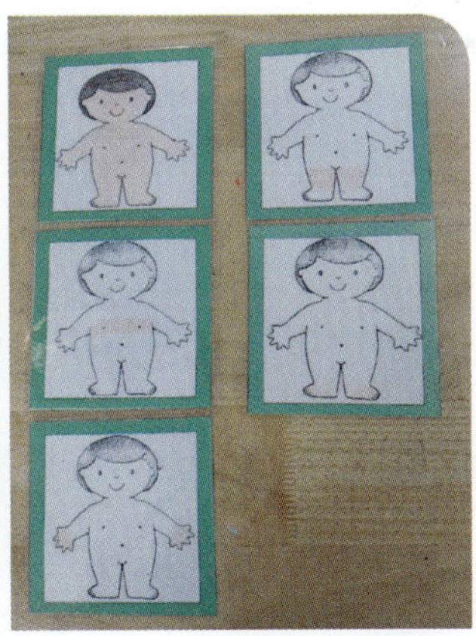

과학 선반에 있는 작업들은 모두 3단계 학습을 거치며 퍼즐 작업은 종이 작업도 함께 한다는 것을 잊지 말아야 한다.

> **자연스러운 성교육 시간**
>
> 나무와 꽃, 잎의 부분 명칭 퍼즐과 인체 퍼즐 작업을 하면서 각 부분의 생김새를 알아보고, 실제로 백합꽃을 가져다가 암술, 수술, 꽃잎, 씨방, 줄기까지 모두 분해해 보는 단계에 이르면 재미있는 성교육 시간이 되기도 한다.
> "선생님 암술은 하나인데 왜 수술은 많이 있지요?"
> "사람은 여자 남자 한 사람씩 만나잖아요?"
> 이제 얼마 안 있으면 초등학교를 간다고 아는 체를 한다.
> "아 수술이 많은 건 암술이 소중해서 보호해 주려고 암술을 둘러싸고 있는 것이고, 암술과 수술도 하나씩만 만나는 것이란다."
> 교사가 아이들의 궁금증을 풀어 주면서 자연스럽게 성교육을 할 수 있다.

⑫ 개구리의 일생

아이들이 즐겨 부르는 '올챙이와 개구리' 노래 가사를 보면, 올챙이 한 마리가 헤엄을 치다가 앞다리가 나오고 뒷다리가 나오면서 개구리가 된다. 한참 몸을 흔들면서 노래를 하다가 문득 '어, 이건 개구리의 일생인데?'라는 생각이 든다.

실물 미니어처로 '알 → 올챙이 → 뒷다리 → 앞다리 → 개구리 성체' 순으로 개구리의 일생을 만들어 놓는다. 올챙이 때는 아가미로 숨 쉬며 물속에서 살다가 성

체가 되면 허파가 생겨 땅 위에서도 산다고 설명을 한다. 개구리 구체물이 없으면 그림이나 사진을 구해서 종이 작업으로도 할 수 있다.

⑬ 척추동물과 무척추동물

등뼈 있는 동물(척추동물)과 등뼈 없는 동물(무척추동물)을 종류별로 짚어 보면서 동물의 세계에는 수많은 종류의 동물이 있다는 것을 배운다.

매머드 같은 큰 동물이 있는가 하면 눈에 잘 보이지 않는 작은 곤충도 있고, 공룡 같은 거대한 파충류, 흐물흐물 기어가는 연체동물 달팽이, 마디가 잘려도 다시 살아나는 절지류 등 세상에는 별의별 동물이 다 있다는 사실을 알려 준다.

등뼈 있는 동물과 등뼈 없는 동물을 실제로 보여 주기 위해 평소에는 만져 보지도 않던 생선을 직접 도마에 올려놓고 칼로 잘라 등에 뼈가 있다는 것을 보여 주고, 오징어에는 뼈가 없다는 것을 직접 보여 준다. 이런 모습에서 하나라도 더 자세히 가르쳐 주려고 애쓰는 교사들의 열정을 느낄 수 있다.

조금 더 자세히 들어가면, 각 종류별로 부분 명칭을 알아볼 수도 있다. 소, 말 등의 포유류, 거미, 개미, 메뚜기, 나비 같은 곤충류, 거북이 같은 파충류, 조류, 어류, 양서류 등 다양한 동물들의 부분 명칭을 알아볼 수 있다.

먼저 동물 모형으로 배우고, 퍼즐을 사용해 부분을 만져 보고, 명칭 카드로 정확한 이름을 익히도록 한다.

❶ 척추동물(등뼈 있는 동물)

- 포유류(젖먹이 동물) : 젖을 먹여 새끼를 기른다. 예를 들어 소, 말, 돼지, 양, 사자 등이 있다.
- 조류(날개 있는 동물) : 알을 낳고 부리로 먹이를 먹는다. 예를 들어 새, 거위, 닭 등이 있다.
- 어류(물고기류) : 아가미로 숨을 쉬고 지느러미가 있다. 예를 들어 고등어, 물개, 붕어 등이 있다.

- 파충류(찬피 동물) : 공룡을 조상으로 한다. 예를 들어 거북이, 악어, 뱀 등이 있다.
- 양서류(땅과 물에 사는 동물) : 어릴 때는 아가미로 숨을 쉬고 자라서는 허파로도 숨을 쉴 수 있다. 예를 들어 두꺼비, 개구리 등이 있다.

❷ 무척추동물(등뼈 없는 동물)

- 절지류(마디로 이루어진 다리) : 주로 곤충류로, 예를 들어 파리, 여치, 풍뎅이 등이다.
- 연체류(뼈가 없는 몸) : 연하고 무른 몸을 가지고 있다. 예를 들어 문어, 오징어, 달팽이, 지렁이 등이 있다.

척추동물이나 무척추동물은 한 종류씩 나누어서 가르치도록 한다. 각 종류에 속하는 동물은 무엇이 있는지, 어떤 특징을 가지고 있는지 가르친다.

새들은 어떻게 날며 물고기들은 지느러미와 부레가 있어 물속에서 다니고 아가미가 있어 물속에서 숨을 쉴 수가 있음을 알려 준다. 공룡을 조상으로 하는 파충류들은 햇빛이 적은 겨울에는 겨울잠을 자야 하고 양서류인 개구리나 두꺼비는 아가미와 허파로 숨을 쉴 수가 있어 땅과 물속 양쪽에서 산다는 것을 설명한다.

한 종류씩 배우다가 연체동물과 절지동물까지 다 배우고 나면 모든 동물들을 다 섞어 놓고 종류별로 나누어 보게 한다. 신기한 동물의 세계를 배우며 동물원에서만 보던 여러 동물들이 더 가깝게 느껴지기도 하는 작업이다.

⑭ 달의 변화

달을 보며 아이들이 이상하게 생각하는 것 중 하나가 달의 모양이다. 달이 반쪽이 되었다가 둥글게 되었다가 다시 작아지더니 아예 없어졌다가 다시 점점 커지는 이 반복을 너무 신기해한다.

지구를 돌고 있던 달이 지구의 그림자에 가려질 때 모양이 변하는 것과 달이 태양을 가릴 때 일어나는 '일식'과 달이 지구의 그림자에 완전히 가려질 때 나타나는 '월식'을 설명할 수 있으면 훨씬 쉽게 이해시킬 수 있다.

그러나 이것은 초등 과정에서 다루는 작업이므로 너무 자세하게 들어갈 필요는 없다. 달은 지구를 돌고 있는 위성이고 달이 지구의 그림자에 가려질 때 위치에 따라 조금씩 모양이 변하는 것이라고만 설명한다.

초승달, 상현달, 보름달, 다시 하현달, 삭월, 그리고 다시 초승달로 변하는 달의 변화를 도표로 그려 놓고 매칭 카드와 언어 카드를 만들어 익히게 한다.

달의 인력은 대단해서 때로 화산 폭발을 일으키기도 하며 오래전 농사를 지을 때부터 사람들이 달의 주기를 이용해서 절기를 만들었다는 것은 만 5세 취학반 유아들에게는 설명해 주어도 좋을 것 같다.

⑮ 태양계

"넓고 넓은 큰 우주에 무엇이 있을까? 우주에는 태양가족 8개의 행성들이 있어요. 수성, 금성, 지구, 화성, 목성, 토성, 천왕성, 해왕성 8개의 별이죠."

태양을 포함한 9개의 별들로 이루어진 태양계를 순서대로 진열하고 종이에도 그려 보고 태양계 8개 행성에 대해 간단하게 설명해 준다.

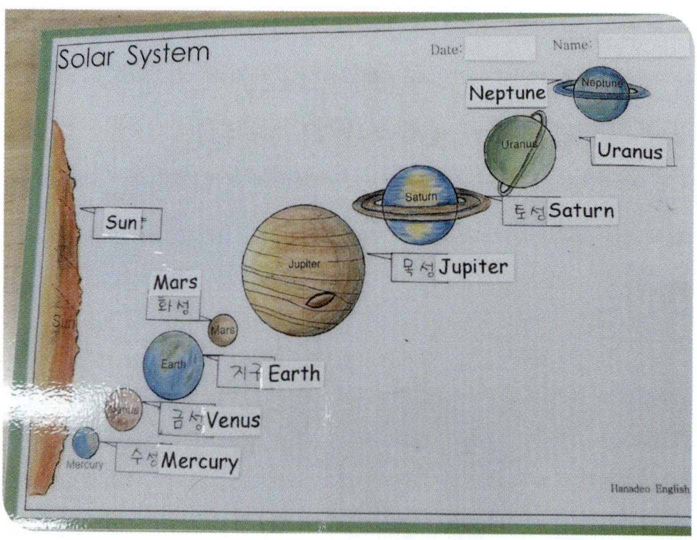

태양 가장 가까이에 있는 별이 수성, 그다음이 새벽에 떠오르는 아름다운 샛별 금성, 그리고 태양계 안에 오직 생명이 있는 곳인 바로 우리가 살고 있는 지구, 그

다음이 너무 메말라 사람이 살 수 없다는 붉은색 별 화성, 그다음에 있는 별이 태양 다음으로 큰 착한 목성이다.

참으로 하나님은 우리를 사랑하시나 보다. 목성 표면이 이글이글 불타오르고 우주의 운석들을 모두 빨아들이는 무시무시한 목성이 우리 바로 옆에 있었다면 우리도 아마 살아남기 힘들었을 테고 떠다니는 작은 운석 하나만 지구에 떨어져도 공룡이 멸종하고 모든 생명체가 사라질 만큼 엄청난 일인데 저 착한 목성이 그 커다란 몸집으로 지구를 향해 날아오는 크고 작은 운석들을 빨아들여 지구를 보호해 주니 얼마나 감사한 일인지 생각할수록 신기하다.

그다음 행성이 토성이다. 겹겹이 아름다운 고리로 둘러 싸여 있는 토성, 그런데 알고 보면 그 아름다운 고리가 가스와 먼지와 얼음덩어리, 돌덩어리들이 모여서 된 것이라니 우주의 신비는 끝이 없다.

마지막으로 너무 멀어서 오직 푸른빛만을 띄고 있는 천왕성, 해왕성, 명왕성이 있다. 이 중 명왕성은 요 몇 년 동안 행성 자격 미달이라고 태양계에서 쫓겨나서 우주 한 구석에서 울고 있다고 재미있게 설명해 준다.

(3) 지리 선반

① 방향 알기(왼쪽과 오른쪽, 동서남북)

지리를 들어가기 전에 아이들에게 방향 알기를 해 주는 것이 중요하다. 언어 영역에서도 글자를 배우기 전에 먼저 방향 알기를 했다.

아이들이 제일 잘 틀리는 것이 신발 신기다. 아마 거의 대부분의 아이들이 왼쪽과 오른쪽 신발을 거꾸로 신는 것을 본다. 그렇게 신는 것이 편해서 그런지 신발을 바로 놓아 줘도 바꿔 신기 일쑤다.

일상 영역에서도 신발 신기를 배우지만, 지리 영역에 오면 왼쪽, 오른쪽, 동서남북 등 방향 알기를 더 정확히 배우게 된다.

우선 왼손에 빨간 실을 묶고 "왼쪽" 하면 빨간 실 묶은 손을 들어보게 한다. 그리고 교실 사방에 동서남북 글자를 붙여 놓고 일어서서 양팔을 벌리고 동서남북을 가리켜 보게 한다. 오른팔은 동쪽을 가리키고 왼팔은 서쪽을 향하게 한다. 머리 뒤쪽은 남쪽, 머리 앞쪽은 북쪽이다. 그다음에 각 방향에 있는 물건들의 이름을 말하게 하고 또는 각 방향에 있는 물건을 가져오게도 한다.

"진이가 서 있는 왼쪽에 있는 물건이 무엇이지?"

"오른쪽에 있는 빨간 필통을 가져오겠니?"

언어 영역의 언어 선반에 있는 '탐지하기(I spy game)' 게임과 비슷한 방법으로 아이들에게 방향 감각을 확실히 갖게 한다.

② 모래 지구본 탐색 : 하늘, 땅, 바다

교사가 모래 지구본을 들고 나와 지구를 구성하고 있는 하늘, 땅, 바다에 대해 설명해 준다.

"모래 지구본은 우리가 살고 있는 지구를 생각나게 하지요. 거칠거칠한 이곳은 '땅'이라고 해요. 흙과 돌로 되어 있지요. 여기 파랗고 매끄러운 곳은 '바다'라고 해요. 많은 물이 있는 곳이에요. 배도 다니고 물고기도 살지요. 그리고 이곳은 '하늘'이라고 해요. 보이지는 않지만 '공기, 바람, 구름'이 있어요."

우리가 살고 있는 지구는 하늘, 땅, 바다로 나뉘어 있고 공기, 흙, 물, 즉 기체, 고체, 액체로 되어 있어는 것을 설명한다.

첫 시간에는 모래 지구본과 하늘, 땅, 바다에 대해 간단히 소개하고, 그다음 수업에서 하늘, 땅, 바다에 속하는 구체물을 소개한다.

- 하늘에서 볼 수 있는 것 : 새의 깃털, 비행기, 애드벌룬 등
- 땅에서 볼 수 있는 것 : 자동차, 집, 나무 등
- 바다에서 볼 수 있는 것 : 물고기, 고래, 배, 군함 등

❶ 하늘, 땅, 바다, 구체물 놓기

둥근 천에 위쪽으로 하늘, 아래 양쪽에 푸른 바다와 갈색 땅을 붙이고 하늘, 땅, 바다 실물들을 놓아 보게 한다.

❷ 하늘, 땅, 바다 종이 작업

하늘, 땅, 바다 카드를 펠트에 나누어 놓고 카드 밑에 해당하는 사진이나 그림, 실물들을 분류해 놓고 종이에 써 보게 한다. 아이들은 대충 하늘, 땅, 바다에 대한 기초 개념을 이해하게 된다.

③ 대륙 지구본 탐색 : 6대륙 이름

교사가 알록달록 색칠이 된 대륙 지구본을 들고 나온다.

"여러분, 이 지구본은 지난번에 보았던 지구본과 조금 다르지요? 이 지구본은 땅이 색칠이 되어 있어요. 이 땅을 대륙이라고 하는데 크게 6개로 나누어요."

대륙이 아시아, 유럽, 아프리카, 남아메리카, 북아메리카, 오세아니아로 나누어지는 것을 설명하고, 맨 밑에 하얀 남극 대륙도 있다는 것을 알려 준다.

3단계 학습을 한 다음 다 함께 '6대륙 지구송'을 부른다. 아이들에게 대륙 이름을 외우라고 하면 어려워한다. 하지만 지구본을 손가락으로 짚어 가며 노래를 부르거나 지구 퍼즐판을 짚어 가며 노래를 부르게 하면 훨씬 쉽게 대륙 이름을 익히고 위치까지도 기억한다.

"북아메리카, 남아메리카, 아프리카, 유럽과 아시아, 오세아니아를 잊지마세요~ 남극 대륙도 잊지마세요~" 이때 손유희를 곁들이면 더 재미있어 한다. 또한 노래를 영어로 부르게 하면 훨씬 재미있어 한다.

④ 동반구, 서반구 나누기

동반구 서반구를 나누기 전에 세계 전도 정정판 교구가 있으면 정정판 위에 한 번 대어 보고 대륙 이름을 익힌 후에 동반구, 서반구를 나누는 작업을 하면 좀 더 쉽게 배울 수 있다.

"우리가 살고 있는 대한민국은 아시아에 있고, 삼촌이 살고 있는 미국은 북아메리카에 있어요. 비행기를 타고도 10시간이나 간대요. 이 큰 지구본을 주머니에 넣고 갈 수가 없어서 지구본을 납작하게 만들었어요."

지구본을 동반구와 서반구로 나누고, 각 대륙을 색으로 나타내어 쉽게 찾을 수 있도록 한다. 그리고 큰 대륙은 여러 나라로 나뉘어 있다는 것을 알려 준다. 동반구와 서반구에 속하는 나라들을 나누어 보고 대륙 이름을 익히게 한다.

❶ 대륙 위치 익히기(1단계)

1단계로 매트에 동반구, 서반구의 명칭 카드를 놓고, 그 위에 각 반구에 속하는 대륙을 놓는다. 각 반구에 속하는 대륙을 나누어 놓는 것이다. 즉 아시아, 유럽, 아프리카, 오세아니아는 동반구에, 북아메리카, 남아메리카대륙은 서반구에 놓는다.

❷ 대륙 위치 및 특색 탐색하기(2단계)

1단계를 익히면 2단계로 모든 대륙을 섞어 각 반구 밑에 맞는 대륙을 놓아 보게 한다. 동반구에 속한 대륙과 서반구에 속한 대륙을 나누어 보면서 7세 아이들은 각 대륙별 인종, 동물, 기후, 음식, 문화 등의 자료를 탐색해 본다. 낙타는 사막에서 어떻게 사는지, 기린은 목이 길어 높은 나무에 달려 있는 잎을 잘 따먹고, 얼룩말은 몸체의 얼룩 무늬 때문에 사자 등 포식자의 눈을 교란시킬 수가 있고, 뉴질랜드에 있는 코알라는 유칼립투스 나뭇잎만 먹고 살아야 되기 때문에 다른 대륙에서는 못산다는 등의 신기하고 재미있는 사실들을 배운다.

⑤ 대륙 지도책 만들기

대륙 퍼즐을 하나씩 들어내어 대륙 지구본에 있는 색깔에 맞추어 가위로 오리거나 콕콕이로 찍어 대륙을 만든 다음 파란색 색지 위에 붙이면 금세 바다 위에 있는 대륙이 된다.

정정 카드, 매칭 카드, 언어 카드까지 대륙 3단계 카드를 만들어 남극과 북극까지 있는 대륙 지도책을 만든다. 아시아에서 오세아니아까지 한 장에 한 대륙씩 만들고 남극과 북극은 한 장에 같이 붙인다.

여기에서 남극은 흙으로 되어 있는 큰 땅 위에 눈과 얼음이 오랫 동안 쌓여서 만들어진 대륙이나, 북극은 땅이 아니라 바다 위에 있는 얼음 위에 오랫동안 눈과 얼음이 쌓여져 만들어진 것이라서 만일 눈과 얼음이 다 녹는다면 북극은 그냥 없어질 것이라는 설명을 하면 더 이해하기 쉬울 것이다.

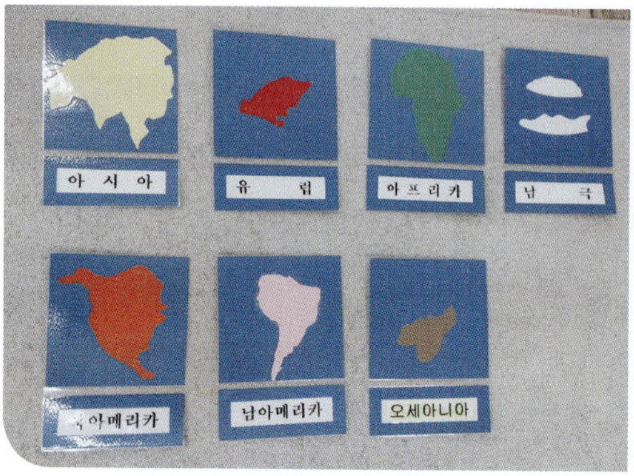

대륙 알기를 끝내면 각 대륙에 속해 있는 나라를 알게 하는데 일일이 다 설명할 필요는 없다. 이 단계는 초등 과정에 들어가는 학습이므로 우리나라와 가까운 나라나 연관이 있는 나라들부터 골라 몇 나라씩 소개하고, 지도 보는 법을 가르쳐 주면 흥미 있는 유아들은 스스로 찾아보게 된다.

⑥ 세계의 문화

지구를 알게 하고, 내가 속해 있는 대륙과 그 안의 나라들을 안 다음에 아이들은 각 대륙에 속한 동물, 인종, 문화들에 대해 궁금증을 가진다. "아! 이렇게 지구는 크구나. 나라도 많고, 여러 종류의 동물도 있고, 다른 사람도 많구나!"

대륙 지도책을 완성한 아이들은 이제 대륙 안으로 들어온다.

우리가 살고 있는 아시아 대륙에는 어떤 나라들이 있을까? 우리와 이웃하고 있는 일본과 중국, 크고 넓은 러시아의 북쪽 얼어붙은 땅은 쓸모가 없다지만 그곳에는 아름다운 순록들이 많이 살고 있다는 사실을 알려 준다.

우리와 많이 닮은 몽골계 사람들이 살고 있는 몽골 지역, 그 아래로는 필리핀, 인도네시아, 태국을 비롯한 따뜻한 남쪽 나라들이 살고 있고 이 나라들은 아름다운 바다를 가지고 있다고 소개한다.

전설의 타지마할 사원은 인도에 있고 인도 사람들은 소를 조상이라 여기며 위한다지, 중국의 유명한 유적은 만리장성이 있고 대나무 잎을 먹고 사는 판다가 유명하다고 설명해 준다.

이렇게 아시아를 비롯한 각 대륙에 속한 나라들을 하나하나 찾아 들어가면 그 유명한 에펠탑은 프랑스 파리에 있고, 넘어질 것 같은데 쓰러지지 않는 피사의 사탑은 이탈리아의 피사에 있다는 것을 알게 된다.

유명한 모나리자의 미소는 프랑스 루브르 박물관에 가야 볼 수 있고 영봉 융프라우 만년설은 스위스에 가서 만년 얼음 동굴을 지나야 볼 수 있다고 이야기해 준다.

각 대륙, 각 나라의 문화, 언어, 인종, 의상, 음식, 기후 등 한 대륙씩 나누어 프로젝트 수업 방식으로 펼쳐 나가면 대륙 하나를 배우기에도 한 학기는 걸리겠지만, 유치원 과정에서는 큰 덩어리로 묶어 각 대륙이 속한 유명한 것들만 몇 가지씩 골라 소개한다.

세계는 이렇게 다양하고 풍부한 배울 거리, 흥밋거리로 가득 차 있는 곳이라는 것을 알려 준다. 이 중 대표적인 몇 가지만 소개해 본다.

❶ 대표 건축물

- 중국 : 만리장성
- 프랑스 : 에펠탑
- 이탈리아 : 콜로세움, 피사의 사탑
- 오스트레일리아 : 오페라 하우스
- 인도 : 타지마할
- 대한민국 : 불국사

❷ 전통 의상

- 대한민국 : 한복
- 일본 : 기모노
- 베트남 : 아오자이

❸ 대표 동물

- 중국 : 판다
- 인도 : 벵갈 호랑이
- 핀란드 : 순록
- 북아메리카 : 불곰
- 아프리카 : 얼룩말, 기린, 캥거루
- 오세아니아 : 코알라

이때 각 대륙 또는 각 나라의 대표 건축물, 전통 의상, 대표 동물의 사진이나 견본 등을 자료로 만들어 함께 소개하면 좋다.

특히 대륙의 대표 동물을 소개할 때는 지구본을 가운데 두고 각 대륙의 퍼즐 조각을 지구본 대륙 밑에 놓고 각 대륙에만 있는 특별한 동물들을 그 밑에 놓으면 수 영역의 버드아이뷰를 보는 것처럼 각 대륙의 동물들을 한눈에 볼 수 있다.

(4) 지형 선반

① 지형 틀

지형 틀은 섬, 호수, 반도, 만, 지협, 해협 등 6가지 지형으로 나눈다.

- 섬 : 둘레가 많은 물로 둘러 싸여 있는 큰 땅
- 호수 : 둘레가 땅으로 둘러싸인 많은 물
- 반도 : 땅 한쪽이 대륙에 붙어 있고 세면이 바다로 이어져 있는 땅
- 만 : 대륙 깊숙이 바다가 들어와 있는 곳
- 지협 : 바다 속에 난 좁은 땅 길
- 해협 : 땅 가운데 좁게 나 있는 바닷길

대부분의 유치원에 문화 영역에 준비되어 있는 것이 지형 틀이다. 6개의 지형 틀은 교구사에서 살 수 있다.

이 지형 틀에 물을 붓고 나무나 배 같은 것들을 꾸며 놓아 호수나 섬같이 보이게도 한다. 부지런한 교사는 유리그릇에 찰흙이나 점토를 빚어 각 지형을 만들어 놓고 거기에 물을 부어 보게도 할 수 있다. 요즘엔 클레이가 색깔별로 나와 있어 지형 만들기가 쉽다.

② 사포 지형

도화지나 두꺼운 종이를 동그랗게 자르고 사포로 지형 모양을 오려 붙이면 새로운 지형 작업을 할 수 있다. 두 개씩 만들어 매칭 카드로 써도 좋다.

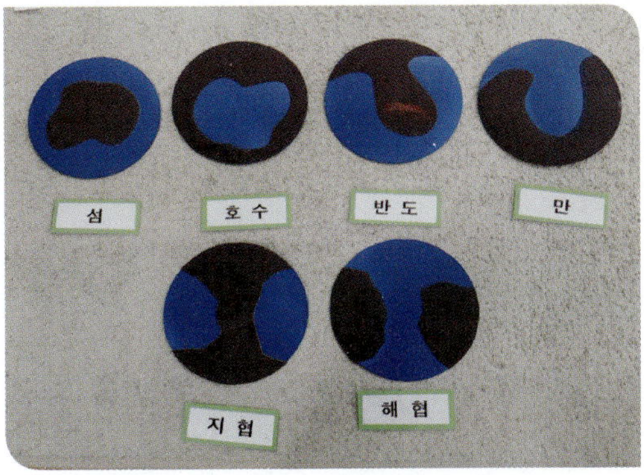

③ 지형 만들기

아이들이 즐거워하는 지형 만들기 작업을 소개한다.

우선 둥글고 커다란 그릇에 파란 시트지 종이를 바닥에 붙여 놓고 물을 부으면 금세 푸른 바다가 된다. 어항 속에 넣는 모래를 수북하게 부어 놓으면 섬이 되고 가장 자리로 모래를 밀어 붙이고 가운데 물을 모아 놓으면 호수로 변한다.

한 쪽은 붙여 놓고 3면에 물을 부으면 반도가 되고, 물이 안으로 쑤욱 들어오게 하면 만이 된다. 양쪽이 땅이고 그 가운데로 물길이 나 있는 것이 해협, 양쪽이 물이고 가운데 좁은 땅 길이 있는 것이 지협이란다.

흥얼흥얼 노래인지 말인지 중얼거리면서 아이들은 한 손에는 물을 다른 한 손에는 모래 컵을 들고 제 마음대로 바다와 대륙을 만들어 내는 창조주가 되어 보는 즐거움에 빠진다.

이렇게 직접 물과 모래를 가지고 지형을 만들어 본 아이들은 다음 단계에서 종이에 그려져 있는 지형에 색칠을 하고 형태 이름을 알 수 있다. 어쩌다 기차를 타고 여행이라도 하려면 “야! 저기 섬이 있네, 저 큰 호수 좀 봐!” 배웠다고 안다고 소리 지르며 기뻐한다. 이쯤 되면 세계 지도를 펼쳐 놓고 장화같이 생긴 이탈리아나 우리나라가 반도인 것을 알아채는 것은 금방이다.

언덕이나 구릉, 사막이나 바다, 산이나 계곡, 강이나 시내 같은 여러 가지 지형은 교사가 사진이나 그림을 준비해 보여 주며 설명하면 좋다.

④ 지층 구조

많은 모래가 끝도 없이 이어지는 사막이 있는가 하면 산이 뚝 끊어져 밑에 강이 흐르는 절벽이 있다. 이렇게 다양한 지형을 어느 정도 익히고 나면 지층 구조 이야기에 열을 올린다.

지구 중심 약 6000km 깊이의 가장 깊은 곳에는 5000℃ 이상의 뜨거운 내핵이 있고, 내핵 속에 있는 것은 거의 단단한 귀금속 형태이며 고체 상태라고 한다. 맨틀 아래에서 약 3000km 이상의 깊이에서 내핵을 둘러싼 외핵은 바위까지 물렁물

렁하고 4000℃ 이상의 뜨거운 액체 상태로 대부분이 중금속 상태라고 한다.

외핵을 둘러 싼 맨틀에는 용암(마그마)이 부글부글 끓어 틈만 있으면 밖으로 솟아 나오려고 한다. 바다 및 대륙끼리 움직여 다니다 부딪히면 지각 변동이 일어나 해일이 일어나고 지진이 생기기도 하고 화산이 폭발하여 용암이 흘러내리고 또 새로운 섬이나 대륙이 생기기도 한다. 지진이나 화산 폭발은 달의 인력에 의해서도 일어난다.

지구 가장 바깥쪽은 지표라고 하는데, 우리가 지금 살고 있는 곳으로 산과 바다가 있고 사람을 비롯한 동식물들이 살아가고 있다.

이렇게 교실마다 지구 이야기를 하느라 분주해진다. 그렇다면 그 어렵고 어려운 지구 내부 구조를 어떻게 알려 줄 수 있을까? 교사들은 커다란 지구를 쪼개어 내부 구조를 보여 주고, 컬러 점토로 지구를 만들어 삼각형으로 자구의 일부를 잘라내 보인다.

스펀지 내부 속의 지구 내핵은 빨간색, 외핵은 노란색, 맨틀은 주황색으로 만든다. 우리가 살고 있는 지구 표면은 초록색과 갈색으로 꾸며 놓아 정말 작은 지구를 연상하게 한다. 한 조각 한 조각 보여 주며 아이들로 하여금 만져 보고 느낄 수 있도록 하는 동안 아이들의 숨소리만 작게 들려온다. 그 과정이 신기한지 작고 동그란 눈동자가 더욱 커지며 집중하는 귀여운 모습을 볼 수 있다.

⑤ 화산 폭발

교구상에서 파는 산 모형도 있지만 원에서 직접 교사가 만들 때는 컵라면 중간 그릇에 작은 주스 병을 넣고 그릇 표면에 찰흙이나 클레이를 붙이고 에나멜을 칠하면 산 같은 모양이 된다.

산 모형을 만들고 소다와 빨간 색소를 탄 식초를 부어 부글부글 끓어오르게 하면 용암이 흘러내리듯이 빨간 색소가 산 모형을 타고 흘러내린다.

아이들은 지층 구조를 배울 때 지진이나 바닷속 대륙이 서로 부딪히거나 달의 인력에 의해 맨틀이 움직이면서 틈이 생기면 맨틀에 있던 용암이 솟아 나오면서 산을 타고 흘러내린다는 것을 배워서 안다.

화산재, 가스, 화산탄 같은 용어들을 배우며 용암이 높게 대형으로 분출되면 태양을 가려 식물이 자랄 수 없고 화산재가 땅을 덮어 많은 동식물이 죽는 위험한 일도 생긴다는 것도 조금씩 이해하게 된다.

3단계 카드로 배운 내용을 복습하며 지형을 마무리한다.

(5) 음악·미술 선반

몬테소리는 음악이나 미술 영역은 크게 다루지 않았다. 왜냐하면 몬테소리 교육 활동 전반에 모두 스며들어 있고, 일반 유치원 프로그램에 들어 있는 유아 음악과 유아 미술 분야에서 다루고 있는 것과 크게 다르지 않기 때문이다.

유아교육을 전공한 유치원 교사들은 이미 대부분 알고 있으리라 생각되지만 몇 가지만 간단히 소개하려고 한다.

① 음악 선반

음악은 몬테소리 교육 활동 전반에 자주 사용된다. 중요한 것은 먼저 좋은 환경에서 음악을 자주 듣고 음악에 대한 애정을 가지고 감상하게 하는 것이다.

❶ 선 걷기 음악

선 걷기는 음악을 들으며 함께 율동(movement)을 하는 시간이다. 몬테소리 교실에서는 아이들이 등원한 후 교실에서 자유 작업을 할 때도 조용한 음악이 흐르고, 선 걷기를 할 때면 선 걷기에 쓰일 곡을 교사들이 골라 어떤 음악이 들리면 선 걷기 선에 모이기로 아이들과 약속을 정한다.

선 걷기 노래가 들리면 아이들은 선 위에 모이고 그 곡에 따라 교사들의 움직임이 시작되고 아이들은 교사들의 뒤를 따라 교사들이 보여 주는 몸짓에 따라 걷기도 하고 뛰기도 하고 종종걸음으로 따라가기도 하면서 선율에 따라 아름다운 율동을 선보인다.

❷ 시작과 끝을 알리는 음악

선 걷기와 마찬가지로 교사들은 아이들과 곡을 정해 이 노래가 들리면 작업을 시작하거나 끝내는 신호로 알자고 약속을 정한다.

❸ 침묵 게임 음악

수업을 시작할 때나 끝낼 때 몇 분 간의 침묵 게임을 통해 아이들의 집중을 유도하기도 하고 음악을 감상할 기회를 주기도 한다.

주로 클래식 음악을 들려주면서 아이들의 정서를 순화시키기도 하고 그 곡에 대해 설명을 덧붙여 곡의 이해를 돕기도 한다.

❹ 화음과 멜로디 학습

아이들에게 맞는 간단하고 기본적인 악기를 주어 그 사용법을 배우게 하고, 박자와 음계를 익히고 악보를 읽을 수 있도록 한다.

피아노 등의 악기로 배우게도 하지만 음감벨을 통해 아이들에게 두 벌의 도레미파솔라시도 음감벨을 나누어 주고 양쪽에 섞어 서게 한 후 각각의 아이들이 자신이 가지고 있는 벨을 쳐서 같은 음의 짝을 찾게 한다.

또한 침묵 게임 때 교사가 치는 피아노의 음을 먼저 맞추는 아이들이 작업을 먼저 시작하도록 하면 그 음을 정확히 듣기 위해 최대한 조용히 하며 집중한다.

② 미술 선반

몬테소리는 그리기나 만들기를 형식적으로 가르치지는 않았지만 몬테소리 교육 전체에 미술 영역이 포함되어 있다. 몬테소리는 아동 내부에 창조적이며 예술적인 기능들이 잠재해 있다고 믿기에 그 잠재적 능력들을 꺼내어 발달시킬 수 있도록 모든 영역 속에 미술적 기능들을 마련해 두었다고 할 수 있다. 그리기의 기초는 선을 긋고 곡선을 완성하는 데에 있다. 미술 분야를 몬테소리 영역별로 나누어 간단히 소개한다.

❶ 일상생활 영역의 색깔 혼합

빨간색, 노란색, 파란색을 섞어 주황색, 초록색, 보라색을 만드는 색깔 혼합 작업도 미술 영역이다. 또한 일상생활 영역의 손가락과 손목 근육의 발달 활동들도 쓰기, 그리기를 위한 것이다.

❷ 감각 영역의 색판

감각 선반의 색판 또한 모두 미술 영역에 속하는 것이다.

- 1차색 : 빨간색, 노란색, 파란색 3원색 배우기
- 2차색 : 주황색, 초록색, 보라색 배우기
- 3차색 : 분홍색, 갈색, 회색, 검은색, 흰색 배우기

❸ 언어 영역의 철판 도형

직선, 곡선, 사선 등의 선 긋기는 결국 글쓰기 연습으로 이어지며, 다양한 선 긋기를 통한 도형의 응용 결과물은 결국 그리기의 기초가 된다.

❹ 문화 영역

문화 영역의 과학 선반에서 식물, 동물의 부분 명칭을 익히며 종이 작업을 할 때 색칠을 하는 것도 미술 영역이다. 또한 지형 선반에서 점토나 클레이로 섬, 호수, 만, 반도, 지협, 해협 등 지형을 만들고, 지층 구조 알기에서 내핵, 외핵, 맨틀, 지표 등을 클레이로 만들어 보는 것도 미술 영역에서 할 수 있는 작업이다.

❺ 미술 작업

일반 유치원 과정에 있는 것이 대부분이긴 하나 실제로 몬테소리 수업 시간에 배웠던 미술 작업이라고 할 수 있는 것이 몇 가지 있어 소개한다.

ㄱ. 데칼코마니 : 종이 반쪽 면에 물감으로 그림을 그리고, 그 그림을 반으로 접어 다른 면에 같은 그림을 만든다.

ㄴ. 콜라주 : 색종이를 잘게 자르던지 뜯어서 만들고 싶은 작품을 그린 곳에 풀로 붙인다.

ㄷ. 마블링 : 쟁반에 여러 가지 물감을 풀어 섞어 놓고 구슬을 굴려 여러가지 색깔의 선을 연출한다.

ㄹ. 핑거 페인팅 : 여러 개의 짧은 크레파스를 녹여 그릇에 담고 손가락에 묻혀 도화지에 그림을 그린다.

ㅁ. 종이 물들이기 : 얇은 종이 4면의 끝을 3cm 길이로 남긴 후 실로 묶고 묶은 곳을 한 쪽씩 다른 색 물감에 적신다. 이후 실로 묶은 곳을 풀면 한 종이에 여러 가지 물감이 물들어 있게 된다.

이 밖에 고리 만들기나 가위로 문양 만들기, 거품 불기 등은 흔하게 하는 활동으로 생략한다. 오히려 철판 도형의 응용 단계를 이용하여 아이들로 하여금 마음대로 창조적 응용물을 만들게 하고 그 안에 색칠을 하여 다양한 작품을 만들어 보는 활동을 하면 더욱 좋다.

6장 몬테소리 유치원의 하루 일과

몬테소리 교실의 구성 인원은 20~25명의 아동에 정교사 1명, 인턴교사 1명이다. 2~3년의 혼합연령 구성이다. 몬테소리 교실에는 원래 정해진 시간이 없으나 대개 하루의 일과는 다음과 같다.

몬테소리 교실 시간표

- 9:00~10:00 등원, 인사 나누기(자유 작업)
- 10:00~10:30 선 걷기, 써클(이야기 나누기, 노래 배우기, 주제 일기-유치원 과정 알기)
- 10:30~10:50 교구 제시(소그룹)-하루 한가지, 한 영역씩
- 10:50~12:00 개별 선택 작업(교사의 개별 지도)
- 12:00~13:00 귀가 또는 점심 후 실외 놀이
- 13:00~14:00 특별 활동 또는 일과 평가 후 귀가

많은 사람들의 궁금증은 몬테소리 과정(하루 일과)의 내용이다. 몬테소리 교육은 좋은 줄은 알지만 왜, 어떤 것이 좋은지 명쾌하게 알 수 없어 조바심이 난다. 이러한 몬테소리 교육의 첫 번째 개념은 '아이들의 삶을 돕자'는 데서 출발한다.

세상에 태어난 지 얼마 안 되는 세월 속에서 이것도 궁금하고 저것도 새롭고, 보이는 것, 걸리는 것마다 낯선 것뿐인데 아는 것이 없으니 무엇을 어떻게 해야 할지도 모르겠고 먹고 입는 것은 부모가 해결해 준다지만 숟가락을 쥐는 법이나 컵을 잡는 것도 손목 힘이 부족해서 제대로 잡을 수가 없다.

빨리 걷고 싶어도 다리 근육이 발달이 안 되었으니 뒤뚱거릴 수밖에 없고 왼쪽, 오른쪽이 구별이 안 되니 신발은 맨날 짝짝이로 신는다. 단추를 끼우는 것도, 지퍼를 올리는 것도, 버클을 채우기도 쉽지 않다.

몬테소리 교육은 이러한 우리 아이들이 하루를 살아가는 데 필요한 모든 것들을 주위에 갖추어 놓고 한 단계, 한 단계 연습하며 반복해서 익힘으로써 좀 더 쉽게 세상을 살아가게 도와주는 일이다.

이것은 똑같고 이것은 다르다. 같고 다름을 알게 함으로써 질서를 익히게 하며 다음에 무엇을 해야 하나 생각하게 하는 힘을 기른다. 이것이 우선 우리 아이들이 겪는 매일의 일과이다.

몬테소리 교실을 잘 운영하기 위해 몬테소리 교실을 정의해 보면 다음과 같다.

첫째, 환경(교구)이 준비되어 있고 훈련된 교사가 있어 아동과 교구를 연결해 준다. 3년 차에 걸쳐 배워야 하는 교구 작업을 나이에 따라 개별 능력에 따라 차근차근히 전체로, 그룹으로, 개별 단위로 배워 나간다. 짜여진 주간 교육계획안에 따라 1주일 내내 일상, 감각, 수, 언어, 문화(역사, 지리, 과학), 음악·미술 영역을 요일별로 제시해 준다. 아이들은 교사가 제시해 준 교구 작업을 자유롭게 가져다 자기 자신이 원하는 만큼 반복해서 익힌다. 자유선택이라는 개념이다.

둘째, 교구작업을 할 때는 제일 먼저 구체물로 된 교구 작업부터 하고 단계를 거쳐 평면화 작업, 즉 퍼즐로 된 교구나 교재(종이 작업)를 사용한다. 이는 창의력과 상상력을 발달시키는 데 중요한 역할을 한다. 구체물, 즉 실물을 사용하여 교구 작업을 하는 것은 오감을 활용해서 감각적으로 경험을 갖게 하고 그 경험을 통해 지능을 발달하게 하기 위함이다.

셋째, 몬테소리 교실은 혼합연령 교실을 지향한다. 5~7세 나이와 생일, 단계를 고려하여 인원 구성을 하는데 사회성 발달과 언어 발달, 어린아이들의 선수 학습의 장점과 큰 아이들의 리더십 향상이 기대된다.

넷째, 몬테소리 교실의 분위기는 자발적이고 평화롭고 자유로움이 보장되어야 한다. 하지만 자유로움이라는 것은 한계가 있어 이 제한된 자유(Limitted Freedom)의 개념을 어떻게 잘 활용하느냐가 교실 운영의 관건이 된다.

1. 등원

몬테소리 교실은 아동들이 원에 도착하는 대로 자유롭게 작업이나 또는 미술 활동이나 기타 선택 활동으로 시작된다. 교사는 아동들이 자신의 물건을 챙기며 작업, 또는 활동에 참여할 수 있도록 옆에서 도와주며 모든 아동들이 도착할 때까지 아동들에게 필요한 사항을 점검하며 채워 준다.

어느 유치원이나 비슷하겠지만 아이들이 들어올 때 즈음이면 선생님들은 현관에 나가 아이들을 맞이한다. 외국의 경우 엄마 손에서 아이들을 건네받는 것이 원칙이나 우리나라 어머님들 대부분이 운전을 안 하시니 유치원에서는 차량을 운행하여 아이들을 데려온다. 어느 한 아이도 천천히 걸어오는 아이 없이 모두 뛰어오는데 무엇이 그리 급한지 모두가 일등으로 들어오려고 한다.

이것도 운동 발달의 욕구일 수 있다. 그래서 아이들을 맞는 교사는 마음이 급하다. 뛰어오다 엎어지는 날이면 여리디 여린 콧잔등이 깨지기 십상이다. 그래서 차에서 내리면 한 줄 기차로 세운다. 차례차례 들어오기 위해서이다.

이렇게 차례를 지켜 교실로 들어온 아이들은 메고 온 가방은 사물함에 넣고, 겉옷을 벗어 바닥에 놓고 옷걸이를 빼 와 옷을 걸고 옷 단추를 하나 잠근 다음 그 옷걸이를 가져다가 제자리에 건다.

몬테소리 교실 안으로 들어온 아이들은 분주하다. 무언가 아이들이 흥미로운 '할 거리'를 찾고 있다. 그리고 그 작업에 몰두하게 되면 시간 가는 줄 모르고 열중하기도 한다. '움직임 속의 조용함'이라고 표현할 수 있다.

그러나 많은 사람들이 몬테소리는 정적이라고 말한다. 조용히 앉아서 만지기 때문이다. 그 조용히 앉아서 열중하는 동안 아이의 두뇌가 얼마나 많이 회전하고 눈과 손이 얼마나 빨리 돌아가는지를 누가 알겠는가.

한자리에 30분 이상 앉아 있는 아이는 한 명도 없다. 예를 들어 '분홍탑' 작업을 하려면 20번 이상 오가야 하고 수 영역의 '버드아이뷰'를 시작하려면 100번 이상 움직여야 한다. 몬테소리 교실에서 아이들은 제 나름대로 제 수준대로의 기쁨을 갖고 창조적 작업에 도전해 간다.

교실에서 아이들이 자유롭게 선택한 교구를 가져다 작업할 때, 처음에는 깊이 있는 집중에 이르지 못하나 2개 또는 3개 정도 교구 작업을 해 보고 15~20분 정도 지나게 되면 교구 작업에 몰입하게 된다.

대개 이쯤 되면 교실은 차분해지고 교구를 가져오고 가져가는 아이들의 움직임 외에는 거의 대화나 상호작용이 줄어든다. 이는 아동들이 자신들의 작업에 집중해 있기 때문인데, 순간적으로 밖에서 볼 때는 이 상황이 고립되어 있거나 상호작용이 안 된다거나 의사소통을 안 한다라고 오해할 수도 있다.

그러나 20분 정도 집중의 시간이 지나고 나면 다시 집중력이 흩어지며 교실이 조금씩 술렁이게 되어 마무리 작업에 들어가게 된다.

전체적인 시간으로 보아서 선 걷기 및 이야기 나누기와 그룹 시연이 30분에서 40분 정도 소요되고 자유 개별 작업 시간이 40~50분 정도(7세는 1시간 정도) 걸리게 되고 아이들의 집중이 길어지면 조금 더 시간이 길어질 수도 있다.

최소한 개별 작업 시간이 40분 이상 되어야 선택하고 집중하고 완성하고 마무리하는 단계가 이루어진다. 그 이하가 될 때는 진정한 작업을 했다고 말할 수가 없다. 그리고 이 집중의 시간에 교사는 되도록 아동의 작업을 방해하지 말아야 하며 아이들도 교사의 도움을 요청할 때 조용히 손을 들어 요청하고 큰 소리를 내서 교사를 부를 수 없다. 다른 친구들에게 방해가 되기 때문이다. 이 시간이 끝나면 아동들은 자유롭게 활동하며 교실에서의 시간을 보낸다.

2. 선 걷기

몬테소리 교실에서의 선 걷기는 몸 전체의 균형과 중심 잡기, 머리에서 발끝까지, 심장에서 손가락 끝 모든 세포를 확장 발달시키는 소근육, 대근육 발달에 중요한 운동이다.

선 걷기는 음악에 따라서 손과 발 몸짓이 변하며 정서적인 안정과 평화를 얻게 되며 때로 깊은 집중에 몰입할 수도 있다.

모든 아동의 등원이 끝나면 조용한 음악을 틀어 '선 걷기'를 시도한다. 이때 아동들은 자신이 하던 활동들을 정리하거나 한쪽 옆으로 치워 놓고 교사의 인도에 따라 선 걷기를 하면서 흩어졌던 마음과 몸을 정돈하며 집중한다.

음악에 따라 '선 걷기'를 5분 정도 진행하다가 아동들의 집중이 이루어졌다고 판단될 때 조용히 앉아 그날의 주제에 대한 이야기를 나눈다.

부모들은 각 가정으로 미리 보낸 주간 교육계획표를 보면서 그날 아이들이 나눌 주제와 새롭게 배울 몬테소리 작업, 새 노래, 율동, 동화 등을 정확하게 알 수 있으며 자녀의 발달 과정을 가늠할 수 있다.

다음 노래들은 선 걷기를 하면서 부르는 노래들이다. 영어 노래 이외에도 교사가 적당한 음악을 골라 선 걷기 음악으로 정해 쓸 수도 있다.

- 선 위를 걷자(walking on the line)
- 우리는 걷는다(we are walking)
- 발꿈치와 발가락으로 걷는다(walking walking hill to toe)

한 명 한 명 그 뒤를 따라 아이들이 모두 선 위에 서면 선생님은 아이들을 인도하여 여러 가지 형태의 몸동작을 이용하여 아이들의 대근육 발달을 도모한다. 호랑이의 어슬렁거림, 거북이의 느릿느릿한 움직임, 작은 새들의 재잘거림인가 싶더니 어느새 깡충깡충 토끼뜀을 뛴다. 캥거루의 점프나 예쁜 나비의 하늘거림도 아주 아름다운 율동의 표현이다.

이 선 걷기는 흐트러진 마음을 모으는 데도 중요한 역할을 하지만 선을 따라 걷는 어려운 동작을 통해 몸의 균형 잡기는 물론 자신을 통제할 수 있는 통제력과 집중력과 자제력을 기르는 데 아주 중요한 역할을 한다. 한 가지 아쉬운 것은 요즈음 아이들이 일상생활 속에서 걷기를 별로 하지 않아 3분에서 5분 걷기를 힘들어한다는 것이다.

선 걷기를 맨손으로 하던 아이들이 시간이 지나면서 몸의 균형을 잡고 동작이 자유로워지면 콩 주머니를 머리에 얹고 고개를 들어 당당하고 우아하게 걸어 보기도 한다.

선 걷기를 마칠 때쯤, 선생님이 중앙에 바구니를 놓고 고개만 숙여 콩 주머니를 떨어뜨려 보게 한다. 이는 초점 맞추기 활동이다. 쉽지 않은 활동이지만 훈련된 아이들은 대부분 바구니 속에 떨어뜨리는 것에 성공하고, 성취감을 얻게 된다.

이 활동이 고도로 발달 되었을 때에는 7부 정도 물이 들어 있는 컵을 두 손으로 들고 선을 따라 사뿐사뿐 걷기도 하는데 온몸의 신경이 양손과 눈, 발끝에 가 있는 것 같이 몸도 함께 움직이게 된다. 7세 후반에나 해 볼 수 있는 활동이다.

선 걷기가 끝나면 양팔을 벌리고 발을 꼬아 하나, 둘, 셋 조용히 선 위에 다 같이 앉는다.

3. 써클

1) 써클

(1) 내용 알기

몬테소리 교실에서의 써클은 일반 유치원 과정의 '이야기 나누기'에 해당한다. 1년 계획을 짤 때 주제를 정하고 계절에 따라 행사에 따라 주제를 맞추어 지혜롭게 써클을 운영하면 좋다.

흔히 몬테소리 교실을 운영해 보지 않은 교사들이 써클 운영에 두려움을 갖고 써클이나 그룹 레슨을 하지 않고 바로 아이들을 개별 작업으로 이끄는 경우가 있는데 정상적인 몬테소리 교실 운영에서는 써클과 그룹 레슨을 빼면 안 되는 일이다.

만일 써클 인원이 많지 않거나 연차가 크지 않은 경우에는 간단한 레슨은 써클 때 할 수도 있다.

아이들의 혼합연령 차이가 너무 많이 날 때는 써클도 1~2년 차로 줄여 하는 것이 좋다. 이해도가 비슷한 연령에서 써클이 이루어져야 아이들의 이해와 참여도가 높기 때문이다.

(2) 출석 체크

처음 시작할 때는 이름 부르기 노래를 부르며 서로의 이름을 확인한다. 그리고 선생님은 아이들의 이름이 들어 있는 바구니를 가져다 아이들의 이름을 한 명씩 부른다. 이것이 써클 시간의 시작이다.

신학기가 시작될 때는 친구들의 이름을 노래로 불러 가며 친밀감을 더하는데 아이들은 친구들이 자신의 이름을 부른다는 데 상당한 친밀감을 느끼게 된다.

(3) 시제 알기

아이들의 출석을 확인하고 나면 오늘의 날짜와 요일을 알아보고 내일, 어제와 모레, 금년과 내년 등의 시제도 알아본다. 날짜를 익히며 시제에 대한 이해를 돕는다. 물론 5세에서는 안 되고, 6세도 어렵다. 시제는 7세쯤에나 가능하다.

(4) 날씨 알기

출석을 체크하고 시제에 대해 이야기를 나눈 후에는 오늘 날씨에 대해 이야기한다. 영어로 날씨를 물어보기(How's weather?)도 하고, 다양한 날씨(해 뜬 날, 구름 낀 날, 바람 부는 날, 비 오는 날, 눈 오는 날)에 대해 이해한다. 이때 손유희나 노래를 사용하면 좋다.

(5) 주제 설명

써클을 주도하는 선생님에 따라서 날씨 노래도 불러 보고 새 노래도 배운다.

월요일 써클에는 주로 주말에 있었던 이야기로 아이들의 입을 열게 하고 발표할 수 있도록 유도한다. 보통 그 달의 주제, 그 주간의 주제, 그날의 주제 등으로 아이들과 의견을 나눈다.

써클은 말 그대로 원형, 반원형으로 선생님이 중심에 있고, 아이들을 양옆으로 둥글게 앉힌다. 되도록 두 줄, 세 줄로 아이들이 아이들의 뒷모습을 보게 하지 말고 서로를 마주 볼 수 있도록 해야 한다.

스승의 날, 어버이날, 원 행사, 계절 알기 등 써클의 주제는 다양하다. 써클 시간에 주제를 놓고 이야기 나누기를 할 때, 경우에 따라서는 그룹 시연 때 할 것을 이때 할 수도 있다.

예를 들어, 봄에 대한 주제가 4월의 주제이고 이번 주에 봄에 피는 꽃이 주간 주제라고 한다면 실물로나 사진으로나 또는 영상으로 봄에 피는 꽃을 보여 주고 꽃의 부분 명칭 알기나 잎새의 모양 알기나 꽃마다 다른 색깔에 대해 이야기를 나눌 수 있다. '색'에 대한 레슨도 할 수 있으며, 꽃 퍼즐 시연하기도 가능하다.

교사들은 자신의 아이들을 오래 붙들고 있고 싶어 하지만 결코 15분 이상 한 자리에 붙들고 있어서는 안 된다.

(6) 마무리하기

주제에 대해 이야기를 나눈 후 써클을 마무리하는 방법은 다양하다. 알파벳이나 한글 글자 자판을 딛고 마무리하거나, 또는 침묵 게임으로 한 명씩 자신의 그룹으로 돌아가게 하기도 하고, 선생님이 조용히 아이 이름을 불러 주기도 하고 살짝 어깨를 눌러 주기도 한다. 아이들이 많은 경우에 이 방법은 그룹 시연으로 할 때 쓰고, 조용히 앉아 있는 아이들을 두 그룹으로 나누고 각자의 자리로 돌아가게 할 수도 있다.

2) 그룹 레슨

써클을 통해 이야기도 나누고 주제도 토론하고 날씨도 알아보고 시제도 배우면서 15분 이내로 써클을 끝내고 소그룹으로 나누어 그룹 레슨으로 들어간다. 되도록 이때는 써클의 연장으로 이끌어 가는 것이 좋다.

써클을 끝냈다고 한꺼번에 아이들을 풀어 주거나 화장실을 다녀오게 하거나, 분위기를 흩어지게 하는 것은 좋지 않다. 집중을 깨기 쉽기 때문이다.

조용한 분위기에서 두 그룹으로 나누어 그날 배울 교구 시연을 한다. 그룹 레슨도 원아나 교사 모두가 집중해서 시연을 주고받는다. 만일 선생님이 두 분이 아닐 때는 한 그룹은 자유 작업을 선택하게 하고 한 그룹은 교구 시연을 하도록 한다.

(1) 시연하기

시연을 할 때는 정확히, 간단히, 천천히, 말없이 아이들의 집중을 유도한다. 수업은 자유로운 분위기에서 아동이 자신을 드러내도록 하는 것이 좋다.

새로 온 아이는 그룹 시연에 참여하게 하고 끝난 후 따로 개별 수업을 한다. 문제 아동의 경우 '나 전달법(I massage)'으로 전하거나, 애정 어린 관심을 주어 아이가 교사를 믿고 따를 수 있도록 해야 한다.

아이들 간의 다툼은 폭력이 일어나지 않는 한 아이들끼리 해결하도록 지켜본다. 섣불리 한 아이의 잘못을 지적하지 않는다.

아동이 작업에 집중해 있을 때에는 미소조차 보이지 말고 작업을 방해하지 않는다. 모든 작업을 끝내고 봐주기를 기다릴 때 "잘 했어! 네가 해낼 줄 알았다."라고 인정해 준다.

(2) 흥미 유도

아동이 배운 건 다 해 봐서 더 이상 할 것이 없을 때나 흥미로운 작업을 찾지 못하고 서성거릴 때, 교사는 아동의 상태를 파악하고 기존에 했던 작업을 한 번 더 해 보도록 유도하거나 새로운 것을 시연해 줌으로써 흥미를 유도해야 한다.

또한 아동이 이것도 저것도 다 어려워하며 작업을 선택하지 못할 때에는, 아동의 수준을 파악해서 맞는 작업을 할 수 있도로 유도해야 한다.

산만한 아이의 경우 그 아이 수준에 관계없이 물 작업으로 데려간다. 스펀지로 물 옮기기, 베스타로 물 옮기기, 물 따르기 등 집중이 필요한 작업으로 유도하면 좋다.

3) 교구 작업

몬테소리 교구는 한 교구에 4~6단계가 있고 한 단계에서 다음 단계로 나가기까지는 1~2개월 혹은 3개월 이상 걸리는 작업도 있다. 예를 들어, 꼭지 원기둥 크기의 비교 1단계를 만 3세에 완성했다고 하면 4개의 원기둥(40개의 원기둥)을 모두 꺼내어 눈 감고 맞추어 보는 단계는 만 6세 취학반 2학기에나 가능하다.

부모들이 보면 똑같은 교구를 3년 전에도 가지고 했는데 왜 지금 졸업 때가 되서도 같은 교구를 가지고 작업하느냐고 아이들이 진도를 못나간 것으로 오해할 때가 종종 있다. 그러나 그것은 교구 작업의 진도를 알지 못하는 오해에서 비롯된 것이다. 3세 때 배우는 교구 작업과 5세 때 배우는 교구 작업은 그 차원이 다르다. 그래서 교사는 매일 아동의 교구 작업을 관찰하고 기록하고 진도를 체크하면서 아동의 작업을 인도한다.

몬테소리 교실에 있는 모든 교구 및 자료는 교구 하나하나마다 가지고 있는 특성과 목적이 있다. 뭉뚱그려 창의성 개발이라느니, 사고력 발달이라느니 하는 것이 아니라 교구 자체가 기능이 각각 다른 것이다.

구슬 떨어뜨리기, 물 따르기, 콩 쓸기, 이쑤시개 옮기기 등은 집중력을 기르는 데 쓰이고, 크기를 아는 것으로는 분홍탑을, 넓이를 배울 때는 항식을, 도형을 배울 때는 기하입체 도형과 서랍을, 도형을 익힌 뒤 창의적 작업으로 나아갈 때는 건축 상자를 사용한다. 그리고 물체의 성질을 배울 때는 '뜨다, 가라앉다', '자석에 붙다, 안 붙다' 등을 사용한다.

1000여 가지 교구 작업을 일일이 나열할 수 없으나 분명한 것은 각 교구마다 쓰임과 목적이 다르고 단계가 각각 있어 나이에 따라 진도에 따라 아이들에게 제시하는 때가 다르다.

이는 고도로 훈련 받은 교사가 아이의 발달 상황을 관찰하고 그 상황에 따라 연결해 주어야 하므로 우리 교실에는 두 분의 선생님이 계시고 매주 아이들의 작업을 점검하는 것이다.

다만 걱정스러운 것은 많은 부모들이 교구를 띄엄띄엄 갖추어 놓고 시도 때도 없이 아이에게 교구를 사용하게 하므로, 아이들이 유치원에 와서 교구를 흥미 있게 바르게 사용하는 기회를 빼앗고 있는 것이다.

아이의 발달을 돕겠다고 애쓰는 것이 오히려 아이의 정상적인 발달을 방해한다는 것을 명심해야 하며, 몬테소리 교구가 아닌 다른 교구라도 감각, 수, 언어 교구와 교재는 각각 그 단계가 있으므로 원의 선생님과 상의하면서 가정에 있는 교구를 반복 학습의 도구로 이용하면 좋을 것 같다.

써클 및 그룹 레슨 주의사항

- 써클은 20분을 넘지 않는다.
- 시작할 때는 손유희나 새 노래를 부르고 새 친구가 있을 때 소개한다.
- 동일 그룹일 때는 바로 그룹 레슨을 들어가도 된다.
- 혼합연령일 때는 가능하면 분반한다.
- 동일 연령이라도 15~20명 이상일 때 되도록 두 그룹으로 나눈다.
- 몬테소리 교사가 1명일 때에는 그룹을 나누어 시연하는 동안 다른 그룹은 보조 교사가 돌본다.
- 그룹 레슨은 한 팀이 먼저 시작하고 레슨을 하는 동안 다른 그룹은 자유 작업을 하다가 작업이 거의 끝날 때 다른 팀의 그룹 레슨을 같이 할 수도 있고, 몬테소리 교사가 먼저 팀 그룹 레슨을 끝낸 후 바로 다음 그룹 레슨을 할 수도 있다.
- 그룹 레슨 인원은 10~15명 이내가 좋다. 만일 20명 이상의 아동이 있는 교실에 교사가 1명인 경우에는 인원을 반으로 나누어 한 그룹은 그리기, 퍼즐, 클레이 또는 선택적 자유 작업을 하도록 하고, 나머지 한 그룹의 아이들부터 그룹 레슨을 한 뒤 자유 작업으로 유도한다.
- 그룹 레슨을 할 때 이미 다른 작업 중인 아이들이 있거나 다른 활동에 들어간 아이들이 있는 경우에도 이 작업이 끝난 후나 오후 시간에 시간을 할애해 그날에 해야 할 레슨은 반드시 그날 하도록 한다.
- 그룹 레슨이 끝나면 침묵 게임을 하고 한 명씩 짚어 주던지 조용히 이름을 불러 준다. 주 교사가 아이들을 짚어 주는 동안 다른 교사가 작업을 선택하는 아동을 도와주어야 한다.
- 정상적인 몬테소리 교실에는 보조 교사라도 교사가 최소 2명은 있어야 한다.

미국의 몬테소리 학교 '써클' 견학

어느 해 한 미국의 몬테소리 학교를 방문했을 때의 일이다. 마침 교실에서는 써클 중이었다. 선생님께서 친칠라 목도리를 놓고 친칠라에 대한 주제를 가지고 아이들과 열심히 이야기를 나누고 있었다.

친칠라가 많이 사는 곳, 나라 이름, 산지 이름, 먹이 등 필요한 정보를 선생님이 제공하고 아이들에게 '친칠라는 어디에 쓰일까?', '왜 친칠라를 사람들이 잡으려고 할까?' 등 다양한 질문을 했을 때, 아이들의 대답은 가지각색이었다. 아이들은 '옷 만들려고, 잡아먹으려고, 집에서 기르려고' 등 자유롭게 대답했다.

한참 의견이 오고 간 후에 선생님이 정리를 하셨다.

"친칠라는 아주 귀해서 많이 잡을 수가 없고 털이 부드럽고 고와서 사람들이 좋아하는데 특히 보온성이 좋아 목도리나 코트를 만든단다. 그런데 친칠라는 조금밖에 없어서 사람들이 너무 많이 잡으면 멸종이 될 수 있대요. 되도록 보호하도록 해야 돼요."

아이들은 선생님의 이야기를 듣고 고개를 끄덕끄덕하며 동물은 보호해야 한다는 의지를 갖는 듯 보였다.

이렇게 써클은 아이들의 마음을 모으고 생각을 모아서 아이들을 더 지혜롭게 한다. 아이들과 교사가 충분한 생각들을 서로 나누고 아이들은 제 나름대로의 생각들을 자유롭게 펼치게 된다.

써클에서 조심해야 할 일은 제대로의 대답을 하는 아이와 그렇지 못한 아이가 있을 때에도, 표현하고자 하는 말들을 전부 할 수 있도록 해야 한다. 제대로 된 대답을 하는 아이만 자꾸 시키게 되면 다른 아이들은 입을 다물게 되고 상호작용은 어려워진다.

더구나 옳은 답을 말하지 못하고 우물거릴 때에도 웃지 말고, 놀리지 말고, 그 말을 긍정적으로 받아들이면서 "오, 그렇게 생각 할 수도 있겠구나. 그래 다시 생각해 보자." 하면서 일단 받아들여 주고 화제를 옮긴다.

자신이 대답을 잘 못했다고 느껴지거나 무시당했다고 생각하게 되면 아이는 위축되고 자신의 의견 내놓기를 주저하게 된다.

4. 작업

1) 작업 시연

써클에서 주제를 통한 이야기 나누기를 마치고 나면 그룹을 나누어 연령별로 그날의 작업을 교사가 시연한다.

시연이 끝나면 아이들은 잠시 자신이 어떤 작업을 시작할 것인가 궁리해 보고 선반으로 다가가 마음에 소중히 담아 두었던 오늘의 작업을 꺼내어 매트 또는 책상으로 가져온다. 마른 작업은 무엇이든 매트 또는 책상 위에서 해야 한다. 그러나 물 작업은 매트 위에서 하면 안 되고 반드시 책상 위에서만 하도록 한다. 이것은 규칙이다.

자유 작업을 선택해 시작할 때에는 이리저리 기웃거리고 가져다 놓아 보기도 하고 고민해 보기도 한다. 자유 작업을 선택한다는 것은 매우 소중한 일이다. 무엇인가를 선택한다는 것은 결정했다는 의미이고 자신감이 있다는 것을 나타낸다.

그리고 그 선택한 것을 흥미를 가지고 자신의 작업으로 이루어 나간다면 그 아이는 이미 내적 규율로 자신감, 자기 성취를 이룰 수 있게 된다. "나는 할 수 있어. 내가 해냈어." 만족하고 기뻐하는 순간순간이 쌓여 아이는 긍정적인 사고를 가진 아름다운 성품의 소유자로 자신을 이끌게 된다.

2) 주제 만들기

(1) 월별, 주별, 요일별 주제

써클 때 매달 첫 주에 그달의 주제에 대해 알려 준다. 정부의 교육 과정에 따른 주제를 먼저 넣고, 그달에 있는 국경일, 공휴일, 명절 등 특별한 날을 주제로 정한다. 월별 주제 일부를 소개하면 다음과 같다.

- 3월 : 새 학기, 새 친구
- 4월 : 식목일, 모종
- 5월 : 어린이날, 어버이날, 스승의 날
- 국경일 : 삼일절, 광복절
- 명절 : 설날(구정), 추석

[교사저널] 월별 주제 활동을 하면서…

3월은 나를 중심으로 한 가족, 신학기 새로운 친구에 대한 주제로 아이들과 이야기를 나누며 써클 활동을 했다. 4월에는 꽃과 식물에 대한 주제로 주위를 살펴본다. 식목일에 꽃씨도 심어 보고 가져다 놓은 자기 화분을 돌보게도 한다. 수목원에 나가 각종 나무와 꽃들을 살펴보기도 하고 가까운 놀이터에서 작은 풀들을 만져 보게도 한다.

이렇게 어릴 때 감성을 풍부하게 해 주며 자신의 주위 환경에 대한 관심을 갖게 하는 것은 한두 시간 책상에 앉아 학습하는 것보다 인생 전체에서 볼 때 보다 가치 있는 일이다. 딱한 것은 예쁜 작은 공주님들 중에 "선생님! 엄마가 햇볕 아래서 놀지 말랬어요." 하면서 자꾸 선생님 뒤로 숨는 것이다. 방사능 비가 오는 날은 당연히 비를 맞지 않게 해야 한다. 그래도 맑은 하늘, 좋은 햇볕이 들 때는 바깥 활동이 좋다.

우리나라 사람은 아직 추워 자켓을 못 벗는 날인데도 유럽 쪽 사람들은 틈만 나면 소매 없이 끈 하나만 달린 티셔츠와 핫팬츠 차림으로 햇볕을 즐긴다. 부족한 비타민 A, D를 보충하기 위해서다.

일부러는 아니라도 우리 아이들이 우리에게 주어진 자연 환경을 되도록 충분히 누리고 맛보며 살았으면 좋겠다는 바람이다.

(2) 원이 원하는 주제

정부의 교육 과정에 따른 주제와 월별, 주별, 요일별 주제에 이어 원이 원하는 주제를 넣는다. 예를 들어, 사랑, 정직, 근면 등 원의 교육 방침을 반영한 주제라든지 개학, 방학, 발표회, 소풍, 캠프, 입학, 졸업 등 원의 교육 일정 및 행사에 따른 내용을 넣을 수도 있다. 원이 지향하는 특정 종교가 있을 때에는 의논하여 추가할 수도 있다.

- 원의 교육 방향을 반영한 주제 : 정직, 근면, 성실 등
- 원의 일정 및 행사를 반영한 주제 : 개학, 방학, 소풍 등

(3) 계절에 따른 주제

계절(봄, 여름, 가을, 겨울)에 따른 다양한 주제를 정해 활동을 할 수 있다. 예를 들어, 동물, 식물, 옷, 먹거리, 과일, 하는 일(모내기 등), 식목일, 소풍, 방학, 수영 등이 계절에 따른 주제가 된다.

3) 교사 저널

몬테소리 교실에서 아이들과 함께 다양한 작업을 하며 기록한 교사 저널들을 몇 편 소개해 본다.

(1) 배움을 통해 성장하는 아이들

손으로 무엇인가를 옮기고 붓고 활동하는 법을 배우고 나면 스푼, 집게, 핀셋, 젓가락 등 도구를 가지고 사용하는 훈련을 한다. 물론 부드럽고 큰 것부터, 쉬운 것부터 점점 어려운 단계로 이동하면서 손가락, 손목 근육을 강화해 나가는 동안 아이들은 자신도 모르는 사이 자신들의 능력이 조금씩 커져 나간다는 것을 알게 된다.

그래서 배우고 난 이후의 작업에 대해서 자신감을 갖게 되고 혼자 해 보려고 하는 독립심이 나타나게 된다. 때로 부모들은 자녀들에 대해 고집스럽다고 걱정을 하는데, 이때의 고집스러움은 고집이라기보다 자신의 능력을 떨쳐 보이고 싶은, 또 자기 자아를 강하게 표현하고 싶은 의지의 발달이라고 보는 것이 좋다. 걱정하지 말고 지켜보자.

이제 아이들이 어느 정도 손가락 놀림이 자유로워지고 손목에 힘이 생기게 되면 이제껏 마른 일 등만 해 보던 것을 물 작업으로 연결해 가게 된다. 스펀지로 물을 다른 그릇으로 옮겨 보고 베스타(큰 스포이드)로 물을 빨아들여 옮겨 보고 좁고 긴 그릇, 넓고 얕은 그릇에 있는 물들이 그릇 모양은 달라져도 양은 같다든가, 물에 뜨는 것과 가라앉는 것들이 있다든가, 큰 그릇의 물을 입구가 작은 그릇에 옮기려면 깔때기를 사용해야 한다는 등의 지혜를 터득해 가는 중요한 작업들을 시작하게 된다.

(2) 호기심을 충족시키는 교사의 지원

누차 강조하지만 아이들에게는 알고 싶어 하는 지적 호기심이 가득하다. '이것은 무엇일까? 왜 그럴까?' 자신의 삶을 채우려고 하는 본능의 움직임이 아이들로 하여금 무엇이든지 만져 보고 알아보게 한다.

그래서 아이들은 항상 바쁘다. 이리 뛰어다니고 저리로 쫓아다닌다. 어린아이 곁을 한시도 떠날 수 없었던 엄마는 아이가 커서 제 발로 걸어 다닐 수만 있다면 수월해지겠지 하고 기대하지만 제 발로 걸어 다닐 수가 있게 되는 그 시기부터 아이는 걸어 다니는 폭탄이 된다.

언제 어디서 무엇을 부술지, 엎어질지, 다칠지 예측불허인 존재이기 때문에 가정에서는 물론이려니와 유치원에서도 교사들은 잠시도 마음을 놓을 수가 없고 눈을 뗄 수가 없다.

오히려 가정에서는 한 아이에게만 집중할 수가 있지만 원에서는 다수의 아이들이 모여 있기 때문에 그 모든 아이들을 일일이 돌봐야 되는 교사들은 그야말로 슈

퍼우면이 되지 않으면 어렵다.

그래도 그 아이들이 일일이 묻는 모든 말에 쉬지 않고 대꾸해 주는 교사들은 입이 아픈지도 모른다.

"자, 그러면 이렇게 해볼까? 빨간 물과 노란 물을 섞어 보자."

"아, 주황색이 되었네."

"파란 크레파스로 칠한 위에 노란 크레파스로 덧칠해 보자."

"와, 초록색이 나타났구나!"

아이들은 신기해서 어쩔 줄을 모른다.

"선생님, 이 돌은 가라앉았는데요. 이 나뭇가지는 물에 떠요."

"그래, 주머니 속에 있는 것들을 다 물에 넣어 봐."

대꾸해 주는 선생님은 다음 주에는 어떤 것으로 내용물을 바꾸어 주면 좋을까 생각이 깊다. 이래저래 몬테소리 교실의 하루는 바쁘게 지나간다.

(3) 생각하는 지혜와 살아가는 방법 터득

아주 조그만 구멍에 이쑤시개를 옮겨 넣으려면 초점을 잘 맞추어야 하고 작은 구멍에 구슬을 넣으려면 손과 눈의 협동 작전이 잘 이루어져야 한다.

쓰다 버린 화장품 뚜껑들을 열고 닫고, 크고 작은 제 짝을 찾아가노라면 굵기, 크기, 넓고 좁음의 판별력이 늘어난다.

콩을 쏟아 놓고 중앙에 있는 둥근 원 안으로 모아 넣으려면 양손의 협응이 필요하다. 아이들은 한 손에 쓰레받기, 한 손에 빗자루를 들고 콩을 담는다.

이러한 몬테소리 교실을 보면서 부모님들이 속으로 그러실 게다. '참 애들이 별걸 다 하네.'

그렇다, 몬테소리 교실의 아이들은 아이들이 살아가는 방법을 배우고, 이런 것은 이렇게 해야 잘 된다는 사실을 알아 간다. 하나하나의 이치를 배워 가기 위해 우리 눈에는 하찮아 보이는 일도 열심히 이루어 내기 위해 애쓴다. 그래서 남보다 집중력이 훨씬 많이 늘어나고 생각하는 지혜와 사고력이 뛰어나게 되는 것이다.

오늘은 칼 쓰는 법을 배우고, 내일은 유리그릇을 다루는 법을 배우며, '유리그릇은 잘 깨지는 그릇이니까 조심해서 써야겠구나.' 하고 인지한다.

인형 씻기기를 배운 아이들은 동생에 대해 어느 정도 이해할 수가 있게 된다. '아기는 아무것도 할 줄 모르니까 조심해서 다루어야 되겠구나.'라고 생각한다. 인형 씻기기를 배우면서 아이들은 동생 때문에 엄마와 떨어지지 못하던 아이들이 차차 형으로서 언니로서의 자리매김을 하면서 동생에 대한 질투에서 벗어난다.

꽃나무에 물을 주면서 나무에 물이 없으면 잎이 시들고 햇볕을 받지 못하면 노래진다는 것도 터득한다.

잎사귀에 앉은 먼지를 스펀지로 닦아 주면서 식물을 사랑하는 마음을 배우고, 내가 이 세상의 주인으로서 나의 세계를 어떻게 가꾸어 나가야 될지 조금씩 생각을 쌓는다.

(4) 날마다 흥미로운 작업의 연속

지금까지 우리는 어린아이들에게 가장 필요한 기초적인 일상의 작업들을 교육해 왔다.

아이들은 집중력을 기르고 눈과 손의 협응력을 기르고 손목의 힘을 길러 글쓰기를 준비하고 처음엔 무엇을 하고 그다음엔 무엇을 할까 순서를 생각하면서 생각이 체계를 잡아 간다.

이쯤 되면 교사들은 산만한 아이에겐 스펀지로 물을 옮겨 보게 한다든지, 많고 적음을 구별하지 못하는 아이에겐 '계량하기' 작업을 유도한다든지, 흥미 없어 빙빙 도는 아이에겐 '거품 내기'나 '튕기기'를 하도록 해서 흥미를 유도하고, 엄마놀이를 하고 싶은 아이에겐 '빨래하기'나 '그릇 닦기' 등을 권한다.

이 작업들은 가정에서도 엄마랑 아이가, 또는 아이 혼자서도 충분히 할 수 있는 작업들이기 때문에 부모님들이 집에서 조금만 관심을 가지면 되는 일이다.

베스타(큰 스포이드) 하나만 있으면 하루 종일 물을 빨아올렸다가 쏟아 내는 신기한 작업을 할 수 있고 비누 홀더와 족집게, 또는 작은 스포이드 하나만 있으면 그 작은 구멍들에 하나씩 올려놓은 섬세한 작업도 할 수 있다. 참으로 날마다 새롭고 날마다 흥미로운 작업들의 연속이다.

(5) 아이에게 많은 것을 기대하지 말자

아이들이 서로서로 자신의 의견을 말하고자 애쓰는 모습들을 보면서 세상이 많이 달라졌음을 느낀다. 그럼에도 집단에서 소극적이거나 주춤거리고 말하기를 어려워하거나 또는 말을 하고 싶어도 두려워서 말을 못하는 아이들을 때로 보게 될 때가 있다.

이럴 때는 다그쳐 말을 하도록 재촉하면 오히려 말을 더듬거나 속으로 움츠러들거나 자존심이 상했다고 생각하기 때문에 자유스럽고 자연스러운 분위기를 조성하면서 교사나 부모가 오히려 실수를 보여 주기도 하고 틀린 답을 말하기도 하면서 사람은 완벽할 수가 없고 어른이나 아이나 누구나 틀릴 수가 있다는 것을 알게 해 주어야 한다.

성인이 아동에게 완벽함을 기대하면 그 기대에 못 미칠까 봐, 꾸중을 들을까 봐, 실수할까 봐 아예 자신을 드러내지 않으려고 하고 모르는 척, 관심 없는 척하고 그 문제에서 회피하려고 한다. 우리는 우리가 살아왔던 것을 돌아보고 아이에게 너무 많은 것을 기대하지 않도록 하자.

7장 몬테소리 유치원의 1년

몬테소리 유치원의 1년은 일반 유치원과 크게 다르지 않다. 다만 모든 일과는 교육부에서 정해 준 일과에 따르되 교육 과정만은 몬테소리 방법에 의한 과정으로 운영된다.

등원에서 하원까지 일반 유치원에서 몬테소리를 과정 속에 넣을 때는 오전이나 오후 한 시간에서 한 시간 반 정도를 몬테소리 시간으로 사용하는 정도이고 전문 몬테소리 유치원인 경우에는 아이들이 모두 등원한 후에는 써클 시간을 이용해서 이야기 나누기와 그룹 레슨, 개인 작업으로 이어져 점심시간 이전까지 몬테소리 시간으로 사용한다.

점심시간 이후에 귀가 시간까지는 특별 활동 시간으로 배정해 요일마다 특별한 수업을 진행하되 교육부에서 정해 준 누리 과정을 소화하도록 한다.

사실 많은 사람들이 몬테소리는 유치원 과정과 별개의 수업인 줄 알고 만 5세 취학반이 되면 일반 유치원으로 옮기려고 하는 해프닝이 벌어지는 경우도 있다. 몬테소리 과정은 그 속에 유치원 과정이 모두 들어 있다. 쉽게 말해서 유치원 과정에 몬테소리 과정을 더한다고 생각하면 되는 일이다.

몬테소리 유치원은 아이들이 살아가는 데 필요한 일상생활 영역과 시각, 촉각, 청각, 미각, 후각 등 오감을 이용해서 두뇌를 활성화시키고 공간 지각과 도형을 알고 창조적 활동을 할 수 있도록 하는 다양한 교구를 사용한다. 그리고 단위 수부터 시작해서 덧셈, 곱셈, 뺄셈 나눗셈, 분수 기초까지 원리를 이해하고 구체물로 감각적으로 수를 아주 쉽게 이해하도록 한다.

그리고 한글을 쉽게 접근 하도록 하는 언어 영역과 시간을 알고 하루, 한 주, 한 달, 사계절, 한 해를 아는 역사, 우리가 사는 세상을 이루는 물질의 3요소를 포함하여 동물의 세계, 식물의 세계, 인간을 알게 하는 과학, 우리나라를 비롯한 이웃과 세계를 탐색하는 지리 등 문화 영역, 기초 음악과 미술을 다루는 간단한 예술 영역까지 초등학교에 입학해서 학문의 세계를 탐구하기 전 필요한 삶의 기초를 배우고 나가도록 체계적인 과정으로 운영되고 있다.

몬테소리 유치원 1년

학기 : 1학기는 3~8월까지 2학기는 9~2월까지로 나뉘고 만 3~6세 초까지 다닌다.

방학 : 보통 7월 말에서 8월 중순까지 3~4주를 진행하나 근래에는 1~2주로 당겨 하는 곳도 많다. 2월 마지막 주 취학반 졸업 후에 한 주간 정도 새 학기를 준비하는 봄 방학이 있다.

행사 : **3월**은 신입 원아나 재원생이나 교사들이나 모두 적응하고 제자리를 찾는 데 몰두하느라 바쁘게 지난다.

4월 5일 식목일에는 유치원 꽃밭에 꽃씨나 꽃나무를 심고, 4월 중 혹은 5월 초에는 근처 예약된 밭에 가서 고구마나 옥수수, 고추나 토마토를 심는다.

5월에는 어린이날, 어버이날, 스승의 날, 봄 소풍 등 행사가 많다.

몬테소리 유치원에서는 되도록 자연에 들어가 현장을 체험하고 실물을 보고 만지는 활동을 많이 하게 한다.

야외 학습을 나가서도 주위에 있는 물체들을 주머니에 담아 동물, 식물, 광물을 구별하게 해 보고 식물의 뿌리와 가지와 잎을 찾아보도록 한다.

7월과 **8월** 중에는 방학 이전에 자녀의 수업을 참관하고 싶어 하는 부모님께 참관 수업의 기회를 드리고 그동안 관찰해 두었던 교사의 관찰 기록도 보여 드릴 수 있다.

물론 매주 한 번 정도는 매일 원아가 작업했던 작업 기록과 활동, 친구관계 등 기록한 것을 가정에 보내드리지만 직접 부모님께서 자녀의 학습 현장을 보시고 교사나 원장과 상담할 기회를 정기적으로 갖게 하는 것도 좋은 방법이다.

9월에 새 학기가 되면 아동은 작업이 심화되고 교사는 취학반 원아들의 취학 준비를 위한 계획을 세우고 각 아동의 관찰 기록과 진도표를 보며 부족한 영역의 작업을 완성할 수 있도록 지도하게 된다.

10월과 **11월** 중에 소풍과 운동회를 진행하고, 11월 말쯤 학부모 참여 수업을 갖는다. 참관 수업은 교실 밖에서 또는 교실 안에서라도 한쪽에 따로 앉아 참관만 하는 것이지만 가을에 하는 참여 수업은 부모님과 원아가 함께 원아의 수업에 참여하여 자녀의 작업을 직접 체험하게 하는 것이다. 이때 부모님들은 비록 30~40분 남짓의 체험 수업일지라도 몬테소리 교육의 깊이와 실제를 느끼며 이해하게 된다.

12월에는 겨울 방학을 앞두고 1년 동안 배운 작업을 무대로 올려 학습 발표회를 갖는다.

몬테소리 유치원의 학습 발표회는 일반 유치원의 재롱 잔치와는 내용이 많이 다르다. 노래며 율동이며 일반적으로 하는 내용도 물론 올리지만 감각 영역의 작업 중 도형을 구성하는 작업이나 수 영역에서 배우는 단위 수 알기, 언어 영역에서 배우는 육하원칙을 따라 만드는 문장 만들기, 문화 영역에서 배우는 세계 여러 나라의 문화를 소개하는 등의 다양한 작업을 아동들이 직접 무대에서 진행한다.

이외에 10월 중순부터 12월 중순 사이에 입학 상담을 실시하며 주말에 오픈 하우스를 하게 된다. 원을 보고 싶은 사람은 누구나 올 수 있다.

두어 교실에 아이들이 하는 작업을 순서대로 펼쳐 놓기도 하고 영상으로도 작업을 공개하기도 한다. 평소에 방문하는 분들은 교구가 선반에 놓여 있고 때로는 상자 속에 뚜껑이 덮여 있으니 아이들이 무엇을 배우는지 알 수가 없다. 그래서 작업을 펼쳐 놓고 설명하는 것이다.

졸업 : 2월 10~15일 사이에 졸업식을 한다.

초등학교 입학식은 대체적으로 3월 초에 하지만 졸업을 시켜 진학하게 될 초등학교에 대한 준비를 하게 하려는 것이다.

이외에도 연례적으로 하는 활동은 많지만 현장의 느낌을 살려 교사 저널을 기반으로 몇 가지 소개해 본다.

1. 입학 초기

주로 신입 원아들이 반드시 거쳐야 하는 일상생활 영역에는 손목 근육, 손가락 운동, 집중력 등을 기르기 위한 교구 자료로 작고 예쁜 물건들이 마련되어 있고 이것들을 다루다 보면 갖고 싶다거나 집에서도 만지고 싶다는 단순 욕구가 생겨 집으로 가져가는 일이 종종 발생한다. 특히 신학기에는 새로운 교구가 많이 바뀌어 있어 유아들의 호기심이 증가된다.

이때 가정에서는 이런 물건들이 유아의 주머니나 가방에서 발견되더라도 호되게 나무라거나 윽박질러서는 안 된다. 이러한 행동은 아이를 오히려 움츠러들게 한다. 아이의 심리를 이해해 주는 쪽으로 말을 하거나 모르고 가져왔을 것이라고 대신 변명해 주는 것도 방법이 된다.

"어머나, 이런 예쁜 교구가 어떻게 영이를 따라왔을까? 집에서 해 보고 싶었구나. 그런데 이것이 유치원에 없으면 내일 친구들이 작업을 못하겠구나. 다시 유치원에 가져다 놓고 친구들과 같이 작업하면 친구들이 너무 좋아할 텐데. 내일 선생님께 갖다드리자. 착하다고 하실 거야."

이렇게 격려해 주면 대부분의 어린이는 수긍하고 따라오게 된다.

많은 부모님들이 아이들은 정리 정돈을 할 줄 모른다고 생각하지만 실은 환경이 준비되지 않았기 때문이다. 아이들의 손이 닿는 곳에 정리 선반을 만들어 주고 장난감을 놓기 쉽게 해 주어 각각의 장난감이나 학습 교구를 놓을 장소를 정하여 빨강, 노랑, 파랑, 초록 등의 테이프를 붙이고 장난감에도 같은 테이프를 붙여 같은 색의 테이프가 붙은 곳에 같은 색의 테이프가 붙은 장난감을 놓게 한다.

또 이 시기에는 독립심이 강하여 옷도 자기 손으로 벗으려고 한다. 그러므로 어린이의 손에 닿는 곳에 옷걸이를 만들어 주면 스스로 자기 옷을 정리할 수 있다. 2세반이 된 아이는 자기 손으로 단추를 채우거나 신발 끈을 매거나 식탁에 접시를 늘어놓거나 하는 일을 할 수 있는데 그것이 잘 안 되면 짜증을 부리기도 한다.

이때 아이들이 스스로 이 일을 할 수 있도록 조금만 도와주면 아이는 커다란 성취감으로 기뻐할 것이다.

2. 새 학기

1) 부모와 헤어지는 연습

새 학기 등원을 하면서 아이들은 낯익은 사람이나 장소에서 떨어져 두렵고 낯선 느낌이 들고 다시는 엄마를 볼 수 없다는 생각으로 울게 된다. 그래서 유치원에 오기 전에 미리미리 가족들과 잠시 동안씩 떨어졌다 다시 만나는 연습이 필요하다.

10분, 20분, 1시간, 내 집에서 엄마를 못 보는 것은 문제가 안 된다, 내 집이니까. 그렇다고 아무 데나 맡겨 놓고 떨어져 볼 수도 없으니 딱하지 않은가. 귀찮더라도 놀이터에 데려가 낯선 아이들과 만나게 하고, 엄마들끼리 모여 아이들이 어울리게 하고 엄마를 잠시 잊는 연습이 필요하다.

특히 어린 동생이 있는 아이는 그 동생을 안고 있는 엄마를 떨어져 절대로 오지 못한다. 되도록 어린 동생을 떼어 놓고 아이와 작별을 해야 한다. 맞을 때에도 빈손으로 돌아오는 아이를 맞아 안아 주면 떨어졌던 그리움이 회복된다.

때로는 참고 참았던 그리움이 엄마를 만나는 순간 폭발해 엉엉 울면, 엄마는 유치원에서 엄청 슬픈 일을 겪은 듯 생각하기도 한다. 이런 일들이 한 달은 계속된다.

아이가 유치원에서 돌아오면 "잘했다."라고 말해 주고 칭찬을 해 주며 흥얼거리는 노래도 같이 불러 주고 가장 중요한 것은 아이들의 조잘거리는 이야기를 들어주는 일이다.

엄마를 떨어지면 죽을 것만 같아 매일 울던 아이들이 차츰차츰 친구들이랑 선생님과 얼굴을 익히면서 안정을 찾기 시작한다.

2) 아이와 떨어지는 연습

불에 데인 듯 심하게 울며 엄마를 떨어지지 못하는 아이들, 손에서 놓지 못하며 함께 글썽이는 엄마들, 그것을 바라보는 교사들은 함께 안쓰럽고 민망하고 딱하지만, 가슴 속 한 구석에서는 아주 조금만 기다리면 밝은 웃음과 안도 속에 다 풀어질 것을 알기에 (미안하게도) 살짝 미소도 떠오른다.

그래서 아예 학기 초에는 이런 아이, 저런 아이들에 대한 대처법이 마련되어 아이와 헤어지는 어머님들을 도와드린다.

아이와 떨어지는 법은 거리로 1m → 2m → 3m → 문밖 → 사무실→ 그리고 집, 시간도 10분 → 30분 → 1시간 → 3시간 → 하루 → 이틀 → 일주일 이렇게 늘리다 보면 어느새 아이는 우리 품에 들어와 방실거리며 있고, 엄마는 시원한 마음과 섭섭한 마음이 반반인 채로 뒤돌아선다.

그런데 어쩌다 이 순서를 잘 못 따라오시던 어머님들 중에 탈락생이 생긴다. 아주 딱하고 안타까운 일이다. 이러다 보면 아이와 떨어지는 것이 6개월 혹은 1년이 늦어질 수도 있게 된다. 조금만 더 떨어지는 연습을 했으면 좋았을 것을 너무 아까운 일이다.

때로는 일찍 서두르다 아이가 아예 겁을 먹는 경우도 종종 있다. 일단 우리는 아이가 '나는 혼자 버려져 있다', '나를 두고 엄마가 영영 없어져 버릴지도 모른다.'라는 불안함을 모든 아이들이 갖고 있다는 것을 기억하면 좋겠다.

이러한 여러 상황에서도 우리가 가장 우선할 것은 아이들 정서적 안정일 것이다. 그러기에 유치원에 입학하기 전에 엄마와 떨어지는 연습이 필요한 것이다.

3. 방학

1) 캠프

버스가 출발하려 하자 안 간다며 우는 아이, 가는 내내 운전석 뒷자리에서 컬컬한 목소리로 캠프 노래만 부르는 아이, 그렇게 캠프는 시작됐다.

안전벨트를 매고 있으니 바닥에 떨어진 물건 주어 달라며 계속 불러 댄다. 자신의 안전을 최고로 챙길 줄 아는 알찬 똑똑이, 휴게소에 들른 후 '내 차가 어떤 것이었더라?' 우리 전세 버스 중 1, 2호 차 고르기에 집중하는 모습도 귀엽다.

신나는 점심 식사 시간이다. 새벽에 일어 나서 아이들 생각하며 싼 조그만 김밥들, 그리고 사랑 편지 한 줄. 아! 따뜻하다.

더운 날씨 가장 바라던 수영 시간, 모두가 비슷한 수영복 다른 유치원과 섞여 있지만 너희들은 뒷모습만 보아도 내 자식임을 안다. 튜브를 몸에 끼고 잡기놀이, 미끄럼 타기, "이때다! 선생님을 공격하자!" 하며 물장난 치기, 수영을 뽐내는 형님, 옆에 색다른 곳에 대한 호기심으로 안전요원 눈치를 보며 살짝 발 담그다 잡혀 오는 말썽꾸러기, 너무 놀아서 배고프다며 바나나를 한 개씩 뚝딱 먹어 치운다.

수영복 차림으로 서커스를 보며 신기하다며 박수와 환호를 보내고, 저녁 시간 "밥 더 주세요!"를 외치며 밥그릇과 숟가락을 들고 흔드는 모습, 모두 영화의 한 장면처럼 재미있다.

엄마와 만든 알록달록 인디언 치마를 입고 추장과 함께 춤을 추는데 마왕이 나타났다. 어디선가 들리는 외침 "우리가 저 나쁜 마왕을 물리치자!"

아이들은 서로 씻겨 주며 물건을 찾아주고 잠자리를 준비한다. 여섯 살이 걱정하는 다섯 살을 달래며 "걱정하지마. 선생님이 계시잖아. 오늘 잠 자고 내일 집에 갈 꺼야."라고 말해 준다. 그렇게 하루가 저물고 선생님들의 자장자장 소리에 키득키득 옆 친구와 이불 속 놀이가 잠잠해졌다.

이 시간 아이들의 빈자리에 대한 불안감으로 잠들지 못하는 부모님과, 모처럼 만의 부부 데이트를 즐기는 부모님도 있을 것이다. 캠프방에는 날씬한 친구 배에

포동포동한 친구 다리가 올라가 있고, 안아다 놓으면 굴러가고, 덮으면 차 버리는 이불을 계속 눌러 주는 잠 설치는 가짜 엄마들이 있다.

시원한 공기를 마시며 친구들과 하는 아침 산책의 꿀맛, 뜨거운 햇님 아래 놀이기구를 탄 후 차가운 아이스크림 먹는 작은 행복, '이런 것이 캠프구나!' 하고 느끼는 사이 우리는 집으로 가야 하는 아쉬움을 배운다.

버스는 기다리는데 이제는 집에 안 간다며 우긴다. 내년에 또 오자고 달랜다. 떠나 온 가정에 대한 귀함도 배우고, 더 큰 세상 속에서의 앞으로의 도전과 불안을 캠프라는 작은 사회를 경험하며 조금은 떨쳐 버려 본다.

2) 현장 학습

시끌시끌 재잘재잘 고구마 밭에 나갔던 아이들이 제 머리통보다 더 큰 고구마를 한 아름씩 안고 신이 나서 들어온다. 봄에 그 어린 손들로 심는다고 시끌벅적하더니 여름내 기사님들의 수고로 이 가을에 아이들에게 먹을 것이 많이 생겼다. 제가 캐었다는 뿌듯함과 만족감에 그 얼굴들은 하나같이 경이로움과 기쁨으로 가득 차 있다.

오후에 엄마를 만난 아이의 첫마디는 "엄마 나 고구마 많이 뽑았어."

"응, 뽑았다고 안 하고 캤다고 하지. 그런데 고구마가 어디 있었니? 나무에 달렸든?"

"엄마는, 고구마가 흙속에 들어 있지. 어떻게 나무에 달려 있어?"

"응, 엄마는 고추처럼 나무에 달린 줄 알았는데."

아이는 제가 엄마보다 많이 안다고 생각했는지 신이 나서 조잘댄다. 이것이 산교육이다.

하버드 대학의 다중지능 이론으로 유명한 가드너(Gardener)도 "많이 만지게 하라. 말도 실감나게 해 주고 자연의 것을 많이 보여 주어라."라고 하였다.

아이들은 오늘도 많은 것을 직접 보고 만지며 기쁜 하루를 보냈다.

3) 김장 담그기

며칠 전 원에서 아이들과 함께 김장 담그기를 했다. 100여 명의 아이들 모두가 한 쪽씩 받아들고 배춧잎을 들춰 가며 속을 넣었다. 그리고는 점심시간에 몇 쪽씩 받아 든 김치에 수육을 담아 보쌈까지 먹었다.

세상에, 평소에 하얗게 씻어야 먹던 아이까지 맵단 소리 하나 없이 "또요, 또 주세요!" 하면서 열심히 먹는 모습을 보며 배탈이 나지 않을까 하는 쓸데없는 걱정도 해 봤다.

"내가 김장을 했어요." 어머님들이 정성껏 만들어 주신 김치 양념을 비벼 넣은 것 밖에 없지만 어쨌든 내가 한 건 틀림없다. 아이들은 그 성취감에 들떠 그 매운 고추가 하나도 맵지 않았단다.

그런데 더욱 놀란 것은 몇 쪽밖에 되지 않았던 제 몫의 김치 중에서 두어 쪽씩을 남겨 집에 가져가 할머니께, 또는 어머님께 드렸다는 것이었다.

사람이 자기통제를 할 수 있다는 것은 어른도 어려운 일이다. 의지 발달 3단계 중에서 밖으로부터, 권유에 의해서, 명령에 의해서 하는 통제보다 자기 스스로 자신의 의지를 통제한다는 것은 거의 의지 발달의 완성이라고 본다. 특히, 통제하는 것, 하고 싶은 것을 참는 것 중에 먹는 것을 참는 것이 가장 어렵다고 한다. 그렇게 먹고 싶은 보쌈 김치를 남겨 사랑하는 가족에게 가져다 줄 생각을 했다니 기특하기도 하다.

4) 병원놀이

해마다 열리는 행사지만 아이들의 기대는 대단하다. 진짜 의사나 간호사가 된 기분으로 긴 가운 속 더위도 상관없단다.

다쳤다는 팔뚝에 밴드를 붙이고 붕대를 감는 아이, 열심히 처방전을 쓰는 의사, 약을 담고 봉투에 이름을 적는 약사의 모습도 진지하다. 한쪽 눈에 거즈를 대고도 갑갑하지도 않은지 집에 갈 때까지 절대로 안 떼겠다는 아이도 있다.

매년 병원놀이를 할 때마다 한두 아이씩 덤으로 얻는 공짜 처방이 생긴다. 가정에서도 몰랐던 시력의 이상, 또는 한쪽 귀의 청력 이상, 옆에서 지켜보는 선생님의 섬세한 관찰 덕분에 아이의 이상을 발견하고는 가정에 알려서 병원의 진료를 받아 확정된 결과를 얻은 아이도 있었다.

하지만 무엇보다 큰 소득은 아이들이 체험으로 깨닫는 병원 상식이다. 이야기 나누기 시간에 몇 번씩이나 연습했던 내용이었으나 막상 병원놀이를 하자니까 "배가 아파요." 하는 아이에게 "어디로 가면 되지?" 하고 물으니 외과로 간단다. 증상에 따라 제대로 병원을 찾아간 아이가 몇 명 되지 않는다.

역시 스스로 이해하고 익히는 학습 방법이 제일이다. 아무리 외워도 소용이 없다. 직접 눈 아프면 안과로, 목 아프면 이비인후과로, 배 아프면 내과로, 팔이나 다리 다쳤으면 외과로 이렇게 직접 찾아가 보라고 하니까 그 후 이야기 나누기 시간엔 모두 맞는 병원을 잘 찾아갔다.

5) 소방 훈련

낯선 사이렌 소리가 중앙 방송으로 울려 퍼진다.

"○○○ 유치원 어린이들! 이 상황은 훈련 연습 상황입니다. 현재 시각 10:30분을 기해 유치원 2층 자료실에 불이 났으니 선생님들을 따라 침착하고 빠르게 유치원 현관문으로 대피하여 주시기 바랍니다."

갑작스런 방송에 동요 소리도 이야기 나누기 소리도 모두 묻혔다.

3월 중순에 이야기 나누기로 안전에 대해 배우고 소리가 나면 대피한다고 가상 훈련을 받았을 때 울면서 따라오던 신입 아이, 그 상황에 실내화 벗어 신발장에 넣다 밀려난 아이, 하던 활동 꼭 쥐고 내려오던 아이들이 생각난다.

평가를 하면서 아이들의 순수함과 진지함에 교사들은 웃으면서도, 연습하다 보니 장애가 되는 것들과 세심히 챙겨야 할 것들을 찾아 시정할 수 있었다.

두 번째 시나리오를 가지고 4월 5일에 못한 안전교육을 했다. 한손으론 입을 막고 작은 키에 더 낮추며 살겠다고 대피하는 모습에 교육의 중요성을 다시 한번 느낄 수 있었다.

훈련을 마친 아이들에게 잘했다고 칭찬하면서 "친구들! 다음에는 조금 더 빨리 움직여서 30초를 당겨 봅시다. 그리고 엉덩이에 불났는데 친구랑 이야기하며 웃고 오는 형님이 있어요. 실내화를 걸레에 털고 들어가서 마무리하세요." 그렇게 자체 안전교육을 마쳤다.

오늘도 집에 가서 유치원에 불이 났었다고 이야기할 아이가 있을 것이다. 필경 유치원으로 전화가 올 것이다. 매월 4일 안전교육을 하면서 진짜 불은 아니라고 이야기할 때가 2학기쯤은 올까? 그때면 우리 아이들의 민첩한 대처 능력도 크게 향상될 것이다.

4. 학기말

취학반 원아는 대부분 6세 이상이다. 6세는 2세반 때와 같은 성향을 나타내는 시기이므로 이제껏 의젓하던 아이가 거칠고 자기중심적으로 변하고 초등학교에 들어가게 되는 것에 기대감과 두려움이 갈등을 일으키게 하기도 한다.

아는 것이 많아지고 지식과 경험이 풍부해지면서 자신이 부딪히는 문제들에 대해 해결해 보려고 고민하다 보면 갈등이 생기는데 걱정하고 야단치기보다 이해하고 격려하면서 칭찬을 더 많이 해 주는 방법을 써 볼 만하다. 남아인 경우 아빠와의 시간을 많이 갖는 것도 바람직하다.

초등학교에 대하여 기대하고 생각해 보도록 해 주는 것도 필요하고 이만큼 자랐으므로 가족 안에서 본인이 하나의 역할을 해 주고 있음을 인정해 주고 느낄 수 있도록 유도해 주는 것이 좋다.

1) 취학 준비

허둥지둥 시간을 쫓아오다 보니 어느덧 학기는 끝에 와 있고 아장아장 걸음마를 걷던 내 아이들은 학교라는 이름의 문 앞에 서 있다. 이 짧은 시간 속에 참으로 우리 아이들은 많은 것들을 보았고 느꼈고 겪었다.

이 모든 것들을 그대로 받아들일 능력을 하나님이 주셨기에 망정이지 천지분간을 못하던 어린아이들이 어떻게 이 모든 것들을 속에 익혀 여기까지 왔는지 그저 신기하기만 하다.

이제 이 아이들을 우리 손에서 놓아 보내면서 남은 짧은 기간 더 넓은 세계로 나가기 전에 좀 더 다듬고 훈련해야 할 일은 '스스로 자신을 이끌어 가는 것'이다. 하고 싶은 것, 놀고 싶은 것, 자고 싶고, 먹고 싶고, 화장실 가고 싶고 등 무엇이든 자유로웠던 생활들 속에 익숙해 있는 아이들이 이제는 어느 정도의 통제 속에, 규칙 속에 그리고 스스로 무엇인가를 해내야 하는 일에 익숙해져 가야 한다.

"선생님!" 하고 부르기만 하면 조르르 선생님이 달려가 도와주던 시절은 이제 끝이 났다. 화장실에서 옷도 혼자 벗고 입어야 한다. 교실에서 힘들다고 벌렁 누울 수도 없다. 쉬 마렵다고 수시로 들락거릴 수도 없다.

절제, 자제를 익혀야 하는 때가 온 것이다. 어려움도 배고픔도, 고단함도 참을 줄 알아야 하는 인내를 조금은 익혀 가야 한다. 지금부터 남은 한 달여 시간에 무엇이든 스스로 해내야 하는 일에 익숙하도록 부모님들이 아이들을 이끌어 주어야 할 때가 왔다.

자고 일어나는 일, 옷 입고 벗는 일, 정해진 시간에 TV 보고, 책 보는 일, 어떤 일과 속에 움직이는 법을 배워야 한다. 정해진 시간 속에 밥 먹는 일도 중요하다. 아이들은 '내일은 내가 하도록' 훈련되어 왔기 때문에 이런 일들에 크게 힘들 일은 없다.

학교에 가서 제일 먼저 할 일은 선생님 말씀을 주의 깊게 듣고 오는 일이다. 산만한 아이들은 선생님 말씀을 대부분 놓치고 온다. 유치원에서도 이 일에 대해 계속 훈련하려니와 가정에서도 '부모님 이야기 집중해서 듣기, 심부름 잘해 오기, 정해진 내 일(밥 먹는 일 포함) 잘 해내기' 등 지금부터 안쓰럽더라도 시작해야 한다.

2) 학기 말 마무리

학기 말이 되면 원은 무척 바쁘다. 2학기 말에 이르면서 가족 운동회도 해야 하고, 기차 여행도 가야 하고, 고구마도 캐 와야 하고, 비디오 촬영도 해야 한다. 또한 졸업 사진도 찍고 각 반 친구들과의 사진도 남겨야 한다. 입학 설명회도 치러야 하고 이제 다음 주면 2학기 학부모 정기 면담도 해야 한다.

모두 1년간의 수확을 점검하는 일이고 내년을 설계해야 하는 시기이기에 지금 하지 않으면 안 되는 일이다.

아이들은 이것저것 경험하면서 나름대로 즐거움을 찾는 것 같은데 혹시라도 들떠 자신의 페이스를 잃을까 봐 조마조마하다.

이 모든 일을 소리 없이 치러 내야 하는 것은 교사들의 몫이다. 그래도 방긋방긋 웃어 대는 아이들의 미소와 졸졸졸 따라다니는 작은 군사들이 지쳐 가는 선생님들의 활력소가 되어 주어 다행이다.

항상 이 시점에서 일 많고 힘든 교사들에게 가장 힘이 되고 보람이 되는 일이 꼭 한 가지가 있다.

'아, 저 아이를 어떻게 가르치나, 내가 참아 낼 수 있을까, 저애가 잘 견뎌 줄까?' 각각 맡은 반 아이들 중에 선생님을 유난히 힘들게 하는 아이들이 한둘은 있게 마련이고 그래도 구별 없이 사랑하며 가르치고 길러 내야 하는 아이들이기에 애가 더 쓰인다. 그리고 1년여를 지나온 지금 돌아보면 너무나도 의젓하게 변한 아이들, 내가 언제 선생님을 힘들게 했느냐는 듯, 아주 당당한 그 아이들을 보며 '참으로 잘 해냈구나. 고맙다.'라는 생각과 함께 눈에 이슬이 맺힌다.

"내 꺼야!" 손도 못 대게 부둥켜 안고 욕심을 부리던 아이가 어느새 제 것 다 퍼주어도 아깝지 않는 아이가 되었나 하면, 걸핏하면 손부터 올라가던 아이가 누군가 모르고 밀쳤을 때 "아, 미안해." 한마디에 "괜찮아." 하며 흔쾌히 웃어 주는 아이로 변해 버렸다. '우리 원에는 항상 기적이 따라다닌대요!' 바깥에 나가 큰 소리로 외쳐 보고 싶다.

5. 졸업

오늘 7세 아이들이 졸업을 했다.

아이들을 보내면서 아직도 아기 티를 벗지 못한 아이가 있는가 하면 놀랍도록 훌쩍 커버려 농담으로 그 아이 부모님께 "○○이는 시집 보내도 되겠어요."라고 말하며 함께 웃어 본다.

항상 수료증을 받는 아이들을 아쉬워하며 보내면서도 지난 일 년이라는 시간을 보내는 동안에 어떻게 그렇게 잘 자랐는지 공연한 걱정을 했다는 생각이 들 정도이다. 자화자찬이라고 누가 흉을 보아도 어쩔 수 없다. 우리 원에서 기초를 쌓은 아이들은 그 기대에 걸맞게 자라 준다는 것을 매번 확인하며 기쁨을 느낀다.

이제 1년 또는 2년차를 보내고 그다음 과정으로 넘어가는 우리 원의 사랑스런 재원생 아이들. 몬테소리 교육의 삼각형 꼭지점을 이루어 정상의 열매를 바라고 나갈 우리 아이들을 더욱더 사랑하고 아끼고 지혜롭게 다듬어 다음 세대를 이어갈 영재들로 키워 갈 것이라고 다짐해 본다.

지난 일 년간 속 태우며 애태우며 그냥 갈까 포기할까 몇 번이나 망설이게 했던 그 아이가 저렇게 밝은 모습으로 아름답게 변해서 내 앞에 있는 것을 보면, 온갖 정성으로 가르치고 보듬어 온 교사들에게 고맙고 저렇게 변할 수 있도록 해 준 교육이 고맙고 끝까지 참고 기다려 주신 부모님들에게 감사를 드리고 싶어진다.

그래서 이 힘든 길을 오늘도 걸었고, 또 내일도 주저하지 않고 걸을 것이다.

6. 오픈 하우스

오픈 하우스는 개원할 때, 새 학기 시작하기 전, 원아 모집할 때 교실을 부모 등 외부인에게 오픈하는 행사이다.

평소에는 선반에 교구들이 대부분 그릇에 담겨 있거나 뚜껑이 덮여 있어서 사람들은 그 쓰임새를 모르고 효용성을 모른다.

그래서 교실에 교구를 펼쳐 놓고 교사들이 설명을 하거나 시연 방법을 써 놓고 또는 시연 영상이나 작업 영상을 준비해서 틀어 놓고 그 교구의 쓰임새를 부모들이 알게 하는 것이다.

오픈 하우스를 하게 되면 먼저 원에 도착해서 교실에 펼쳐 있는 교구들을 살펴보고 난 후 강당이나 다른 교실에 모여 원장이 원에 대한 설명을 하고 부모들의 질문을 받고 대답을 하게 된다.

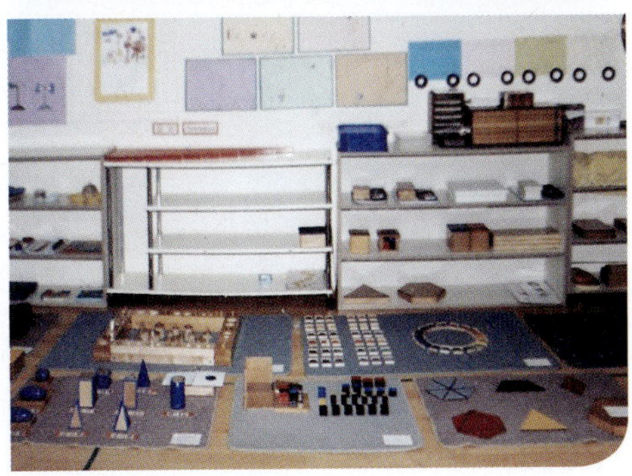

환경과 부모교육

3부

8장 환경의 중요성

유아의 환경을 우리는 크게 3가지로 나눈다. 즉, 엄마의 배 속(태내), 가정, 교육기관 등이다.

그러나 많은 이들이 가정과 교육기관의 교육환경은 중요하게 생각하면서도, 엄마의 자궁 속의 태아는 안전하다고 생각하며 태아가 무엇을 알겠느냐고 무시해 버리기 쉽다. 하지만 태내환경도 유아의 발달에 영향을 미친다는 것을 간과해서는 안될 것이다.

여기에서는 태내환경과 가정환경, 유아 발달과 유치원 환경에 대해 간단히 소개한다.

1. 태내환경

유아에게 있어 환경의 중요성은 일찍부터 강조되어 왔고 최근에는 태내환경의 중요성까지도 강조되고 있다.

아이가 태내에 있을 때부터 엄마가 무엇을 보고 무엇을 먹고 무엇을 생각하느냐에 따라 아이가 영향을 받는다는데 그 아이가 세상으로 나와 어떤 환경에 놓이는 것이 얼마나 중요한가는 논할 여지가 없겠다.

자궁 속의 아기는 육체적으로는 탯줄을 통해 엄마로부터 영양을 공급받아 성장을 하지만, 아무리 좋은 영양이 공급된다 할지라도 흡연, 음주, 약물 복용 등은 그대로 태아에게 전달되기 때문에 엄마의 직접적인 흡연이 아니더라도, 아빠 혹은 다른 가족의 흡연으로 인해 엄마가 그 연기를 맡았을 때 태아 역시 흡연하는 결과를 갖게 된다.

그러므로 엄마는 태아를 위해 흡연 등 유해환경은 되도록 피해야 하며 쾌적한 환경, 신선한 공기를 태아에게 공급해 주는 것이 엄마의 의무라는 것을 알고 있어야 한다.

정신적, 정서적인 것 역시 모체가 느끼는 대로 태아에게 전달되므로 무서운 것, 슬픈 것, 괴로운 것을 모체가 느낄 때 엄마가 혼자서 생각하고 느끼는 것이 아니라 태아가 똑같이 느끼고, 힘들거나 무서울 때 아이가 똘똘 뭉쳐 스스로 방어 자세를 취한다는 것을 명심해야 할 것이다.

아동의 제 1환경 '자궁 안'은 선택할 수 없는 수동적 환경이므로 엄마는 태아를 위한 최선의 환경을 만들어 주어야 할 것이다.

옛 우리 선조들께서 임산부는 부정 탄다고 초상집에도 가지 말아라, 험한 것은 보지 말고 듣지도 말라고 가르치셨던 그 지혜가 얼마나 옳은 가르침이었던가를 새삼 느끼게 한다.

따뜻하고 평화로운 음성이나 선율, 부드러운 말투, 아름다운 마음들이 우리의 '아기'를 가장 아름다운 아이로 태어나게 한다는 것을 반드시 명심해야 하겠다.

2. 가정환경

사랑이 넘치는 가정환경, 아이를 한 인격체로 인정하고 대꾸하고 의논하고 함께 결정하는 그런 가정일수록 아이는 독립적이고 자신감 있고 스스로 무엇인가를 잘 해낼 수 있는 아이가 된다고 수없이 역설해 왔다.

다만 되는 것과 안 되는 것을 확실하게 알아듣도록 정하고 일관성 있게 나가면 아이는 떼써서 되는 것이 아니라고 깨달을 때 바로 잡힌다.

그러나 요구하는 모든 것을 안 된다고 거절하면 아이는 좌절하고 부정적인 성격으로 향하게 된다. 부모의 NO가 많은 것만큼 비례하여 아이의 NO가 함께 자란다는 것을 명심하자. 줄 것과 안 줄 것, 양보할 것과 양보받은 것을 현명하게 판단하는 지혜가 필요하다.

여기에 하나 더 아이에게 하는 부모님의 '약속 지키기'는 아이의 성격과 장래를 결정하는 열쇠가 된다는 것을 잊지 말자.

3. 유아 발달과 유치원 환경

유아들은 태어날 때부터 머리가 몸 전체의 3분의 1이나 된다. 아이의 신체 발달은 머리에서부터 팔, 다리 등으로 진행되고 몸의 중심, 즉 심장에서 손가락, 발가락 등 말초로 발달이 진행된다.

그래서 중심에서 가까운 어깨 근육이 먼저 발달하여 머리를 가누고 팔을 사용하고 배를 밀고 앉을 수가 있으며, 단순한 동작에서 복잡한 동작으로 나아가면서 세분화되어 간다.

예를 들어, 어린아이가 젖병을 잡아 우유를 마시려면 젖병에 눈을 고정시켜야 하고 손을 움직여 젖병을 잡아야 하고 그 젖병을 입으로 가져가 빨아야 한다. 그러려면 눈과 손이 잘 협응해 주어야 하고 손이 중심을 잘 잡아 젖병을 입으로 가져갈 수 있어야 한다. 신체의 각 부분이 분화된 동작에서 젖병을 빠는 통합된 동작으로 이어지기까지 아이의 감각적 운동 능력이 잘 수행되어 주어야 가능한 것이다.

우리가 가장 단순하고 쉽게 생각하는 '물건 잡기'의 동작도, 보고, 뻗고, 잡고, 들어올리고, 입으로 가져가 빠는 모든 것이 '손과 눈의 협응'이 되지 않고는 안 되며, 신경 세포의 마지막 발달 영역인 손가락과 발가락의 말초 신경의 원활한 발달을 위해 아이들은 끊임없이 손을 움직이며 사용하는 것이다. 숟가락과 젓가락 사용하기, 옷 입기 등도 그중에 하나다.

이러한 유아의 초기 발달을 돕기 위해 유치원에서는 어린 유아들이 들어오면 제일 먼저 일상생활 영역 옮기기 선반에서 물건을 옮기고, 붓고, 쓸고, 자르고, 위에서 아래로, 왼쪽에서 오른쪽으로 움직여 가면서 손과 눈이 함께 가는 훈련과 연습을 쌓아 가는 것이다. 손과 눈의 협응으로 이루어지는 행동을 습득하려면 먼저 사물을 인식해야 하고 그다음 순차적으로 반복적인 감각 경험을 쌓아야 하기 때문이다.

9장 부모교육

1. 부모의 지원

쥐면 깨질까, 불면 날아갈까 애지중지 품 안에서 기르던 사랑하는 아이를 이제 품에서 떼어 놓고 안타깝고 불안한 마음으로 아이를 유치원에 보내는 부모의 심정이 어떠하리라는 것은 겪어 보지 않은 사람은 모를 것이다.

엄마를 찾으며 울며불며 떼쓰던 아이들도 이제 한 주가 되어 가니 조금씩 안정되는 것 같다. 낮 동안 제가 있어야 할 곳이 유치원이라는 것과 정해진 시간이 되면 사랑하는 엄마의 품으로 돌아간다는 사실을 깨달아 가는 것 같다.

그리고 선생님과 친구들과 지내는 것에 조금씩 재미를 느끼고, 하나씩 교구를 만질 때마다 신기하고 재미있고 시간 가는 줄 모르게 작업에 빠져들기도 한다. 여기에서는 입학 초기에 부모님들이 도와주실 일들을 몇 가지 정리해 소개한다.

첫째, 아이가 집에 돌아가면 충분한 휴식과 영양이 필요하다. 물론 유치원에서 영양 있는 간식과 점심을 먹고 가지만 몬테소리 작업은 집중력을 요하고 교구마다 생각하는 단계가 있어 정신적인 에너지가 많이 소모된다. 그래서 단순 놀이에 익숙하던 아이들은 더 피곤함을 느낄 수 있다.

때로 아이가 점심을 먹고 집에 돌아가서도 배고프다고 하기도 하고 졸려 하기도 하는 것은 그 아이의 교구 작업량이 많았을 때 그렇게 된다. 놀라지 말고 충분히 먹이고 쉬게 해야 한다.

그리고 무엇을 배웠느냐고 묻기보다 재미있게 놀았느냐고 묻고 친구들에 대해서 작업에 대해서 스스로 말할 수 있도록 유도해 주어야 한다. 아이들은 아직 교구 이름을 모르기 때문에 자신들이 재미있게 갖고 놀았을 뿐이지 무엇을 배웠다고 생각하지 않기 때문에 무얼 배웠느냐고 물으면 대답이 곤란해지기 때문이다.

둘째, 처음 엄마를 떨어지는 아이들은 낯선 환경에의 적응이 어려워 한동안 정서가 불안한 상태이다. 야단치거나 엄하게 하기보다 되도록 다독거려 보내는 것이 좋다. 다만 절대로 안 되는 경우에는 망설이는 표정 없이 단호하게 대하여야 한다. 그리고 아주 중요한 것은 엄마와의 약속이다. 지킬 수 없는 약속은 아예 꺼내지도 말고, 한번 내놓은 약속은 반드시 지켜 신뢰를 쌓아 가야 한다.

셋째, 친구와 다툼이 있었다고 할 때, 또는 무언가 속상해 할 때 먼저 내 아이의 억울함과 속상함을 인정해 주자. "그랬었구나, 속상 했겠네." 하며 위로해 주고 그러나 듣고 보니 내 아이의 탓이 더 많은 경우도 있을 때는 친구의 속상함도, 이해해 줄 수 있도록 알아듣도록 타이른다. 무조건 내 아이만 잘했다고 두둔해 주면 이기적인 아이가 되기 쉽다.

넷째, 아이들은 모두 저만 예뻐해 주기를 바라고 제게만 관심 주기를 바란다. 누구 이름을 두 번만 부르면 샘나고 눈길이 누군가에게 자주 가도 속상하다. 그래서 신입반 선생님은 참 어렵다.

때로 "선생님은 나만 미워해."라고 내 아이가 투정을 부릴 때도 있을 것이다. 그러나 "선생님은 절대로 그런 일이 없단다."라며 부모님께서 선생님 편을 들어주고 미심쩍은 일이 있을 때는 가슴에 담지 말고 선생님께 직접 물어보는 것이 좋다.

다섯째, 또 하나 이 유치원 시기가 중요한 것은 이 시기가 아이들의 기본 도덕성과 예의, 습관을 형성하는 때이기 때문이다. 유치원에서 지속적으로 기본 생활습관 훈련을 하고 있지만 가정에서 함께해 주지 않으면 바른 습관 형성이 어렵다.

한번은 선생님 얼굴을 찰싹 때리는 아이가 있어 모두 놀란 적이 있다. 부모님께 여쭈어 봤더니 아주 어릴 때 어른들 뺨을 때리는 것을 예쁘다고 웃어 주어서 그렇다고 했다. 안 되는 것은 안 된다고 가르쳐 주어야 기본 도덕성과 예의를 갖춘 아이로 자랄 수 있다.

모든 것은 되도록 스스로 할 수 있도록 하고 어려운 일만 도와주면서 이끌어 가면 어느새 내 아이는 아름다운 아이로 자라 있을 것이다.

유아 초기에 부모님들이 알아야 할 사항이나 지켜야 할 사항, 주의할 점들에 대해 소개하면 다음과 같다.

1) 약속 지키기

사랑하는 우리 신입 유아들 중에는 한 번도 엄마 품을 떨어져 본 적이 없는 어린이도 있고 집 울타리 밖의 세상을 별로 경험해 보지 않은 어린이도 있을 것이다. 소중한 내 아이라고 싸고 또 싸서 보호막 안에 넣어 두었다가 이제 할 수 없이 바깥 세상에 내어놓은 어린이도 많을 것이다. 그러나 어쩌겠나, 평생토록 품 안에만 끼고 살 수는 없으니 한걸음 한걸음 조심스레 아이들의 정서에 맞추어 어르고 달래며 세상살이를 시작해야 한다.

세상에서 가장 가까운 사람, 믿고 의지할 사람은 부모님이니 우선 부모님의 말이라면 100% 믿고 따를 수 있도록 믿음을 키워야 한다.

"한 시간만 나갔다 올게."라고 말했으면 한 시간 안에 꼭 돌아오고, "맛있는 것 사 올게." 했으면 잊지 말고 사와야 한다. 달래느라고 얼떨결에 지키지 못할 약속을 하는 것은 절대 금물이다.

아직은 우리 어린이들이 없어진 것이 어디엔가 있을 것이란 것을 이해할 수 있는 단계가 아닌 어린이가 대부분이다. 엄마를, 아빠를 한 번 떠나면 다시는 볼 수 없다는 불안함에 젖어 있다. 몇 시간 꾹, 억지로 참고 있다가 돌아간 집에서 엄마를 다시 만날 때까지 아이는 참으로 마음을 졸이고 있을 것이다.

혹, 재미에 팔려 엄마를 잊고 있을지라도 당분간의 2~3시간이 한계이다. 그 후

로도 엄마를 찾지 않으면 그것이 이상하다. 그래서 신입 첫 주간은 단축 수업으로 적응 기간을 두는 것이다. 사랑으로, 격려로, 두려운 미지의 세계에 문을 두드리는 우리의 자녀들을 이끌어 보자.

2) 기본 인성과 사회성 기르기

원에서 걱정하는 것은 올해 들어 유난히 기본 바탕 생각이 부족한 아이들이 많다는 것이다. 연필 끝으로 볼을 찔러 아파하는 상대 친구를 보면서도 자기가 잘못했는지 모르는 것이다. 내가 가지고 있는 물건이 친구의 팔을 찔러 상처가 생겼는데도 미안해할 줄 모르는 것이다.

그래서 요즘은 각 반을 돌다 보면 선생님들이 잘못한 친구들에게 네가 한 일이 친구를 아프게 했다는 것과 그런 것은 미안하다고 사과해야 한다고 타이르는 모습들을 자주 본다.

유치원에 올 나이쯤 되면 이런 좋고 나쁜 것은 판단할 나이가 된다. "남을 아프게 해서는 안 된다, 남의 것을 빼앗으면 안 된다."라고 알아듣도록 기본 바탕 교육을 가정에서 미리 일깨워 주어야 한다. 사람이 많이 모이는 곳에서 마구 뛰어다니거나 큰 소리로 떠들면 다른 사람을 방해한다는 것, 물론 이런 것들은 유치원 이야기 나누기 시간에도 하는 이야기이지만 가정에서 시시때때로 이런 상황이 일어날 때 가르쳐 주는 것이 더욱 효과적이다.

이 나이 또래의 아이들은 잘못된 상황이 생길 때 그때그때 바로잡아 주어야 그것이 잘못된 줄을 안다. 다만 바로잡아 줄 때 지나치게 엄한 목소리나 때릴 것 같은 분위기는 아이에게 쇼크를 줄 수 있으므로 되도록 알아듣도록 타이르는 것이 좋다.

바르고 착하게 자라는 것이 손해 보는 세대라고 혹 말씀하실 분이 계실지도 모른다. 하지만 원에서는 무조건 착한 것이 아니라 제 몫은 제가 챙기도록 하고, 독립적이고 자신감 있는 아이가 되도록 여러 가지 프로그램으로 이끌고 지도하려고 한다. 아무리 개인주의, 이기주의가 퍼져 가고 있는 시대라 할지라도 혼자서는 못

사는 것이 인간이다. 우리 아이들이 더불어 살아가는 지혜를 배우도록 교사와 부모들이 더 애써 나가야 한다.

3) 호기심과 배움의 욕구 충족

3~5세 사이의 아이들은 "왜?" "무엇이지?"를 끊임없이 반복한다. 주위 사물에 대한 호기심과 탐구심으로 어른들이 지칠 정도로 계속해서 물어 댄다.

아이의 질문에 대해 이해하기 쉽게 설명을 해 주어도 그 대답은 다시 의문을 불러일으키고 다시 또 다른 대답을 요구한다. 이렇게 간단한 대답으로 끝나지 않을 때는 거꾸로 아이에게 질문을 해 보도록 한다.

"글쎄, 왜 그럴까?" "너는 어떻게 생각하니?" "우리 좀 생각해 보자."라고 말하고 아이에게 잠시 생각할 시간을 주면 무조건 묻는 습관에서 사고하는 자세로 전환하게 된다.

4) 자립심 키워 주기

반쯤은 흘리더라도 스푼 잡는 법을 배웠다고 하면 밥은 자기 스스로 떠먹게 하고, 물 따르는 법을 배웠다고 하거든 우유나, 주스, 물은 자기가 직접 따라 먹게 하자. 다만 아이의 팔이 닿을 수 있는 키 높이에 주전자나 컵이 있어야 한다.

좀 매정하게 들릴지 모르지만 아이들은 무한한 잠재 능력을 갖고 있기 때문에, 제 스스로 무엇이든지 해 볼 수 있도록 이끌어 주되 옆에서 유도만 해 줄 뿐 도와주지 않고 기다리는 것이 도와주는 것보다 훨씬 낫다는 것을 믿어야 한다.

힘들어도 이렇게 하면 스스로 해내는 능력의 발달뿐만 아니라 정서적으로도 빨리 자라게 된다. 내가 무언가 할 수 있다고 자신감을 갖는 것은 아이를 성장하게 하는 촉진제가 되게 한다.

그래서 몬테소리 교실에서는 아동이 즐거운 경험을 할 수 있도록 다양한 환경을 제공하고 사물을 이해하고 자신이 무엇인가를 만들어 내도록 인지하고 생각하고 움직여 나가도록 도와주는 것이다.

더디게 보이지만 하나하나 차곡차곡 쌓여 나갈 때 진정으로 그것을 자신의 것으로 만들면서 발전해 나갈 수 있는 것이다.

5) 느린 아이 기다려 주기

몬테소리 교실의 기본 방침은 사랑으로 아이들이 즐겁고 평화로운 분위기 속에서 남을 배려하고 자신을 돌볼 줄 아는 자신감 있고 독립적이며 따뜻한 마음을 가진 아이들로 성장하도록 지도하는 데에 있다.

교실에 있는 많은 몬테소리 자료들은 우리 아이들이 배우고 반복하고 성취하면서 집중력과 사고력을 키워 가기에 넉넉한 환경 요인들이다.

교구들을 통해 저장된 많은 지식 또는 지혜들, 그리고 생각하는 힘들은 지금은 비록 드러나 보이지 않을지 모르나 해가 지나갈수록 삶과 부딪혀 가면서 빛이 난다. 십수 년을 통해 배출된 아이들의 현재 상태가 그것을 증명해 준다.

졸업할 때까지 머리가 열리지 않고 아주 느리고 더뎌 선생님의 가슴을 태우던 아이가 5년이 지난 지금 전국 3% 안에 들어 있다면 믿을 수 있을까? 물론 바탕 머리가 될 때까지 기다려 주신 부모님, 그리고 학습의 시기가 되었다고 여겨진 초등학교 시절부터 특별히 지도하신 많은 선생님과 부모님들의 수고도 곁들여졌겠고, 바탕 머리 만들기에 바쁜 유치원의 교육 과정과 연계하여 가정에서 조금씩 돌보아 주어서 가능한 것이었다.

또한 글자를 모르고 초등학교에 가는 아이들도 제법 있다. 아직 깨우쳐지는 시기가 아닌 것이다. 아이들은 저마다의 개별 능력이 다르기 때문이다. 한두 달은 어렵고 힘들겠지만 지금까지 쌓아 온 여러 가지 지능의 힘으로 극복하면서 어느 순간에 머리가 열리면 걷잡을 수 없이 빠르게 성장하게 된다.

그래서 선생님의 소신은 확고하다. '비록 늦고 더딜지라도 반복하고 끌어 주면 꽃이 된다.'는 것이다.

2. 연령별 교육 안내

몬테소리 교육을 받는 아이들은 가정에서 따로 인지물, 즉 학습지를 준비할 필요는 없다. 교실에서 배우게 될 교구 작업뿐 아니라 따라오는 인지물로 반복 학습을 하게 되기 때문이다.

몬테소리 교실의 인지물은 어느 학습지가 흉내 낼 수 없는 체계적이고 확실한 내용으로 구성된다. 구체물로 배운 내용을 인지물로 확인하면서 응용하고 반복 학습을 하노라면 아이들은 배운 것을 확실하게 자기 것으로 만들게 된다.

몬테소리 교실의 연령별 교육 내용을 간략히 소개하자면, 5세에는 각 영역의 감각 교구들을 만지고 탐색하는 것으로 두뇌를 움직여 두뇌가 활발하게 활동하고 배운 것들을 머릿속에 저장할 수 있는 많은 방들을 만든다. 이때가 기초 기반을 만드는 시기이다.

6세 아동은 구체물, 즉 입체적인 작업에서 평면화 작업을 함께하면서 모든 영역에서 기초가 되는 것을 각 영역의 교구들로 차근차근 단계를 높여 나가며 배운다. 2학기가 되면 심화 과정으로 들어갈 준비를 한다. 한글은 글자의 기본 형태를 모래 글자와 통 글자로 익히고 첫소리 글자를 입체적으로 배운다.

7세에 들어와서는 폭발적으로 아이들의 생각이 늘어나서 7세가 아닌 8~9세의 학습을 능히 해내는 단계까지 가게 된다.

수 영역은 이미 단위 선반을 거쳐 기초 덧셈과 100을 이해하는 백판, 롤링 페이퍼, 덧셈자, 세겡판, 틴보드를 넘보는 아이들도 있다. 이 아이들은 뱀놀이(덧셈, 뺄셈)나 버드아이뷰, 스템프 게임 등 초등학교에서나 다룰 진도까지도 가게 된다.

이쯤 되면 수 영역뿐만 아니라 일상생활 영역에서는 자기 몸을 자기가 돌볼 수 있는 단계, 즉 스스로 혼자서 단추를 잠그고 지퍼를 올리고 내릴 줄 알고 때로는 리본 묶기까지도 할 수 있게 된다. 이어 바느질하기, 운동화 끈 꿰기 등 10단계의 순서를 거치는 큰 물 작업이라고 해서 책상 닦기, 그릇 닦기, 인형 씻기기 등 아주 복잡하고 단계가 많은 과제들을 해낸다.

운동화 끈매기나 옷핀 꽂기까지는 7세 중반에 들어가야 하겠지만 스스로 물이나 우유를 흘리지 않고 따라 먹거나 손 씻기와 흘린 물 닦기, 책상 닦기쯤은 혼자서도 할 수 있게 된다.

감각 영역에서도 도형을 익히고 건축 상자 기초 단계를 배우고 나면 삼각형 3개로 사다리꼴을 만들고 삼각형 2개로 마름모꼴을 만드는데, 이어 평행사변형도 만들 수 있고 직사각형도 만들 수 있다는 것을 터득하게 된다. 삼각형 6개로 육각형을 만들 수 있다는 것을 발견하게 되고 사각형, 오각형, 다각형의 모든 도형들도 삼각형이 기본이 되어 만들어진다는 것을 배우게 된다.

언어 영역에서는 문법의 기초를 배우게 되고 이야기를 구성할 수 있게 된다. 자음과 모음을 합쳐 글자 조합을 이루어 문장 만들기를 하게 된다.

지금까지 몬테소리 교실에서 연령별로 유아들이 배우는 내용을 일부 소개했는데, 직접 보는 것이 아니라 확실한 이해를 할 수는 없지만, '아, 그런 것을 배우는구나.' 정도로 이해하면 좋겠다. 이러한 몬테소리 교실의 연령별 교육은 시작과 중간, 그리고 마지막이 무엇인지를 한 단계씩 생각해 내어 그 과제를 다 이루도록 하는 것이 목적이다.

10장 가정에서의 몬테소리 교육

1. 교육환경 조성 및 실천

어린반(3, 4, 5세) 아이들에게는 가정에서 일상생활 영역의 활동을 많이 연습하도록 소개하고 있다. 이것들은 각 원아의 가정에서 매일 같이 이루어지는 일들이 포함된 평범한 활동의 연속이다.

아이들은 무의식적으로 모방할 것을 찾는다. 붓기, 손 닦기, 쓸기, 씻기, 음식 준비 등이 그 예이다. 연습의 목적은 자기 자신감과 독립심을 키워 줄 뿐 아니라 운동의 조절, 집중, 자기 훈련, 활동 순환 등을 완성시켜 주는 것이다.

가정에서도 아이들이 무한히 자기 능력을 나타낼 수 있는 여러 가지 작업들이 있다. 예를 들어, 여아들은 주로 어머니의 음식 준비, 상차림, 빨래 개키기, 청소하기 등을 함께할 수 있고, 남아들은 주로 아버지의 목공 작업(새장 고치기 등)을 거들 수 있다. 또한 깔때기로 물 옮기기, 빈 페트병에 물 부어 보기, 베란다 화초에 물 주기, 잎 광내기(닦아 주기), 흘린 것 쓸어 담기, 아빠 구두 닦이 등 아이들을 바쁘게 할 일은 얼마든지 있다.

이런 것들을 통해서 아이들은 생각을 키워 나갈 수 있으며 한몫을 해낸다는 즐거움의 원천도 찾을 수가 있는 것이다.

다만, 장시간의 TV 시청은 이러한 아이들의 성취 능력을 빼앗을 수 있으니 주의해야 한다.

가정에서 아이들을 위해 칸이 두어 개 있는 선반을 만들어 주거나 벽돌 몇 개를 놓고 나무 판자를 얹어 놓아도 훌륭한 작업 선반이 될 수 있다. 가정에서 실천할 수 있는 교육환경 조성 및 실천 방법을 간략히 소개하면 다음과 같다.

① 일상생활 영역의 제 1선반에서 소개한 손으로 옮기기, 스푼으로 옮기기, 집게로 옮기기, 핀셋으로 옮기기, 젓가락으로 옮기기 등을 해 본다. 제 2선반에 있는 튕기기, 이쑤시개 꼽기, 병뚜껑 매칭, 콩·팥·쌀 등 곡물 따르기, 물 따르기, 뜨다/가라앉다, 거품 내기, 깔대기로 물 옮기기, 색깔 혼합 등을 해 본다. 별도의 부모교실을 열어 이러한 작업들을 어머님들께 알려 드리고 휴일이나 방학, 또는 원에 올 수 없는 날에 집에서 할 수 있도록 하면 도움이 된다.

② 감각 영역에서도 전이 선반에 있는 것들은 거의 가정에서 만들어 할 수 있는 것들이다. 같은 것을 몇 가지 골라 두 개씩 짝을 지어 매칭 작업을 만들고 다른 것 찾기로 분류 작업을 만들게 한다. 집에 통조림이나 과자 깡통들을 모아 분홍탑 같이 차례로 쌓기 놀이나 요구르트 통에 쌀, 콩, 팥 등을 넣고 흔들어 청각 훈련을 할 수도 있다.

③ 3~5세 유아들은 하드 스틱이나 젓가락, 빨대 등으로 1~10개를 세어 병에 넣어 보게 하고, 백판 잃어버린 숫자 종이를 보내어 페이퍼 작업을 하게 할 수도 있다. 메모리 게임을 가르쳐 주고 형제끼리 게임을 하게 할 수도 있다. 숫자나 바둑알판을 가정에서 쓰는 주방 펠트 위에 놓고 1~10까지 개수에 맞춰 구체물을 놓아 보게 할 수도 있다.

④ 문화 영역에서 할 작업도 얼마나 많은가. 한 팔 시계에서부터 다양한 시계 만들기, 정시 알기, 달력 만들기, 하늘·땅·바다 알기, 지형 만들기를 비롯해 선반을 둘러보면 작업을 가정으로 가져가 이어 할 수 있는 것들이 수십 가지가 넘는 것을 알게 될 것이다.

2. 창의성은 어떻게 길러 줄까?

가정에서 아이들의 창의성을 길러 주기 위해 실천할 수 있는 방법들을 소개하면 다음과 같다.

① 우리 아이가 아주 사소한 평범하지 않은 생각을 했을 때, 칭찬해 주고 가치 있다고 인정해 준다(예: 블록놀이나 벽돌쌓기놀이에서 신기한 모양을 만드는 것을 부모가 인정해 주고 칭찬해 주었을 때 아이들의 창의적 반응은 더욱 증가한다).

② 결과가 잘못되거나 실패해도 질책을 하기보다는 다음 과정으로 성장해 가는 과정이라고 생각하여 더욱 격려하고 용기를 북돋워 주는 말을 해 준다(예: "네가 열심히 하는 모습이 보기 좋았어. 다음에는 더 잘할 수 있을 거야.").

③ 유아의 호기심을 충족시켜 준다(예: 유아의 끊임없는 질문에 성의껏 대답을 해 주고 모르는 것을 물었을 때는 책이나 인터넷을 이용해 함께 알아보는 태도를 보여 주며, 어른도 처음부터 무엇이든 다 알고 있는 것은 아니며 경험이나 책을 통해 알게 된다는 점과 모르는 것이 있을 때는 어떻게 알 수 있는지 다양한 방법을 설명해 준다).

④ 유아 자신의 생각대로 표현해 볼 수 있는 충분한 기회를 준다(예: 유아들이 떠오르는 생각을 그림, 찰흙, 철사 등 여러 가지 자료와 매체를 이용하여 표현하도록 지원하고 격려해 준다).

⑤ 다양한 문제를 주고, 스스로 생각해 보는 기회를 가지게 한다(예: 우산을 손에 들지 않고 가지고 가는 방법에는 어떤 것들이 있을까? 우리 집에서 강아지를 키운다면 좋은 점은 무엇이고 나쁜 점은 무엇일까? 할아버지 생신에는 어떻게 축하를 해 드리면 좋을까?).

3. 가정 내 몬테소리 교육

1) 부모의 유아 발달 지원

아기를 낳는 것은 어머니이지만 자신을 만들어 가는 것은 유아 본인의 몫이다. 보호자인 부모는 유아의 내부에 있는 잠재력을 일깨워 이끌어 내고 돌봐야 한다. 부모는 유아가 스스로 자신의 삶을 이끌어 가도록 기본 바탕을 만들어 주고, 유아 스스로 발달할 수 있도록 다음과 같이 도와주어야 한다.

① 부모는 유아가 자유롭게 자신을 드러낼 공간을 준비해 주어야 한다. 유아에게 충분한 공간을 만들어 줄 수 없을 때는 부모의 귀중한 물품은 유아가 충분히 자랄 때까지 치워 놓아야 한다. 에릭슨(Ericsson)은 "부모는 유아의 능력에 맞게 책임감 있게 참여하도록 도와야 한다"고 말했다. 유아가 작업을 통해 성취감을 느낄 때 자아 존중감과 자아 정체성을 갖게 된다고 보았다. 즉, 유아를 쓸데없이 불필요하게 도와주지 않는 것이 유아를 돕는 것이란 사실을 인지하고, 유아 스스로 성취할 수 있게 지원해야 한다.

② 유아는 자신의 능력을 키워 줄 환경과 그 환경에서 사용할 사물들을 원하므로 부모는 이를 지원해 주어야 한다. 유아(아이)와 부모(어른)의 차이는 유아는 과정을 중요시하고 부모는 결과를 중요시한다는 점이다.

③ 부모는 아동이 잠재된 것을 꺼내어 탐험하고 배워 감으로써 자신을 발달시킬 수 있도록 돕는다. 전통적인 교육학자들은 어린이의 빈 머리에 어른이 지식을 채운다고 생각하고, 몬테소리는 어린이가 자신의 내부에 잠재되어 있는 것을 꺼내어 탐험하고 흡수하고 배워 감으로써 자신을 발달시킨다고 보았다.

④ 하찮아 보이는 것도 유아에게는 소중한 놀거리인 것을 이해하고 지원한다. 어른이 보기에는 쓸모없는 일에 유아가 매달리고 있다고 생각한다. 우리가 보기에는 하찮아 보이는 사금파리 한 조각도 유아에게는 소중한 놀거리인 것을 어른들은 모르고 있다.

2) 교사-가정 연계

몬테소리 교육은 교사와 가정의 부모가 함께 연계해 교육을 상호 지원한다. 주요 내용을 정리하면 다음과 같다.

- 아동 관찰일지를 매주 1~2회, 전화나 메모 등을 통해 가정에 전달한다.
- 주기적으로 주 교사가 부모와 상담을 진행한다.
- 교사는 가정에서 할 수 있는 몬테소리 교실의 작업을 부모교육, 참여·참관 수업을 통해 소개하고, 가정에서는 이러한 작업 활동을 아이들이 집에서도 해 볼 수 있도록 환경을 지원한다.
- 아이가 아프거나, 상처를 입었을 때 등 중요한 사항은 하원하기 전에 교사가 부모에게 바로 알린다.

3) 특별 수업의 종류와 빈도

- 부모교육 : 1개월에 한 번 또는 3개월에 한 번 진행
- 참여 수업 : 학기에 한 번 진행
- 참관 수업 : 학기에 한 번(개별로), 혹은 정한 날에 진행

몬테소리 교육의 이론과 실제

부록

1. 수필식 교사저널
2. 관찰 방법
3. 연령별 작업 진도표

1. 수필식 교사저널

(1) 칭찬과 벌

세계적으로 아동교육에 대한 많은 논쟁을 불러 일으켰던 『보상으로 처벌받기(*Punished by Rewards*)』(1993)의 저자 알피 콘(Alfie Kohn)이 주장하는 바는 대체로 다음과 같다.

우리는 아이들을 수세기 동안 벌을 주거나 행동을 수정하거나 칭찬과 격려로 벌을 대신하거나 하면서 아이들의 잘못된 행동을 바로 잡으려고 노력해 왔다. 그러나 '지나친 칭찬과 격려'도 아이들에게 좋지 않고 '벌' 또한 좋은 방법은 아니다.

우리가 아이들의 행동을 수정하려고 그 방법을 찾기보다는 왜 아이들이 그런 행동을 하게 되었는가, 그들이 그렇게 할 수밖에 없는 이유를 찾아서 그 이유를 없애 주고 그들의 요구를 알아내어 그 요구를 이해하고 들어주는 것이 우선순위라고 주장한다. 예를 들어, 아이들이 잠을 못자고 칭얼대면 칭얼댄다고 윽박지르고 야단을 치거나 먹을 것을 주면서 달래거나 하기 이전에 아픈지, 배가 고픈지, 또는 몸이 더운지 등을 살펴야 한다는 것이다. 그 이유를 알아내도록 노력하는 것이 더 중요하다는 말이다.

이러한 그의 이론은 지난 한 세기 동안에 몬테소리 여사의 '아동의 흥미와 욕구'에 대한 견해와 많이 닮아 있어 긍정적으로 받아들여졌다.

(2) 유대인의 교육

세계에서 가장 우수한 머리를 가진 민족은 유대인이라고 한다. 각 나라의 최신 발명품, 과학 무기, 학설, 이러한 것들은 주로 그 나라에 거주하는 유대인 과학자에 의해서 나온다고 하며 제2차 세계 대전이 끝난 후 미국과 소련이 서로 빼앗아 가려고 했던 과학자들이 유대인들이었다.

몇 년 전 이스라엘을 방문했을 때 세계의 영재교육의 산실이라고 하는 영재교육원을 찾아갔더니 텔아비브 공과대학에 영재교육원이 있었다. 그곳에서 아이들의 영재성을 어떻게 키우느냐고 물었더니, 아이들에게 무엇을 가르치기 전에 스스로 생각해 내도록 유도한다고 그곳의 교수가 대답했다.

예를 들면, 글자를 가르치기 전에 먼저 글자를 써 보라고 하면 ant(개미) 하면 nm, elephant(코끼리) 하면 mm로 대부분의 아이들이 그려 낸다고 한다. 발음의 길이, 동물의 크기 등을 아이들이 생각해서 나름대로 그려 낸다는 것이다.

아이들이 써 놓은(그려 놓은) 글자들을 보니까 옛날 고대인들의 상형문자가 생각이 났다. 그렇다. 되도록 어른들이 많은 것을 가르치려고 애쓰는 것보다 많은 것을 보고 느끼고 경험하도록 환경을 준비해 주고 아이들에게 먼저 생각하고 느끼고 창의하도록 이끌어 주어야 한다는 몬테소리 이론을 그곳에서도 확인할 수 있었다.

(3) 마음의 눈

우리는 어린이를 사랑한다. 특히 부모의 사랑은 더욱 클 것이다. 그러나 우리는 때때로 사랑의 방법을 몰라 상대방을 더 힘들게 하는 경우도 있다. 그래서 우리는 상대방의(아이들의) 마음을 읽을 줄 아는 눈을 가져야 한다.

돈을 많이 들인 장난감보다 나무토막 하나를 더 소중히 여기는 아이들의 마음을 누가 알까?

며칠 전에 있었던 일이다. 일정한 크기의 나무토막 1000개를 사서 교실 각 반에 나누어 주었다. 1000개의 값이 만만치 않았지만 구조화된 교구 한 벌 값에는 미치지 못했다. 그런데 아이들의 반응은 폭발적이었다고 한다.

아이들은 정말로 자기들 마음대로 추상하고, 창조하고, 상상하는 미지의 세계를 펼쳐 보였다. 그것을 지켜보던 교사들이 놀랄 지경이었다고 한다. 거기엔 교사의 지도도 필요 없었다.

그냥 네모난 나무토막들이 들어 있을 뿐인데, 왜 아이들이 목공 시간을 목을 빼고 기다리는지 알 것 같은 순간이었다. 마음의 눈으로 아이들을 바라보면 아이들의 마음을 더 잘 볼 수 있게 된다.

(4) 뇌 이야기

전 세계적으로 인류가 '조기 교육'이란 말을 쓰기 시작한 것은 얼마 되지 않은 일이다. 20세기 이후 서양을 중심으로 급진전된 과학의 발달로 조기 교육의 중요성과 필요성이 거론되기 시작하였다.

뇌 생리학, 심리학 분야의 과학자들은 사람이 출생 후 만 4세까지의 시기에 대뇌의 80% 정도가 발달한다는 사실을 알아내었다. 연구 내용에 따르면, 인간의 뇌세포는 서로 얽힘으로써 뇌의 활동이 생기며 그 얽힘의 복잡한 정도가 사람의 두뇌가 좋고 나쁨의 기준이 된다. 이 뇌세포가 서로 얽히게 되는 것은 외부로부터의 자극과 이에 대한 반응 및 적응 과정에서 이루어진다고 보았다.

이처럼 만 4세까지 결정된 뇌의 성장률은 18세까지 이어지게 된다. 즉, 4세까지 뇌가 빠르게 발달한 아이는 그 후에도 계속 같은 속도로 뇌가 발달한다는 이야기다.

무게가 1,400g 정도 되는 우리 몸의 한 부분, 그리고 태어나면서부터 정해져서 더 이상은 잘 늘어나지 않는다는 약 140억 개로 이루어진 뇌세포의 수, 이것의 약 80%가 출생 후 4년 안에 발달되어진다는 연구 결과를 볼 때 우리는 소중한 우리 아이의 이 시기를 결코 그냥 지나칠 수 없다는 결론을 얻게 된다.

1981년 노벨상을 받은 미국 칼텍의 스페리 박사는 뇌 분업 체제를 실증해 보였다. 그에 따르면 왼쪽 뇌는 신체의 오른쪽을, 오른쪽 뇌는 신체의 왼쪽을 통제하며 각각의 기능을 담당하게 된다. 즉 왼쪽 뇌는 언어적이고 분석적, 계열적이며 수학적인 반면에 오른쪽 뇌는 비언어적(단어 대신 구체적인 형상 또는 그림을 통해 어떤 사실을 이해함), 공간적(퍼즐 맞추기, 넘어지지 않게 신체 균형 맞추기, 집 찾아 가기 등), 직관적(육감, 느낌, 상상, 시각적 영상 등을 근거로 어떤 사실을 순간적으로 깨달음), 동시적(비계열적 즉 하나의 나무보다는 전체 숲을 보기, 전체적인 윤곽을 통해 형상 파악), 그리고 상상적(공상적)이며 감정적인 분야의 기능을 담당하게 된다.

이처럼 본래 사람의 두뇌는 좌우 균형을 유지하여 양쪽이 적절하게 작용하도록 만들어져 있다. 예를 들면 어떤 일을 진행할 때 아이디어나 상상은 오른쪽 뇌가 담당하며, 왼쪽 뇌에서는 그것을 언어로 바꾸어 구체적인 정리를 한다.

아이들은 6세 무렵에 이르러 겨우 왼쪽 뇌가 굳어지는데 그때까지는 언어 중추가 미숙하여 거의 오른쪽 뇌 중심으로 사물을 사고하게 마련이다. 따라서 유아의 조기 교육은 이러한 뇌의 발달을 고려하여 이루어져야 한다. 즉 왼쪽 뇌가 제대로 발달되지 않은 상태에서 왼쪽 뇌를 혹사하게 되면 결국 그 아이는 인간만이 누릴 수 있는 창조력, 자유로운 아이디어, 응용력, 기획력, 직관력 등을 전혀 발휘할 수 없는 '지식 보관소'가 되어버릴 것이다.

사실 우리 사회는 왼쪽 뇌 방식이 몸에 밴 판에 박힌 인재들을 대량 생산한 사회였음을 기성세대 대다수가 인정할 것이다. 이제 다시 우리의 소중한 아이들에게까지 암기만을 위주로 하는 주입식 교육으로 오류의 전철을 되밟게 할 수는 없다. 지금부터라도 아이들을 풀어 주어 부모의 생각에 의해서가 아닌 아이들이 자유롭게 쓸 수 있는 시간을 주어 창의적으로 생각하고 자유롭게 행동할 수 있는 저들만의 세계를 이루어 나가도록 이끌어 주면 어떨까 생각해 본다.

(5) 조기 교육

어린아이를 안은 어머니가 대 철학자 칸트를 만나 "내 아이를 언제부터 교육하면 좋을까요?"라고 물었을 때 칸트는 당 시대 이후 발견된 뇌의 비밀을 알고나 있었다는 듯이 "당장에 시작하십시오."라고 대답하였다고 한다. 이러한 이론을 기반으로 한다면 배우는 연령이 어릴수록 좋다는 데 이의를 제기할 사람은 거의 없을 것이다. 하지만 영유아의 조기 교육이란 아이들이 앞으로 커서 취학 전 단계나 초등학교에서 배울 사항을 앞당겨서 암기식으로 미리 가르치는 것이 절대 아니다.

사람의 소질은 적어도 만 7세 이후에야 밖으로 나타나게 된다고 한다. 만 4세 때 결정된 뇌의 성장률을 바탕으로 5세부터는 자신이 보고, 듣고, 느낀 것에 대한 응용을 시작한다. 꽃의 이름을 많이 외우고 있는 아이와 꽃의 아름다움을 느끼고 직접 살펴볼 수 있도록 교육을 받은 아이와는 상당한 차이가 있으며 더욱이 시간이 가면서 그 차이점은 더욱 현저해질 것이다. 전자의 아이는 꽃 이름을 많이 아는 것에 자부심을 느끼며 더 많은 꽃 이름을 외우는 것으로 만족하겠지만 후자의 아이는 전혀 다른 방법으로 '꽃'에 접근할 것이다. "아! 이 아름다운 꽃이 흩장미로구나" "흩장미는 꽃잎이 다섯 장이네?" "이 예쁜 꽃은 백합이구나, 백합은 흩장미와 어떻게 다르지?" 등의 질문을 하며 스스로 공부해 나갈 것이다. 결국 조기교육은 아이가 스스로 생각하고 느낄 수 있는 능력과 기초를 확고히 하는 데 그 목적이 있다.

조기 교육에서 중요한 몇 가지 요인 가운데 하나는 끈기이다. 어떤 분야에 있어서 천재나 프로라고 하는 사람들을 보면 모두 '끈기'가 있음을 알 수 있다. 참고 끝까지 해내는 능력을 아이에게 길러 주면 그 아이는 조금 힘겹다고 해도 짜증 내지 않고 참고 견디면서 그 일을 계속할 것이다. 아이를 끈기 있는 사람으로 만들자면 우선 그의 인도자(부모, 교사 등)가 성급해서는 안 된다. 하루에 아주 짧은 시간이라 할지라도 내 아이가 좋아하는 놀이를 함께하면서 아이를 관찰해 보라. 아이에게 자신이 하는 일에 부모가 관심을 가지고 있다는 사실을 알릴 필요가 있다. 즉 자라는 아동에게 긍정적 관심과 인격적 만남이 필요하다는 것이다.

미국 하버드 대학이 유아교육을 연구하게 된 이유는 여섯 살 난 어린이들 사이에서 보이는 개인차가 어떠한 것인지를 알자는 목적에서였다. 연구팀은 학령 전 아동 수백 명을 대상으로 그 아동의 교육적, 사회적, 경제적 환경을 조사했고 그들이 학업이나 일반 생활에 얼마만큼 잘 적응할 수 있는가를 조사한 결과 뜻밖의 사실을 알게 되었다.

적응력이 있는 여섯 살 박이를 특징짓는 능력은 이미 3세 때 갖추어지며 특히 유아교육 방법에 따라 만 1~3세까지의 2년간이 아이의 능력 발달에 특히 중요하다는 사실이 발견되었다. 이 기간에 첫째, 자극이 많은 환경에서 자유롭게 움직이는 것(감각과 운동)이 좋으며, 둘째, 언어를 많이 사용하는 환경에서 교육 받은 것이 좋다고 하였다. 이러한 환경에서 자란 아동은 이미 일생을 살아갈 토대를 준비했다고 해도 좋을 것이라고 연구팀은 결론을 내렸다.

하버드 대학의 연구 결과는 몬테소리 교육 이론과 방법에 놀라울 정도로 들어맞는 것이었다. 이러한 결과가 나온 이후 미국에서는 몬테소리 교육의 선풍적으로 다시 일어나기도 하였다.

(6) 알아 가는 즐거움

일본의 언어는 한자가 주종을 이루므로 한문교육은 일본인에게는 아주 중요한 교육이라고 한다. 그런데 일본의 한 유치원에서 초등학교 가서 배우면 늦는다고 유치원에서 한자교육을 시켰고 아이들은 재미있어 하면서 많이 외우고 배우고 초등학교에 진학했다. 그러나 종단 실험 결과 유치원에서부터 힘들게 외우고 간 아이나 초등학교 고학년부터 배운 아이나 20세가 되면서는 결국 같아졌다는 이야기를 들은 바 있다. 개념과 원리를 터득해서 실제 생활에 부딪혀 터득하고 창의적으로 구성해 나간 것이 아니라면 아무리 외우기를 잘한다 해도 지능 발달과는 거리가 먼 일이 아닌가 생각된다.

전인(全人)교육은 모든 학과 방면에 고루 다 잘할 수 있는 것으로 알고들 있으나 실은 '온전한 인격'을 갖추게 하는 것이 더 바람직한 교육이라는 생각이 든다. 컴퓨터 앞에 앉은 아이들은 답을 컴퓨터에서 얻지만 물과 흙과 자연을 만지며 노는 아이들은 스스로 답을 만들어 낸다. 컴퓨터 시대인 오늘, 컴퓨터는 해야 되겠지만 물과 흙과 구체물을 만져 볼 수 있는 시기는 유치원 시기뿐인 것을 꼭 기억하자. 그 시기의 알아 가는 즐거움을 빼앗는 것은 어른들의 실수이다.

달리기를 할 때 방향 없이 달리면 아무리 달리기를 잘하는 아이라도 목표 지점에 제대로 들어갈 수가 없다. 이처럼 우리가 아이들을 가르칠 때도 확실한 주제와 개념을 갖고 가르치지 않으면 아이들이 제대로 이해하지 못한다.

몬테소리 원의 어린이들은 남을 배려하되 내 자신의 몫도 찾을 줄 알고 내 것을 지키되 남의 것도 인정해 주는 예의를 배웠다. 질서와 체계적인 것과 바르게 생각하고 행동하는 것도 익혔다. 자신감을 갖고 독립적으로 자신의 의사와 행동을 나타낼 줄도 안다.

여기에 더 필요한 것은 이러한 것들이 지속될 수 있도록 주위 어른들의 격려가 필요하고, 아이들의 용기가 필요하다. 아닌 것은 아니라고 말할 수 있고 옳은 것은 손해가 날지라도 행할 수 있는 용기를 키워 줘야 한다. 이것은 이제껏 배우고 익히고 그리고 스스로 터득한 아이들이 그들 나름대로 발달시켜 온 지능과 다듬어 온 인성을 토대로 상급 학교에 가서 열매를 맺을 수 있도록 도와주는 일이다.

(7) 참을성이 없는 아이

우리 주위에는 어른이든 아이든 조그만 일에도 참지 못하고 화를 내거나 조금만 시장기가 들어도 배고파 죽겠다고 아우성을 치는 사람, 좀 줄을 길게 서야 하는 경우 그것이 힘들어서 짜증을 내는 사람, 짐이 무겁다고 다리 아파 못 걷겠다고 쉽게 포기하거나 어려움을 호소하는 일들을 자주 본다. 요즘 들어 이런 일들이 부쩍 많이 눈에 뜨인다. 왜 조금만 힘들어도 참지를 못할까? 왜 견디려고 하지 않고 피하려고 할까?

이것은 성격적인 면과 환경적인 이유로 나눌 수 있다. 인간의 성격과 기질은 대부분 유전된다. 그러나 인간은 태어나면서 모방을 통해 주위의 것을 흡수하여 자신의 것으로 만들기 때문에 제2의 성격은 주위 환경으로부터 얻게 된다. 참을성이 없는 아이를 만드는 것은 역시 부모와 그 주위 환경이다. 참을성이 없는 부모가 참을성 없는 아이를 갖게 되는 것은 아주 당연한 일이다. 어렸을 때 요구하는 대로 거절하지 않고 모두 들어준 경우, 자기의 요구와 바람이 속히 이루어지지 않으면 조급증이 나타난다. 참을 수 있다는 것은 자기와의 싸움이다. 자기의 급한 욕구를 의지로 조절할 수 없을 때 세상 살아가기는 어려워진다. 어른들은 이미 어떻게 바꿀 수 없더라도 우리의 아이들은 바꿀 수 있게 도와주어야 한다.

첫째, 아이들이 무언가를 요구할 때마다 바로바로 들어주지 말자. 바로 들어줄 것과 조금 있다가 들어줄 것과 아예 무시할 것 또는 다음으로 미룰 것을 생각해서 아이들에게 대응하자. 어려움이나 좌절을 전혀 겪어 보지 않은 아이는 무엇이든 마음대로 안되면 짜증을 내게 된다. 아이들을 조금 힘들게 해서 견디어 내게 한다. 조금 먼 거리를 걷게 하든지 배고픔을 느끼게 하든지 차례를 기다리게 하든지 방법은 여러 가지로 생각하자.

둘째, 한 가지 일에 집중하게 한다. 집중이 길어질 과제를 만들어 조금씩 시간을 늘려 간다. 유치원에서는 집중할 거리가 많은데 가정에서는 어떻게 할까? 아이들은 물을 좋아한다. 여름에는 물을 가지고 놀 거리를 만들어 주고 봄, 가을에는 좁은 구멍이 있는 그릇에 물을 부어 보거나 스펀지에 물을 적셔 옮겨 보는 작업을 유도해 볼 수 있다. 또한 이쑤시개 같은 작은 물체를 좁은 구멍 속에 넣어 보는 작업을 해 볼 수도 있다.

셋째, 아이들의 수준에서 할 수 있는 일을 시킨다. 아이들을 참을성 없게 만드는 이유 중 하나는, 부모가 힘에 부치는 일을 아이에게 요구하기 때문이다. 허약체질의 아이에게 이것저것 하도록 요구하면 아이는 할 수가 없어서 짜증을 낸다. 예를 들어, 잠이 덜 깬 아이에게 어디를 가자고 한다든지, 밥을 먹으라고 강요하는 것과 같은 이치다.

(8) 아동의 욕구

몬테소리 여사는 관찰을 통하여 아동의 본성을 밝혀내고 아동의 본능과 욕구를 이해하고 자신의 욕구를 제대로 표현하지 못할 때 성인이 대처하는 방법을 제시한 바 있다. 아이들에게 이 세상은 아주 낯설고 어렵고 궁금하다. 이 궁금한 것들을 알지 않으면 당장 살아가는 데 불편을 느낀다. 이것은 아이들이 본능적으로 아는 일이다. 그래서 이 또래의 아이들은 부모나 교사를 쫓아다니며 "이게 뭐야?" "왜?"라는 질문을 끊임없이 한다. 계속 대답해 주다 지쳐 나중에는 "몰라, 귀찮아, 저리 가서 너 혼자 놀아."라는 혹독한 표현까지 나오게 된다.

몬테소리 교실에는 아이들이 생활할 때 당장 필요한 것들, 예를 들면 손으로, 스푼으로, 집게로, 젓가락으로 물건을 옮기는 방법, 물을 따르고 옮기는 방법, 지퍼를 잠그고 버클을 채우고, 단추를 풀고 다시 끼우는 방법, 문을 열고 닫고, 옷을 입고 벗고 등 셀 수 없이 많은 실생활에 필요한 일들을 배우고 익히는 단계를 거친다. 어렵게 느껴지던 일들을 하나씩, 차근차근 배워 나가면서 아이들은 자신들의 욕구를 채우고 살맛을 느끼게 된다.

(9) 기초 과정

지금 막 알에서 깨어나 삐약거리는 병아리의 노란 주둥이나, 비록 독수리의 새끼라 할지라도 갓 태어난 어린 새끼들의 보시시하고 엉성한 머리털 하며 어미의 자궁에서 방금 떨어져 힘겹게 일어서려고 버둥거리는 톰슨가젤 새끼의 앙상한 다리에서 어린 생명들의 경이로움과 생존의 안쓰러움을 느낀다. 4, 5월 여린 나무잎사귀, 연초록의 싱싱함이 생명력을 느끼게 했다면 갓 태어나 고단한 잠에 빠진 아기의 솜털 가득한 얼굴을 드려다 보며 함께 천사의 미소를 짓지 않을 사람이 없을 것이다. 생명, 그 어린 생명들은 누구라고 할 것 없이 아름답고 귀하다. 우리 또한 그 아름답고 귀한 시간들을 거쳐 지금 여기에 와 있다. 그리고 그 귀한 생명들을 보호하고 지키려는 의지를 가지고 함께 노력하고 있는 우리들이다.

아동기는 인생 전체를 좌우할 만큼 중요한 부분이며 가장 영향력 있는 시기라고 교육자들은 입을 모은다. 일찍이 아동의 민감기를 발견하여 오늘날 유아의 조기 교육을 가능케 했던 몬테소리 여사는 아동이 갖고 태어나는 「정신의 싹(spiritual embryo)」이 좋은 주위 환경을 만날 때 기초를 잘 다지고 내재되어 있는 발달 패턴을 잘 성장시켜 자아 창조 및 자아 건축을 이룬다고 말했다. 한 인생을 건축하는 데 기초 과정이 얼마나 중요한지를 생각하게 하는 말이다. 지금 이 시대를 경영하는 젊은 세대들은 어린이는 사랑받고 보호받으며 잘 가르쳐서 훌륭한 인재로 길러져야 한다는 인식 아래 온 사회와 국가와 가정이 공들여 성장시켜 놓은 세대들이다. 그런데 이 자녀들은 그 부모들로부터 또 다른 인식 속에서 양육되어진 존재들인 것 같다.

"어떻게 해서든지 남보다 앞서야 하고 이겨야 살아남는다." 그래서 유치원을 비롯해서 초등학교 아이들 중 대부분이 1주일에 6~7가지 과외 학습을 다닌다고 한다. 아이들은 줄서기를 하는 데도 꼭 저는 남보다 앞에 서야하고 뒤에 가서 서게 되면 울음으로 의사를 표현한다. 아름다운 어린 시절, 뛰어 놀고 즐겁게 친구들과 소통하며 살아가야 하는 어린 시절조차 서로 경쟁하고 미워하고 시기하는 환경에서 자란 우리 아이들을 어떻게 바로 잡아야 하는지 교사와 성인들은 깊은 반성을 해야 할 것이다.

몬테소리는 혼자 힘으로 스스로 하는 일이 점점 더 줄어드는 경향으로 치닫는 우리 문화에 경종을 울렸다. 그녀는 '살아 있다는 것은 활동하는 것이다.'라고 말했다. 우리는 아동에게 쓸모없는 장난감들을 주는 대신에 아동의 발달을 도와줄 수 있는 특별할 활동들을 준비해야만 한다. 아동이 자신을 표현할 수 있는 환경을 마련해 주어야 하며 활동의 동기로 삼을 만한 적절한 사물들이 필요하다고 했다.

(10) 선택의 자유와 흥미 유도

아동의 작업을 관찰하고 난 부모님들의 반응은 다양하다. "어떻게 자신이 하고 싶은 작업을 스스로 찾아내어 집중해서 해내는지 놀랍다."가 첫 마디이고 "그런데 자기가 좋아하는 것만 골라서 하다 보면 해야 할 다른 작업은 어떻게 하느냐?"가 두 번째 질문이었다. 몬테소리 교실에서 선택의 자유는 필수다. 아동이 자신이 원하는 작업을 선택해서 하게 하면 즐거움 속에서 하기 때문에 집중력이 생기고 기뿜이 생긴다. 그리고 더욱 중요한 것은 선택의 자유는 선택의 능력을 갖추는 데 첫 번째 필수 기본이다. 그리고 교사들은 매일 아동의 작업을 기록해 두기 때문에 아동이 예정된 작업, 또는 해야 할 단계에 이르지 못하면 교사가 '흥미 유도'를 통해 새로운 작업을 할 수 있도록 이끌고 도와주게 된다. 따라서 교사는 아동의 작업 상태와 정서 상태를 정확히 파악하고 있어야 한다. 흥미 영역에 따라 아이들의 진도 차이는 있지만 학기가 끝날 무렵이면 나가야 할 분야까지 거의 비슷하게 진도를 맞추어 나가기 때문에 늦게 들어온 아이 외에는 만져 보지 못하는 교구는 거의 없게 된다.

(11) 집중력

몬테소리 교실에서 아이들이 활동하고 있는 동안에 외부로부터 받는 오해가 몇 가지가 있다. 아이들이 자유롭게 자기 활동을 선택하도록 선택의 자유를 주고 아이들의 선택을 지켜보노라면 아이들은 대부분이 자신이 즐겨하는 순으로 활동 놀이를 가져다가 작업에 임한다. 처음 10분 동안은 가볍게 워밍업 정도로 간단하거나 쉬운 작업에 손을 대다가 차츰차츰 새롭게 배웠거나 어제 하다가 완성하지 못한 작업 등에 새로운 흥미와 관심을 가지고 다가가게 되고 자기 책상, 또는 매트에 가져다 놓은 후 7~8분 이상이 지나게 되면 자기 활동에 몰두하게 된다. 옆에서 굿을 해도 모를 정도로 집중해 빠져 들어가서 드디어 완성해 내고 즐거움과 만족을 느끼는 경지에 이르게 된다(우리는 이것을 정상화 과정이라고 부른다). 이러한 10~15분 사이에 일어나는 집중의 현상이 밖에서 볼 때는 전혀 다른 아동과의 상호작용이 이루어지지 않는 고립된 현상으로 보일 수도 있기 때문에 고립화되어 있다든지, 사회성 발달이 안된다든지, 말 없는 모습으로 미루어 언어 발달이 안 된다든지 하는 억측과 비판이 따르게 되는 것이다. 그러나 들어와 들여다보라. 그 속에 얼마나 많은 속삭임과 즐거움과 성취의 기쁨이 있는지, 경험한 사람들만이 알게 될 것이다.

(12) 물놀이

물놀이는 산만하고 과격한 어린이의 마음을 가라앉히고 끌어당기는 특징을 가지고 있으며, 흥분되거나 불안한 마음을 가진 어린이나 거친 아이들, 고립되어 소외감을 느끼는 아이들의 마음을 진정시키는 역할을 한다. 내성적인 아이에게 용기를 주고, 유쾌하게 하며, 자유로움을 선사하는 이 물놀이는 베란다나 작은 마당의 한 공간을 이용하여 크고 작은 도구를 가지고 해 볼 수 있다. 물놀이는 물체를 물에 띄어 보고, 씻겨 보고, 목욕을 시키고, 뿜어 올리고, 휘저어 보고, 뿌리거나, 쏟거나, 뒤엎어 보면서 정말 마음껏 다양한 감각 경험을 해 볼 수 있다. 아이들에게는 매우 유익한 놀이교육이 된다.

(13) 해야 할 것과 하지 말아야 할 것

교육기관에서나 가정에서 반드시 해야 할 일과 하지 말아야 할 일이 있다. 반드시 해야 할 일은 비록 개구쟁이거나 능력이 떨어지거나 머리가 열리지 않은 아이라 할지라도 사랑으로 감싸고 격려로 부축해 주고 아주 작은 일이라도 잘한 일은 칭찬해 주고 함께 기뻐해 주는 일이다. 아이의 마음에 희망이 있으면 반드시 열매를 맺기 때문이다. 그리고 하지 말아야 할 일은 아이 앞에서 그 아이의 단점을 다른 사람에게 말하고, 비교하고, 평가해서 아이로 하여금 좌절감을 느끼게 하거나 자아존중감을 잃게 하는 일이다. 비록 선생님과 부모가 상담 중이라 해도 아이 있는 데서는 아이에 대한 불만이나 단점은 거론하지 말아야 한다. 오히려 고쳐 주고 싶은 점이 있을 때는 "우리 아이는 남 앞에서 씩씩하게 발표하려고 애쓴답니다." "지금은 잘 안돼도 꼭 그렇게 될 거에요."라고 계속 말해 주면 어느덧 그 말이 아이 뇌에 깊이 새겨져서 '나는 발표를 잘하려고 노력하는 아이야!'라고 스스로 생각하게 되고 마침내 그렇게 되는 아이들을 볼 수 있다. 우리는 어떤 아이라도 포기해서는 안 된다. 그리고 육체적으로나 정신적으로나 아이에게 부족한 점이 느껴질 때는 60% 이상이 성인에게 오히려 책임이 있는 경우가 크므로 아이를 탓하기 전에 어른들이 스스로 먼저 돌아보고 고쳐 나가면서 아이가 본받아 따라오도록 도와주어야 할 것이다. 이것이 선생님과 부모 모두가 노력해야 하는 일이다.

(14) 동화가 주는 효과

어린이들은 다양한 동화 속에서 일어나는 모든 일들이나 동화에 나오는 인물을 자기 자신에게 이입시켜 자신인 것처럼 생각하고, 즐거워 하기도 하고 슬퍼 하기도 하는 모습을 보인다. 그렇기 때문에 동화는 유아의 감정을 풍부하게 할 뿐만 아니라 마음을 순화시켜 주기도 한다.

유아들은 동화를 듣고 있으면 그 이야기의 내용이 머릿속에 남게 되어 눈앞에 없어도 머릿속에 동화 내용을 생각해 낼 수가 있어 사물에 대한 폭넓은 지식을 얻게 되고 상상력을 풍부하게 해 준다. 유치원에서의 언어표현 활동 중 동화를 들려주는 이유는 유아들이 자유롭게 자기의 생각을 표현할 기회를 많이 주고 다양한 방법으로 사고력과 창의성을 길러 주기 때문이다. 유아들은 동화를 읽고 들음으로써 즐거움을 느끼게 되고 주인공의 행동에서 도덕적 가치 판단이 발달되며 주인공과 같이 동일화됨으로서 간접적 생활 경험을 통해 타인의 삶을 배우게 되는 것이다. 특히 동화에 등장하는 인물들이 헤쳐 나가는 지혜를 배우며 간접 체험을 통해 세상을 배우게 된다. 가정에서도 어린이가 잠들기 전 옆에서 다정하고 포근한 엄마, 아빠의 목소리로 동화를 들려주면 효과는 몇 배로 늘어날 것이다.

(15) 현실 접근

몬테소리 아동이 익혀 가는 개념 중에 '현실 접근'이라는 개념이 있다. 현실 세계를 바로 파악하고 실제에 가까운 삶을 살도록 이끌어 주는 방법이다. 교실에는 비슷한 것은 있을망정 어느 한 가지도 똑같은 것은 없다. 만약 내가 선택하고 싶은 것을 다른 아동이 선택했을 때 아동이 그것을 끝낼 때까지 기다리든지 타협하든지 해야 한다. 남의 작업을 존중해 주는 타인에의 배려도 생기려니와 세상에는 내가 하고 싶은 대로 되지 않는 것도 있다는 것을 배우게 된다. 어떤 부모님은 왜 어린아이 때부터 '좌절'을 경험하게 하느냐고 물으실지 모른다. 그러나 아이들 간에 수시로 겪는 좌절은 겪을수록 약이 된다. 아이들 간에 겪는 좌절은 작은 좌절이다. 세상에 안되는 것이 없이 자란 아이가 정말로 본인이 사회인이 되어 인생에서 큰 좌절을 겪게 될 때 그것을 이기지 못하고 주저앉게 된다면 절망과 고통 속에서 죽음으로 갈 수도 있기 때문이다.

"이것은 공이에요, 둥글지요, 구를 수도 있어요. 이것은 정육면체라고 하며 여섯 면의 길이가 똑같아요. 구를 수는 없고 서 있기만 해요." 이처럼 한 가지, 한 가지 사물의 이름과 가지고 있는 특성·기능·원리에 대해 설명해 줌으로써 아이들은 그 사물에 대한 개념을 갖게 된다.

그리고는 "자, 이 둥근 공과 같은 것이 우리 곁에 어디 있지요?"라고 물으면 아이들은 "구슬이요, 지구본이요."라고 대답하며 재빨리 현실과 연결을 짓는다. "그럼 이 빨간색은 어디 있을까요?" "저기 원기둥이요." "저기 꽃이요." 이것이 현실 접근이다. 무엇인가를 배우면 개념이 생기고 그것은 현실과 연결되어서 삶 속에 들어온다.

몬테소리 교육은 어떤 것이든 먼저 감각적으로 사물을 이해하고 그리고 평면과 선으로, 그다음에 점으로 이어진다. 그렇게 되면 그 사물은 완전히 그의 것이 된다. 초등학교에 들어가면 유치원 시절에 자리 잡힌 개념이 초등학교 시절부터 발달하기 시작하는 추상적 능력에 힘입어 응용 문제들을 풀 수 있게 되는 것이다. 물론 그 전에라도 외우고 반복해서 익힐 수는 있다. 그러나 그것은 깊이가 없는 지식이다. 즉 "이것은 주황색이야."라고 주황색만을 인지한 아이와 "저 주황색은 빨강과 노랑이 합쳐져서 생긴 색깔이야."라고 한 차원 깊고 넓게 생각하는 아이와 어느 아이의 생각 주머니가 클까 생각해 보자.

(16) 아이는 어른과 다르다

우리가 아이들을 볼 때 어른들의 기준과 눈으로 아이들을 보아서는 안 된다. 어른에게 아무것도 아닌 것이 아이들에게 아주 소중할 수 있고 어른에게는 아주 쉬운 일이 아이들에게는 너무 어려운 일들이 있다. 또는 뜻밖에 어른들이 어려워하는 일을 아이들이 쉽게 익히는 경우도 있다. 아무리 비싼 물건이라도 장난감이 아이에게 흥미 없는 것이 될 수 있고, 사금파리 조각 같은 쓸모없는 것이 아이에게 소중한 창의적인 놀잇감이 될 수도 있다는 말이다.

'아이는 어른과 다르다' 이 원칙을 부모님들이 기억하고 아이들을 계속 관찰하고 지켜봐 주면서 기다려 주면 아이들은 그들에게 맞는 성장 단계와 속도로 아름답게 자랄 것이다. 급하게 강요하지 말고 실망하지 말고 부모님 틀에 맞추기보다는 아이들이 원하는 일에 관심을 가져 주길 바란다.

(17) 복종과 반항

아이의 행동 발달 패턴 중에 주기적으로 나타나는 행동이 '복종과 반항'이다. 아주 착하고 말 잘 듣던 아이가 언제부턴가 반항하고, 고집부리고, 제멋대로인 행동을 보인다. 대개 6개월 간격으로 찾아온다고 한다.

거친 반항기일 때 부모님들은 걱정을 많이 하지만 오히려 반항기가 전혀 없으면 나중에 문제아가 될 소지가 있다. 겉으로 표출이 되지 않고 안으로 잠재되어 있으면 겉으로 보기에 착한 아이일 뿐이지 내면적인 불만이 누적되어 자라서 좋지 않은 성격이 형성될 수 있으며 독립심, 자신감 등이 결여될 수 있다.

그러므로 일시적으로 나타나는 반항이나 거친 모습에 너무 놀라거나 예민한 반응을 하게 되면 관심을 끌기 위해 일부러 더 할 수도 있으므로 꾸준히 '사랑의 표현'이나 관심을 보여 주는 것이 좋다. 매를 맞고 자란 아이가 남에게 손을 대는 경우가 많다는 것을 유념해야 한다.

(18) 분리불안

30개월 미만의 영아와 만 4세 미만의 유아들은 아직 연상 능력이 부족하고 '존재'에 대한 이해력이 부족한 때이다. 어떤 자리에 있었던 물건이 없어지면 영원히 없어진 것으로 알고 감춘 곳을 찾아본다거나 다시 돌아올 것이란 개념이 없다. 그러므로 늘 엄마와 함께 있던 아이가 엄마가 잠시 곁에 없으면 엄마가 완전히 없어졌다고 생각하고 불안해하며 울고 찾는다. 엄마가 아기를 집에 두고 나갈 경우 안 떨어지겠다고 울며 떼쓸 때 소리를 지르고 윽박지르며 야단을 치면 아이는 더욱더 엄마가 자기를 미워하고 없어지려 한다고, 자기를 버리려고 한다고 생각하고 더 아우성을 치게 된다. 알아듣도록 설득해서 안 되면 야단치는 대신에 회유하고 그냥 떠나는 편이 낫다. 떠나고 다시 되돌아 오고를 반복하게 되면 아이는 차차 그 일에 익숙해지고 온다는 시간에 정확히 돌아오면 아이의 불안감이 없어지게 된다. 다만 처음 아이를 떼어 놓을 때는 떨어지는 시간이 짧을수록 좋다. 긴 시간 불안한 심리로 있게 하지 않는 것이 바람직하기 때문이다. 한 가지 잊지 말아야 할 것은 아이와 헤어질 때 한 약속은 반드시 지켜야 신뢰감이 쌓이게 되며, 지키지 못할 약속은 하지 말아야 한다.

(19) 간접 교육

몬테소리 교육은 간접 교육이라고 말한다. 아동의 발달에 직접적으로 관여하지 않고 아이들 스스로가 자신을 발달시킬 수 있도록 유도하며 안내한다. 비록 더딜지라도 진정한 아동의 자기 발달을 위해서 교사는 직접적인 도움을 되도록 제한한다. 쉽게 말해서 아동이 어떤 문제를 풀 때 도움을 요청하면 즉각적으로 돕지 않고 무엇이 문제인지 아이 스스로가 발견해 내도록 힌트를 주며 그 답을 생각해 내도록 이끌어 준다. 예를 들자면 분홍탑을 차례로 쌓아 올릴 때 아동이 크기를 착각해서 위치를 거꾸로 놓아도 선생님은 이것을 바로 잡지도, 거꾸로 놓았다고 지적하지도 않는다. 다만 아이를 보고 "네 탑을 보렴, 차례대로 되었을까?" 하고 힌트를 주면 대개의 아이들은 차례가 바뀐 것을 알고 스스로 시정한다. 그래도 깨닫지 못할 때는 아동에게 "이것과 이것은 어느 것이 크지?" 하고 물어보면 크다와 작다를 배운 아이는 어떤 것이 틀렸는가를 깨닫고 스스로 고쳐 간다. 선생님이 즉시 답을 주면 아이는 그 당시에는 답을 알지만, 이것은 선생님의 답이지 아이가 생각해 내어 내놓은 답은 아니다. 아이가 스스로 생각하고 연구해서 제 답을 찾아야 그것이 바로 아이의 학습이 된다.

생각하는 힘을 길러 주는 것이 바로 교사의 임무인 것이다. 흔히, 가정에 오는 학습지 교사는 되도록 오답이 나오지 않도록 아이에게 정답을 주는 경우가 많다. 힌트를 많이 주기도 한다. 그러나 그것은 아이의 의존도를 높이는 결과를 만든다. 진정한 영재는 자기 스스로 생각하고 스스로 풀어 갈 수 있는 능력을 갖춘 아이들이다. 물론 여기에는 최초에 교구 사용하는 법과 문제 푸는 법을 제대로 가르쳐 줄 교사가 있어야 하는 것이 먼저 순서이다.

(20) 협동 작업

간혹 어떤 이는 이렇게 묻는다. 동시에 아이들이 하고 싶은 작업을 할 수 있도록 같은 교구를 2~3개 정도 갖춰 놓으면 안 되느냐고. 이 말에 '맞아'라고 생각하는 사람도 있을 것이다. 그러나 몬테소리 교실에서는 아니다. 부유한 가정의 아이들의 경우 어려움을 참지 못하는 경우가 많다. 왜냐하면 풍족히 누리고, 하고 싶은 것을 모두 하고 살았기 때문이다. 실제로 재벌 2세들이 어려움에 닥쳤을 때 극복하지 못하고 좌절하는 경우를 볼 수 있다.

살아가는 과정에서 하고 싶은 것, 갖고 싶은 것을 다 하고 다 갖고 살 수는 없다. 그래서 인내하는 법도 배워야 하고, 좌절을 극복하는 노력도 해 봐야 한다. 작은 좌절이나 어려움을 조금씩 겪어 보면서 이후에 닥칠 세상살이의 큰 어려움에 대처할 수 있는 힘을 길러야 하는 것이다.

세상에 하나밖에 없는 것을 똑같은 시간에 동시에 가질 수는 없는 것이다. 1등도 똑같이 할 수는 없고, 내가 사랑한다고 이미 결혼한 사람을 빼어 올 수는 없다. 도전도 할 줄 알아야 하겠지만 포기도 할 줄 알아야 한다. 그래서 몬테소리 교실에는 비슷한 작업은 여러 개 있지만 똑같은 교구는 하나도 없다. 다만 한 교구를 여럿이 함께하는 작업은 있다.

몬테소리 교육을 잘못 이해하는 일부 사람들은 몬테소리 교실의 아이들은 개인적이고 상호작용이 안되고 사회성 발달이 잘 이루어지지 않는다고 생각한다. 앞에서도 이 의견에 대해 언급한 바가 있지만 작업하는 도중 집중해 몰입하는 20~30분여의 시간 속의 활동이 그렇게 비칠 수 있다. 그러나 이 집중의 시간 속에서도 나름대로 협동의 작업이 원활히 이루어지는 작업이 몇 가지가 있다. 감각 영역에서 공간 지각 선반에 있는 2개 이상의 작업을 2~3명이 협동하여 나르고 도형을 만들고 여러 가지 형태의 구조물을 만든다. 분홍탑과 갈색 계단으로 아름다운 구성물을 만들어 내기도 하고, 빨강 막대와 수 막대를 연합하여 화려한 작업을 펼치기도 한다.

이것은 혼자하는 것보다 둘 이상의 아이들이 생각을 모아 어떤 형태로 만들 것인가를 결정하고 20여 개 또는 그 이상의 교구 조각들을 옮겨다가 매트 위에서 구성해 내는 것이다. 구성 삼각형 상자들을 이용해 높은 경지의 도형 구성체를 만들어 내기도 하고 수 영역에 있는 숫자와 바둑알이나 단위 수의 메모리 게임, 수 막대와 수 카드 매칭, 버드아이뷰 덧셈, 뺄셈, 나눗셈 등 여럿이 함께할 수 있는 작업이 헤아릴 수 없이 많이 있다. 아이들은 이렇게 함께하는 작업을 통해 협동심, 양보, 배려를 배운다.

(21) 닭 이야기

영국의 시인 윌리엄 워즈워스(William Wordsworth)는 〈무지개〉라는 시에서 '아이는 어른의 아버지'라고 했다. 이 시의 한 구절을 떠올리게 하는 사건 하나. 우리가 흔히 끝없는 논쟁으로 말거리를 삼는 것 중에 하나가 "닭이 먼저냐? 달걀이 먼저냐?"의 문제이다. 닭이 있어야 계란을 나을 수 있고, 달걀이 있어야 닭이 부화된다. 누구도 명쾌하게 답을 낼 수가 없다. 나도 이 시비에 걸리면 꼼짝을 못 한다. 그러나 크리스천의 입장에서 "모든 만물은 하나님이 창조하셨다. 하나님께서 아담과 이브를 창조하셨듯이 동물들도 창조하셨으니 닭이 먼저다."라는 입장을 지켜왔다. 그러나 크리스천이 아닌 사람의 입장에서는 내말을 지지하지 않을 수도 있다.

그런데 오늘 나는 이 문제에 대해 명쾌한 대답을 민이에게서 들었다. 민이는 요즈음 봄에 나오는 식물, 동물, 곤충들에 대해서 배우고 있다. 부활절에 즈음하여 닭에 대해서도 배운다. 그래서 달걀도 부쳐 먹어 보고 닭이 알에서 나오는 만들기 작업을 하기도 한다. 그러던 중 앞서 말한 논쟁이 아이들 사이에 떠올랐다. "누가 먼저냐?" "알이야. 알이 있어야 이렇게 병아리가 나오지." "아니야, 닭이 있어야 알이 생기지." 사방에서 아우성이 났다. 잠시 후 민이가, "내가 생각하기에는 알은 혼자서 깨고 나올 수 없고 어미 닭이 품어 주어야 나와 살 수 있으니까 닭이 먼저일 거야!" "그래, 맞아." 더 이상 논쟁은 없어졌다. 아이들 모두 그 의견에 수긍했다. "아 고맙다 민이야, 이렇게 명쾌할 수가!" 병아리는 어미 닭이 꼭 있어서 품어 주어야 나오니까 닭이 먼저라는 사실을 생각해 낸 민이의 영특함! 나는 지금부터 누가 무어라 해도 크리스천의 입장에서만이 아닌 우리 민이의 주장을 밀고 나갈 셈이다.

(22) 낙엽 속을 뒹굴며

세상은 정말 넓고, 사는 모양은 참으로 다양하다. 잠깐씩 외국에 다녀올 때면 그쪽 아이들의 여유로운 어린 시절을 보내는 모습을 본다. 그럴 때면 우리 아이들의 각박한 삶의 모습이 떠올라 더 마음이 아프다. 우리네 유치원 아이들은 초등학교 준비에 이리저리 쫓아다니고 초등학교 아이들은 중학교 준비에, 중학교 아이들은 고교 입시 준비에 쫓겨 15년여의 아름다운 어린 시절을 속절없이 찌들어 지내야 한다. 발달 단계에도 맞지 않고 나이에도 맞지 않는 것들을 당겨 배우느라고 힘겹게 세상을 살아가야 한다면 그 찌든 육체에서 어떻게 아름다운 감성이며, 정서가 배어 나올 수 있겠는가? 넉넉한 마음으로 조바심을 버리자. 남의 아이보다 뒤처질세라 혹독하게 몰아붙이지 말고 쑥쑥 자라도록 무거운 짐을 덜어 내어 주고 천천히, 편안하게 생각의 문을 열도록 도와주자. 이 늦가을 아직도 주변엔 낙엽들이 뒹군다. 낙엽을 한 주머니 가득히 담아 마루에 종이를 깔고 아이들과 낙엽 속에서 뒹굴며 가을의 소리를 함께 들어보자. 낙엽의 냄새를 맡아 보게 하자.

(23) 오월은

연초록빛 가녀린 잎새들의 그 신선함을 쫓다 보면 어느새 마당 가득 휘청이는 장미꽃들의 현란함이 눈에 가득하다. 오월은 천사 같은 아가들의 환한 웃음이 피어오르고, 크고 깊으신 어버이의 사랑이 촉촉하게 눈물져 오고, 따뜻한 스승의 가르침이 목메이게 그리워지는 가장 사랑하는 사람들의 잔치리라.

엄마 품에서 떨어지지 않으려고 발버둥치는 아이들을 부둥켜안고, 하루, 이틀, 사흘……. 행여나 오늘은 방긋 웃으며 안겨오려나……. 그래도 버둥대는 아이들을 달래며 웃어 주고 눈물 닦아 주며, 그것이 안쓰러워 눈시울을 붉히는 우리 선생님들. 이 아이 붙들어 놓으면 저 아이 뛰어가고, 이 녀석 뒤엎은 것 치울라치면 저 녀석 저지레하고……. 아, 고단한 하루하루, 가냘픈 선생님들의 허리가 휜다. “아무래도 안되겠다. 오늘까지 안되면 내일은 돌려보냅시다.” 그렇게 다짐하며 오늘, 그리고 또 오늘이 이어진다. 오늘은 마음 다잡으리라 벼르고 있는 우리 앞에 방긋 웃으며 다가오는 오, 나의 작은 천사야. 내 손 살며시 잡아 사랑을 고백하는 그 눈망울에 이제까지 애태우던 가슴이 눈 녹듯 녹아내리고 “그래 안된다는 말은 우리에게는 없어.” 서로의 눈으로 우리의 마음을 주고받는다. “사랑한다. 어여쁜 우리의 작은 새들아.”

(24) 족집게 과외

스트레스는 아이도 받는다. 두통, 위장병, 시력 감퇴, 비만 등 거의 모든 병명이 스트레스에 의한 것일 수 있다. 스트레스가 쌓이면 신경세포가 죽고, 신경회로가 떨어져 정보 전달이 안 된다. 우리가 흔히 겪는 일 중 시간에 쫓기고 누군가에 의해 재촉 받고 할 일은 밀려 있는데 압력을 받으면 머리가 혼란스러워져 허둥지둥하게 되고 때로는 일을 그르치게 된다. 정신적인 혼란이 오게 되면 몸 안에 있는 모든 활동하던 세포들이 두뇌로 몰려가 방어 태세가 되며 활동하던 위가 정지되어 소화 불량이 되는 것도 이 때문이라고 한다. 우리 아이들도 스트레스를 받기는 마찬가지다. 몸은 안 따라주는데 하라는 일이 많고 이해는 잘 가지 않는데 못한다고 꾸중은 빗발치고 부모의 요구에 의해 가기 싫은 데도 가야 하고 먹기 싫은 것도 먹어야 하고 입기 싫은 것도 입어야 할 때가 있다. 여린 정신력으로는 감당하기 어려운 스트레스다. 그런데 문제는 성인은 스트레스를 받으면 푸는 방법이 여러 가지가 있지만 아이는 스트레스를 받으면 자라지를 않는다고 한다. 그리고 두뇌의 정보 전달이 늦어져 언어 발달이 지체되는 경우도 있다. '키 작은 아이'는 유전인가, 스트레스인가 돌아보아야 할 일이다.

족집게 과외란 말을 들어 본 적이 있다. 시험에 나올 문제들을 족집게처럼, 쏙쏙 뽑아 내어 익히고 배우게 한다는 말이다. 학원에 유명한 강사들, 잘 가르친다는 교사들은 결국은 시험에 나올 만한 문제들을 잘 고르고 잘 알아듣게 강의하기에 학생들이 쉽게 문제를 풀고 익히고 수능시험을 잘 치를 수 있다는 얘기이다. 그러나 정말 심각한 문제는 여기에 있다. 이렇게 잘 찍어 주고 뽑아내고 잘 풀어서 학생들에게 가르치는 것을 passive learning이라고 한다. 어미 새가 새끼 새에게 먹이를 물어다 먹이는 것을 비유하여 하는 말이다. 그러나 새들도 새끼가 어릴 때는 먹이를 물어다 입에다 넣어 주며 보호하지만 날개가 자라고 힘이 생기면 스스로 먹이를 찾도록 둥지에서 밀어내고 쫓아내고 떨어뜨리기까지 한다. passive learning에 익숙한 학생들이 여기에 길들여지면 요점을 정리할 줄도 모르고 중요한 문제를 찾아낼 줄도, 어려운 문제를 스스로 풀 힘도 갖추지 못하게 된다. 결국

'스스로 생각하고 스스로 해결할 줄 아는' 그런 능력은 갖지 못하게 된다는 말이다. 이런 식으로 배운 아이들이 앞으로 그들의 인생을 어떻게 스스로 잘 살아 낼까 걱정이다.

(25) 낮은 곳으로 흐르는 물

며칠 전 아이들하고 모종과 씨앗을 심었다. "자, 꼭꼭 눌러서 토닥토닥 두드려 주자. 그다음엔 무엇을 해야할까?" "물을 줘요!" "그래, 우리도 물을 못 마시면 목말라서 힘들지요? 물을 줘야 물을 먹고 쑥쑥 자라겠죠?" "네, 맞아요."

아이들은 고사리 손으로 흙을 두드리고 물을 부어 가면서 신이 났다. 모래밭에 일군 꽃밭이라서 물이 금방 잦아들고 싹이 나기 어려웠지만 그래도 모래밭에서 꽃이 피다니 얼마나 고맙고 대견한가! 물을 줄 때마다 꽃들이 "고맙습니다."라고 합창하는 것 같았다. 그렇다. 물은 생명이다. 인체의 70~80%가 물이고 지구의 70% 이상이 또한 물이라고 하지 않는가. 우리는 물이 없으면 절대로 살지 못한다. 그렇게 소중한 물인데도 물은 형체가 없다. 둥근 그릇에 담으면 둥글게, 네모진 그릇에 담으면 네모가 된다. 어디에든지 적응하고 무엇에든지 유용하다. 그러면서 물은 낮은 틈만 있으면 낮은 데로 흐른다. "내가 최고야." 하면서 위로 솟구치는 일이 없다. 위로 솟구치는 물은 인공적으로 만든 것뿐이다. 물의 소중함을 다시 한번 깨달으며, 부활절을 앞두고 문득 이런 생각을 해 본다. '신'이면서 인간의 모습으로 변하시고 높은 자리에서 낮은 우리에게 내려오셔서 선생님으로서 가르치시고 의사로서 병자를 고쳐 주시고 이 세상 무엇으로든지 필요한 곳에 계시며 함께하신 예수님, 죽기까지 그 몸을 낮추신 예수님을 닮기를 감히 소망합니다.

(26) 보석 같은 아이들

어느 날 갑자기 내 곁에 환한 빛으로 찾아온 보석같이 빛나는 아기, 천만금으로도 바꿀 수 없는 우리들의 아기. 이 세상에 엄마와 아기의 사랑보다 더 진한 사랑이 있을까. 잠시만 엄마와 떨어져도 큰 일난 것처럼 울어 대는 아가, 그리고 그 아가를 잠시도 손에서 내어놓지를 못하는 엄마. 둘이는 그렇게 사랑하며 살아왔는데 이제 그 소중한 아가들이 엄마 품을 떠나 선생님에게로 한 걸음씩 다가온다. 그리고 한 가지씩 사물을 익히고 즐기며 빠져들면 어느 순간에 엄마보다 더 좋은(?) 선생님이 생기고 엄마하고 노는 것보다 더 재미있는 작업이 아이들을 이끈다. 안 떨어지겠다고 울고불고하던 때가 언제인가 싶더니 뒤도 안 돌아보고 선생님 품에 안겨 가는 아이 뒷모습을 보고 배신감을 느꼈다는 어느 어머니의 말이 진심일 것이다. 이제 이 소중한 아가들이 잘 자라서 다시 우리 부모들에게 기쁨을 주고 사회에 활력을 주는 그날까지 소중하게 길러 내리라 소원해 본다.

(27) 안다는 것

요즈음 교실에 큰아이들이 모여 있는 곳을 지나가다 보면 제법 시끌시끌한 소음이 조용한 가운데서 삐져나온다. 가만히 들어보면 모두 제 의견 내놓기가 한참이다.

"그것, 너무 작아. 거기에 부으면 물이 넘칠 거야."

"작은 데로 옮기려면 여기 깔때기를 써 봐."

"그 작업하려면 저 큰 매트를 가져와야 할 거야."

"큰 것부터 넣어야 다 들어가지."

"뚜껑에다 직접 놓지 말랬잖아."

이것저것 무언가를 가늠할 줄 안다는 뜻이다. 제 딴에 무언가 경험해 보았다고 모두 제 목소리를 내며 의견을 내놓는다. 그것이 서로 의견을 조율하며 협동하는 모습이다. 대견하고 우스워서 숨죽여 웃고 교실을 나온다. 그렇다. 어떤 지식을 많이 가져서 대단한 것이 결코 아니라 각각 살아가고 움직이는 곳곳에서 부딪히며 일어나는 일들을 해결하는 방법들이 저마다 있다는 것이 대견한 것이다.

(28) 한국인의 손

오늘은 송편 빚는 날이다. 조그만 손을 고물고물 움직이며 신나게 주무르고 있는 아이들, 찰흙을 많이 만져 보아 그런지 송편 모양보다는 갖가지 동물의 모양에 훨씬 가깝게 잘도 만들어 낸다. 둥근 것, 길쭉한 것, 납작한 것, 그래도 자기들이 만들었다고 대견해하는 모습이라니, 정말 우리 민족의 손놀림은 세계 누구도 따라오지 못한다.

세계에서 몇 초 안에 병아리 암수를 감별할 수 있는 손은 한국인의 '손'뿐이다. 몇 년 전인가 미국에 학생들 연수팀을 이끌고 갔을 때 등록비 몇만 불을 손으로 세어 준 적이 있었다. 만 원짜리 백 장씩 백만 원 뭉치 세듯이 백 불짜리 백 장씩 몇 다발을 세어 주는 데는 불과 몇 분이 걸리지 않았는데 막상 건네주고 나서 저들이 확인하는 데 걸린 시간은 엄청나게 길었다. 뒤를 돌아보니 내가 돈 세는 모양이 '매직 쇼'라며 구경한다고 둘러선 사람들이 혀를 내두른다. 손으로 하는 일들이 힘들어 자동화에 익숙해 있는 저들에게는 그것도 신기한 일이었을 것이다.

이러한 손의 가치를 인정받아서일까? 지금 세대에서 고부간에 앉아 다듬이질하던 모습을 본 적이 있을지는 모르겠으나 빨래 비비기, 다듬이질하기, 길쌈하기 등 우리나라 대대로 물려주신 할머님들의 손 솜씨 덕분에 우리들의 머리가 이만큼 좋아진 것이라고 생각하면 우리의 손을 잘 쓰고 볼 일이다. 우리 후손을 위해서도 그렇다.

(29) 배움의 욕구

만 3세 이하의 어린이들은 손으로, 혀로 사물을 익히려고 감각적 지각을 총동원 하지만 만 3세가 지난 아이들은 이제 입으로 가져가는 단계에서 머리로 인지하려는 욕구가 강하게 나타난다. 그래서 유치원 입학 시기의 어린이들은 집에서나 원에서나 "왜?" "그런데?" "뭐야?" 하고 묻는 말을 입에 달고 다닌다. 입속에 물건을 넣어 보는 대신 질문이 입에서 끊이지를 않는다. 이것이 아동 본성의 '배움의 욕구'라고 표현되는 것이다. 무언가 모르는 것을 채워 자신의 삶을 풍부하게 만들려는 본능적인 움직임이다. 심지어 코에다 콩을 넣어 보는 아이, 귀에다 무엇인가를 넣어 보는 아이, 콩이 코 속에서 불어서 결국은 이비인후과로 달려간 적도 있었다. 놀라서 달려오신 어머니께서 "이 녀석아 콩은 왜 코 속에 집어넣었니?" 라고 나무라시면 "그냥 어떻게 되나 알고 싶어서요."라고 아이가 대답한다. 짓궂어서도 아니고 바보여서도 아니다. 그냥 무턱대고 알고 싶어서 그런 것이다. 그래서 아이들에게 일상의 일들을 가르칠 때면 금속이나 플라스틱은 입에 넣는 것이 아니고 콩같은 식물은 물에 넣으면 커지는 것이라는 실험들, 포도나 감같은 과일즙은 옷에 묻으면 색 물이 드는 것이라든지, 뜨거운 유리그릇을 별안간 찬물에 넣으면 깨진다든지, 컵이나 병에 물을 가득 채워 냉동실에 얼리면 팽창해서 위로 넘친다는 것을 쉽게 이해시키려고 노력하는 것처럼 한 가지씩 터득해 가며 원리를 깨닫고, 지혜를 더해 가는 가장 쉽게 배우는 시기이기 때문에 이런저런 노력을 끊임없이 하는 것이다.

(30) 초기 환경

많은 성인들은 그들의 삶의 질을 높인다는 생각으로 더 큰 집, 새 차, 더 높은 지위와 많은 돈을 만드는 일에 몰두하느라고 아이들의 가장 귀하고 소중한 발달 시기를 놓치는 경우가 많다.

과학자들의 연구 결과에 따르면, 두뇌에는 여러 가지의 감각을 느끼는 부분이 따로 있어 한 부분의 감각을 인지하지 못하도록 막으면 그 감각 부분은 영원히 멈춘다는 사실을 밝혀냈다. 예를 들어, 태어나면서 바로 아이의 눈에 안대를 하고 한 달 후 떼어 내면 그 아이는 실명하고 눈으로 볼 수 없다는 이야기다. 즉 태어나면서 바로 시각 운동을 하지 않았으므로 시 감각의 세포가 활동하지 못하고 죽었다는 말이다. 이러한 실험은 고양이를 통해서도 입증되었다.

태어나면서 바로 아이의 모든 감각은 그의 생애 어떤 때보다 활발히 몇 배 이상으로 활동하기 때문에 1~6개월, 그 시기에 충분히 아이와 함께 있어 주며 부모 또는 돌보는 사람이 말소리를 들려주어 듣는 감각 및 언어를 흡수할 수 있게 도와야 한다. 어른들은 아이들의 지능이 책 또는 선생님의 가르침, 문자, 숫자들의 학습을 통해서 발달한다고 생각하며 어떤 종류의 것이든 좀 더 많은 교육을 받기를 원한다. 그러나 때로는 어떤 학습에 필요한 '역사적 날짜'를 기억하는 것보다도 축구 경기의 스코어나 일정을 기억하거나 아이가 좋아하는 운동, 숲속의 산책 등을 통해서도 아이들의 지능은 더 많이 자랄 수 있다. 또한 복잡한 아파트 숲에서 벗어나 조용하고 한가한 숲속, 또는 밭둑을 따라 걸으며 이름 모를 풀 냄새, 들꽃의 아름다움, 움트는 새싹에서부터 봉우리 터지는 꽃들의 신비로움을 보게 하는 것도 과학적인 탐구의 눈을 뜨게 하는데 아주 좋은 방법이다.

우리 주위를 둘러보면 요즈음이 한창 생명의 신비와 아름다움이 만발해 있을 때이다. 이런 때 아이와 함께 눈을 들어 산을 보고, 옆을 바라보자.

(31) 생각하는 법

제6차 교육 과정의 내용을 보면, 신기하게도 이름만 '몬테소리 방법'이라는 것이 빠졌을 뿐 몬테소리 교육 방법과 거의 똑같은 내용이 유치원에서 그해에 시행해야 할 지침으로 나와 있다.

꽃이 자라는 것은 햇빛과 물과 비료의 적당한 밸런스에 의한 것이다. 사람이 잡아당긴다고 해서 꽃이 자라는 것은 아니다. 이렇게 사람이 햇빛이 비치는 곳, 적당한 물, 적당한 비료를 주며 적당한 뒷받침을 해 주면 꽃이 아름답게 자라는 것처럼 아이들도 좋은 환경, 따뜻한 사랑을 주며 뒷받침을 해 주면 아이들 스스로 생각하는 법을 기르며 잘 자라게 될 것이다.

21세기 교육이 '생각하는 능력'을 길러 주는 교육이라고 말하듯이 암기하는 교육이 아니라 스스로 생각하는 힘을 길러 주는 데 유치원과 가정 모두 힘을 합쳐야 한다.

(32) 거울

부모와 자녀 간의 갈등을 보면 대체로 그 부모가 자녀를 극진히 사랑하면서도 미워하고 탓하고 화내는 일들을 자주 보게 되는데, 그것은 아이들의 모습에서 '자신이 싫어하는 자신의 모습'을 볼 때이다. 부모 곁에서 자라며 지켜보고 모방한 결과이기 때문에 자신의 어떤 성격이나 태도가 자신의 약점이라고 느껴지면 아이 앞에서는 그런 모습을 보이지 않도록 노력하는 것이 자녀를 사랑하는 방법이 아닐까 생각된다. 그릇을 퉁퉁 식탁에 던지다시피 놓는 아이의 모습은 어머니의 모습을 연상시키고 걸핏하면 소리 지르고 손이 먼저 나오는 아이의 모습 뒤에는 폭력적인 부모의 모습이 숨어 있다고 하면 지나친 표현일까? 사랑으로 자란 아이는 사랑을 배우고 매로 자란 아이는 매로 세상을 대한다. 거친 환경 속에 놓인 우리 시대의 아이들은 가정에서, 학교에서 아무리 보호해도 다른 외부 환경에서 나쁜 짓을 많이 모방하게 된다. 그러므로 학교와 가정은 아이들에게 더욱 따뜻한 보금자리가 되어 주어야 할 것이다.

(33) 배려

"엄마, 선이는 동생이니까 한 개 주고, 엄마는 나랑 나누어 먹어요."

5살짜리 영이의 입에서 나온 말이다. 얼마 전까지만 해도 엄마 무릎에 앉은 동생을 시샘하느라고 동생을 떼어 놓으려고 애쓰고 한 개라도 더 먹으려고 움켜쥐던 아이가 어느새 자랐는가. 동생은 어리니까 사탕 한 개 통째로 주고 남은 한 개는 혼자 안 먹고 엄마랑 나누어 먹겠단다. '나'만 알고 나만 챙기던 모습에서 남도 알고 남도 헤아려 줄 줄 아는 마음의 넓이가 너무나도 대견하다. 세월은 이렇게 좋은 것도 실어다 주는구나. 여리고 안쓰럽기만 하던 영이가 이제 제법 의젓한 생각까지 하는 것을 보는 엄마는 예쁜 마음 주머니에 사랑과 기쁨이 항상 넘쳐 나기를 소원해 본다.

(34) 타인에의 배려

유럽의 여러 나라를 돌아보노라면 산과 들의 아름다움이 뛰어나지만, 인위적인 환경도 못지않게 아름답다는 것을 느낄 수 있다. 거리거리에 놓여 있는 조각품이며 수많은 그림과 조각으로 꾸며진 건축물이며 예술을 사랑하는 뛰어난 문화성을 느끼게 한다.

그러나 유럽의 문화는 유럽 민족의 문화로서 가치가 있고 우리 문화는 우리 민족 나름의 문화로서 아름다움과 가치가 있다. 그것으로 낫고 모자람을 말할 수는 없지만 한 가지 우리가 배우고 싶고, 아이들에게 가르치고 싶은 것이 있다. 그것은 유럽은 거의 모든 바깥 창틀이 층층이 예쁜 꽃들로 꾸며져 있다는 것이다. 우리 건물들을 돌아보자. 베란다 안쪽의 거실에는 많은 화분들과 꽃들이 있어도 바깥 창틀까지 꾸며 놓은 집은 별로 보이지 않는데, 유럽 사람들은 꽃을 잘 길러서 아름답게 되면 바깥 창틀에 내놓는다고 한다. 지나가는 사람을 즐겁게 하기 위한 나름의 배려다. 그래서 유럽의 거리는 밝고 아름답다. 이 같은 남을 생각하는 마음, 같이 사는 아름다움은 몬테소리 교육의 목표 중 하나인 '타인에 대한 배려'이다.

(35) 생각 열어 주기

"선생님은 특별한 말재주가 있나 봐요. 집에서 가르치면 못 알아듣는데 애들이 유치원에서 듣고 온 얘기를 들어보면 '아, 그렇게도 얘기해 줄 수 있구나!' 하고 생각하게 돼요." 선생님들은 특별한 말재주가 있는 것이 아니라 아이들이 알아듣기 쉽도록 생각을 이끌어 주는 능력이 있기 때문이다.

"자, 파충류에는 무엇이 있을까요?" "뱀, 개구리, 도마뱀이요."

"그러면 겨울엔 왜 개구리가 안 보일까요?" "잠자요.",

"어디서요?" "땅속에서요"

"왜 땅속에서 잘까요?" "……."

"개구리나 뱀은 피가 차갑대요. 그래서 냉혈 동물이라고 해요. 그런데 추워지면 무엇이 필요할까요?" "추우니까 해님이요. 따뜻한 거요."

"겨울엔 해님이 하늘에 있는 시간이 많을까요?" "아니요. 일찍 어두워져요."

"그래요. 해님의 도움이 필요한 뱀이나 개구리들은 해님이 하늘에 있는 시간이 적은 겨울엔 따뜻한 땅속으로 들어간대요." "아! 그렇구나."

조그만 녀석들은 커다란 눈망울을 굴리며 고개를 끄덕거린다.

(36) 브레인스토밍

생각은 많은데 그 생각이 말이나 글로 표현되지 않을 때가 참 많다. 그럴 때는 떠오르는 생각부터 한 가지씩 쭉 써 보고, 필요한 것부터 하나씩 써 내려가면서 나머지는 지워 가는 방법이 있다. 브레인스토밍(brainstorming)이라고도 한다. 아이디어 만들기의 한 가지 방법이다. 아이들도 본 것, 들은 것, 해 본 것은 참 많은데, "재미있었니? 무얼 배웠니? 오늘 재미있는 것 많이 보고 왔지? 한 번 써 봐." 하면서 하얀 종이를 한 장 내주면 무엇부터 내놓아야 할지 몰라 난감해하다가 슬며시 도망쳐 버린다. 자꾸 채근하는 엄마, 아빠가 힘들어 곁에 있지 않고 피해 버리기도 한다. 엄마가 연필을 들고 한번 써 본다. 제일 재미있었던 작업, 제일 힘들었던 작업, 다시 하고 싶은 작업, 제일 재미있게 탔던 놀이기구, 다시 타고 싶은 것 등 아이들이 겪고 느낀 것을 미리 몇 가지 풀어 시작하면 아이들의 머리도 함께 풀리고 표현력도 부쩍 늘게 된다. '생각의 문'을 열어 주는 것만으로, '표현하는 방법의 길'을 안내해 주는 것만으로도 우리 아이들은 날개를 단 듯 신나게 제 길을 달려갈 것이다. 샘은 퍼낼수록 퐁퐁 솟는다.

우리 아이들의 생각의 샘을 자꾸 퍼내게 해서 아이디어와 지혜가 퐁퐁 솟아오르면 어떨까? 그러면 때로는 가당치도 않은 말을 꺼내 놓기도 한다. 그러나 그때마다 "아이고, 말 같지도 않는 소리하네. 저리 가서 네 일이나 해." 하고 쫓아 버리면 그 아이는 점점 자신을 잃고 입을 다물게 된다. 수다쟁이가 아니더라도 말은 해야 늘고 생각은 머리를 자꾸 써야 는다. 자신 없는 아이, 쑥스러워하는 아이는 나무라지 말고 계속해서 용기를 북돋우어 주자.

(37) 하지 마라

우리가 흔히 아이들을 가르친다고 아이들에게 '하지 마라'라는 말로 매사에 억제하게 되면 아이들은 자신도 모르는 사이에 위축되어 자신감을 잃게 되고 적극적인 사고를 하지 못하게 된다. "우리 아이는 남 앞에 서지를 못해요." "이 아이는 너무 의존적이에요." 안타까운 마음으로 호소하시는 부모님들은 '아이에게 맞지 않는 요구를 하지는 않았나?' 자신을 돌아보아야 한다. 어른의 눈높이로 아이에게 이것, 저것을 바라면서 아이다운 아이로 자라 주기를 바란다면 모순이 되는 일이다. 자기 자신을 자신 있게 펼쳐 나갈 수 있도록 아이에게 자유를 주자. 틀리고 우습더라도 아이는 실수하면서 자란다는 것을 명심하자. 다만 한 가지 자유의 한계가 타인의 질서와 공공의 질서를 파괴하지 않는 한도라는 것도 유념해야 할 것이다.

(38) 생각하는 습관 기르기

어린이는 하루 종일 질문을 하여 어른을 지치게 만들 때가 있다. 질문에 대답을 바로 하면 바로 기억은 하지만 아이들이 스스로 생각하려고 하는 모습은 멀어진다. 따라서 바로 대답해서는 안 된다. 아이들은 자라면서 점점 생각하는 일에 즐거움과 자신감을 느끼게 된다. 생각하는 즐거움을 아는 어린이는 항상 자신의 행동을 돌아볼 줄 알고, 스스로의 감정이나 행동을 통제할 수 있는 사람이 된다. 따라서 생각하는 습관을 길러 주는 것이 좋은 습관 형성의 첫걸음이라고 생각한다.

(39) 기본 생활습관

'세 살 버릇 여든까지 간다'는 옛 가르침은 지금 생각해도 명언이다. 유아에 대한 연구와 이해가 별로 없었던 세 살 전후에서 형성되는 성격, 버릇, 타인과의 관계, 즉 사회성 및 정서는 유아의 인지 발달 못지않게 중요시하는데 이것은 이 시기가 유아기의 민감기와 맞물려 모든 것을 있는 그대로 받아들이며 모방하며 배워 나가는 시기이기 때문이다.

그래서 외국의 가정 교육을 살펴보면 어떤 지식적인 것을 가르치기 전에 질서 교육, 공공장소에서의 예의, 규칙 준수 등 장차 사회인으로서 살아가기 위한 생활 태도나 습관을 먼저 가르치는 것을 보았다. 그러므로 저들은 성인이 되면 둘만 있어도 줄을 서고 공공 식당에서는 음성을 낮추어 말을 하고 옆을 지나칠 때는 "미안 합니다." 하며 양해를 구하고 조금만 도움을 받아도 "고맙습니다."를 연발한다. 저 사람들 눈에는 아이가 식당 안에서, 또는 기차 안에서 떠들고 뛰는 것을 아무렇지도 않게 웃으며 바라보는 우리가 도무지 이해되지 않는 사람들로 보일 것이다. ㄴ

지식이 많은 아이보다 반듯하고, 기초 질서를 준수하며 먼저 타인을 배려하고 지혜로운 아이로 키우기를 다짐하며 살아야 한다.

(40) 강한 아이

우리는 자녀들을 보면 본능적으로 보호하고 싶은 보호 본능을 일으킨다. 남의 눈에는 다 자란 아이로 보이는 아이일지라도 내가 보기로는 아직도 어림없는 어린 아기일 뿐이다. 오죽했으면 80대 노인이 60대의 늙은 아들에게 "자동차 조심하고 다녀라."라고 타이른다는 말이 나왔겠는가. 이러다 보니 어리고 조그만 것이 무언가 혼자 하려고 꼼지락거리는 것이 안쓰럽게 보인다. "아이고 조그만 것이 무얼 할 줄 안다고, 저리 비켜라 내가 해 줄게." 하고 아이의 모든 일들을 도맡아 해결해 주면, 어린아이가 자꾸 움직여서 강하게 만들어야 할 근육이 계속 약한 채로 남아 있게 되고, 번쩍번쩍 안아 나르고 차로 태워 나르고 하는 사이에 다리 근육은 흐물흐물 제대로 뛰어다니지도 못한다. 잘 먹이고 잘 입히고 사랑해 주는데 왜 아이들이 허약해서 사람을 안쓰럽게 만들까? 우리 아이를 강한 아이로 키우면 안 될까? 어쩌다 한 끼쯤은 건너도 보고, 집에 차 두고 왔다고 한 정거장쯤 걸어도 보고 똑같은 인형 또 사달라고 보채는 것은 못들은 척도 해 보면서 혹시 불어닥칠

지도 모르는 앞으로 만날 강한 바람에 꿋꿋이 견뎌 낼 수 있는 강한 아이로 만들어 보자고 제안하고 싶다.

(41) 마음을 읽다

영화나 드라마에서 흔히 보는 장면 중에 '연인끼리' '부부끼리' '친구끼리' 서로의 마음은 그렇지 않은데 사소한 오해나 지레짐작으로 말다툼을 일으키며 끝내는 파경까지 이르는 경우를 흔히 보게 된다. 그리고는 못내 아쉬워하며 서로를 원망한다. 보통은 부모 특히 아버지와 큰아들이 종종 부딪치며, 아버지는 야단치고 아들은 내 맘도 몰라준다며 뛰어나가고 어머니는 말린다. 이것 역시 우리 생활에서 흔히 일어나는 일이다. 인간은 자기의 약점을 감추고 싶어 하고 그 약점이 자기 자녀에게서 발견될 때 못 견뎌 하며 그 자녀를 자기도 모르게 미워하는 본능이 있다고 한다. 예를 들어, 느리고 우유부단하고 매사에 소극적인 아들을 보며 아버지가 꾸짖고 화를 내지만 엄마의 입장에서 보면 그 모습이 바로 아버지의 모습인 것이다. 우리는 누구나 어느 부모나 자녀를 사랑하지 않는 사람이 없다. 아이들의 약한 모습을 보며 못 견디고 아이에게 짜증을 내는 대신 포용하고 감싸안으면서 객관적인 방법으로 힘을 주고 용기를 주면서 이끌어 주어야 한다. 그리고 아이의 저항 너머에 있는 사랑 받고 싶어 하고, 말하고 싶어 하는 그 마음을 읽을 줄 아는 지혜 또한 필요하다.

(42) 배움의 단계

우리 부모들의 간절한 소망은 똑똑한 아이로 태어나서 똑똑한 아이로 자라나는 것일 것이다. 그런데 모든 아이가 태어날 때 똑같은 구조의 두뇌 세포를 갖고 태어나는 것은 아니기에 조금 빠른 아이, 조금 늦은 아이, 일반적인 두뇌를 가진 아이로 다르게 나타나 보이는 것이다. 깨닫는 속도가 다르고 폭이 다르고 알아듣는 포인트가 아이마다 다르다. 그래서 우리 원에서는 모든 아이를 싸잡아서 똑같이 가르치려 하지 않고 아이들의 터득하는 단계를 따라 지도하고 터득하도록 여러 가지 방법으로 실행해 보는 것이다. 그런데 가장 중요 포인트는 어떤 것을 배우든지 "그것이 그렇게 되는 것이구나!" 하고 이해하면서 단계적으로 차근차근 나아가면 깨달음도 빠르고 다음 단계의 전이도 쉬운데, 이해되지 않은 채 "이것은 이렇게 하는 거야."라고 덮어놓고 주입시켜 놓으면 그것을 소화해 내지 못할 때 아이들은 힘들고 짜증 나고 머리 아프고 배가 아프다. 그러나 모든 배움은 단계가 있고 시기가 있다. "배우는 것은 재미있는 것이야!"라고 알려 주고, 아이가 즐겁게 생각하도록 격려하고 도와주는 어른이 되었으면 좋겠다.

(43) 긍정적인 격려

유아들은 5~6세가 되면 자아 개념을 확장시키게 된다. '나', '내꺼'에 대한 개념은 18개월 이상만 되면 생기지만 '나'의 능력, 신체, 감정 등에 대한 개념 즉, 자아 개념은 5세 이후에 확립되므로 이때에 긍정적인 사고를 갖게 되면 자아 존중감을 쉽게 형성하게 된다.

자신에 대한 지식이 늘어나면서 자신의 존재에 대한 소중함을 인식하게 되고 자신의 능력을 타인과 비교하면서 자아 존중감을 키우게 된다. 이때 주위에 있는 성인들의 태도가 유아의 자아 존중감 형성에 상당한 영향을 미치게 되는데 긍정적인 격려는 자신감과 자아 존중감을 크게 하지만 부정적인 태도는 자아 존중감을 잃게 하며 부정적인 성격, 주저하는 성격 등을 만들기 쉽다.

우리는 때로 아이의 그림을 보고 "야, 참 잘 그렸다."라든가 "참 예쁘구나."라는 말을 쉽게 한다. 정말로 아이를 격려해 주고 싶다면, "선을 굵게 그리는 구나.", "빨간색이 너무 예뻐."라든가 구체적으로 지적해 주는 것이 훨씬 더 아이들의 신뢰감과 자신감을 높여 줄 수 있다.

사실적이고 실제적인 표현 방법은 아이들의 언어 발달에도 좋은 영향을 미친다. 유아 자신이 하고 있는 일이 무엇이라는 것을 말과 동작으로 함께 표현하고 따라함으로써 쉽게 이해하고 배울 수 있는 것이다.

특히 아이들의 끄적거림 속에는 제 나름대로의 생각이 들어 있다. 어떤 그림일지라도, 어떤 사소한 '선'을 그었다 해도 그 아이의 생각을 들어주는 것도 '긍정적인 격려'의 한 방법이 될 수 있다.

(44) 독립

유아들은 낯선 이 세상에 태어나면서 세상을 알고 적응하려는 몸부림이 시작된다. 모든 신기한 것들에 대한 호기심으로 가득하고 이 모든 것을 알고 싶어 하는 노력이 시작된다. 이러한 유아 시절은 발달과 흡수가 빠른 민감한 시기이기 때문에 유아들은 모든 것을 아주 쉽고 빠르게 배워 간다. 그리고 특징적으로 유아들은 독립하려는 본능이 강하므로 배운 것은 혼자 해 보려는 노력이 나타난다. 이때는 어른들이 그러한 노력을 방해하지 말고 격려하며 도와주면 된다. 어린이를 사랑한다면 그 어린이 스스로 해 보도록 하는 것이 자녀를 도와주는 것이다. 물 따르기를 배웠으면 우유, 주스, 물은 혼자 따라 먹도록 유도한다. 비록 처음에는 반은 바닥에 흘릴 수도 있지만 반복해서 하다보면 익숙해진다.

(45) 단호함

아이들은 자기들의 요구, 또는 욕구를 표현할 때 칭얼거림, 떼씀, 울음으로 대신하는 경우가 많다. 보통은 이럴 때 시끄럽지 않게 하기 위해 그 요구를 들어주게 된다. 특히 손님이 오셨을 때, 공공장소 등 부모가 난처해질 경우 아이를 달래느라고 그렇게 한다. 아이는 이미 이것을 알기 때문에 이런 기회를 잘 이용하게 된다. 이것을 막는 방법은 안 되는 것과 되는 것을 분명히 말하고 끊는 '단호함'을 보여 줘야 한다. '해줄까 말까' 망설임을 잠깐 보이면 아이는 더욱 떼를 쓰게 되지만 단호한 태도를 보이면 안 되는 줄 알고 포기하게 된다. 다만 여기에는 엄마의 결단이 필요하고, 오신 손님에게 양해를 구해야 하는 번거로움과 어려움이 있다.

(46) 창의성

하늘이는 요즈음 손목에 제법 힘이 실렸다. 매주 목사님과 함께하는 목공 작업으로 손과 눈의 협응력도 제법 커졌다. 망치로 못을 두드리다 삐끗 어긋나서 손가락을 맞았다. 분명 누가 때렸거나, 부딪혔거나, 깨었거나 했으면 아프다고 울고불고 할 터인데 손가락을 쳐다보더니 쓰윽 바지에 한 번 문지르고는 그냥 못질에 바쁘다. 목사님과 선생님이 "안 아프니? 꽤 아플 텐데?" 번갈아 물으셔도 "아니요, 괜찮아요. 참을 만해요."라고 말한다. 사나이가 이만한 일에 울랴, 내가 내 손을 때렸으니 참아야지. 제법 아팠을 텐데도 속으로 삭이는 모습이 대견하다. 그리고는 나무토막 두 개를 못으로 연결하고는 앞머리 쪽에 못을 두 개 나란히 박았다. '헤드라이트'를 단 것이다. 앞쪽에 있는 토막에 빨간 열십자를 그리는 것을 보더니 "야, 앰블런스다." 아이들의 입에서 동시에 튀어나온 말이다. "그런데요, 저 바퀴 하나만 더 주세요." 네 개의 바퀴를 박고 난 '준'이가 손을 내밀었다. "넷이면 되는데 뭐 하려고?" "뒤쪽에 스페어타이어 달려구요." 아마도 아빠가 지프차를 타시는 모양이다. 아이들의 눈이 무척 날카롭다. 이것이 인내하며 가르쳐 낸 보람일까?

(47) I message

유아들은 짧은 기간 동안에 많은 것을 습득하는 능력이 있고 조금만 도와주면 훌륭히 자랄 수 있다. 어른들이 하기 쉬운 꾸중과 나무람은 아이를 위축시키고 점점 자신 없는 아이로 만들지만 '격려와 칭찬'은 소극적인 아이, 항상 자신 없어 하는 아이를 적극적이고 자신감 넘치는 아이로 바꿀 수 있다. 다만 잘못을 저질렀을 때 바로잡아야 할 고의적인 잘못도 그냥 자꾸 넘어가면 잘못이 되풀이될 수 있다. 바로잡아야 되겠다고 판단이 섰을 때는 차분한 음성으로 'I message'를 전달한다.

"네가 이렇게 ~하니까 엄마는 마음이 ~하구나. 엄마는 너를 사랑하는데, 자꾸 이렇게 ~하면 엄마가 슬퍼지겠지? 안했으면 좋겠어."라고 확실한 엄마의 의사 표시를 해 주면 좋다. '차분하고 가라앉은 음성'으로도 아이는 충분히 엄마의 상태를 감지하게 된다. 한 번, 두 번, 세 번을 해서 고쳐지지 않을 때는 그 자신이 손해라고 느껴질 수 있을 만큼의 조치를 취한 다든가, 방법은 여러 가지가 있다. 다만 아이가 충분히 반성이나 깨우침, 또는 고치려는 노력이 보일 때 크게 격려하고 칭찬하고 기뻐해 주어야 하는 것도 잊지 말자.

(48) 학습의 흥미

아이들은 많은 흥미로운 것들에 대한 호기심을 채우며 도전해 보고 싶은 욕구를 느낀다. 우리는 그것을 학습의 흥미라 부른다. 그래서 흥미를 느낀 교구를 스스로 선택하고 선생님의 도움을 받아 완성해 나간다. 한 번에 할 수도 있고 두 번에 할 수도 있다. 그 작업에 재미를 느끼고 몰두하다 보면 집중력이 생긴다.

왜 이렇게 될까? 이다음엔 무엇이 올까? 아이들의 즐거움의 원천은 '차이'를 발견하는 데 있다고 한다. '이건 크구나, 이건 작아 안 들어가네, 이건 둥글고 이건 뾰족해, 굴러가는 것도 있고 물에 뜨는 것도 있구나.' 아이들은 이제껏 몰랐던 세계에 대해 눈을 뜨기 시작한다. 다른 친구들도 배려하게 되고 다른 친구들의 작업도 존중할 줄 알게 되면서 '나'만을 알던 세계에서 '다른 사람'과도 더불어 사는 지혜를 얻고 사회성을 발달시켜 가며 자신감을 갖추고 독립심을 얻으며 스스로 선택하고 스스로 책임지는 '자유'를 소유하게 된다.

(49) 초심으로

몸도 제대로 가누지 못하던 아가가 처음 한 발자국 떼어 놓았을 때 부모는 탄성을 지르며 기뻐한다. 비록 한 발짝에 그쳤을지라도 "잘했다. 해냈다." 칭찬하며 즐거워했다.

40℃ 가까이 열이 펄펄 나는 머리를 짚어 보며 '네가 나을 수만 있다면 엄마가 대신 죽어도 좋아' 아이들이 아플 때 부모는 아무것도 바라지 않고 건강하게 일어나 주기만 바란다. 우리 아이들은 이제 겨우 다섯 살, 여섯 살, 많아야 일곱 살이

다. 아직 다리 근육도 없고, 단추 세 개 채우면 손가락에 힘이 빠지고 5분 거리만 걸으면 주저앉는 아이들에게, 저 좋아하는 놀이감 빼앗고, 힘들고 어려운 글자 공부 알아들으라고 채근하면 아무리 좋아하는 엄마라도 은근히 원망스럽고 미워진다. 우리는 아이가 한 발자국 떼어 놓았을 때의 기쁨을 늘 기억하면서 스스로 제 몫을 다해 주기를 기다려 줘야 한다.

(50) 집중력

어린 아동의 발달 과정에 있어 필수적인 것이 집중력이다. 이러한 집중력을 기를 수 있는 교구와 프로그램이 몬테소리 교실에는 다양하게 많으므로 아동 발달이 자연스럽게 이루어진다. 이런 환경에서 훈련된 아동은 물론 훈련되지 않은 아동들도 가정에서 집중력을 지도할 수 있는데, 우선 특별한 경우를 제외하고는 아동이 어떤 일에 몰두해 있을 때는 그 집중을 깨뜨리지 않아야 한다. 모든 어머님이, 특히 입시생 어머님들은 아이들이 책상에만 앉아 있으면 공부를 잘하고 있는 것으로 안다. 그리고 어쩌다 잠깐 쉬느라고 기지개라도 켜고 있을 때 들어가서는 공부는 안하고 엉뚱한 짓만 한다고 꾸중하기가 십상이다. 더 딱한 것은 가까스로 집중이 되어 한참 공부를 하고 있을 때 그 모습이 대견해서 과일을 깍고, 음료수와 빵을 준비해서 "이것 먹고 해라."라며 불쑥 내미는 것이다. 그러나 그 배려와 친절이 얼마나 집중을 방해하고 있는지 짚고 넘어가야 한다. 한참 몰두해 있을 때는 아예 아는 척도 하지 말아야 한다. 그리고 틈을 보아 쉬고 있을 때 차라리 먹을 것을 내어 주자. 집중해 있는 황금 시간을 토막 내지 말고. 어릴 적부터 집중 훈련이 잘 된 아동은 자란 후에도 웬만한 소음 속에서도 집중을 잘 할 수가 있다.

(51) 말 한마디

7세 이전의 아이들 중 특히 4~5세 아이들은 이제 가까스로 자기 생각을 조리있게는 못하지만 그 나름대로 펼쳐 보이려고 애쓰며, 때로는 자기 속에 있는 생각을 다 꺼내지 못하고 답답해하기도 한다.

더구나 아이들이 가장 크게 상처를 받을 때는 저들의 생각을 어른들이 잘못 이해하고 야단치거나 무시당할 때이다. 가령 반짝반짝 빛나는 사금파리 조각을 보여 주려고 아이가 들고 뛰어왔는데 엄마는 하찮은 것인 양 뺏어 던져 버렸다고 치자, 엄마는 던져 버리고 그냥 잊어 버리고 말지만 아이는 두고두고 못 잊는다.

엄마가 너무 바쁜 듯이 보여 아이는 무엇인가 거들어 드릴 일이 있을까 싶어 그 앞을 왔다 갔다 하는데 엄마는 "너는 왜 공부는 안하고 걸리적거리게 왔다 갔다 하니?"라고 말한다. 그 아이는 얼마나 억울했을까? 이런 일들이 우리 주위에, 아니 내 곁에 비일비재하다.

말로만 "사랑 한다."고 하지 말고 아이들에게 무슨 말이든 한 마디 하기 전에 그 말이 칭찬이 아니거든 침 한 번 삼키고 생각해 가면서 입 밖에 낼 일이다. 말 한마디가 때로는 매 열 대보다 더 아프게 상대방에게 화살로 꽂히기 마련이다.

(52) 아이들과 어울리는 법

아이들은 어른들로부터 인정받고 싶어 한다. 그리고 또래들로부터도 인정받기를 원한다. 그런데 아이들이 기피하는 아이들 중에는 스스로 아이들이 피하는 짓을 하는 경우가 있다. 예를 들자면 "선생님이 같이 놀아라." 하고 그룹에 끼워 주어도 자신이 대장을 하려고 한다든가, 아빠 역할은 자신이 하겠다고 고집하든가, 친구를 방해하든가 해서 결국 따돌림을 당하게 된다. 이것은 그 아이가 아직 '자아 중심'에서 벗어나지 못하고 친구들과 어떻게 잘 사귀는지 방법을 몰라서 그렇다. 유치원에서도 물론이지만 가정에서도 양보하는 법, 식구들을 생각해 주는 법과 여러 가지 사회적 기술을 익히게 하는 것이 좋다.

어른과 아이의 생각 차이로 아이들이 가치관의 혼란을 가져오고 바른 결정이나 행동을 못할 때가 있다. 유치원에서는 서로 언쟁이나 싸움이 생길 때 양보하고 이해하고 용서하라고 가르친다. 미워하기보다 사랑하라고 가르친다. 그런데 어떤 가정에서는 '맞지 말고 맞서 싸우라'고 가르치고 심지어는 한 대 맞으면 두 대 때려 주라고까지 말하는 부모도 있다고 들었다. 유치원에서는 집단생활의 평화와 조화를 강조한 것이고 부모님의 경우에는 자기방어를 주장한 것이다. 물론 맞고 다닐 수만은 없으니 방어 기술을 가르쳐야 하는 것도 물론 중요하지만 어쨌든 아이들이 자라서 사회에서 공동생활을 해야 하는데 항상 맞서 싸우기만 한다면 타협과 융화는 언제 배울 것인가. 유치원에서의 가르침과 부모님의 가르침 사이에서 혼란스러워 하는 아이들에게 합일점을 찾아내 주는 지혜가 필요할 때이다.

(53) 엄마 나 좀 내버려두세요

요즈음 어머님들, 목숨 걸고 아이들 교육에 매달려 산다. 혹여 뒤질세라, 이곳으로 저곳으로 그 사이 아이는 지쳐 쓰러진다. 그렇지 않을지라도 우리 아이들은 타고난 잠재력, 뛰어난 흡수력으로 얼마든지 제게 맞는 '꺼리'를 찾아 잘들 놀 터인데, 엄마는 그 시간이 아까워 발을 동동 구른다.

엄마보다 좋은 선생님 없고 엄마보다 좋은 친구 없다는데, 그러나 제일 힘든 것이 내 자식 가르치기라고 했다. 그러니 가르칠 생각일랑 하지 말고, 아이 곁에서 놀아 주면 어떨까?

아이가 멋대로 그린 그림일망정 제 딴에는 뜻이 있고 생각이 있어서 그린 것일 테니 "이것이 무엇이니?" 하고 아이의 그림에 관심을 보이고 생각을 들어보고 "이것을 자르면 무엇이 될까?" 하며 샌드위치용 빵 한 조각을 세모로 네모로 나누어 보면 어떨까?

2~3살 아기에게 "이것은 무슨 글자지?" 하고 물어보기보다 그대로 그 책장을 아기랑 넘기며 엄마가 읽어만 주어도 아이는 그냥 받아들일 텐데.

"엄마, 제발 나 좀 내버려두세요."

말 못하며 사정하는 아이들 소리에 귀를 기울여 보자.

(54) 엄마의 힘

영유아 발달을 연구하는 학자들의 최근 연구보고에서 영아는 태내에 있을 때뿐만 아니라 태어나 모체와 분리된 상태에서도 모체로부터 영향을 받는다고 밝혔다. 보이지 않으나 모체로부터 '기'가 발산되어 유아를 보호한다는 것이다. 이것은 유아와 모성 간의 애착 관계를 설명하는 학자들의 연구에서도 밝혀졌다. 즉, 태어나 최소 몇 개월간 또는 1년 이상 엄마 품에서 자란 아이와 그렇지 않은 아이와의 비교 연구에서 엄마와 애착 관계가 잘 이루어진 아이가 훨씬 건강하고 밝고, 성격도 긍정적으로 자란다는 것이다.

또한 최근 활발하게 논의되고 있는 유아들의 자아 효능감 및 자아 존중감에 대한 연구에서는 자아 존중감이 높은 유아가 자아 효능감이 높다고 보고되었으며, 여기서도 자아 존중감에 가장 영향을 많이 주는 사람은 '어머니'인 것으로 나타났다. 어머니로부터 사랑받고 격려받는 아이는 행복하고 자신감에 차서 스스로를 인정하고 매사에 적극적이고 긍정적인 아이가 되어 또래와의 관계도 순조롭고 학습에도 뛰어난 결과를 보여 준다고 한다.

세상의 모든 이름 중에 가장 아름다운 이름은 '어머니', 그 어머니의 사랑은 아이들에게 가장 위대하고 필요한 교육이며 힘이 된다.

(55) 엄마는 바보야

엄마는 너무도 내 마음을 모른다. 아까 주방에서 엄마가 뭐라고 하셨는데 그만 TV 보느라고 깜빡 뭐라고 하시는지를 못 들었다. 그런데 엄마가 별안간 방으로 들어오시더니 "너는 매일 TV에 정신이 빠져서 엄마 말도 안 듣고 뭐하는 거니? TV 보지 마. 이제부터 못 봐." 하시더니 리모콘을 들고 나가 버리셨다. 의자 놓고 켜면 되겠지만 그러다가는 정말 크게 혼이 날 것 같아 차마 하지 못했다. 그래도 한참 재미있게 보던 인형극이 뒤가 궁금해서 정말 못살겠다. "에이, 속상해." 한 시간쯤 그렇게 지났다. "희영아, 나와서 밥 먹어." 뾰족한 엄마 말소리에 그만 나도 모르게 "싫어, 안 먹어." 하고 내뱉었다.

'아차, 배가 슬슬 고픈데……' 그런데 엄마는 "그래, 그럼 먹지 마. 이따가 달라고만 해 봐라. 성질은 있어 가지고, 쪼그만게." 엄마는 내 버릇을 고치시려는 요량으로 상을 치워 버리셨나 보다. 사실은 한 번만 더 "고집부리지 말고 나와 밥 먹어."라고 하셨거나 식탁에 그냥 좀 남겨 놓으셨더라면 못 이기는 척하고 이따가 가서 먹을 텐데. '엄마는 바보야, 내 맘도 모르면서. 내가 얼마나 엄마한테 미안하다는 말을 하고 싶은지를 알기나 한대?'

(56) 사랑에 목마른 둘째

"우리 첫째는 어려서부터 '손'을 타서 그런지 지금도 늘 내 손이 안 가면 되는 게 없어요. 늘 마음이 안 놓이고, 막내는 막내대로 어려서 제가 조금도 눈을 뗄 수가 없구요. 다행히 둘째는 제 할 일 제가 알아서 하니까 별로 손 갈게 없어요."

"정말 다행이시네요, 어머니. 그런데 말입니다. 그렇게 손 갈 데가 없는 둘째에게 따뜻한 눈길, 따뜻한 말씀 한마디 건네주시는지요. 위, 아래 두 아이에게 어머니의 눈길, 손길이 가 있는 동안에 행여 나에게도 엄마가 손길을 주시지 않을까, 말 못하면서 기다리는 착하고 여린 '둘째'를 생각해 주세요." 단 한 번, 단 한마디의 격려가 아이를 얼마나 기쁘게 하는지 엄마는 모르는 것 같다.

우리는 때로 아이들을 사랑하는 방법이 잘 먹이고 잘 입히고 무엇이든 아이가 원하는 대로 해 주는 것이 아이 사랑이라고 생각하며 살아간다. 그래서 충분히 혼자 할 수 있는 나이인데도 껍질을 까서 입에 넣어 주고 단추를 채워 옷 입혀 주고 신발을 신기어 안고 나간다.

이렇게 자란 아이들은 으레 누군가가 돌보아 주지 않으면 아무것도 못하는 것으로 알게 되어 의지하는 경향이 있으며 홀로 서기를 하지 못한다. 대부분 맏아이는 연약하고 자주성이 없는 대신 둘째 아이는 진취적이고 강한 것이 이 때문이기도 하다. 첫 아이에게만 매달리는 부모만 쳐다보다가는 제 몫 챙기기가 어려워지겠기에 아이 스스로 제 몫 챙기기에 나서는 것이다.

온실 속에서 자란 꽃은 6~7월 장마에 밖에 내놓았다가는 꺾이고 만다. 어릴 적부터 아이들 스스로 무엇이든지 해 보려고 노력할 때 강하고 지혜롭게 자랄 수 있게 된다.

(57) 가드너의 다중지능

하버드 대학의 유명한 교육학자 가드너(Gardner)의 다중지능 이론을 빌리자면 인간은 한 가지 영역에 지능만 있는 것이 아니라 각 분야에 영역이 고루 발달할 수 있다고 한다. 가드너에 따르면 감각 영역, 음악 영역, 언어 영역, 시·공간 영역, 대인관계지능 영역 등 여덟 개의 영역별 지능을 발달시킬 수 있는데, 한쪽 영역이 조금 약해도 골고루 자극을 주면 함께 발달할 수 있다는 주장이고 이 견해는 설득력 있게 요즈음 학계에 대두되고 있다.

예를 들자면 딸기를 먹어도 "맛있다."가 아니라 "새콤달콤, 알록달록 맛있는 딸기다."라고 말해 주는 것이 언어 확장에 좋다고 한다.

우리 원에서도 아이들의 다양한 영역별 지능이 발달할 수 있도록 자주 해 주는 말들이 있다.

"노란 은행잎이 팔랑팔랑, 빨간 단풍잎이 손가락 같아." "놀이터 앞 도토리 나무에선 시도 때도 없이 누런 잎이 우수수 쏟아져 바삭거리네."

"여름내 따 먹던 포도 덩굴은 누렇게 변해서 손바닥만 한 잎들만이 철사에 매달려 있다." 아이들의 발달을 위해 시각, 청각, 촉각, 후각, 미각이 모두 동원되었다.

오늘 기차타고 여행 가는 아이들은 또 얼마나 신기한 구경들을 많이 하고 올까.

"얘들아, 오늘 도자기 굽는 곳엘 가거든 옷 버릴 걱정 말고 황토 흙 많이 많이 만지다 오렴."

(58) 사랑으로

우리 부모들은 자신의 모든 것을 희생해서라도 자녀들에게 좋은 것을 남기려고 한다. 그런데 아이들을 위해서 부모들이 열심히 일하는 것은 좋은데, 외로운 아이들은 마음이 차츰 멍들어 가고 있다. 아이들은 태어나서 6세까지는 가장 많이 어머니를 필요로 하고 어머니가 곁에 있으므로 안정된 성격, 긍정적인 성격으로 자란다. 어머니의 사랑, 그것은 다른 무엇과도 바꿀 수 없는 묘약이다. 그리고 피치 못하여 어머니가 아이 곁에 오래 있지 못할 때 어머니와 가장 가까운 사람이 그 자리를 메워 줄 수 있다. 가령 할머니, 이모, 고모나 유아교육기관 등이 있다.

더구나 안타까운 것은 부모와 함께 많은 시간을 보내는 아이들일지라도 부모에게 하고 싶은 말이 있을 때 번번이 묵살당하고, 무시당하고, 존중받지 못할 때 아이는 하고 싶은 말을 속으로 삼키면서 점점 말 없는 아이, 부정적인 아이로 자라게 된다. 자주 좌절하는 경험을 하는 아이는 성공적인 삶으로 살아가기가 어렵게 된다.

아이들을 사랑한다는 것은 아이들의 마음을 이해해 주는 것이다. 아이들의 마음을 이해해 주는 것이 먹을 것이나 입을 것으로 보상해 주는 것보다 더 나은 것임을 생각하자.

2. 관찰 방법

(1) 관찰 요약

- 작업을 하는 동안 가장 집중한 작업의 이름은?
- 그 작업은 어떤 것인가?
- 반복하는 작업의 이름은?
- 아동은 교사의 도움을 요청하는가?
- 작업과 작업 사이의 시간 동안 아동은?(계속하는가? 쉬는가?)
- 다른 아동과의 접촉은 누가 하는가?(사회성 측면)
- 실패하는 작업이 있는가?
- 아동의 작업 습관은 어떤가?(즐거움으로? 장난으로?)
- 아동이 어떤 작업에 대한 시기를 가졌으면 얼마나 오래가는가?
- 아동은 작업이 진행하는 것에 대한 욕구를 어떻게 표현하는가?
- 교구장에서 주로 어떤 것을 고르고 그것들을 한결같이 작업하는가?
- 어떤 일에 특별히 집중하나?
- 작업을 순서대로 하나?
- 스스로의 만족도는 얼마인가?

(2) 관찰 작업

- 어떤 작업에 몰두하는가?
- 작업에 집중하기 시작하는 시기는 어느 때쯤인가?
- 반복이 있는가? 참을성 있게 계속하는가?
- 어떤 특정한 작업에 몰두할 때 아동이 나타내는 특징은?
- 하루 동안 집중했던 작업은 무엇인가?

- 자발적으로 계속하는가?
- 아동은 발달에 대한 욕구를 어떻게 표현하는가?
- 방해 요인이 있음에도 자신의 일을 집중해 나가는가?

(3) 견학을 위한 관찰

- 아이들 정면에서 사진을 찍지 않는다.
- 아이들에게 되도록 말을 걸지 않는다.
- 서서 움직이지 말고 구부린 자세로 조용히 이동한다.
- 구석에 앉아서 관찰한다.
- 아이들이 선택한 작업 이름과 작업하는 태도, 집중도, 사회성 등을 기록하고 전체적인 느낌을 정리해 기록한다.
- 교사들이 아이들을 지도하는 태도를 기록한다.

(4) 실습 기간 중에 하는 관찰

- 3~4명의 아이를 되도록 연령별로 선택한다.
- 작업의 진도를 시작, 중간, 마스터로 정확히 기록한다.
- 영역별로 고르게, 되도록 새로운 작업을 기록한다.
- 사회성, 집중도, 행동에 대해서 기록한다.
- 교사와의 상호작용, 친구와의 상호작용에 관해서도 기록한다.
- 시간이 지날수록 변화하는 아이의 태도에 대해 기록한다.
- 교사의 지도 방법에 대한 의견을 기록한다.

(5) 반을 맡았을 때 하는 관찰 지도

- 아이들이 15명 이상인 경우 다른 교사와 아이들을 나눈다.
- 10명 이상의 아이들을 관찰할 때 요일별로 나누어 관찰한다.
- 보조 교사인 경우 관찰 기록을 1주일 단위로 주 교사에게 넘긴다.
- 전체 아동의 명단을 가지고 있다가 맡은 아이가 아닐지라도 눈에 띄는 대로 기록한다.
- 작업, 집중도, 습관, 행동, 사회성 등을 자세히 기록하여 학부모 면담 시 또는 기말 평가 시 보고서에 반영한다.
- 아동의 특이성, 좋아하는 영역, 싫어하는 영역, 떨어지는 영역 등을 세밀히 관찰해 기록한다.

3. 연령별 작업 진도표

(1) 신입 3세

월	주	월요일 (일상)	화요일 (감각)	수요일 (수)	목요일 (언어)	금요일 (문화)
3월	1			인사하기, 옷 입기	가방 매기, 매트	문 여닫기, 옮기기
	2	손으로 옮기기	과일 매칭	기타 매칭	분류	단순 퍼즐
	3	손으로 옮기기2	야채 매칭	구체물 세기	큰 그림 작은 그림	동물 매칭
	4	스푼으로 옮기기	매칭 계속	퍼즐	방향 알기	자연물 관찰
	5	스푼으로 옮기기2	분류	단추 분류	방향 알기 2	씨앗 관찰
4월	1	집게로 옮기기1	식물 관찰	곡물 분류	그림자 찾기	돋보기 관찰
	2	집게로 옮기기2	진짜 가짜	구체물 세기 2	도미노	꽃 관찰
	3	쟁반 옮기기	단순 퍼즐	수 막대 1	같은 그림 찾기	식물 관찰
	4	책 옮기기 책상 옮기기	단순 퍼즐2	수 막대 2	함께 가기	프리즘
5월	1	의자 옮기기 칼, 가위 옮기기	도형 퍼즐	모래 숫자 1~6	3단계 카드	자성, 비자성
	2	코 풀기	패턴	모래 숫자 7~9	패턴 카드	액체, 기체, 고체
	3	신발 신기	패턴	모래 숫자 베끼기	패턴 카드	돌의 3형태
	4	조용히 말하기	부직포 도형	모래 숫자 만들기	무엇의 일부분?	생물, 무생물
	5	손들고 말하기	고무줄 도형	0 레슨	카드 매칭	식물, 동물
6월	1	튕기기	비밀 주머니	10 레슨	함께 가기 2	식물, 동물, 광물
	2	이쑤시개 꼽기	색막대 꼽기	수 막대+수 카드 1	어미 찾기	육지, 바다 동물
	3	집게 꽂기	분홍탑 수직	수 막대+수 카드 2	전체와 부분	가축, 야생 동물
	4	끈 꿰기 연습	분홍탑 수평	수 막대+수 카드 3	현대와 고대	식물 퍼즐(나무)
7월	1	병뚜껑 매칭	갈색 계단	봉축 1	모래 글자 베끼기	나무 퍼즐 카드
	2	나사 조이기	갈색 계단 2	봉축 2	모래 글자 만들기	부분 명칭 알기
	3	버릴 것, 안 버릴 것	분홍탑+갈색	수 선반 1 복습	책 만들기	꽃 퍼즐
	4	방학				

월	주	월요일 (일상)	화요일 (감각)	수요일 (수)	목요일 (언어)	금요일 (문화)
8월	1	방학				
	2	옷 틀 1 단추	빨강 막대 1	숫자와 바둑 1–5	철판 도형 틀 기본	꽃 카드
	3	옷 틀 1 지퍼	빨강 막대 2	숫자와 바둑 1–10	철판 도형 틀 그리기	부분 명칭 알기
	4	옷 틀 버클	꼭지 원기둥 1	홀수 짝수	원형(지그재그)	잎 퍼즐
	5	옷 틀 버클 스냅	꼭지 원기둥 2	정정판 없이	타원형(직선)	잎 카드
9월	1	붓기–투– 투	꼭지 원기둥 3	정정판 없이 2	계란형(사선)	부분 명칭 알기
	2	투–불투	꼭지 원기둥 4	정정판+카드 매칭	곡선 3각(큰 물결)	사과 퍼즐
	3	불투–불투	색 원기둥 1	정정판+언어 카드	4장 꽃잎(작은 물결)	사과 카드
	4	콩 쓸기	색 원기둥 2	숫자와 바둑알 2	도형으로 원형	부분 명칭 알기
10월	1	종이 쓸기	색 원기둥 3	숫자 따라 쓰기	직선 타원형	거북이 퍼즐
	2	선반 쓸기	색 원기둥 4	메모리 게임	사선 계란형	거북이 카드
	3	냅킨 접기	색판 1 (메모리)	메모리 게임 2	큰 물결 직선 3각	부분 명칭 알기
	4	끈 꿰기 연습	색판 카드 매칭	색구슬 1	작은 물결 사다리꼴	개미 퍼즐
	5	스펀지 물 옮기기	색판 + 색연필	색구슬 메모리	책 만들기	개미 카드
11월	1	베스타 물 옮기기	색판+페이퍼	색구슬 피라미드 만들기	직선 틀로 그리기	부분 명칭 알기
	2	스포이드 물 옮기기	기하입체 기본	색구슬 페이퍼	직선 도형으로	거미 퍼즐
	3	깔대기로 물 옮기기	기하입체 메모리	색구슬 패턴	음성 상자 ㄱ	거미 카드
	4	계량하기	기하 기본 쟁반	색구슬+색연필	음성 상자 ㄴ	부분 명칭 알기
12월	1	물 따르기 투–투	기하 기본 메모리	색구슬 페이퍼	음성 상자 ㄱ, ㄴ	개구리의 일생
	2	투–불투	기하고형 2	복습	음성 상자 ㄷ	개구리 퍼즐
	3	불투–불투	기하고형 메모리	수 막대 보수	음성 상자 ㄹ	개구리 카드
	4	뜨다–가라앉다	1항식	수 막대 보수 2	음성 상자 ㄷ, ㄹ	부분 명칭 알기
	5	방학				

월	주	월요일 (일상)	화요일 (감각)	수요일 (수)	목요일 (언어)	금요일 (문화)
1월	1	방학				
	2	거품 내기	1항식 반복	수 막대 덧셈 1	음성 상자 ㅁ	인체 퍼즐
	3	바나나 자르기	2항식 순서 짓기	수 막대 덧셈 2	음성 상자 ㅂ	인체 카드
	4	식빵 자르기	2항식 가족 짓기	수 막대 덧셈 3	음성 상자 ㅁ, ㅂ	부분 명칭 알기
	5	계란 자르기	꼭지 1, 2	색구슬 10의 보수	음성 상자 ㄹ, ㅁ, ㅂ	뼈 카드
2월	1	오렌지 까기	꼭지 1, 2	색구슬 10 만들기	음성 상자 ㅅ	부분 명칭 알기

출처: 워싱턴 몬테소리 교사교육원(M.T.P OF WA).

(2) 2년차 4세

월	주	월요일 (일상)	화요일 (감각)	수요일 (수)	목요일 (언어)	금요일 (문화)
3월	1	핀셋 옮기기	꼭지 3, 4 조합	수 막대 덧셈 4	음성 상자 ㅇ	역사 모래시계
	2	흘린 물 닦기	꼭지 조합 반복	십진법 1 기본	음성 상자 ㅅ, ㅇ	한 팔 시계
	3	색물 따르기 1	색판 2, 1 (3단계)	십진법 2	음성 상자 ㅈ	양팔 시계 1
	4	색깔 혼합 1	색판 2 카드 매칭	십진법 3 숫자	음성 상자 ㅊ	펠트 시계
	5	색깔 혼합 2	색판 2 페이퍼	구체물+숫자	쌀 글자 1	정시 알기
4월	1	음식 빵 갈기	꼭지원 1 + 색원 1	9의 위기	쌀 글자 2	지리 방향 알기
	2	계피 갈기	꼭지원 2 + 색원 2	9의 위기 반복	음성 상자 ㅋ	모래 지구본
	3	커피 갈기	꼭지원 3 + 색원 3	100판 1~20	음성 상자 ㅌ	대륙 지구본
	4	견과류 깨기	꼭지원 4 + 색원 4	100판 20~40	음성 상자 ㅋㅌ	하늘, 땅, 바다
5월	1	손으로 옮기기 3	반복	100판 1~20	음성 상자 ㅍ	하늘, 땅, 바다 카드
	2	스푼으로 옮기기 3	촉각판 1	100판 20~40	음성 상자 ㅎ	세계 지도 퍼즐
	3	집게로 옮기기 3	촉각판 2	롤링 페이퍼	음성 상자 ㅌㅍㅎ	정정판
	4	작은 구슬 옮기기	촉각판 3	롤링 페이퍼 2	모래 글자 ㄱ + ㅏ	대륙 이름 알기
	5	작은 핀셋 옮기기	천 무늬 매칭 시각	덧셈자	모래 글자 자음+모음	지구송

월	주	월요일 (일상)	화요일 (감각)	수요일 (수)	목요일 (언어)	금요일 (문화)
6월	1	트위저 2	꼭지원 1 눈 감고	틴보드	모래 글자 자음+모음	역사 30분, 15분
	2	거울 보기	꼭지원 2 눈 감고	틴보드 메모리	모래 글자 자음+모음	역사 45분
	3	손톱 깍기	꼭지원 3 눈 감고	긍정 뱀놀이	모래 글자 자음+모음	스탬프 찍기 정시
	4	거울 닦기	꼭지원 4 눈 감고	긍정 뱀놀이 2	모래 글자 자음+모음	스탬프 찍기 30분, 15분
7월	1	이 닦기	기하입체 2 기둥	부정 뱀놀이	모래 글자 자음+모음	스탬프 찍기 45분
	2	손 씻기	기하입체 3 뿔	반복	모래 글자 자음+모음	정시 책 만들기
	3	책상 닦기	기하입체 4 카드	잃어버린 숫자 1	모래 글자 자음+모음	나의 시계 만들기
	4	의자 닦기	소리 상자 1	잃어버린 숫자 2	모래 글자 자음+모음	나의 하루
	5	방학				
8월	1	방학				
	2	오렌지 즙 내기	소리 상자 2	백판 페이퍼 3	글자 조합	나의 하루
	3	음식 선반 반복	2항식 1 반복	덧셈자 반복	글자 조합 가	포유류
	4	반복	2항식 가족 반복	덧셈자 문제지	글자 조합 나	조류
	5	1학기 반복	3항식 순서 짓기 1	덧셈자 문제지 1~9	글자 조합 다	어류
9월	1	오이 자르기	3항식 순서 짓기 2	덧셈자 섞어서 1	글자 조합 라	파충류
	2	에그카나페 2	3항식 가족 짓기 1	덧셈자 섞어서 2	글자 조합 마	양서류
	3	양말 접기	3항식 가족 짓기 2	롤링 페이퍼 반복	글자 조합 바	연체류
	4	수건 접기	항식 반복	1~50	글자 조합 사	절지류
10월	1	꼭꼭이 사용하기	소리 상자 1, 2	1~100	글자 조합 아	동반구, 서반구
	2	작은 단추 틀	소리 상자 1, 2 (2)	100 이상 하기	글자 조합 자	동반구, 서반구
	3	리본 매기	천 매칭 눈 감고	백판 1~100	글자 조합 차	대륙 알기
	4	리본 매기 2	천 매칭 흰 천	백판 1~100	글자 조합 카	아시아
	5	핀 꽂기	촉각판 매칭	백판 정정판 없이	글자 조합 타	유럽

월	주	월요일 (일상)	화요일 (감각)	수요일 (수)	목요일 (언어)	금요일 (문화)
11월	1	운동화 끈 꿰기	촉각판 매칭	텐보드 반복	글자 조합 파	북아메리카
	2	호두 깨기	온각판	텐보드 20보드	글자 조합 하	남아메리카
	3	옥수수 따기	무게 변별	텐보드 30보드	첫소리 글자 1	아프리카
	4	땅콩 까기	무게 변별	텐보드 40보드	가, 나	오세아니아
12월	1	사과 자르기	색판 3 명도	텐보드 50보드	다, 라	남극
	2	사과 자르기 2	색판 3 명도	텐보드 60보드	마, 바	북극
	3	당근 자르기	색판 중간색	텐보드 70보드	사, 아	대륙 페이퍼
	4	당근 자르기 2	페이퍼 만들기	텐보드 80보드	자, 차	대륙 의상
	5	방학				
1월	1	방학				
	2	2학기 복습	건축 3각 상자 1	텐보드 90보드	카, 타	한 주 알기
	3	2학기 복습	건축 3각 상자 2	텐보드 메모리	파, 하	한 주 매칭
	4	2학기 복습	건축 3각 대삼각	덧셈 부정 뱀놀이	첫소리 글자 2	한 주 페이퍼
	5	2학기 복습	만들기	덧셈 부정 뱀놀이	첫소리 글자 2	한 달
2월	1	2학기 복습	만들기	버드아이뷰 패칭	첫소리 글자 2	달력 만들기

출처: 워싱턴 몬테소리 교사교육원(M.T.P OF WA).

(3) 3년차 5세

월	주	월요일 (일상)	화요일 (감각)	수요일 (수)	목요일 (언어)	금요일 (문화)
3월	1	2년차 반복	기하입체 반복	십진법 반복	첫소리 글자 타	사계절 펠트
	2	예의 배우기	1, 2항식 반복	9의 위기 반복	첫소리 글자 파	사계절 카드
	3	예의 배우기	3항식 반복	곱셈판	첫소리 글자 하	사계절 활동
	4	바느질하기 1	기하입체 카드 반복	곱셈판	문법 상자 심벌	사계절 페이퍼
	5	바느질하기 2	기하입체 언어 카드	나눗셈판	명사 알기	한 해 알기
4월	1	구두 닦기	기하입체 언어 카드	나눗셈판	동사 알기	한 해 카드
	2	은기 닦기	기하서랍 원형 1	뺄셈자	형용사 알기	한 해 페이퍼
	3	마무리	원형 서열화 1	뺄셈자	부사 알기	나의 타임라인 –생일
	4	마무리	원형 서열화 2	뺄셈 뱀놀이	조사, 수사 알기	사람의 타임라인 –100
5월	1	사과 자르기 반복	원형 카드 1	뺄셈 뱀놀이	명사+동사	인간의 타임라인 –문화
	2	당근 자르기 반복	원형 카드 2	버드아이뷰 패칭	형용사+명사+동사	대륙 지도책 만들기
	3	그릇 닦기	원형 카드 섞기	버드아이뷰 패칭 단순 덧셈 100	부사 + 동사	대륙 지도책 만들기
	4	빨래하기	삼각형 서랍	버드아이뷰 패칭 단순 덧셈 1000	형용사+명사+부사+동사	지형 이름 알기 (사막, 언덕)
	5	인형 씻기	사각형 서랍	버드아이뷰 패칭 올림 덧셈 100	접속사 사용하기	지형 틀 물 붓기
6월	1	마루 닦기	다각형 서랍	버드아이뷰 패칭 올림 덧셈 1000	조사 사용하기	지형 카드 매칭
	2	꽃잎 닦기	곡선 다각형 서랍	스템프 게임 덧셈	문장 만들기 2	지형 만들기–모래
	3	꽃꽂이	큰 육각형 상자	스템프 게임 덧셈 100 단위	문장 잘라 잇기	지형 페이퍼
	4	티파티	큰 육각형 상자	스템프 게임 덧셈 1000 단위	일기 쓰기	대륙 동물 알기 클레이로 만들기

월	주	월요일 (일상)	화요일 (감각)	수요일 (수)	목요일 (언어)	금요일 (문화)
7월	1	예절 알기 반복	작은 육각형 상자	비즈프레임 덧셈	스토리텔링	아시아
	2	인사하기	작은 육각형 상자	비즈프레임 올림 덧셈 100 단위	이어 가기	유럽
	3	코 풀기	종합 사각형 상자	비즈프레임 올림 덧셈 1000 단위	비슷한 말	아프리카
	4	조용히 말하기 식사 예절	종합 사각형 상자	버드아이뷰 곱셈	비슷한 말	오세아니아
	5	방학				
8월	1	방학				
	2	남의 말 듣기	파랑 상자	스템프 게임 곱셈	동음 이의어	북아메리카
	3	문 열고 닫기	12개의 파랑 상자	스템프 게임 1000	성에 따른 경어	남아메리카
	4	경어 사용	12개의 파랑 상자	비즈프레임 곱셈	아줌마–아주머니	남극, 북극
	5	경어 사용	촉각판 1	비즈프레임 곱셈	누나–누님	대륙 동물 (버드아이뷰)
9월	1	art : 자르기	촉각판 2	버드아이뷰 뺄셈	형–형님	달의 변화 카드 매칭
	2	직선, 사선, 곡선	촉각판 3	버드아이뷰 내림 뺄셈	할머니–할머님	달의 변화 페이퍼
	3	미로, 기하 도형	촉각판 매칭 눈 감고	스템프 게임 뺄셈	존댓말	태양계
	4	찢어 붙이기	천 매칭 1	스템프 게임 내림 뺄셈	존댓말 동사	태양계 페이퍼
10월	1	콜라주	천 매칭 2 눈 감고	비즈프레임 뺄셈	복합어 1	지층 구조 만들기
	2	데칼코마니	천 매칭 3 눈 감고	비즈프레임 내림 뺄셈	복합어 2	지층 구조 페이퍼
	3	종이 체인	청각 상자 1	도트 게임 덧셈	동물 이름과 암, 수	화산 폭발
	4	크레용 쓰기	청각 상자 2	도트 게임 곱셈	꿩–장끼	화산 폭발 페이퍼
	5	물감 찍기	청각 상자 매칭	버드아이뷰 나눗셈	수탉–암탉	총정리

월	주	월요일 (일상)	화요일 (감각)	수요일 (수)	목요일 (언어)	금요일 (문화)
11월	1	사포 그리기	온도 변별	버드아이뷰 나눗셈	어미, 새끼	총정리 역사
	2	마블링	무게 구별	분수봉 1	소–송아지	총정리 역사
	3	실그림	후각병	분수봉 2	말–망아지	총정리 과학
	4	핑거 페인팅	미각병	분수봉 덧셈	수사 사용하기	총정리 과학
12월	1		각 선반 복습	철판분수 기본	책–권	총정리 지리
	2		1 선반 응용	철판분수 2	사람–명	총정리 지리
	3		2 선반 도형	핑거 보드 덧셈 1	동물–마리	취학 준비
	4		색판, 항식	핑거 보드 덧셈 2	배–척	취학 준비
	5	방학				
1월	1	방학				
	2		건축 상자 응용		봉지, 자루, 송이	국기 퍼즐
	3		초등 준비		채–집, 인삼 한채	대륙 퍼즐
	4			핑거 보드 뺄셈 1	사물 – 대–피아노	복습
	5			핑거 보드 나눗셈 1	자동차, 비행기	복습
2월	1			비즈 곱셈	글짓기 연습	
	2			1000체인	글짓기 연습	

출처: 워싱턴 몬테소리 교사교육원(M.T.P OF WA).

참고 문헌

Arnheim, R. (2004). *Visual thinking*. Univ of California Press.

Harlow, H. F. (1953). Mice, monkeys, men, and motives. *Psychological review, 60*(1), 29–30.

Hebb, D. O. (1949). Organization of behavior: A neurophysiological theory.

Hunt, J. McV. (1966). The epigenesis of motivation and early cognitive learning. *Current research in motivation*, 335–379.

Kilpatrick, W. H. (1914). The Montessori system examined. Houghton Mifflin.

Lillard, P. P. (1972). Montessori: A modern approach. Random House LLC.

Lillard, P. P. (1994). 몬테소리 교육에 대한 현대적 접근(조선희 역). 서울: 학문사.

Montessori, M. (1964). *The absorbent mind*. Lulu. com.

Montessori, M. (1972). 아이들의 비밀(Secreat of children).

Montessori, M. (1976). Kramer.

Montessori, M. (1965). 몬테소리 교구의 이론과 실제.

Montessori, M. (1959). 유아 과학적인 교육방법(Maria Montessori her life and work).

Montessori, M. 혼자할 수 있도록 도와주세요.

Piaget, J. (2003). *The psychology of intelligence*. Routledge.

워싱턴 몬테소리 교사교육원(M.T.P OF WA: MONTESSORI TEACHER PREPARATION OF WASHINGTON).

저자 소개

문창숙

약력

- 연세대학교 국어국문학과 졸업(국문 학사)
- 연세대학교 유아교육학 석사
- 미국 워싱턴 몬테소리 교사교육원 졸업

자격

- 미국 몬테소리협회 MIA 국제 교사 자격 취득
- 외국어로서의 한국어 교육 교사 자격 취득

역임

- 대전대 아동벤처학과 겸임 교수
- 연세대학교 평생교육원 몬테소리방법론 개설 책임 강사
- 우송대학교 유아교육학과 프로그램연구 강사
- MIA 국제 위원(board member) 및 미국 몬테소리협회 한국 대표
- MACTE 산하 미국 워싱턴 몬테소리 교사교육원 한국 분원장
- 베트남 한베몬테소리 교사교육원장
- 둔산하나더유치원 설립자

몬테소리 교육의 이론과 실제

초 판 1쇄 발행 2024년 3월 7일
초 판 2쇄 발행 2025년 2월 5일

지 은 이 | 문창숙
펴 낸 이 | 김기섭
편 집 인 | 이윤희
펴 낸 곳 | 창지사 www.changjisa.com
08589 서울시 금천구 가산디지털 1로 83 파트너스타워 1차 9층
전화 (02)719-2211~3
팩스 (02)701-9386
등 록 | 1977년 4월 28일 · 제1-421호

ISBN 978-89-426-1834-7 (93370)

값 25,000원